Ch. F. Spring, A. W. Chase, Ch. Eberbach

Rezepte von Dr. Chase oder Belehrung für jedermann, eine Sammlung von

800 parkatischen Rezepten

Ch. F. Spring, A. W. Chase, Ch. Eberbach

Rezepte von Dr. Chase oder Belehrung für jedermann, eine Sammlung von 800 parkatischen Rezepten

ISBN/EAN: 9783743357532

Hergestellt in Europa, USA, Kanada, Australien, Japan

Cover: Foto ©Andreas Hilbeck / pixelio.de

Manufactured and distributed by brebook publishing software (www.brebook.com)

Ch. F. Spring, A. W. Chase, Ch. Eberbach

Rezepte von Dr. Chase oder Belehrung für jedermann, eine Sammlung von

800 parkatischen Rezepten

Respectfully
A. W. Church, M. D.

Courier Steam Printing-House, R. A. Beal, Proprietor, 41 & 43 N. Main Street.

FIFTH EDITION OF THE

G E R M A N   R E C I P E S,

TWENTY-NINE THOUSAND.

Recepte von Dr. Chase,

ober

Belehrung für Jedermann,

eine

sehr werthvolle Sammlung von ungefähr

800 praktischen Recepten

für

Kaufleute, Specereihändler, Salonhalter, Aerzte, Apotheker,
Gerber, Schuhmacher, Sattler, Anstreicher, Goldarbeiter,
Grobschmiede, Flaschner, Büchsenmacher, Thierärzte,
Barbier, Bäcker, Färber, Renovirer, Farmer und
Familien im Allgemeinen,

ebenso enthaltend:

eine gründliche Behandlung

von

Brustfellentzündung, Lungenentzündung 2c.,

sowie

der Krankheiten des weiblichen Geschlechts.

Angeordnet
nach den betreffenden Gebieten, mit Anmerkungen und Erklärungen
von

Dr. A. W. Chase.

In's Deutsche übersetzt von Ch. F. Spring, Pf. in Middleton,
C. W., und durchgesehen von Ch. Eberbach, deutscher Apotheker und Chemiker in Ann Arbor.

Electrotypirte Ausgabe.

Ann Arbor, Mich.,
Verlag des Verfassers, 1865.

UNIVERSITY OF MICHIGAN. ANN ARBOR.

In this perspective view, from the North-West, we have an accurate representation of the University Buildings, in 1865. The centre one is occupied by the Law Department and Library; the two on the right by the Literary, Chapel, Museum, &c; the first on the left is the Laboratory of Applied Chemistry, and the last by the Medical Department. The number of Students for the year 1866-7 was 1255. For residents of the State, an entrance fee of only $10,—non-residents $25—with $10 yearly, pays for a full Literary, Law, Medical, or Civil and Mining Engineering Course; the first requiring four, the next two, and the last, three years.

Vorrede.

Bei der Erscheinung eines Werkes von bleibendem Werth, oder eines, das wenigstens als ein solches bezeichnet wird, kann von dem Publikum erwartet werden, daß der Verfasser seine Gründe für die Herausgabe seines Werkes angibt. Wenn die Gründe auf der Wahrheit basiren, so wird das Volk consequenterweise, die Nothwendigkeit einer derartigen Arbeit einsehend, die Vortheile derselben schätzen und den Herausgeber derselben durch schnellen und ausgedehnten Kauf seines Werks ermuthigen, indem das Volk hierin der alleinige Richter ist.

Nun denn die Gründe:

Erstens: Vieles, das in den „Recepten von Dr. Chase oder Belehrung für Jedermann" enthalten ist, wurde nie zuvor herausgegeben, und ist aufgenommen als gut zu täglichem Gebrauch.

Zweitens: Nachdem der Verfasser mehrere Jahre in Medizin- und Specerey-Geschäften zugebracht hatte, studirte er Medicin in einem Alter von 38 Jahren, und graduirte als Arzt, um sich für das Werk, das er unternahm, zu befähigen; und nachdem er seit mehr als zwanzig Jahren mit einigen dieser Recepte bekannt war, fing er an, dieselben im Jahr 1856 herauszugeben, und auf seinen Reisen zwischen New York und Jowa zu verkaufen, was ihn in Bekanntschaft brachte mit allen Arten von Professionisten und Geschäftsleuten, Mechaniker, Eisenarbeiter und Farmer, wodurch er in Stand gesetzt wurde, manche gute Vorschriften zu erlangen, indem er stets ein Notizbuch bei sich führte, und wenn irgend eine Beschreibung oder Anmerkung von praktischem Werth vor ihm gemacht wurde, dieselbe sofort notirt und bei der nächsten Gelegenheit versucht wurde. Wenn dann gut erfunden, wurde dieselbe in einer verständlichen und correkten Sprache niedergeschrieben und ausdrücklich für die nächste Ausgabe des Werkes bestimmt. Auf diese Weise wurde die Masse von Belehrungen gesammelt, weßhalb jedes Vorurtheil schwinden sollte, das Manche in den Worten ausdrückten: „Es ist zu viel für Einen Mann, solches Alles zu wissen!" weil sie nicht bedachten, daß dieses Buch eben so wohl die Erfahrung anderer Leute, als auch die eigene tägliche Erfahrung des Verfassers enthält, anstatt aus unerprobten Büchern genommen zu sein. Freilich waren auch manche Rezepte in früheren Ausgaben dieses Buches der

Art, daß sie der Verbesserung bedurften, oder gar ausgelassen werden mußten. Dieser Umstand hielt uns immer noch ab, das Buch zu elektrotypiren, bis es seine gegenwärtige Beschaffenheit erhielt; nun aber, da es ist, wie wir es nur wünschen können, und da es ferner hinsichtlich seines Umfangs der Art ist, daß es ohne Preiserhöhung nicht vergrößert werden könnte, haben wir es elektrotypirt und senden es in die Welt hinaus in der gewissen Zuversicht, daß es in dieser seiner gegenwärtigen Gestalt verbleiben und von Jedermann mit Freuden aufgenommen werde.

Drittens: Viele andere im Druck erschienene Textbücher sind sehr groß, viele werthlose Dinge enthaltend, blos die Zahlen zu vermehren und dadurch natürlich auch den Preis zu erhöhen. Dieses Werk aber enthält blos ungefähr 800 Regeln über blos etwa 400 verschiedene Gegenstände, welche alle werthvoll sind für's tägliche Leben und denen nicht zu hohen Preis haben. Viele Rezeptbücher sind ohne alle Ordnung; dieses ist angeordnet nach regelmäßigen Departements oder Gebieten, alle von einer Klasse beisammen stehend. Viele andere derart ge Schriften sind ohne alle Anmerkungen oder Erläuterungen; dieses sage en enthält genaue Erklärungen, und ist mit Anmerkungen begleitet über die verschiedenen Gegenstände, auf welche die Rezepte Bezug haben. Die Anmerkungen, Erklärungen und Berichtigungen sind eine besondere Eigenschaft dieses Werks, und erhöhen seinen Preis ins beinahe Doppelte, selbst wenn gar keine Rezepte darin stünden, sondern dasselbe als ein bloßes Lesebuch betrachtet würde.

Viertens: Es ist eine wohlbekannte Thatsache, daß viele gewissenlose Personen umhergehen, das Volk durch den Verkauf einzelner Rezepte um außerordentlich hohe Preise zu betrügen. Neulich gab Herr Andrews von Detroit $300 für ein Rezept, (das seither verbessert wurde und diesem Werk einverleibt ist,) um eine Fußgeschwulst eines seiner Rennpferde damit zu kuriren. Er heilte die Geschwulst damit, und gewann mit seiner Stute den Wettpreis. Der Verfasser selbst bezahlte von 25 Cents bis zu acht Dollars für eine einfache Bemerkung oder Vorschrift, in der Hoffnung, dadurch sein Buch zu verbessern; allein er fand öfters aus, daß er bereits bessere Dinge seinem Werke einverleibt habe.

Die Summe, bezahlt für die in diesem Werk enthaltenen Belehrungen, und die Erprobung derselben durch Experimente, sowie für Reisekosten und für die in dem Buch enthaltenen Holzschnitte, übersteigt zweitausend Dollars, und zwar blos zu dem Zweck, das Buch so auszustatten, daß es werth sei, in jeder Bibliothek gefunden zu werden, und zugleich vor Erpressung durch andere Rezepte zu schützen. Und jedes einfache Rezept in diesem Werk, das Jemand zu gebrauchen wünscht, wird oft als solches gefunden werden, das vielmal den Preis des Buchs werth ist, oder vielleicht sogar das Leben Derjenigen, welche du herzlich liebst, indem du die nöthige Belehrung sogleich bei der Hand hast, was dich befähigt, sogleich die Mittel zu gebrauchen, welche in deinem Bereich sind, anstatt der Krankheit Zeit zu geben zum Steigen, indem man oft Meilen weit einen Arzt herrufen muß. Hiedurch werden oft viele Schmerzen und Leiden erspart und abgehalten, außer der Genugthuung, zu wissen, wie viele Dinge bereitet werden, welche du nothwendig und beständig brauchst, und zugleich fähig zu sein, viele Dinge zu vermeiden, welche du gewiß vermeiden würdest, wenn du Belehrung darüber hättest.

Fünftens: Man wird bemerken, daß wir über einige Gegenstände eine größere Anzahl Rezepte aufgeführt haben. Dieses macht das Werk gut für alle Umstände und Orte. Der Grund hievon ist der: Wir wurden während unserer Praxis und unserer Reisen mit diesen Rezepten bekannt, und wissen, daß, wenn die Artikel nicht auf die eine Weise erhalten werden können, dieses doch auf einen andern Weg geschehen kann, und daß ein Rezept oft für eine Person besser ist, als für eine andere, weßhalb wir eine Verschiedenheit der Mittel darbieten, damit Jedem Genüge geleistet werde, so viel als möglich. Es sind zum Beispiel zwanzig verschiedene Rezepte gegen die Krankheiten und die Beschaffenheit des Auges angegeben, ebenso ein Dutzend Linimente u. s. w. aufgezeichnet; dessen ungeachtet ist der Verfasser versichert, daß dieselben alle als ein Ganzes vollkommene Befriedigung gewähren werden. Obgleich nicht erwartet werden kann, jede besondere Vortrefflichkeit eines jeden Mittels hervorzuheben, so wird es doch dem Verfasser zu gut gehalten werden, daß er dieses von Einigen in den verschiedenen Gebieten gethan hat. Beinahe Alle, Kaufleute, Specereihändler und die meisten Familien, werden mehr oder weniger befriedigt sein mit den Rezepten zur Butterbereitung, Einmachen von Eiern oder Früchten, die Zinsen zu berechnen, Essig zu bereiten und Cider (Apfelmost) genießbar zu erhalten u. s. w. Hinsichtlich der verschiedenen Fieber des Landes sollte kein Einziger ohne Belehrung über diesen Gegenstand sein. In der That, es ist kein einziger medicinischer Gegenstand hier aufgeführt, welcher nicht für Jeden mehr oder weniger werthvoll wäre. Selbst Aerzte werden mehr als bloß entschädigt werden für die Prüfung desselben, während Schwindsüchtige, Dyspeptiker, an Rheumatismus und Fieber leidende Patienten durchaus mit den Vortheilen sich bekannt machen sollten, die hier bezeichnet sind. Die Behandlung der weiblichen Krankheiten und die Bemerkungen bei der Veränderung des weiblichen Lebens sind der Art, daß keine einzige Frau ohne dieses Werk sein sollte. Die Vorschriften bei Brustfellentzündung und andern entzündlichen Krankheiten können nicht verfehlen, jeder Familie, in deren Hände dieses Buch kommt, wesentlich nützlich zu sein.

In Hinsicht des Liniments: „Der barmherzige Samariter" glauben wir, daß es seinesgleichen in der Welt nicht hat. Und wir würden es nicht unternehmen, eine Kinderheerde aufzuziehen ohne unsern Syrup gegen den blauen Husten und unsere Mittel gegen Halsbräune, (indem wir deren Werth kennen) und sollte es hundert Dollars kosten, dieselben zu bekommen. Gerber und Schuhmacher, Anstreicher und Grobschmiede, Flaschner und Büchsenmacher, Möbelschreiner, Barbiere und Bäcker werden in ihren verschiedenen Abtheilungen mehr als genug finden, um sich mit einfachen Rezepten für die Kosten des Buchs zu entschädigen, Vieharzte und Farmer, welche mit Pferden und Rindvieh handeln, werden in Hinsicht ihres betreffenden Departements oft finden, daß sich das Buch hundertfach bezahlt in einzelnen Krankheitsfällen.

Ein Herr kam unlängst in mein Haus für eines dieser Bücher. Er sagte: „Ich bin 10 Meilen weit hergekommen, das Buch zu erlangen; denn ich war bei einem Farmer über Nacht, welcher eins hatte und dem es mehr als $20 nützte, indem er mit einer Vorschrift des Buchs ein Pferd kurirte." Ein Mann in der Nähe von Ann Arbor sagt, er habe Dollars auf Dollars ausgegeben, ein Pferd von einer Gelenkgeschwulst zu heilen, ohne den geringsten Erfolg davon zu ¡ehen, indem er den Vorschriften anderer Bücher dabei gefolgt habe; allein einige Schillinge für ein Mittel, in diesem Buch angegeben, haben sein Pferd kurirt. Ein anderer Mann sagte neulich zu mir: „Ihr Augenwasser ist mehr als zwanzig Dollar werth." Ich könnte ganze Blätter füllen mit ähnlichen Auszügen; muß mich aber darauf beschränken, die Leser zu bitten, die Zeugnisse zu lesen, welche während des Verlaufs von sieben Jahren freiwillig dem gegenwärtigen Buch gegeben wurden. Und die Stellung dieser Leute, welche diese Zeugnisse gaben, ist meistentheils eine solche, daß sie dem Verfasser fremd sind, so daß Jedermann sehen kann, daß keine Uebereinkunft bei uns Statt finden könnte, selbst wenn wir diese gewünscht hätten.

Familien werden in den Vorschriften zum Kochen, Backen, Färben u. s. w. Alles finden, was sie bedürfen, ohne die Hilfe eines andern „Kochbuchs." Und das Waschfluid, das wir selbst 8 Jahre lang benützten, ist für jede Familie von 8 bis 10 Personen zehnmal mehr werth, als das Buch, was durch die geringere Mühe und längere Dauer der Kleider erspart wird.

Sechstens: Viele der Artikel können aus dem Garten, Feld oder Wald gesammelt werden, und die andern kann man stets in den Apotheken haben, und die meisten Präparate kosten blos von $\frac{1}{8}$ bis ein sechszehntel des Preises, wenn man dieselben schon bereitet kauft, und die einzige Gewißheit, heutzutage einen guten Artikel zu erhalten, ist, denselben selber zu bereiten.

Siebentens: Zwei Dinge sind bei diesem Buch eine ausgemachte Thatsache: Es ist entweder der größte Humbug des Tages, oder es ist das beste Werk dieser Art, das je in der deutschen Sprache erschienen ist. Wenn eine sorgfältige Prüfung nicht Alle überzeugt, daß es Ersteres nicht ist, sondern das Letztere, dann ist der Verfasser willens, zu bekennen, daß Probiren, Experimente, Arbeit, Reisen und Studium nicht im Stande sind, einen Mann zu befähigen, ein solches Werk zu liefern; besonders wenn dieses Werk der lang gehegte Gegenstand seines Lebens war, um seinen Mitmenschen dadurch zu nützen, dieselben vor Betrug zu bewahren beim Kaufen von einzelnen Rezepten, und denselben ein geschätztes Werk zu liefern für jeden andern Zweck mehr, als für seinen eigenen pecuniären Vortheil. Wenn dem nicht so wäre, so hätte ich das Werk kleiner gelassen, wie vorher bei der achten Ausgabe von 224 Seiten, wobei das Buch zu einem Dollar verkauft wurde. Aber in dieser Ausgabe bekommst du nun ein Buch, das schon als Lesebuch, abgesehen von den geschätzten und praktischen Belehrungen, (durch die du nicht nur Dollars und Cents ersparst, sondern dich auch von Schmerzen befreist und das Leben verlängerst,) einen Dollar werth ist. Dieses Buch ist eigentlich eine einzige vollkommene Sammlung von den besten Methoden, wie man die Dinge, von den gesprochen wird, behandelt und ausführt. Es ist eine Encyklopädie der verschiedenen Zweige der Wissenschaft und Kunst, wovon dieses Werk handelt, und ohne welche eine Familie nicht sein kann. Es ist ein Buch für Jung und Alt, ein Buch für Jedermann. Und weder „Abgaben", noch „Zeiten" sollten als Beweis angeführt werden, daß das Buch nicht angeschafft werden könne, besonders wenn wir dich versichern, daß das werthvolle Buch blos durch reisende Agenten verkauft wird, daß Alle eine Gelegenheit haben können, dasselbe zu kaufen; denn wenn es blos in den Bücherläden und in

den Zeitungen verkauft würde, so würde aus fünfzig Personen nicht eine es
je zu Gesicht bekommen.

Endlich: Der stärkste Beweis für die Güte dieses Buchs ist der Um=
stand, daß schon über hunderttausend Exemplare davon verkauft worden
sind, und zwar, über drei Viertel davon in der kurzen Zeit von zwei und
ein halbes Jahren, und daß die Nachfrage nach demselben unter den Deut=
schen so häufig ist, daß wir gleichsam gezwungen worden sind, dasselbe in
die deutsche Sprache übersetzen zu lassen.

Irrthümer auszurotten und Gutes zu thun, sollte der erste und höchste
Wunsch jedes intelligenten Wesens sein.   Derjenige, welcher sich mit der
Hebung der physischen Vollkommenheit seiner Race beschäftigt; der, wel=
cher wirkt, um die Menschheit intelligent, gesund und glücklich zu machen;
der kann gewiß nicht verfehlen, aus seiner eigenen Seele den Wiederschein
des wohlwollenden Lächelns derjenigen leuchten zu lassen, denen er ein
Werkzeug zu Glück und Segen war.   Der Verfasser erhielt zu viele Aus=
drücke von Glückwünschen, Dankbarkeit und Wohlwollen, in Hinsicht des
Werthes von den „Rezepten des Dr. Chase," oder „Belehrung für Jeder=
mann," daß an den vorhergehenden Bemerkungen nicht im Mindesten
gezweifelt werden kann, und er glaubt, daß die folgende Bemerkung
nicht als Egoismus oder Bigotterie angesehen werde, wenn er sie hie=
mit gibt als den Hauptgrund zur Fortsetzung und beständiger Publikation
dieses Werks:

„Ich lebe, die Geschichte Derer zu studiren, welche um meinetwillen
gelitten haben; ich lebe, ihren Ruhm zu erwägen und ihrem Beispiele nach=
zufolgen.   Sänger, Patrioten, Märtyrer, Männer der Wissenschaft und
Edle aus allen Zeitaltern, deren Thaten die Blätter der Geschichte krönen,
und deren Lebenslauf große Bände bilden.   Ich lebe für die, welche mich
lieben; für die, welche mich als aufrichtig kennen; für den Himmel, der
über mir lächelt, und der meinen Geist erwartet.   Ich lebe für die Sache,
die der Hilfe bedarf; für das Böse, dem man Widerstand leisten muß; für
die Zukunft in der Ferne, und so viel, als möglich, Gutes zu thun."

Mögen diese Gründe recht bald die regierenden Grundsätze durch die
ganze Welt werden; besonders bei denen Allen, welche auf sich genommen
haben das Gelübde unserer heiligen Religion, und die da wissen, daß blos
Diejenigen   die Herrlichkeiten des Himmels schauen werden, welche
Gott lieben und rechtschaffen vor Ihm handeln und wandeln.   Würden
dieselben dieses beachten, so wäre nicht nöthig, daß wir unsern Bemerkun=
gen auch noch Zeugnisse beifügen müßten.   Dem sei aber, wie ihm wolle;
wir sind verpflichtet, jeden Punkt als einen klaren Spiegel vor dem Volk
aufzudecken, damit dasselbe gründlich selber darüber urtheilen soll, beson=
ders in Sachen, welche die wichtigsten Lebensfragen für es selbst enthalten;
und wir müssen deßhalb wegen unserer langen Vorrede entschuldiget wer=
den.   Daß freilich auch Einige vorhanden sein werden, welche das Werk
für einen „Humbug des Tages" halten werden, was immer auch zu des=
sen Gunsten gesagt werden mag, daran haben wir keinen Zweifel.   Allein
wir bitten Solche, sie möchten gefälligst die Bemerkung des ehrwürdigen
C. P. Nash von Muskegon, Mich., unter den eingelaufenen Zeugnissen
nachlesen, welcher, obgleich er das Buch zuerst auch als ein solches hielt,
wie sie, doch keine Ruhe hatte, bis er auch im Besitz desselben war, nach=

dem er sah, wie sehr seine Nachbarn, die das Buch hatten, dasselbe schätz-
ten.   Alsdann magst du, wenn du willst, das Buch an dir vorübertragen
lassen.   Allein wir haben die gewisse Zuversicht, daß alle Käufer dieses
Werks ein hinlängliches Vertrauen in dasselbe haben werden, daß sie es
nicht müßig liegen lassen; denn daß dadurch recht viel Gutes geschehen
könne, ist es blos nothwendig, daß es allgemein eingeführt und täglich benützt werde.

     Hievon ist fest überzeugt

                                              der Verfasser.

Recepte von Dr. Chase.

Für Kaufleute und Spezereihändler.

E s s i g. — Kaufleute und Spezereihändler, welche Kleinhandel mit Essig treiben, sollten denselben immer, wo möglich, unter ihrer eigenen Aufsicht bereiten lassen, weil so viele gewissenlose Menschen sich mit der Bereitung desselben beschäftigen, indem dieser Artikel einen bedeutenden Gewinn abwirft. Ferner möchte ich bemerken, daß es schwerlich einen Artikel im häuslichen Gebrauch gibt, über welchen die Masse des Volks so wenig genaue Belehrung hat, als über die Bereitung von Essig. Ich werde mich in meinen Bemerkungen über diesen Gegenstand kurz ausdrücken; dessen ungeachtet aber doch den nöthigen Aufschluß geben, so daß Familien und Solche die Essig bereiten wollen, den besten und wohlfeilsten Artikel bekommen können. Halte im Gedächtniß, daß der Essig ebensowohl Luft als Wärme haben muß, und besonders ist dieß nöthig, wenn du denselben bald fertig haben willst. Wenn der Essig absterben will, so mische ihm Molasses, Weingeist oder Cider (Apfelwein) bei, je nachdem du gerade eine Essigart machst oder vorziehst; denn der Essig ist ein fleißiger Geselle; er will entweder arbeiten oder sterben, und sobald er anfängt, abzusterben, so kannst du daraus erkennen, daß er allen Stoff in seiner Werkstätte verarbeitet hat, und mehr verlangt. Halte dieß fest bei allen Essigarten, und sie werden nicht absterben, wenn sie Luft haben. Nun denn, zuerst Etwas über Essigbereitung für den Hausgebrauch.

1) E s s i g i n d r e i W o c h e n z u m a c h e n. — Molasses 1 Qt.; Hefe 1 Quart; warmes Regenwasser 3 Gall. Bringe Alles in einen Krug oder Fäßchen, und bedecke das Spundenloch mit einem Stück Seidenflor, um die Fliegen davon abzuhalten, und Luft hinein zu lassen. Bei heißem Wetter stelle es in die Sonne; bei kaltem hinter den Ofen, oder in eine Kamin-Ecke, so wirst du in drei Wochen guten Essig haben.

Wenn das Gefäß bald leer ist, so schütte etwas davon heraus für den Gebrauch, und fülle dann wieder auf in demselben Verhältniß, wie zuerst, so wirst du immer guten Essig haben.

2) Ein Correspondent der Dollar-Zeitung sagt: „Die wohlfeilste Weise, guten Essig zu bereiten, ist folgende: Mische 5 Quart warmes Regenwasser mit 2 Quart Orleans-Molasses und 4 Quart Hefe. In einigen Wochen wirst du den besten Essig haben, den du je gekostet hast." Er mochte dieß letztere wohl sagen; denn dieser Essig hat doppelt die nöthige Stärke, und dennoch kostet diese Stärke weniger, auf obige Weise bereitet, als den Essig quartweise zu kaufen.

3) **Essig in Fässern ohne Mühe zu halten.** Kauf-leute und Speereihändler, welche Essig verkaufen, können stets einen guten Vorrath an Hand haben, wenn sie etwa 2 oder 3 Barrels mit Essig auf-füllen, und das erste, aus welchem sie verkaufen, ehe es ganz leer ist wieder auffüllen mit: 1 Gall. Molasses ; Regenwasser 11 Gall.

Nach diesem Verhältniß muß das Faß aufgefüllt werden. Der Essig und die Mutter, welche im Faß bleibt, macht, daß der Essig viel bälder thätig wird, als wenn man leere Fässer anfüllt. So behandle das nächste Faß, wenn es bald leer ist, und im Besitz von drei Fässern wird dir der Essig nie ausgehen, ausgenommen du würdest mehr als ein Faß in der Woche verkaufen. Einige empfehlen alum (Alaun), cream of tartar (Weinstein) u. s. w. zum Essig zu gebrauchen ; ich aber sage : „Nimmer-mehr." Es ist immer empfehlungswerth, oben in das Faß ein Loch zu machen, wenn es aufrecht steht ; liegt es aber auf der Seite, so muß der Spunden ausgezogen und das Loch mit einem dünnen Flor überdeckt wer-den, um die Fliegen abzuhalten und Luft einströmen zu lassen.

4) **Essig von Zucker.** Ueberbleibsel von Zuckerfässern u. s. w. — Kaufleute, welche mit Molasses handeln, haben oft noch von fünf bi fünfzig Pfund Zucker in einem Faß, nachdem sie den Molasses schon ver kauft haben. Jedes Pfund von diesem oder irgend einem andern Zucker, zerschmolzen in 2 Gall. Regenwasser macht guten Essig nach irgend einen oben angegebenen Plan.

Der Satz von Molassesfässern, oder die Ueberbleibsel von Zuckerfäs-fern, zu diesem Grad der Süßigkeit gebracht, ist eben so gut zu Essig, als irgend ein anderer Stoff. Schmalbier, Lagerbier u. s. w., welches sauer geworden, macht guten Essig durch Beimischung von Wasser. Schmalbier verlangt bloß ein wenig Wasser ; Lagerbier dagegen bedarf so viel Wasser als Ale, oder ein wenig mehr ; Ale (englisches Bier) bedarf zweimal mehr Wasser, als Ale ; alle aber verlangen Hefe, ein oder zwei Quart zu jedem Faß, ausgenommen, wenn schon etwas Essig in den Fässern sich befindet.

5) **Essig von Arctic Acid (Essigsäure) und Molasses.** Es-sigsäure 4 Pfd. ; Molasses 1 Gallone. Schütte dieß in ein Faß von 40 Gall. und fülle es mit Regenwasser auf. Schüttle es auf und lasse es eine bis drei Wochen stehen, so wird das Ergebniß guter Essig sein. Würde dieses den Essig nicht so scharf machen, als du wünschest, so gieße ein we-nig Molasses nach. Einige sind vielleicht zwar dagegen, weil eine Säure gebraucht sei ; allein diesen möchte ich sagen, daß Essigsäure concentrirter Essig ist.

Nimm ein Pfund, oder ein Pint, oder irgend eine Quantität von die-ser Säure, und thue siebenmal mehr Regenwasser hinzu, so hast du so gu-ten Essig, als aus Cider gemacht werden kann, und zwar augenblicklich.

6) **Essig von Cider (Apfelwein).** Weil manche keinen andern Essig haben wollen, als Cideressig, und auch genug Cider bei zen, um da-von Essig machen zu können, so will ich hiermit den besten Weg zeigen, auf welchem Fabrikanten Cider-Essig bereiten können : Wähle einen Platz, wo es nicht gefriert, stelle so viele kleinere oder größere Fässer aufrecht hin, als du wünschest, und nimm den Deckel oder obern Boden heraus, fülle diesel-ben mit einem Drittheil Regenwasser und mit zwei Drittheil Cider auf, und nehme zu jedem Faß 2 Quart Hefe.

In einigen Wochen wirst du guten Essig haben. Ohne die Hefe würde es ein ganzes Jahr erfordern, bis der Essig gut wäre. Fülle alsdann den Essig in größere Fässer zum Verkauf auf; lasse aber ein wenig, sage ein Achtel, in den offenen Fässern, und fülle dieselbigen wieder mit Wasser und Cider auf, wie zuerst, und der Essig wird viel schneller gut werden, als vorher. Im Fall das Wasser nicht gewünscht würde, so nehme Cider ohne dasselbe; aber lauterer Cider macht den Essig zu stark zum Gebrauch, für irgend Jemand, und erfordert viel mehr Zeit zur Bereitung. Diesen Fässern mögen Bretter obenauf gelegt werden, um die Fliegen und den Koth abzuhalten. Wenn der Verkäufer Zeit hat, so kann er ein Faß mit gutem Cideressig, aus welchem er verkauft, immer voll erhalten, wenn er, nachdem er zwei oder drei Gallonen Essig abgezapft hat, von dem zu diesem Zweck aufbewahrten Cider dieselbige Quantität nimmt und den abgelassenen Essig damit ersetzt; oder wenn der Essig mit Molasses und Wasser oder irgend einem andern Artikel gemacht wird, so fülle es mit diesem auf; aber merke hiebei: Wenn du dieß vergessen oder versäumen solltest, und du würdest deinen Essig beinahe ganz abzapfen, ehe du wieder auffüllst, so würde dieß den Essig nicht so scharf erhalten, als du wünschen würdest, ausgenommen du hättest zwei oder drei Fässer, wie unter No. 3 bemerkt wurde. Personen, welche alten, sauren Cider an Hand haben, können auf diese Weise, oder wie unter No. 6 angeführt worden, sogleich guten Essig erhalten, weil alter, saurer Cider viel schneller zu Essig wird, als neuer Cider.

7) Essig in drei Tagen ohne medicinische Stoffe zu erhalten. — Die Wissenschaft der schnellen Essigbereitung besteht darin: Dasjenige Mittel, welches die größte Oberfläche von Essigfluid bei einem gewissen Grad von Wärme der freien Luft aussetzt, wird dasselbe in der kürzesten Zeit in Essig verwandeln. Und weil auf keine Weise eine größere Oberfläche ausgesetzt werden kann, als durch den Prozeß der Holzspäne, und gleichzeitiger Regulirung der Temperatur, so wurde dieser Plan angenommen, wie er in dem beigegebenen Holzschnitt und mit folgender Erklärung beschrieben ist:

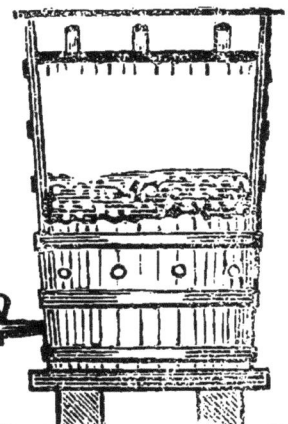

Deckel um zu verhindern Staub u. dergl. hineinzufallen....

Raum um die Flüssigkeit zum vertheilen aufzugießen.......

Falscher Boden mit Röhren für den Luftzug und kleinen Löcher mit Fäden oder Schnüren, um die Flüssigkeit gleichförmig über den Spänen zu vertheilen.............

Mittlere Theil des Zubers der die Späne oder Kornkolben enthält ......

Die Löcher um Luft einzulassen.............

Raum für den Essig aufzusammeln und durch den Hahnen abzulassen.............

Essig-Erzeuger.

Beschreibung des obigen Apparats. Diejenigen, welche Essig für den Verkauf im Großen bereiten wollen, müssen einen Zuber oder viereckigen Kasten haben und denselben so einrichten, wie es in dem obigen Holzschnitt gezeigt ist; haben aber zu bedenken, daß, je höher und größer der Zuber ist, desto schneller der Essig gut werden wird. Die Luftlöcher werden durch jede andere oder jede dritte Daube rund um den Zuber herum gebohrt. Diese Löcher müssen ungefähr einen Fuß oder 18 Zoll vom Boden entfernt sein; ebenso müssen sie schief hinab gebohrt werden, weil du einwärts bohrst, sonst würde der Essig herauslaufen und verloren gehen, indem er an der Seite des Zubers hinunterträufelte. Die Zuber müssen von 10 bis 20 Fuß hoch sein, gemäß der Quantität, die du täglich ablaufen lassen willst. Nun nimm Buchen-, Zuckerbaum- oder Linden-Bretter (und sie sind werthvoll in der benannten Ordnung) säge . dieselben ab, ungefähr zu 18 Zoll Länge, und hoble dicke, schwere Späne von den Kanten, wenn dieselbigen sich nicht aufrollen und nicht in der Form von Rollen bleiben, so mußt du sie rollen und mit kleinen Schnüren binden. Reine Kornkolben wo das Korn abgemacht ist thun es auch; allein sie halten blos ein Jahr, während die Späne mehrere Jahre brauchbar sind. Wenn Kornkolben gebraucht werden, so müssen sie in Lagern aufeinander kommen, jedes Lager quer über dem andern, damit sie nicht zu dicht aufeinander gepackt werden; dann mache sie naß oder durchweiche sie ganz mit Wasser, und fülle den Zuber oder die Zuber mit denselben auf, bis du noch 1 oder 2 Fuß von dem obern Ende entfernt bist, an welchem Platz du einen starken Reif annageln mußt, auf der innern Seite des Zubers, welcher das falsche obere Ende unterstützen muß, welches zu diesem Zweck verfertigt und eingepaßt wurde, durch welchen falschen Deckel du schöngeformte, 2 Zoll von einander entfernte kleine Löcher bohren mußt, und zwar auf der ganzen Fläche herum; durch jedes Loch muß eine dünne Schnur, 4 bis 5 Zoll lang, gezogen werden, welche am obern Ende einen Knopf haben muß, damit sie in ihrem Platz bleibt, und das Essigfluid nicht zu schnell auswirkt. Die Größe dieser Löcher und Schnüre muß so sein, daß die ganze Masse des Essigs, welcher gemacht wird, innerhalb 12 Stunden durchlaufen kann, oder, wenn man Zeit hätte, es so oft aufzugießen, so mag es alle 6 Stunden durchlaufen. Zwischen dem falschen Oberende und dem Zuber mußt du Alles mit Baumwolle ausstopfen, welches verursacht, daß das Essigfluid, welches hernach beschrieben werden wird, durch die kleinen Löcher hindurch geht und von dem Ende der dünnen Schnüre gleichmäßig über alle Späne herträufelt; sonst, wo der falsche Deckel nicht ganz eben wäre, so würde das Essigfluid alles auf dem tiefsten Punkt ablaufen, an der Seite des Zubers hinab, und es würde eine lange Zeit erfordern, bis der Essig gut wäre; während, wenn es langsam tröpfelt, und überall herum, und hinab durch die Späne, es bald guter Essig wird. Die Löcher, zu diesem Zweck gebohrt, verbinden bei warmem Wetter das Essigfluid mit Sauerstoff ohne die Unkosten zur Heizung, das Fluid, oder das Zimmer, in welchem der Essig gemacht wird, zu erwärmen; denn bei schneller Essigbereitung erfordert es zwei wesentliche Punkte, nämlich Luft und Wärme. Nun bohre 5 Löcher, einen Zoll weit, durch das falsche Oberende, eins davon durch den Mittelpunkt, und die übrigen zwei Drittel der Entfernung auf beiden Seiten, nach der Außenseite des Zubers hin, in welche Löcher du ebensoviel Zapfen treiben mußt, welche ein Loch der Länge nach haben, das einen dreiviertels Zoll weit sein sollte. Hiedurch werden die Zapfen zu Röhren. Säge die Röhren ab einen Zoll unter dem obern Ende des Zubers, so daß sie von dem Hauptdeckel oder den losen Brettern entfernt bleiben, welche über den Zuber hergelegt werden, um Fliegen und Koth abzuhalten, und auch, um die erwärmte Luft drin fest zu halten, welche aus dem Zuber heraufsteigt. Diese Luft wird erwärmt durch die chemische Thätigkeit der Luft über dem Essigfluid, indem dies durch die Holzspäne in den Zuber hinabtröpfelt, und so heiß wird, daß man kaum die Hand hineinstecken kann. Der Zwischenraum zwischen dem falschen Ende und dem obern Deckel wird der „Zwischenraum des Essigflaids" genannt, und er muß den Fugen des Zubers luftdicht anpassen, um das Fluid, das hinein gethan wird, nicht mehr heraus zu lassen. Nun nehme ein Faß mit gutem Essig, schütte denselben oben hinein und lasse ihn durch die kleinen Löcher träufeln, von den Schnüren über die Holzspäne ; thue dies zwei oder dreimal, indem du jedesmal eine Gallone highwines (Vorlauf) oder zwei bis drei Gallonen Cider (je nach Umständen) hinzufügst, was die Späne durchsäuert, und den beginnenden Prozeß der Essigbereitung sehr fördert. Ohne diese Beimischung zum Essig würde derselbe seine ganze Stärke, während er durchäuft, beinahe ganz an die Holzspäne abgeben, und sein eigenes Leben verlieren. Im Fall du keinen Essig hast, mit demselben zu beginnen, so mußt du mit schwachem Essigfluid anfangen, und die ganze Zeit hindurch mit der Beimischung fortfahren, bis es guter Essig ist ; dann wirst du merken, daß du im Stande bist, noch einmal so schnell Essig zu bereiten, wenn du irgend eine der in den vorhergehenden Rezepten angegebenen Flüssigkeiten gebrauchst. Fabrikanten gebrauchen in der Regel dreißig bis vierzig Prozent highwines (Vorlauf) eine Gallone, Wasser 11 Gallonen; allein Personen, welche den Markt nicht in der Nähe haben, thun besser, wenn sie 98 Prozent Alkohol (Weingeist) gebrauchen, und zwar : Weingeist 1 Gall., Wasser 15 Gallonen, von welchen jedes guten Essig macht. Natürlich muß bei jedem Artikel Hefe gebraucht werden, und zwar von 1 Pint bis zu 1 Quart für jedes Faß, das gemacht wird. Ein anderer Zuber oder Kufe muß auf den Grund gesetzt werden unter den Essigerzeuger, oder in einen Keller, je nach Umständen, um so viel Essig zu halten, als der Zwischenraum vom falschen bis zum wirklichen Boden des Zubers enthält, oder so viel du auf einmal zu machen wünschest. Von diesem kleineren Zuber aus kann es in Kübeln (oder eine hölzerne Pumpe mit einem ledernen Sauger arbeitet schneller und bringt es leichter in die Höhe) in den Obertheil des Erzengers gebracht werden, bis es guter Essig ist, welches in der oben in den Vorschriften angeführten Zeit der Fall sein wird, wenn es von dem Erzenger alle 12 Stunden durch den Hahnen abläuft, was nothwendig sein muß. Wenn die Zuber 15 bis 20 Fuß hoch sind, so braucht es bloß ein-, höchstens zweimal durchzulaufen.

Manche wollen keinen Essig haben, als den, welcher von Apfelwein gemacht ist. Alsdann schütte ein Drittel Wasser hinein, und es macht den Essig so stark, als irgend Jemand denselben gebraucht ; allein wenn dieselben den Essig in seiner vollen Stärke haben wollen, so mögen sie denselben so bereiten ; blos nimmt es ein wenig mehr Zeit in Anspruch. Wenn diejenigen, die Cider haben, der schon lange steht, ohne zu Essig zu werden, demselben ein Drittel Wasser beimischen und ihn durch obigen

Apparat paſſiren laſſen, ſo werden ſie nach einem oder zwei Tagen ausgezeichneten Eſſig haben. Saures Bier oder Ale, ebenſo der künſtliche Cider, wenn er ſauer wird, wird guter Eſſig, wenn man zu ſeiner Bereitung ein wenig andern Eſſig beigibt. Nichts, das Zucker oder Weingeiſt enthält, ſollte weggeworfen werden, weil es Alles guten Eſſig macht, welcher ſo nützlich iſt, wie baares Geld, und deßhalb aufbewahrt werden ſollte, und wäre es auch zu keinem andern Zweck, als den würdigen Armen davon mittheilen zu können.

Zuerſt glaubte man, es ſei durchaus nöthig, das Eſſigfluid auf 75 Grad Hitze zu bringen und das Zimmer in derſelben Hitze zu erhalten; allein man hat gefunden, daß durch die Verſchließung der Wärme in dem Zuber zwiſchen dem wahren und falſchen Obertheil deſſelben es bei warmem Wetter ſonſt Nichts bedarf, das Fluid zu erwärmen, obwohl es durch erſteren Weg ſchneller vor ſich geht.

Wenn Eſſigfluid bei kaltem Wetter gemacht wird, ſo muß man es erwärmen und ebenſo das Zimmer warm halten. Wenn Familien dieſen Plan probiren wollen, ſo können ſie Alles in einem kleinen Fäßchen, nicht größer, als ein Butterfaß machen, während Großhändler Zuber gebrauchen die ſo hoch ſind, als ihre Zimmer es erlauben.

Der erſte Kaufmann, welchem ich dieſes Rezept verkaufte, machte allen Eſſig, den er verkaufte, dadurch, daß er kleine Bretterſtücke quer durch die Mitte eines Branntweinfaſſes legte, welche die Holzſpäne in der obern Hälfte des Faſſes erhielten und dem Eſſig erlaubten, in der untern Hälfte zu ſtehen. Weil ſein Zimmer ſo nieder war, ſo konnte er blos dies eine Faß, und obenauf einen Waſchzuber, benützen, an der Stelle des falſchen Endes und Zwiſchenraums in unſerm Holzſchnitt. Er brauchte blos eine Woche Zeit, den Eſſig auf dieſe Weiſe zu machen. Ich gebrauchte dieſen Eſſig über ein Jahr lang. Die Stärke des Fluids, das er gebrauchte, war guter, gewöhnlicher Branntwein (whisky,) eine Gallone, und vier Gall. Waſſer. Hieraus iſt erſichtlich, daß alle Arten von Spiritus, oder Dinge, die Spiritus enthalten, zu Eſſig gemacht werden können.

Anmerkung. — Wenn du Zucker zu Eſſig machen willſt, ſo wage es nicht, denſelben durch den Erzeuger laufen zu laſſen, weil er auf dieſe Weiſe eine Mutter formirt und die kleinen Löcher bald ausfüllt, ſondern laſſe ihn in einem Faß ſtehen, wie unter No. 4 angezeigt worden iſt.

8) Schneller Prozeß durch Stehen über Holzſpänen. Nimm vier oder fünf hogsheads (Oxhofte oder große Fäſſer von 63 Gallonen) und lege ſie neben einander, den Hahnen nahe am Fußboden. Dann fülle die Fäſſer mit Spänen auf, welche nach der oben angeführten Weiſe bereitet ſind (oder auch reine Kornhülſen,) und lege einige gedrehte oder gerollte Späne oben drüber, indem du vorher einen alten Kaffeeſack übergelegt haſt, damit die feinen Späne nicht zu den groben hinabfallen können. Dieß geſchieht, um die Wärme drin zu halten. Nun ſäure die Holzſpäne mit dem beſten Eſſig, indem du dieſelben überſchütteſt, und es etwa einen halben Tag ſtehen läſſeſt; dann laſſe es ab durch den Hahnen an dem Boden, und ſchütte es wieder auf, jedesmal 1 Quart highwine (Vorlauf) dazu nehmend (zu jedem Faß) und zwar, ſo oft es abgelaſſen wird, indem die Späne die Säure einſaugen und der Eſſig wäſſerig würde; dagegen bei der Zugabe von geiſtigen Stoffen werden die

Späne durchsäuert, und der Essig wird auch zugleich besser. Wenn die Späne recht sind, so nimm 30 bis 40 Prozent Vorlauf 1 Gall. und 1 Quart Molasses, nebst 14 Gall. Regenwasser, schütte dies an die Späne, lasse es ab und schütte es wieder auf, zwei bis dreimal täglich, bis es hinlänglich sauer und zum Gebrauch fertig ist.

Herr Jackson, ein Spezereihändler in Jackson, Michigan, machte auf diese Weise seinen Essig mehrere Jahre lang. Er gebraucht auch saures Ale, das Ausspülicht von Zuckerfässern, oder auch die flüssigen Ueberbleibsel, und thut dieses Fluid an die Holzspäne, läßt es ab und wiederholt dieß ein- bis dreimal jeden Tag, bis es sauer genug ist, um es in Fässer legen zu können, was blos einige Abziehungen erfordert. Er füllt dann seine Fässer blos zu zwei Drittel voll und läßt den Spunden Sommer und Winter außen, und wenn er wahrnimmt, daß ein Faß an Stärke verliert, so thut er ein Quart Vorlauf hinzu, welches die Stärke wiederherstellt und dem Essig zu arbeiten gibt; — wie ich Anfangs bemerkte, daß, wenn du dem Essig Stoff zur Verarbeitung, und Luft gibst, derselbe schafft, ohne diese Beide aber stirbt. Behalte dieß im Gedächtniß, so wird dein Essig immer besser werden, wie und von was er immer gemacht sein mag.

Herr Jackson füllt die Zuber blos ein Drittel oder halb voll, wenn er Essig macht; heizt auch nicht, sondern gebraucht Hefe, und benützt blos das warme Wetter dazu, während er im Winter die Zuber mit gutem Essig anfüllt und sie stehen läßt bis zum Frühjahr, wo sie zum Essigbereiten fertig sind. Dieser Mann, welcher mit 5 Fässern das Geschäft betreibt, verkauft über dreihundert Faß Essig in einem einzigen Jahr.

9) Essig durch Stehen in der Sonne. Familien oder Händler, welche im Frühjahr noch Cider haben, wenn die Tage lang werden und die Sonne heiß scheint, können ihren Cider an die sonnige Seite des Hauses stellen, den Spunden aus dem Faß nehmen und Stück dünnen Fler über das Spundenloch legen, oder können sie den Boden aus einer Flasche brechen und den Hals von derselben in das Spundenloch stecken, oder können sie ein Lampen-Glas (lamp-chimney) anstatt der Flasche nehmen, weil dieses Fliegen oder Käfer von dem Hineinkriechen in das Faß abhält, und der Luft den freien Zutritt erlaubt. Fülle das Faß zu zwei Drittel voll, und schüttle es ein- oder zweimal täglich, wodurch der Cider mit Luft erfüllt wird. Auf diese Weise wirst du in 3 bis 5 Wochen guten Essig haben, je nachdem die Sonne warm scheint und das Faß geschüttelt wird; denn durch dieses Schütteln wird die Luft dem ganzen Cider mitgetheilt, während, wenn es nicht geschüttelt wird, es blos so weit wirken kann, soweit die Luft durch Gährung eingesaugt wird. Beim Abschluß dieses langen Gegenstandes mag es nicht unnöthig sein, zu sagen, daß, wenn du keinen Essig hast, nach irgend einer Weise mit demselben zu beginnen, sondern den Anfang mit Fluid machen willst, so nimm dasselbe Anfangs ganz schwach; denn es wird schneller sauer, als wenn man mit der vollen Stärke beginnt. Wenn es anfängt, sauer zu werden, dann mische mehr von dem geistigen Stoff, Cider, Zucker, Molasses u. s. w. bei, bis du die gewünschte Stärke erlangt hast. So magst du fortfahren, bis ein Schluck davon einen Mann zu Tod würgt und jeden Theil seiner Halshaut wegfrißt. — —

Butter. — Für beliebige Zeit aufzubewahren. — Zuerst schaffe alle Buttermilch heraus. Zweitens: Benütze Steinsalz. Drittens: Brin-

2

ge sie in luftdichte Häfen oder Kannen. Viertens: Halte die Butter an einem kühlen Platz, und du wirst gute Butter für Jahre haben, im Fall es gewünscht würde, sie so lange zu halten. Eine kurze Vorschrift; aber sie macht lange Butter. Kaufleute, welche mehr Butter annehmen, als sie während der warmen Monate verkaufen können, sollten dieselbe in steinerne Häfen thun und dieselben mit Schweineschmalz, ungefähr einen halben Zoll tief, über die ganze Fläche der Butter her, bedecken, und die Butter in den Keller stellen, oder können sie anstatt des Schmalzes eine Salzlacke (Salz-wasser) einen bis zwei Zoll tief, drüber her schütten. Und wenn sie es ganz recht machen wollen, so müssen sie vorher alle Buttermilch, welche beim Einkauf noch drinnen sein mag, entfernen. Es würde gut für sie sein, wenn sie ihre regelmäßigen Kunden hätten, die ihnen ihre Butter bereiten, welchen sie wiederum das rechte Salz lieferten, indem das Stein-salz oder Krystallsalz nicht so viel Kalk enthält, als das gewöhnliche Salz, welches durch künstliche Hitze verdampft wird. Brauche keinen Zucker und Salpeter, wenn du gute Butter, entweder zum sofortigen Gebrauch oder zur längeren Aufbewahrung, haben willst.

2) Butterbereitung. Vorschriften für Buttermacher. — Wenn Buttermacher oder Melkereibesitzer blos niedere Pfannen zu ihrer Milch benützen, (und je größer die Oberfläche und je geringer die Tiefe der Milch ist, desto besser,) dann gieße in jede Pfanne vor dem Seihen ein Quart kaltes Brunnenwasser zu je drei Qt. Milch. Die Buttermacher werden finden, daß die Rahm sogleich anfängt, empor zu steigen, und wenn man die Rahm alle 12 Stunden abschöpft, so wird die Butter frei von al-lem strengen Geschmack bleiben, welcher durch Blätter oder durch schlechtes Futter entsteht. Es ist eine bemerkenswerthe Thatsache, daß das Hoch-land bessere Butter macht, als wenn die Kühe in fetten Niederungen ihre Weide haben. Die Wirkung des kalten Wassers ist eine doppelte: Es kühlt die Milch ab, so daß die Rahm empor steigt, ehe die Milch sauer wird (denn wenn die Milch sauer wird, so liefert sie keine Rahm mehr) auch erhöht es die Güte der Rahm.

3) Aufbewahrung. Die Methode der „Prairie-Farmers" in Illinois. Zuerst schaffe die Buttermilch vorsichtig aus der Butter, dann packe sie fest in steinerne Häfen ein, lege ein dünnes Tuch über die Butter her, dann ein dünnes Lager von Salz über das Tuch. Du mußt nun einen trockenen Keller haben, oder mache ihn trocken durch Ableitungsgräben, und grabe ein Loch in den Kellerboden für jeden Hafen, indem du die Erde fest um den Hafen herum drückst, so daß die Oberfläche des Hafens blos einen Zoll oder so über die Oberfläche des Kellerbodens heraussteht. Nun lege ein Brett mit einem darauf befindlichen Gewicht über jeden Hafen, um ir-gend Etwas davon abzuhalten, was die Butter verderben könnte. Auf diese Weise wird die Butter gut erhalten.

Kaufleute, welche Butter einkaufen, sollten jede verschiedene Lage be-sonders behalten, dadurch, daß sie ein dünnes Tuch mit Salz auflegen, dann wieder ein anderes Tuch über das Salz, ehe sie die nächste Lage Butter hinein thun; (denn vermischte Butter wird bald verderben, abgesehen da-von, daß sie nicht gut verkauft,) endlich bedecke das Gefäß, wie oben be-schrieben. Wenn kleinere oder größere Fässer benützt werden, so muß die Außenseite gut angestrichen sein, damit zugleich das Holz gut zu erhalten.

Früchte aufzubewahren. — Ohne die Farbe oder den Geschmack zu verlieren. — Zu jedem Pfund Colophonium thue eine Unze Unschlitt und eine Unze Bienenwax. Schmelze es langsam über dem Feuer in einem eisernen Kessel; sei vorsichtig, und laß es nicht sieden. Nimm die Frucht einzeln und überstreiche sie mit Tünche oder mit feiner Kreide, (damit nichts von der Verklebung sich an die Frucht anhängt,) dann tauche sie einmal in die Flüssigkeit hinein, und halte sie einen Augenblick in die Höhe, damit die Verklebung sich setzen kann. Alsdann mache die Frucht sorgfältig in Bärrels oder Schachteln ein und stelle dieselben an einen kühlen Ort. Wenn du Pomeranzen oder Citronen eintauchst, so mache einen Faden darum, dieselben zu halten. Bei Birnen und Aepfeln stecke ein spitziges Stöckchen hinein, um sie daran zu halten, dann schneide es ab mit einer starken Scheere. Pomeranzen oder Citronen können nicht in Gefäße gelegt werden, weil das anhäufende Gewicht dieselben zerdrücken würde, sondern sie müssen auf Hurten gelegt werden.

Es ist nun eine anerkannte Thatsache, daß Artikel, welche künstlich luftdicht eingemacht werden, schön und frisch erhalten werden können für einen beliebigen Zeitraum, oder bis dieselbigen gebraucht werden sollen. Die obige Zusammensetzung macht gutes Siegellack für luftdichte Kapseln oder Flaschen, wenn man es um den Rand des Kapseldeckels gießt, und den Hals der Flasche hinein taucht.

Eier. — Aufzubewahren für den Wintergebrauch. — Zu je 3 Gallonen Wasser thue 1 Pt. frischgelöschten Kalk und 1—2 Pfd. gewöhnliches Salz, vermische es gut und fülle das Bärrel halb voll mit dieser Flüssigkeit, dann lasse deine frischen Eier auf einem Teller in dasselbe hinab, indem du den Teller auf die Seite neigst, ehe er mit Wasser gefüllt wird. Auf diese Weise rollen sie hinaus, ohne die Schaale zu sprengen; denn wenn diese zerspringt, so ist das Ei zur Aufbewahrung unbrauchbar, weil es verdirbt.

Wenn frische Eier eingelegt werden, so kommen auch wieder frische heraus, wie ich selbst Männer gesehen habe, welche dieselben 2, ja selbst 4 Jahre auf der See erhalten haben. Ein Bretterstückchen mag quer über die Eier her gelegt werden, und ein wenig Kalk und Salz drauf gehalten, was die obere Flüssigkeit so stark erhält, wie die auf dem Boden. Die Eier müssen immer mit der Salzbrühe bedeckt sein. Sowohl die Land- als auch die Stadtleute können auf diese Weise Eier für den Winter um den Sommerpreis haben. Ich habe vierzig Dutzend für meinen eigenen Gebrauch per Jahr eingemacht mit dem besten Erfolg. Die Methode, Eier aufzubewahren, kommt unzweifelhaft von einem Patent, das einem Herrn in England, James von Scheffield, Yorkshire, im Jahre 1791 zugesichert wurde. Man liest hierüber Folgendes:

2) Englische, patentirte Methode.—„Thue in einen Zuber 1 Büschel (Winchester Maaß) frischgelöschten Kalk, Salz 32 Unzen; Weinstein 8 Unzen. Nimm so viel Wasser dazu, als nöthig ist, der Mischung die gehörige Stärke zu verleihen, daß ein Ei mit seinem obern Ende gerade an der Oberfläche schwimmt. Dann thue die Eier hinein und halte sie darin, was sie auf wenigstens 2 Jahre gesund erhält. Personen, welche diese englische Methode für sicherer halten, können dieselbe befolgen.

3) Methode des Dr. Cooper zur Erhaltung und Versendung von Game Eggs, (Eiern, aus welchen Kampfhähne ausgebrütet werden können.)

Laß in einer hinlänglichen Quantität Alkohol ein wenig zum shellac (Tafellack) zerfließen, um einen dünnen Firniß daraus zu machen, verklebe damit ein jedes Ei, und wann dieselben ganz trocken sind, so packe sie in Kleie oder Sägemehl ein, die Spitzen abwärts gerichtet, und so, daß dieselben einander nicht berühren können; nachdem Du die Eier auf diese Weise so lange erhalten, als gewünscht, so wasche den Firniß sorgfältig ab, und sie werden noch in demselben guten Zustand sein, als sie vor der Verpackung waren, gut zum Essen oder zum Ausbrütenlassen.

Das Geschlecht der Eier. — Herr Genin hielt kürzlich eine Ansprache an die Academie "des sciences" (der Wissenschaften) in Frankreich über das Geschlecht der Eier. Er behauptet, daß er nach dreijähriger Erfahrung über diesen Gegenstand mit Bestimmtheit versichern könne, daß die Eier männlichen Geschlechts Falten an ihrem schmälern Ende haben, während die weiblichen Eier glatt seien.

Weil wir gerade an dem Gegenstand über die Eier sind, so wird man mich entschuldigen, wenn ich noch einige andere Beispiele hinzufüge, welche eigentlich in ein anderes Gebiet gehören.

4) Das Eierlegen zu vermehren. — „Vor einigen Jahren logirte ich während meines Aufenthaltes am Kennebec-Fluß Ende Augusts bei einer sehr intelligenten und verständigen Hausfrau. Sie beschäftigt sich mit der Hühnerzucht, und von ihr erhielt ich meinen Aufschluß über diesen Gegenstand. Sie sagte mir, daß sie seit vielen Jahren ihren Hennen zu ihrem gewöhnlichen Futter noch Folgendes beimische:

Cayenne-Pfeffer (spanischen Pfeffer) pulverisirt, 1 Theelöffel voll jeden Tag, für ein Dutzend Hühner. Sie brachte jeden Tag 1—14 Eier herein, und hatte bloß 16 Hennen. Sie ließ öfters den Cayennepfeffer für 2 oder 3 Tage aus dem Futter, und das Ergebniß war immer wieder 5 bis 6 Eier täglich weniger. Das Füttern genannten Pfeffers hat im Winter dieselbe Wirkung wie im Sommer. Boston Transcript.

5) Eier extra gut zu backen. — 3 Eier, Mehl 1 Löffel voll, Milch 1 Kaffeeschaale voll. Rühre die Eier und das Mehl durcheinander, alsdann rühre die Milch hinein. Backe diese Mischung in einem Kesselchen mit einem ziemlich großen Stück heißer Butter, und wenn eine Seite braun ist, so drehe es um und laß es langsam backen. Wenn man eine größere Quantität bedarf, so muß man ein wenig Salz in die Masse hinein rühren; aber für obige Portion ist das in der Butter enthaltene Salz hinreichend, es gut zu würzen.

Burning Fluid. (Brennfluid,) das Beste im Gebrauch. Nimm 98 Procent Alkohol, 9 Pts.; gutes camphene (Terpenthingeist) etwa 1 Quart. Schüttele es tüchtig auf, so wird es auf einmal klar; während es 6 bis 7 Qts. Alkohol erfordern würde, das Camphene zu zersetzen, wenn das Schütteln versäumt wird, während das mit dem wenigsten Alkohol am besten wird. Diese Proportion (Verhältniß) macht das beste Lampenfluid (Brennfluid,) das gemacht werden kann.

Interessen oder Zinsen auszufinden. — Berechnend durch eine einzige Multiplikation und Division, nach irgend einem Zinsfuß. Multiplicire die ganze Summe mit der Zahl der Tage, (jeden Monat zu 30 Tagen gerechnet.)

Dividirt mit 60 gibt den Zins bei 6 Procent.

„   „ 45 „   „ 8   „

Dividirt mit 40 gibt den Zins bei 9 Prozent.

     "   " 36   "   " 10   "

     "   " 30   "   " 12   "

Exempel. — $150 auf 3 Monate und 10 Tage oder 100 Tage, ist 15,000; dividirt mit 60 gibt $2.50, welches der Zins bei 6 Procent ist. Oder dividirt mit 45 gibt $3.33 Zins bei 8 Procent, u. s. w.

Ich verkaufte eines meiner Bücher an einen Herrn, (einen Müller) zum zweiten Mal, da Jemand ihm das erste stahl, ehe er mit den obigen Regeln bekannt war, welche ihm zu lieb waren, als daß er sie gern vermißt hätte.

Verfahren durch einfache Multiplikation. — Regel das Interesse von irgend einer gegebenen Geldsumme, von irgend einer Zahl von Jahren, Monaten und Tagen herauszufinden: Verwandle die Jahre zu Monate, zähle die Monate, wenn solche da sind, hinzu, nimm ein Drittel der Tage, und setze sie auf die rechte Seite der Monate, in Decimalform, multiplicire dann das Ergebniß mit der Hälfte des Capitals, und du hast das fragliche Interesse.

Beispiel. Das fragliche Interesse von $1,400 auf 2 Jahre, 3 Monate und 9 Tagen:

Interesse von $1,400 auf 2 Jahre, 3 Monate und 9 Tage

        27.3

          700

Verlangte Antwort: $191.10.0

Das obige Exempel ist bei 6 Procent. Regel, das Interesse bei irgend einem andern Zinsfuß heraus zu finden. Bei 7 Procent erhöhe das Interesse um ein Sechstel, bei 8 Procent um ein Drittel, bei 9 Procent um die Hälfte, bei 10 Procent um zwei Drittel, bei 11 Procent um fünf Sechstel, bei 12 Procent multiplicire mit zwei. Zwölf Procent ist das höchste Interesse, das irgend ein Staat erlaubt, ausgenommen Minnesota, welches, wenn ich nicht irre, 15 Procent erlaubt, oder wenigstens gethan hat.

Bei der Abtheilung der Zahlen wolle man sich merken, so viele Zahlen in dem Product oder der Antwort abzuschneiden, als der Multiplicant Decimalstellen hat. Der Rest zeigt dir die Dollars und Cents.

3) **Goldsmiths neue Methode zur Berechnung von Interessen.** — Es wurde uns dieser Tage eine neue und Original-Methode zur Berechnung von Zinsen gezeigt, von J. H. Goldsmith, Vorsteher des Detroiter Geschäfts-Collegiums. Diese Methode, die Interessen bei irgend einem Zinsfuß, von irgend einer Zeit zu finden, ist die kürzeste, die wir je gesehen haben. Regel: Verwandle die Jahre und Monate in Monate; mit der Hälfte der Monate verbinde ein Sechstel der Tage, multiplicire diese Summe mit dem Sechstel des Capitals, welches das Interesse bei 1 Procent gibt, welches, mit einem beliebigen Zinsfuß multiplicirt, das Interesse in Mills gibt. Exempel: Interesse von $12 zu 7 Procent auf 1 Jahr, 8 Monate und 24 Tage. Die Hälfte der Monate mit einem Sechstel der angehängten Tage macht 104, dies mit einem Sechstel des Capitals (2) multiplicirt, macht 208; dieß mit 7 (dem Zinsfuß multiplicirt, macht $1,45.6.

Counterfeit Money. (Falsches oder nachgemachtes Geld.) Sieben Regeln, falsches Geld zu entdecken.

Erstens: Prüfe zuerst die Form und Gesichtszüge aller menschlichen Figuren auf den Noten. Sind diese lieblich und die Gesichtszüge deutlich, so prüfe den Faltenwurf, siehe, ob die Falten natürlich liegen; und bei dem Haupthaar sollte beobachtet werden, ob die feinen Ränder gesehen werden können.

Zweitens: Prüfe die Schrift, den Titel der Bank, oder die runde Handschrift auf der vordern Seite. Auf allen ächten Noten ist die Arbeit mit der größten Geschicklichkeit und Genauigkeit ausgeführt, und es gab niemals nachgemachtes Geld, welches nicht an den Buchstaben entdeckt worden wäre.

Drittens: Der Eindruck, oder der Name des Gravirers. Wenn man die Vollkommenheit der Namen der verschiedenen Compagnien beobachtet, in Absicht auf Gleichmäßigkeit, Ebenheit und Form der feinen Buchstaben, so wird man finden, daß die Falschmünzer diesen Eindruck niemals gut ausführen können.

Viertens: Die Schattirung im Hintergrund der Vignette (Verzierungsbild) oder über und um die Buchstaben, welche den Namen der Bank formiren, ist auf einer guten Note gleichmäßig und vollkommen, auf einer falschen aber unregelmäßig und unvollkommen.

Fünftens: Prüfe die Zahlen an den übrigen Theilen der Note genau, welche die Benennung enthalten. Ebenso auch die Buchstaben. Examinire das Farbwerk der Zahlen genau, welche für die Benennung stehen, und siehe, ob es gerade so ist, wie das, welches die zierende Arbeit rund herum darstellt.

Sechstens: Niemals nimm eine Note an, welche in Absicht auf einen der obigen Punkte ungenügend ist, und wenn du durch die erste Besichtigung solcher Note einen bösen Eindruck bekommst, so mußt du sehr vorsichtig sein, daß du deine Meinung nicht so bald veränderst, indem du denkst, du habest dich getäuscht, weil du bei Betrachtung des Gewebes des ganzen Kunstwerks leicht confuß wirst.

Siebentens: Prüfe den Namen des Staates, der Bank, und den Namen des Orts, wo es niedergelegt ist. Wenn es von einer gebrochenen Bank geändert worden ist, so kann die Unvollkommenheit deutlich erkannt werden, indem die Aenderung zeigen wird, daß sie aufgestempelt wurde.

Dinte. Schwarzes Schreibfluid. — Regenwasser 2 Gall.; gum arabic (arabisches Gummi) ¼ Pfd.; braunen Zucker ¼ Pfd.; clean coperas (reinen Vitriol) ¼ Pfd.; pulverisirte Galläpfel ¾ Pfd.; zerquetsche Alles und mische es durcheinander, indem du es zehn Tage lang gelegentlich schüttelst, dann seihe es durch. Wenn du es bälder gebrauchst, so lasse es ein wenig in einem eisernen Kessel über glühenden Kohlen kochen, bis es die gehörige Stärke erlangt hat. Diese Dinte ist sehr gut zum Schreiben solcher Documente, von denen man wünscht, daß sie 100 Jahre noch nachher gelesen werden können.

2) Gemeine schwarze Dinte. — Logwood Chips (Blauholz, Campecheholzspäne) 1 Pfd. Koche es in 1½ Gall. Wasser bis auf 2 Quarts ein. Nun gieße es ab und wiederhole das Einkochen mit derselben Quantität Wasser, wie zuvor. Mische nun die 2 Wasser durcheinander, 1 Gallone im Ganzen, dann thue hinzu: bi chromate of potash (doppelt

chromsaure Potasche) ½ Unze, prussiate of potash (blausaure Potasche) ¼ Unze, prussiate of iron (blausaures Eisen) ½ Unze. Siede es nun nochmals 5 Minuten, seihe es und fülle es auf Fläschen zum Gebrauch. Dieß ist eine gute Dinte, besonders für Schulen.

3) **Purpurrothe Dinte.** Blauholzextrakt 1 Unze; pulverisirten Alaun 1 Eßlöffel voll, Regenwasser ½ Pint; mische es und lasse es 10 Tage stehen. Diese Dinte ist so gut als die kostbarste. Junge Leute, und Solche, welche etwas Auffallendes lieben, werden diese Dinte gerne gebrauchen.

4) **Rothe Dinte, die allerbeste.** Nimm ein Unzen-Fläschchen und thue in dasselbe 1 Theelöffel voll aqua ammonia (Salmiakgeist) Gummi Arabicum zwei Erbsen groß, und 6 Gran Nr. 40 Karminroth und 5 Gran Nr. 6 oder 8 Karminroth, fülle es mit Regenwasser auf. Es ist bald zum Gebrauch fertig und ist sehr schön.

5) **Blaue Dinte.** Nimm Sulphate of Indigo (schwefelsauren Indigo) und thue es in Regenwasser, bis du die erwünschte Farbe erhältst. Das, was in kleinen Schächtelchen zum Blaufärben von Kleiderstoffen verkauft wird, ist der gewünschte Artikel. Diese Dinte ist gut für Kinder, oder für irgend eine Schrift, deren Aufbewahrung von keiner Bedeutung ist; allein zur Buchhaltung ist sie nichts, da die Hitze einer Geldkasse (Safe) in einem brennenden Gebäude die Farbe derselben verschwinden macht.

6) **Unverwischliche Dinte.** Salpetersaures Silber oder Höllenstein löse es in 30 Gran (oder etwa 1 Theelöffel voll) Salmiakgeist auf. In 85 Gran (oder 1½ Theelöffel voll) Regenwasser löse 35 Gran Arabischen Gummi. Wenn das Gummi zerflossen ist, so thue in dasselbe Kölbchen ebenfalls 22 Gran carbonate of Soda (Sodasalz). Wenn Alles gut aufgelöst ist, so vermische den Inhalt beider Kölbchen mit einander, stelle die Mischung in ein Waschbecken und lasse es einige Minuten, oder bis der Erfolg eine schwarze Masse ist, sieden. Sobald es kalt ist, kann es gebraucht werden. Stärke und bügle die Leinwand u. dgl. und trockne es gut; dann schreibe mit einer Kielfeder. Wenn nochmal so viel zu gleicher Zeit gemacht werden sollte, so würde es nicht mehr kosten; denn die Unkosten sind blos für die Mühe des Wägens, so wenig gebraucht man von diesem Stoff. Weder Schmierseife noch siedendes Wasser, noch Jahre langer Gebrauch des Zeuges kann es auslöschen. Benütze blos gläserne Gefäße zur Aufbewahrung.

7) **Schwarzes Dintenpulver.** — Blaues Vitriol 1 Drachme; Arabisches Gummi 1 Unze; Galläpfel- und Blauholz-Extrakt 4 Unzen von jedem; Alles muß pulverisirt und gleichmäßig gemischt werden. — Scientific American.

Ungefähr 1 Unze von dieser Mischung braucht man zu einem Pt. kochenden Wassers. Es ist eine werthvolle Farbe für Stiefel, Schuhe und Pferdegeschirr. Es sollte einige Wochen vor dem Gebrauch stehen bleiben, oder kann man es einige Stunden leicht kochen lassen, wenn man es früher gebraucht.

Honig. — Künstlicher Cuba-Honig. — Guten braunen Zucker 10 Pfd.; Wasser 1 Quart; alten guten Bienenhonig in den Waben 2 Pfd.; Weinstein 1 Theelöffel voll; Arabisches Gummi 1 Unze; Pfefferminzöl 3 Tropfen; Rosenöl 2 Tropfen. Mische und koche es 2 oder 3 Minuten lang; habe ein Quart Wasser bereit, in welchem ein Ei gut verrührt ist;

schütte das Wasser hinein, und wenn es anfängt zu sieden, schäume den Unrath ab und nimm es vom Feuer, und wenn es ein wenig erkaltet, so füge 2 Pfd. guten Bienenhonig hinzu und seihe es durch.

2) **Honig für den häuslichen Gebrauch.**—Caffeezucker 10 Pfd.; Wasser 3 Pfd. cream of tartar 3 Unzen; starken Essig 2 Eßlöffel voll, das Weiße eines Ei's, gut zerschlagen; Bienenhonig ½ Pfd.; Lubin's Geisblatt-Extrakt 10 Tropfen. Zuerst thue den Zucker und das Wasser in einen passenden Kessel und stelle denselben über das Feuer; wenn es lauwarm ist, so rühre den Weinstein hinein und den Essig, alsdann das Ei. Und wenn der Zucker beinahe zerschmolzen ist, so thue den Honig hinein und rühre so lange, bis es siedet. Alsdann nimm es ab und lasse es einige Minuten stehen, dann seihe es, und thue zu guter Letzt den Geisblatt-Extrakt hinein. Dieß macht schönen und süßen Honig.

3) **Ausgezeichneter Honig.** — Ein Artikel, passend für den täglichen Gebrauch, wird auf folgende Weise gemacht: Guten, gewöhnlichen Zucker 5 Pfd.; Wasser 1 Qt. Bringe es allmählig zum Kochen und schäume das Unreine ab. Wenn es kalt ist, mische 1 Pfd. Bienenhonig und 4 Tropfen Pfefferminz-Essenz.

Wenn du einen bessern Artikel verlangst, so nimm weißen Zucker, ½ Pt. weniger Wasser, und ½ Pfd. mehr Honig.

4) **Prämium-Honig.** — Gewöhnlichen Zucker 4 Pfd.; Wasser 1 Pt.; laß es kochen und schöpfe das Unreine ab; alsdann thue pulverisirten Alaun hinzu, ¼ Unze. Nimm es vom Feuer und rühre ½ Unze Weinstein hinein, sowie 1 Eßlöffel voll Wasser und Rosenextrakt, und es ist fertig zum Gebrauch.

Dieser Honig erhielt auf einer Ohio State Fair das Prämium.

Jellies (Gallerte, dicker Saft) ohne Frucht. Nimm Wasser 1 Pt. und pulverisirten Alaun ¼ Unze und siede es eine Minute oder zwei, dann mische 4 Pfd. weißen zerstoßenen oder Caffee-Zucker hinzu; laß es noch ein Wenig sieden, und seihe es, so lange es heiß ist. Wenn es kalt ist, so gieße die Hälfte von einer zwei Schilling-Flasche, welche mit Vanillen-, Erdbeeren-, Zitronen- und dergl. Extrakt gefüllt ist, hinein, um dem eingekochten Saft den gewünschten angenehmen Geschmack zu verleihen.

Pulver zum Backen ohne medicinische Stoffe. — Backsoda 6 Unzen; Weinstein 8 Unzen; zuerst trockne die Feuchtigkeit ber a s, indem du sie in einem Papier auf kurze Zeit in den Backofen legst; alsdann mische es, und halte es trocken in Flaschen oder Schachteln.

Die gehörige Portion von diesem Stoff zu einem jeden Qt. Mehl, das verbacken wird, ist ungefähr 1 Theelöffel voll. Mische es mit kaltem Wasser und backe sogleich. Dieß macht sehr schöne Bisquits, ohne Milch; auch werden sie nicht „kürzer." Freilich werden sie „reicher", wenn man Milch dazu nimmt. Dieses Backpulver ist besonders für Diejenigen, welche dieses Brot demjenigen vorziehen, das mit Hefe, saurer Milch und Saleratus (kohlensaure Pottasche ausgelassen ist.

Mundleim. — Für zerrissenes Papier, Noten u. s. w. Irgend eine Quantität Leim mag mit halb so viel Zucker gebraucht werden. Zuerst löse den Leim in Wasser auf und verdampfe sorgfältig so viel vom Wasser, als du kannst, ohne den Leim zu verbrennen; dann thue den Zucker hinzu. Wenn du einen ausgezeichneten Artikel wünschest, so nimm anstatt des Leims Gelatine (Gallerte) und behandle es auf dieselbe Weise.

Wenn der Zucker in dem Leim zerflossen ist, so schütte es in Formen oder eine Pfanne, und schneide es in beliebige Vierecke, ehe es zu hart wird. Es löst sich sehr schnell auf, wenn man das Ende eines Stückchens in den Mund nimmt, und es ist nicht unangenehmen Geschmacks, und ist sehr bequem zum Amts- oder Hausgebrauch, indem man damit zerrissene Noten, Papier u. s. w. zusammenkleben kann.

Für Wirthe und Spezereihändler.

Bemerkungen. — Wenn Wirthe und Spezereihändler, welche Wein, Bier, Cider u. s. w. verkaufen, diesen unsern Vorschriften folgen wollen, so werden sie und ihre Kunden besser befriedigt werden, als durch den Kauf der verfälschten Artikel des Tages, und Familien werden dieselben ebensowohl für ihren eigenen Gebrauch anwendbar finden. Und obgleich mit einem künstlich bereiteten Cider beginnend, so ist derselbe doch gesund, und sollte eher ein Schmalbier genannt werden; allein wegen seiner nahen Verwandtschaft mit dem Cider in Hinsicht des Geschmacks hat er auch diesen Namen bekommen.

Ciderarten. — Künstlicher, oder Cider ohne Aepfel. — Zu einer Gallone kaltem Wasser nimm 1 Pfd. dunkelbraunen Zucker, Weinsteinsäure ¼ Unze, Hefe 3 Theelöffel voll, und halte diese Theile, um irgend eine Quantität zu bereiten, die gewünscht wird. Schüttle es gut durch einander. Mache es in der Abendzeit, so wird es am andern Tag schon zum Gebrauch tauglich sein. Ich mache einige Gallonen auf einmal in einem Fäßchen, indem ich keine Hefe benütze, bis das Fäßchen ausgespült werden muß. Wenn es ein Wenig sauer wird, so mache mehr hinein. Bei heißem Wetter stelle einen Krug mit Eis hinein, oder wenn du langsam verkaufst, so fülle es auf Flaschen und stelle sie in einem kühlen Keller nach der nächsten Vorschrift.

2. **Auf Flaschen zu füllen.** Wenn es gewünscht wird, daß dieser künstliche Cider auf Flaschen gefüllt werde, so mußt du folgendermaßen verfahren:

Thue in ein Bärrel 5 Gall. heißes Wasser, 30 Pfd. braunen Zucker, ¾ Pfd. Weinsteinsäure, 25 Gall. kaltes Wasser, 3 Pts. Hopfen oder Bierhefe, verarbeite die Hefe in einen Kleister, (Teig) mit ¾ Pfd. Mehl; schüttle oder rühre Alles gut durch einander; fülle das Bärrel auf und laß es 24 bis 48 Stunden schaffen, oder bis die Hefe nicht mehr zum Spunden herausschafft. Fülle gelegenheitlich ein wenig versüßtes Wasser nach, das Bärrel voll zu erhalten. Wenn es hell geworden ist, so fülle es auf Flaschen, indem du in jede Flasche zwei oder drei gebrochene Rosinen wirfst, und es wird bereits dem Champagner ähnlich werden. Laß die Flaschen in einem kühlen Keller auf der Seite liegen.

3) **Cider lange in Fässern zu halten.** — Wenn Verkäufer von Cider denselbigen bei so wenig als möglich Zeitverlust gut erhalten wollen, (ebenso auch) Familien zu ihrem eigenen Getränk oder für die Ernte,) so haben sie auf folgende Weise zu verfahren: Thue in ein Keg oder Bärrel kaltes Wasser, 20 Gall., braunen Zucker 15 Pfd. und Weinsteinsäure ¼ Pfd.; darfst aber keine Hefe dazu nehmen; aber wenn du

gedörrte saure Aepfel haft, so thue 2 oder 3 Pfd. hinein, oder siede sie und thue den ausgepreßten Saft hinein. Ohne Hefe wird es selbst im Sommer einige Wochen halten. Je dunkler der Zucker, desto natürlicher wird die Farbe des Ciders sein.

4) **Apfelwein, Cider.** — Denselben süß zu halten mit geringen Unkosten. Zwei Dinge sind durchaus nothwendig, Cider für irgend welche Zeit schmackhaft zu erhalten, das ist, man muß ihn von dem Bodensatz reinigen, und dann in einem kühlen Keller halten, (je kühler, desto besser.) Auch ist es besser, wenn man ihn in luftdicht verschlossenen Flaschen hält; allein Bauersleute können keine Zeit erübrigen zur Auffüllung der Flaschen; auch scheuen sie die Unkosten. Einige ziehen den Cider durch Holzkohlen, wodurch er von dem sich bildenden Bodensatz gereinigt wird. Andere kochen ihn ein, oder sieden ihn auf, und schäumen ab, denselben von dem Bodensatz zu reinigen. Im ersten Fall sollte man Cider, den man über den Winter erhalten will, von reifen, gesunden, sauren Aepfeln machen. Wenn der Cider gemacht ist, so stelle ihn in offene Fässer hin und thue in jedes Bärrel ungefähr 1 Pt. von jedem Hickoryholzasche (wenn du solche hast, wo nicht, so thut es auch andere), und frisch gelöschten Kalk; rühre die Asche und den Kalk zuerst in 1 Quart frische Milch, dann rühre dieß in den Cider. Es wird allen Bodensatz in die Höhe treiben, auf die Oberfläche des Ciders, von wo du ihn abschöpfen kannst, sowie er heraufkommt. Oder kannst du es ungefähr 10 Stunden stehen lassen, dann lasse es ab durch einen nahe am Faßboden angebrachten Hahnen, und lasse es durch einen Seiher fließen, den verhärteten Bodensatz abzuleiten. Nun ist er zum Füllen auf Flaschen fertig, (oder in Fässer, wenn das Erstere zu mühsam ist.) Beim Fassen in Bärrels ist es als wesentlich anerkannt worden, die Fässer vorher zu schwefeln. Das Schwefeln geschieht, indem man baumwollen Zeug in geschmolzenen Schwefel taucht und denselben trocknet. Dann macht man Streifen (Schwefelschnitten) ungefähr 2 bei 6 Zoll groß. Schütte etwa 3 Gall. Cider in das Faß, zünde das eine Ende der Schwefelschnitte an und halte dieselbe in das Spundenloch, und halte es mit Hilfe des Spunden fest, so viel Luft hineinlassend, daß es brennen kann, und den Rauch drin zu lassen, so lang es brennt. Dann schlage den Spunden fest hinein, schüttle das Faß, bis das Schwefelgas in den Cider aufgenommen ist. Dann fülle das Bärrel mit Cider auf; wenn das Faß nicht schon im Keller ist, so stelle es nun dort hin, und du hast die obigen zwei Bedingungen erfüllt. Wenn diese Methode zu viel Arbeit macht, so nimm Oelfässer, wenn du bekommen kannst, deinen Cider drin zu halten; denn in einem Oelfaß kann kaum Essig je gemacht werden. Das Oel, das ein wenig herauskommt, bildet eine luftdichte Decke über den Cider her.

5) Oder mache deinen Cider spät im Herbst, und nachdem er gemacht ist, so wirf sogleich in jedes Bärrel ½ Pfd. Senfmehl, Salz 2 Unzen, pulverisirte Kreide 2 Unzen; rühre dieß in ein wenig Cider auf, dann schütte es in das Bärrel und schüttle es gut. Ich trank Cider, auf diese Weise behandelt, im August, obwohl er gleich Anfangs des Frühjahrs gemacht wurde. Er war sehr gut.

6) Ich habe Cider sehr gut erhalten dadurch, daß ich ihn in einem kühlen Keller hielt und in jedes Bärrel folgende Bestandtheile that: Senfsaamen 2 Unzen, Nelkenpfeffer 2 Unzen, Baumöl ½ Pt. und Alkohol 1 Pt.

Wenn du Cider zu versenden hast, so thue dieß immer spät im Herbst oder bald im Frühling: denn wenn er bei heißem Wetter aus einem kalten Keller kommt, so fängt er an zu gähren. Zum medicinischen Gebrauch bereite ihn folgendermaßen:

7) **Cider für medicinischen Gebrauch zu bereiten.** — Zu jedem Barrel Cider, soeben gemacht (von reifen Saueräpfeln) und nicht gewässert:

Nimm ungemahlnen Senffaamen 1 Pfd.: Hausenblase 1 Unze, pulverisirten Alaun 1 Unze, thue Alles in das Barrel, lasse den Spunden weg, und schüttle oder rühre es durch einander, einmal des Tags, 4 Tage lang. Dann nimm 1 Quart frische Milch und ½ Dutzend Eier, schlage sie gut durcheinander, thue dieß in den Cider hinein und rühre oder schüttle gut, wie zuvor, 2 Tage lang; dann laß es sich setzen, bis du siehst, daß es klar ist, und lasse es ab durch einen Hahnen.

Wenn du diesen Cider an der Stelle des Weins als Medizin gebrauchen willst, so fülle ihn auf Flaschen; aber zum Familiengebrauch kann man ihn in Barrels fassen, indem man ihn fest zuspundet und an einem kalten Platz hält. Und wenn der Cider nicht zu nahe an einem Brunnen oder Fluß gemacht wurde, so wirst du einen herrlichen Artikel bekommen; dagegen wurde ausgefunden, daß der Cider, zu nahe an diesen gemacht, nicht hält. Urtheile selbst, warum?

In einigen Gegenden Englands halten sie den Cider 20 bis 30 Jahre, indem sie denselben von reifem, gesunden Aepfeln machen, ihn abklären lassen, zweimal ablassen, auf Flaschen füllen u. s. w. — Nachdem der Cider abgelassen und auf Flaschen gefüllt ist, sollten dieselben erst den andern Tag gepfropft werden, da manche Flaschen sonst zerbersten. Dann lege sie auf die Seite.

Syrup. — Die verschiedenen Farben zu machen. — Cochenillenpulver 1 Unze; Regenwasser 1 Pt.; koche die Cochenille auf einige Minuten ein, (in einem Kupferkessel), während es siedet, thue 30 Gran pulverisirten Alaun, und 1 Drachme Weinstein hinzu. Wenn der Färbestoff ganz aus der Cochenille ausgekocht ist, so nimm es vom Feuer, und wenn es ein wenig erkaltet ist, so seihe es, fülle auf Flaschen und setze es bei Seite zum Gebrauch.

Dieß gibt ein herrliches Roth, und ist blos beim Erdbeersyrup gebraucht, welcher ziemlich dunkel gefärbt wird. Ananassyrup wird ohne Farbe gemacht. Wintergreen wird ein wenig mit Rothholz-Tinktur gefärbt. Citronen= und Ingwer=Syrup wird mit Gelbwurzeltinktur gefärbt. (Siehe Tinkturen.) Die zwei letzten Syrnparten sind blos leicht gefärbt.

2) **Künstlicher Syrup mit verschiedenen Wohlgerüchen.** — Der Hauptbestandtheil aller Syrnparten soll immer derselbe, nämlich einfacher Syrup sein. Denselben zu machen, nimm 2¼ Pfd. vom besten Kaffeezucker, welcher nicht crystallisirt, und Wasser 1 Pt., oder, was dasselbe ist, 60 Pfd. Zucker und 3 Gall. Wasser. Löse den Zucker durch Hitze im Wasser auf, reinige ihn von dem Unrath oben her, und seihe, so lang er heiß ist. Er kann in einem Barrel oder Keg gehalten, und nun mit irgend einem Wohlgeruch versehen werden.

3) **Himbeersyrup.** — Ich machte denselben wie folgt: Nimm ¼ Pfd. zerquetschte Veilchen-Wurzel und bedecke dieselbe blos mit 76 pro=

centigen Alkohol und die gleiche Quantität Wasser, so daß es von der Wurzel nicht stärker gemacht werden kann.

Dieß wird die „Gesättigte Tinktur" genannt. Nimm genug von dieser Tinktur, den gewünschten oder natürlichen Geschmack der Himbeere, von welcher es nicht unterschieden werden kann, herzustellen.

4) Erdbeeren-Syrup ist, wie folgt:

Die gesättigte Veilchenwurzel-Tinktur, wie oben, 2 Unzen; Essig-Aether 2 Drachmen; mische es, und gebrauche genug, um den gewünschten Wohlgeschmack zu geben. Nur ein klein wenig bedarf es in jedem Fall.

5) Ananas-Geschmack wird gemacht, indem man diesen Geschmack durch Butteräther hervorbringt. Wenn Jemand diese einfache Thatsache bezweifeln sollte, so soll er's probiren. Einige halten es für's beste, zu jeder Gallone Syrup ⅜ Unzen Weinsteinsäure zu nehmen, selbst dann, wenn der Syrup für Mineral Wasser gemacht wird (die Apotheker nennen die Einrichtung, in welcher sie im Sommer allerlei kühlende Getränke bereiten und ausschenken, Fountain oder Soda Wasser Apparat welche mit kohlensaurem Gas versehen ist; allein ich ziehe die Weinsteinsäure nicht vor, außer die Fountain sei mit Sodasalz versehen, in welchem Fall es nöthig ist, zu jedem Pfund Zucker etwa ¾ Unzen genannter Säure zu nehmen.

Dieser obige Plan, einfachen Syrup zu machen, ist der wahre Weg, alle Syruparten zu machen. Zwar denken Manche, sie sollten zu ihrem Syrup mehr Wasser nehmen, daß derselbe wohlfeiler werde. Andere sind gegen den Gebrauch künstlicher Wohlgerüche. „O!" sagen sie, „ich kaufe den ächten Artikel!" Dann erlaube mir bloß zu sagen: „Kaufe weder den Syrup noch den Extrakt; denn 99 von hundert sind nicht aus Früchten, sondern künstlich gemacht. Lieber mache deinen Syrup selbst, wie unter der Aufschrift: „Zuckereingemachte Früchte und Extrakte", angezeigt. Nach den mehr wässerigen Syruparten siehe unter: „Sodawasser."

6) Sarsaparillen-Syrup — ist sehr gut, wenn gemacht, wie folgt:

Einfachen Syrup, wie oben, und schönen Zuckerhaus-Syrup gleiche Theile von jedem, und vermische es gut; dann nimm einige Tropfen Wintergrünöl und Sassafraßöl zu jeder Flasche, wenn dieselbe gebraucht wird.

Die Quantität für die gewünschte Wohlgerüche kann nicht genau angegeben werden, um Jeden zu befriedigen u. s. w.

7) Common Lemon Syrup. (Gewöhnlicher Citronensyrup.) Wurde früher dadurch gemacht, daß man 4 Pfund Zucker in einem Quart kochenden Wassers auflöste, 3 Unzen Weinsteinsäure beimischte und ihm mit Citronen Oel den rechten Geschmack gab; aber der beste wird auf folgende Weise gemacht:

Kaffeezucker 3 Pfund, 1½ Pint Wasser; löse es bei gemäßigter Hitze auf, und thue 3 Unzen citric acid (Citronensäure) hinzu, und gib ihm den gewünschten Wohlgeschmack durch Citronenöl oder Extrakt. (Siehe „Extrakte.")

8) Ein sehr guter Citronensyrup kann auch auf folgende Art gemacht werden: Nimm pulverisirte Citronensäure ¼ Unze, Citronenöl 4 Tropfen, einfachen Syrup 1 Quart. (pulverized citric acid und oil of Lemon.)

Reibe die Säure mit dem Oel in drei oder vier Eßlöffel voll Syrup, dann thue die Mischung zu dem Uebrigen und löse es bei gemäßigter Wärme auf. Citronensäure verursacht nicht so leicht Magenentzündung, wie Weinsteinsäure, darum wird sie lieber zu den für Getränke bestimmten Syruparten genommen, besonders in Krankheiten.

9) Citronensyrup, den Verlust von Citronen zu verhüten. — Wenn du Citronen hast, welche verderben oder austrocknen wollen, so nimm die inneren, noch gesunden Theile, drücke den Saft heraus, und thue zu jedem Pint 1½ Pfund weißen Zucker und ein wenig von der Schaale. Koche es einige Minuten ein, seihe es durch und fülle es in Flaschen zum Gebrauch. Dieser Syrup erfordert keine Säure, und ½ Theelöffel voll Soda mit 2 oder 3 Eßlöffel voll Syrup in etwa ¾ Glas Wasser ist ein herrliches Getränk.

10) Sodawasser. Mit oder ohne Fountain gemacht Die gewöhnlichen oder mehr wässrigen Syruparten werden gemacht, indem loaf oder crushed sugar (Hut= oder gestoßenen Zucker) 8 Pfund, reines Wasser 1 Gall., arabisches Gummi 2 Unzen gebraucht werden Thue Alles in einen Messing= oder Kupferkessel: laß es so lang kochen, bis das Gummi zerflossen ist, dann schöpf es ab und seihe es durch weißen Flanell, nach diesem thue 5½ Unzen Weinsteinsäure, in Wasser aufgelöst, hinzu. Den rechten Wohlgeschmack zu geben, gebrauche Citronen=, Pomeranzen=, Rosen=, Ananas=, Pfirsich=, Sarsaparillen=, Erdbeeren=Extract u. s. w., ½ Unze zu jeder Flasche, oder je nach deinem eignen Geschmack.

Nun nimm 2 oder 3 Eßlöffel voll Syrup zu ¾ eines Trinkglases und ½ Theelöffel voll fein gemachtes super = corbonate of Soda (doppelt Kohlensaure Soda) rühre es geschwind und trinke es schnell, oder gebrauche die Soda in Wasser, wie unter Imperial cream nectar (kaiserlicher Rahm= Nektar) angeführt ist. Jedenfalls hält das arabische Gummi die Kohlensäure, daß sie nicht so schnell als in gewöhnlichem Soda=Wasser entflieht. Dieser Syrup kann ohne Fountain gebraucht werden.

11) Cream Soda, (Rahmsoda.) Rahm zu Fountains benützend. Schönen Hutzucker 5 Pfund, süßen, fetten Rahm 1 Quart, Wasser 1 Glas voll; erwärme dieß allmählich, daß es nicht anbrennt. Extract of vanilla (Vanilleextract) ¾ Unzen; Extract of nutmeg (Muskatnuß=Extrakt ¼ Unzen.

Bringe es auf ein schwaches Feuer, lasse es aber nicht sieden, denn wenn du es längere Zeit kochst, so krystallisirt der Zucker. Gebrauche von diesem Syrup 4 oder 5 Eßlöffel voll, anstatt 3, wie bei den andern Syruparten. Wenn es ohne eine Fountain gemacht wird, so nimmt man ¼ Pfund Weinsteinsäure hinzu. Die Eigenschaft dieses Syrups ist, daß er schneller in Säure übergeht, als die andern Arten; ist aber sehr gut, so lange er hält. Und in kleiner Quantität gemacht und kühl gehalten, bezahlt es mehr, als bloß die Mühe der öftern Bereitung.

12) Cream Soda (Rahmsoda) ohne Fountain. — Kaffeezucker 4 Pfd., Wasser 3 Pint, 3 verriebene Muskatnüsse, das Weiße von 10 Eiern, gut gequirlt, arabisches Gummi 1 Unze; Citronenöl 20 Tropfen, oder in dem Verhältniß Citronen=Extract. Beim Gebrauch anderer ätherischen Oele kannst du so verschiedene Wohlgerüche von obigem machen, als du wünschest oder verziehst.

Mische Alles und stelle es über ein mäßiges Feuer, und rühr es gut ungefähr 30 Minuten. Nimm es vom Feuer, seihe es durch und theile es in zwei Hälften. In eine Hälfte thue sup corbonate of Sola (doppelt Kohlensaure Soda) und in die andere Hälfte 6 Unzen Weinsteinsäure. Schüttle es gut, und wenn kalt, sind beide Theile zum Gebrauch fertig, indem man 3 oder 4 Löffel voll von jedem in besondere Gläser schüttet, welche zu ½ mit Wasser angefüllt sind. Rühre jedes um und schütte es zusammen, und du hast ein so gutes Glas Rahm-Soda, als je getrunken wurde, welches auch nach Belieben getrunken werden kann, indem die Eier und das Gummi das Gas halten.

13) **Sodawasser ohne eine Maschine zum Füllen auf Flaschen.** In jeder Gallone Wasser die gebraucht wird, löse ½ Pfund gestoßenen Zucker auf und 1 Unze doppelt Kohlensaure Soda; dann fülle Halbpintflaschen mit diesem Wasser, laß in jede ½ Drachme krystallisirte Citronensäure flie en, pfropfe sogleich zu und lege sie hin. Es ist gut den Pfropf mit Schnur fest zu binden.

Diese Flaschen dürfen nicht geschüttelt, und müssen an einem kühlen Ort gehalten werden, bis sie gebraucht werden. Es kann ein wenig mehr oder weniger Zucker gebraucht werden, den verschiedenen Geschmack verschiedener Per onen zu befriedigen.

Austersuppe. — Zu jedem Dutzend oder Teller voll Austern nimm ½ Pint Wasser; ¼ Pint Milch; ½ Unze Butter, gepulverte crackers (Zwieback) um es zu verdicken. Bringe die Austern und das Wasser zu einem Sud, dann thue die übrigen Theile, vorher gut gemischt, hinzu, und lasse es blos 3 bis 5 Minuten kochen. Jeder wird Salz, Pfeffer u. s. w. nach seinem eigenen Geschmack beimischen. Nimm nach diesen Proportionen mehr im Fall du für ein „Oyster Supper", für größere Gesellschaften u. s. w. zu kochen hättest.

Eingemachten Magen zu bereiten und zu pöckeln (einzusalzen). Zuerst nähe ihn zu, nachdem die Inseite nach Außen gerichtet ist; aber sei sorgfältig und nähe ihn fest zu, daß kein Kalk hinein kann. Dann nimm einen Zuber mit Kalkwasser in der Dicke, wie Maurerweiße. Laß ihn 10 bis 20 Minuten drin, oder bis, wenn du ihn hälst, die dunkle äußere Haut herunter geht. Dann thue ihn in klares Wasser, abwechselnd 3 bis 4 mal, den Kalk zu schwächen, daß die Hände dadurch nicht beschädigt werden. Dann schabe mit einem stumpfen Messer die dunkle Oberfläche ab, und fahre fort, ihn in's Wasser zu legen, und schabe ihn etliche Mal ab, was alle scharfen Substanzen und Geruch vertreibt. Nach diesem lege ihn 20 bis 30 Minuten in 2 bis 3 heiße Wasser, jedesmal wieder abschabend. Dann lege ihn in Salzwasser, 12 Stunden, und er ist zum Kochen fertig. Koche ihn von 3 bis 4 Stunden, schneide ihn in beliebige Riemen, und thue diese in guten Essig mit den nöthigen Gewürzen, die man verschieden wählen kann. Erneure den Essig nach Verfluß einer Woche, so bedarf es sonst weiter Nichts mehr.

Manche Leute rümpfen die Nase, wenn sie von eingemachtem Magen hören; allein wenn gut bereitet, ziehe ich ihn irgend einer Fleisch-Speise vor.

Melasseskandy und Popkornbälle, (aufgesprungenes Korn, Knallkorn.) Melasses-Zucker, hiezu nehme gleiche Theile braunen Zucker und Melasses, und thue sie in einen passenden Kessel, am besten einen kupfernen, und wenn es anfängt zu kochen, so schöpfe es gut ab und seihe es, oder schütte es durch ein feines Drahtsieb, es von Splittern und Steckchen, welche oft im Zucker gefunden werden, zu befreien. Dann bringe es wieder in den Kessel und fahre fort, es sieden zu lassen, bis es, (wenn du mit den vorher in kaltes Wasser getauchten Fingern durch die siedende Masse fährst und sogleich wieder in das Wasser) sich anhängt, und wenn es kalt ist, gleich getrockneten Eierschaalen zerbröckelt, und wenn es zerbissen wird, nicht an die Zähne anhängt. Wenn dieß gethan ist, so schütte es in einen steinernen Hafen oder eine Platte, welche mit Fett bestrichen ist, und wenn es anfängt abzukühlen, so schaffe das Obere durcheinander und wirke es durch Ziehen mit einem Haken oder mit der Hand, bis es glänzt wie Gold. Die Hände sollten gelegentlich mit ein wenig Mehl bestreut werden. Nun halte die Masse an einen warmen Ofen, (wenn viel auf einmal gemacht wird) und ziehe sie in Formen von Stangen; von Zeit zu Zeit müssen sie gerollt werden, bis es genug gezogen und kalt ist. Dann schneide es mit einer Scheere in Stücke von gehöriger Länge. Weder Schmalz noch Butter; weder Farbe noch Wohlgeruch sollte gebraucht; doch irgend ein ätherisches Oel kann benützt werden, um des Wohlgeschmacks willen, wenn dieser gewünscht wird.

Zuckerüberbleibsel in Molassesfässern sind sehr gut bei dieser Berei=
;. Pulverisirter weißer Zucker darunter gesprenkelt wenn fertig, wird
äten, daß die Masse zusammenklebt.

2) C a n d y, Zucker=Candy, schön weiß. Wenn vollkommen weißer
er=Candy verlangt wird, so verfahre folgendermaßen:
Besten Kaffeezucker 2½ Pfd.; den besten Syrup 1½ Pts.; laß es sehr
ichtig kochen, bis es, nach obiger Weise probirt, gleich Eierschaalen
röckelt, oder gleich Glas verbricht; dann ziehe es auf dem Haken, bis
ollkommen weiß ist.

2) M o l a s s e s = C a n d y o h n e Z u c k e r. — Porto=Rico=Mo=
·s, wie oben eingekocht und verschafft, hat eine rahmartige Beschaffen=
, jenachdem sie gezogen wird, und die meisten Personen ziehen sie der
ichung von Zucker und Molasses, wie in Nr. 1, vor.

4) Pop Corn Balls. Bälle von dem aufgesprungenen Knall=Korn.—
das Korn in der Hitze aufspringen, und wirf alles das weg, welches
t schön offen ist. Thue ⅛ Bushel des aufgesprungenen Korns auf ei=
Tisch oder in eine große Bratpfanne; thue ein wenig Wasser in einen
enden Kessel mit 1 Pfd. Zucker; und lasse es sieden, wie bei der Berei=
z von Candy, bis es im Wasser ganz waxartig wird. Dann nimm
.s vom Feuer und thue 6 bis 7 Eßlöffel Gummiauflösung hinzu. Diese
wird gemacht, indem man siedendes Wasser über arabisches Gummi gießt.
Nun bringe die Mischung mit verschiedenen Theilen des Korns in Verbin=
dung, indem du mit einem Stecken oder mit der Hand das Korn aufhebst
und so lange durcheinander mischest, bis das Korn von der Candymischung
ganz gesättigt ist. Dann presse das Korn schnell mit den Händen zu Bäl=
len, wie die Knaben die Schneebälle; sey aber flink dabei, sonst setzt sich
die Masse, ehe du fertig bist. Diese Quantität macht ungefähr 100 Bälle.

5) W i r k u n g d e s Z u c k e r s o d e r C a n d y s a u f d i e
Z ä h n e. Herr Larez von Frankreich zog in seinen Vorlesungen über die
Zähne folgende Schlüsse:
Erstens, daß raffinirter Zucker (vom Zuckerrohr oder von der Run=

telrübe) gesunden Zähnen schädlich ist, entweder durch sofortige Berührung mit diesen Organen, oder durch das entwickelte Gas, das sich im Magen ansammelt.

Zweitens, daß wenn ein Zahn durch eine gesättigte Zuckerauflösung gebeizt wird, derselbe an seinen chemischen Bestandtheilen eine solche Ver= änderung erleidet, daß er gallertartig wird, und sein Email [die Schmelze] dunkel, schwammig und leicht zerbrechlich.

Diese Veränderung ist nicht den freien Säuren, sondern der Eigen= schaft des mit der kalkartigen Grundlage der Zähne sich verbindenden Zu= ders unterworfen.

Ich zweifle nicht daran, daß ich meine eigenen Zähne zerstört habe durch beständiges Candyessen, so lange ich in einem Grocery=Geschäft war, ehe ich den schädlichen Erfolg dieser Gewohnheit wußte. Ich glaube auch, daß ich die ersten Zähne aller meiner Kinder, welche mir während der Zeit meiner zuckeressenden Gewohnheiten geboren wurden, zerstört habe. Was sagt unsere candyessende Generation zu dem Obigen?

Lemonade, in der Tasche nachzutragen. Hutzucker 1 Pfd.; zerstoße ihn fein in einem Mörser, und mische ½ Unze Citronen= säure, (Weinsteinsäure thuts auch) und ¼ Unze Citronenessenz hinzu, und fahre mit der Zerreibung fort, bis Alles tüchtig gemischt ist. Dann fülle es zum Gebrauch in Flaschen mit weiter Oeffnung.

Persische Lemonade. — Pulverisirten Zucker 1 Pfd.; dop= pelte kohlensaure Soda 4 Unzen; Weinsteinsäure 3 Unzen. Thue alle diese Artikel in den Ofen, wenn er mäßig warm ist, jeden Theil besonders, auf Papier oder einen Teller. Laffe es so lange drinnen, bis alle feuchten Theile herausgetrocknet sind. Dann reibe etwa 40 Tropfen Citronen in einem Mörser mit dem Zucker durcheinander; thue die Soda und Säu= re hinzu und fahre mit dem Reiben fort, bis alles gut durcheinander ge= mischt ist.

Fülle es in Gläser und pfropfe gut zu; denn wenn nur ein wenig Feuchtigkeit hinzukommt, so neutralisiren sich die Soda und Säure, wo= durch die Mischung an Güte verliert. Einen mittelmäßigen Eßlöffel, oder 2 Theelöffel voll von dieser Mixtur in ein mit Wasser beinahe ge= fülltes Halbpint Glas gethan und schnell getrunken, macht ein angenehmes Getränk im Sommer. Wenn 3 oder 4 Gläser voll davon innerhalb 1 bis 2 Stunden genommen werden, so hat es die Wirkung eines milden Abführmittels, deßhalb würde es bei habitueller Verstopfung beinahe so gut sein wie das Seidlitz=Pulver. Für Kinder würde es von beiden das Beste sein.

Bier. — Wurzelbier. — Zu jeder Gallone Wasser, die gebraucht wird, nimm Hopfen=, Kletten=, Sauerampfer=, Sarsaparilla=, Löwenzahn= und Spikenard=Wurzel (graue Sarsaparilla) zerquetscht, von jedem ½ Unze. Laß es ungefähr 20 Minuten kochen, seihe es, so lang es heiß ist, thue 8 bis 10 Tropfen Föhrenöl und Sassafrasöl zu gleichen Theilen hinzu. Wenn es kühl genug ist, daß es die Hand darin ertragen kann, so thue 2 oder 3 Eßlöffel voll Hefe hinein. ¾ Pint Molasses oder ½ Pfd. weißer Zucker gibt ihm ungefähr die rechte Süßigkeit.

Halte diese Proportionen, und mache so viele Gall. als du wünschest. Du kannst von den Wurzeln mehr oder weniger nehmen, nu, nachdem du es versucht, deinem Geschmack anzupaffen. Die trocknen Wurzeln find die besten, oder grabe sie aus und trockne sie. Du kannst natürlich auch noch andere Wurzeln, welche medizinische, in diesem Bier gewünschte Eigenschaften besitzen, gebrauchen.. Nachdem Alles gemacht ist, laß es in einem steinernen Hafen, mit einem Tuch bedeckt, stehen, damit es ungefähr 2 Stunden „gähren" kann. Dann fülle auf Flaschen und stelle sie an einen kühlen Ort. Dieß ist ein guter Weg, Linderungsmittel ohne Medicin, zu nehmen. Familien sollten es alle Frühjahre machen, um einige Wochen lang beliebig davon zu trinken, wodurch sie sich vielleicht einige Dokter-Rechnungen ersparen können.

2) S p r u c e = oder a r o m a t i s c h e s B i e r. Zu 3 Gall. Wasser nimm 1 Quart, und ½ Pint Melasses, 3 gut gequirlte Eier, Hefe 1 Gill. In 2 Quarts von dem Wasser, das siedend sein muß, thue 50 Tropfen irgend eines Oels, dessen Wohlgeschmack du wünschest, oder mische Sassafrasöl, Föhrenöl und Wintergrünöl mit einander, und nimm von dem gemischten Oel 50 Tropfen.

Mische Alles; laß es 2 Stunden stehen, dann fülle auf Flaschen. Die Hefe darf nicht hineingethan werden, so lange es für die Hand noch zu heiß wäre.

3) C i t r o n e n = B i e r. — Wasser 30 Gall., Ingwerwurzel, grob gestoßen 6 Unzen; Weinstein ¼ Pfund, Caffeezucker 13 Pfd.; Citronenöl 1 Unze; (auch ½ Unze ist genug) und 6 große Citronen, in Stücke geschnitten, Hefe 1½ Pts.

Koche den Ingwer und Weinstein ungefähr 20 bis 30 Minuten in 2 bis 3 Gall. Wasser ein; dann seihe es auf den Zucker und das Oel oder die zerschnittenen Citronen, welche vorher mit dem Zucker verrieben ^den. Du mußt warmes Wasser genug haben, das dir die Hand nicht brennt, oder ungefähr 70 Grad Wärme hat, während du alle 30 Gall. ^eitest. Dann verarbeite die Hefe zu einem Teig (wie beim Cider) mit oder 6 Unzen Mehl. Laß es über Nacht gähren, dann schöpfe die Hefe ^, oder laß es sich durch einander schaffen, wie beim Cider; dann seihe es nd fülle auf Flaschen. Es wird 15 bis 20 Tage halten.

4) I n g w e r = B i e r. Weißen Zucker 5 Pfd.; Citronensaft 1 Gill; Honig ¼ Pfd.; Ingwer, grob gestoßen, 5 Unzen, Wasser 4½ Gall.

Laß den Ingwer in 3 Quarts von diesem Wasser kochen, dann thue den Rest vom Wasser und die andern Bestandtheile hinzu und seihe durch. Wenn es kalt ist, so thue das Weiße eines Eis, wohl gequirlt, hinein, mit 1 Theelöffel voll Citronenessenz; laß es 4 Tage stehen und fülle auf Flaschen. Es hält 4 Monate.

5) P h i l a d e l p h i a = B i e r. — Wasser 30 Gall.; braunen Zucker 20 Pfd.; Ingwer grob gestoßen, 1¼ Pfd.; doppelt kohlensaure Soda 3 Unzen; Citronenöl, (in ein wenig Alkohol aufgelöst) 1 Theelöffel voll; das Weiße von 10 Eiern, gut gequirlt; Hopfen 2 Unzen, Hefe 1 Quart.

Die Ingwerwurzeln und die Hopfen sollten 20 bis 30 Minuten lang in einem Theil Wasser gekocht werden, um beim mischen das Ganze mildwarm zu machen; durch ein Tuch oder Sieb geseiht, die Hefe dazu gethan, über Nacht gähren lassen; dann abgeschäumt und aufgefüllt.

6) P a t e n t = G a s b i e r. — Ingwer 2 Unzen; Nelkenpfeffer 1 Unzen; Zimmt ½ Unze; Gewürznelken ¼ Unze. Alles zerstoßen oder gemahlen; Melasses 2 Qts.; kaltes Wasser 7½ Gall.; Hefe 1 Pint.

3

Koche die pulverisirten Artikel 15 oder 20 Minuten in dem Molasses, und 2 Quart von dem Wasser, dann seihe es in ein Fäßchen; thue das Wasser, und dann die Hefe dazu. Schüttle es gut durcheinander und spunde zu. Abends gemacht, ist es am nächsten Tag zum Gebrauch fertig. Dieses Bier ist besser als alle Brausbiere und Mineralwasser, welche gemacht werden, wegen seines angenehmen Geschmacks, gesunden und perlenden Eigenschaften, und schnellen Verfertigung. Sei vorsichtig, daß das Fäßchen nicht zerberstet. In heißem Wetter sollte ein Krug mit Eis hinein gethan werden.

7) **Welschkorn = Bier ohne Hefe.** — Kaltes Wasser 5 Gall. gesundes, gutes Korn 1 Qt.; Molasses 2 Qts.; schütte alles in ein Fäßchen von dieser Größe; schüttle es gut und in 2 oder 3 Tagen wird es so stark gähren, wie mit Hefe bereitet. Spunde es gut zu.

Es mag ihm ein angenehmer Geschmack durch Föhren= oder Citronenöl gegeben werden, wenn es gewünscht wird, indem man an das Oel 1 oder 2 Quarts heißes Wasser schüttet. Mit der angegebenen Quantität Korn kann es 5 bis 6 mal gemacht werden. Wenn es sauer wird, so nimm noch mehr Molasses und Wasser, in demselben Verhältniß hinzu. Es ist wohlfeil, gesund, und keine Mühe mit der Hefe dabei.

8) **Englisches, verbessertes Bier.** — Malz 1 Peck; groben braunen Zucker 6 Pfd.; Hopfen 4 Unzen; gute Hefe 1 Kaffeetasse voll. Wenn du kein Malz haben solltest, so nimm ein wenig mehr als ein Peck Gerste (zweimal so viel Hafer thut es auch), ist aber nicht so gut) und thue es in den Backofen, nachdem das Bret herausgenommen ist (oder in einem Stubenofen) um es zu trocknen. Mahle es grob.

Nun schütte über das gemahlene Malz 3½ Gall. Wasser bei 170 oder 172 Grad Hitze. Der Zuber, in welchen du das Malz thust, sollte einen falschen Deckel, 2 oder 3 Zoll von dem rechten Deckel oder wirklichen Ende haben. In dem falschen obern Ende sollten rings herum viele Löcher mit dem Nagelbohrer gebohrt sein; daß es den Dienst eines Seihers verrichten kann, das Malzmehl zurück zu behalten. Wenn das Wasser draufgeschüttet ist, so rühre es gut durcheinander, laß es noch 3 Stunden stehen und lasse durch einen Hahnen ab. Dann gieße noch 7 Gall. Wasser bei 180 bis 182 Grad Hitze hinzu, rühre es gut, laß es 2 Stunden stehen und ziehe es durch den Hahnen ab. Du solltest nun 5 bis 6 Gall. haben. Thue nun die 6 Pfd. groben braunen Zucker in eine gleiche Quantität Wasser, mische es mit dem jungen Bier, und koche es 1½ bis 2 Stunden mit den Hopfen, was 8 Gallonen machen sollte, wenn es gesotten hat. Wenn es zu 70 Grad erkaltet ist, so thue die Hefe hinein, und laß es 18 bis 20 Stunden gähren, zugedeckt mit Sackleinwand. Gebrauche gute eisengebundene Kegs oder Bierflaschen. Spunde oder pfropfe gut zu, und in 2 Wochen wird es gutes, gesundes Bier sein, und es hält sich eine lange Zeit, und für Personen von schwächlicher Körperbeschaffenheit, besonders für Frauenzimmer, ist ein Glas voll, bei dem Essen getrunken, besser als Thee oder Kaffee, oder alle die geistigen Getränke im Universum. Wenn mehr Malz gebraucht wird (aber nicht über ½ Bushel) so bekommt das Bier natürlich mehr Geist; aber obige Stärke ist genügend für den Familiengebrauch oder für Kranke.

9) **Selbst-brautes Ale.** — Die Mittelklasse unter dem englischen Volk macht ihr Ale gewöhnlich in Quantitäten von 2 Barrels, d. h.
72 Gallonen.

Zu diesem Zweck holt man 8 Buschel Malz im Malzhaus, oder wenn
es sehr stark gemacht werden soll, so nimmt man 9 Buschel mit 12 Pfd.
Hopfen und 5 Qt. Hefe. Das zerquetschte oder gemahlene Malz wird
mit 72 Gall. 160 Grad heißem Wasser gemischt und 3 Stunden lang zugedeckt, wovon 40 Gall. davon abgelassen werden, in welche die Hopfen
gethan und zum Einweichen stehen gelassen werden. Dann werden 60
Gall. Wasser von 170 Grad Hitze zu dem Malz in den „Meisch=" oder
Meischzuber gethan und gut gemischt, und nachdem es 2 Stunden gestanden, so werden 60 Gall. davon abgelassen. Das „junge Bier" von diesen 2 Mischungen wird mit den Hopfen 2 Stunden lang gekocht, und nachdem es auf 65 Grad erkaltet ist, wird es durch einen Flanellsack in einen
Gährzuber gebracht, wo es mit der Hefe vermischt wird, um es 24 bis 30
Stunden gähren zu lassen. Dann läßt man es in Fässer laufen, damit
es sich abklären kann. Einige Gall. werden aufbewahrt, um die Fässer
wieder um das anzufüllen, was die Hefe herausschafft.

Natürlich, wenn die Hefe ausgeschafft hat, muß gespundet werden.
Wenn ein Mann von diesem Bier ½ Pint bei jeder Mahlzeit trinkt, und
eine weibliche Person die Hälfte davon, ohne den Tag hindurch andere geistige Getränke, Thee oder Kaffee zu genießen, so ist dieß sehr gesund.

10) **Porter, (englisches Bier) Ale oder Wein.** — Das Abstehen zu
verhüten. Kranken, welchen der Gebrauch von Ale, englischem Bier oder
Wein gerathen wurde, und blos ein kleines Glas auf einmal trinken können, werden das Letzte in der Flasche fast immer schaal finden. Dieß zu
verhüten, pfropfe gut zu, und drehe das Korkende abwärts in ein großes
Glas oder ein anderes Gefäß, das mit Wasser gefüllt ist. Hierdurch wird
die Verbindung mit der äußern Luft verhindert.

11) **Kaiserlicher Rahmnektar.** — Zuerst nimm Wasser 1
Gall.; Hutzucker 8 Pfd.; Weinsteinsäure 8 Unzen; arabisches Gummi 1
Unze; thue es in einen passenden Kessel über das Feuer. Zweitens: Nimm
Mehl 4 Theelöffel voll; das Weiße von 4 Eiern, gut unter das Mehl
gequirlt, und nimm ½ Pint Wasser dazu. Sobald Ersteres blutwarm ist,
so thue das Zweite hinzu. Koch es 3 Minuten, und es ist geschehen.
Vorschrift: Drei Eßlöffel voll von dem Syrup zu einem halben oder drei-
viertel vollen Glas Wasser, ⅓ Theelöffel voll Sodasalz hinzu gethan, gut
gerührt und nach Belieben getrunken.

☞ Bei Bereitung irgend eines hier besprochenen Sodageträuks ist
es vorzuziehen, etwa 8 Unzen in 1 Pt. Wasser in eine Flasche zu thun,
dasselbe, wenn man ein Glas Sodawasser bereiten will, gut zu schütteln,
und davon in das Glas zu gießen, bis es gut schäumt, anstatt daß man die
trockene Soda gebraucht, wie oben vorgeschrieben.

12) **Ingwer-Bier.** — Wasser 5½ Gall. Ingwerwurzel, zer-
quetscht, ¼ Pfd.; Weinsteinsäure ½ Unze; weißen Zucker 2½ Pfd., das
Weiße von 3 Eiern, gut gequirlt, Citronenöl 1 Theelöffel voll; Hefe 1
Gill (¼ Pint.)

Lasse die Wurzeln ½ Stunde in 1 Gall. Wasser kochen, seihe es dann
ab und thue das Oel hinein, so lange es heiß ist; mische es. Mache es

Abends und am Morgen schäume es ab und fülle auf Flaschen, Unreinig-keiten davon ferne haltend.

13) **Spanische Ingwerette.** — Zu jeder Gall. Wasser thue 1 Pfd. weißen Zucker; ¼ Unze von der besten, zerquetschten Ingwerwurzel; ¼ Unze Weinstein und zwei zerschnittene Citronen.

Vorschrift: Bei Verfertigung von 5 Gall. koche den Ingwer und die Citronen 10 Minuten lang in 2 Gall. von dem Wasser, den Zucker und Weinstein lasse in dem kalten Wasser zerfließen; mische nun Alles und thue ½ Pt. gute Hefe hinzu und lasse es über Nacht gähren; am Morgen seihe es und fülle es auf Flaschen.

Dieß ist ein werthvolles Rezept zu einem kühlenden und erfrischenden Getränk, zusammengesetzt aus Bestandtheilen, von denen man weiß, daß sie magenstärkend sind, und es ist Leuten empfohlen, welche an Unverdau-lichkeit und nervösem Kopfweh leiden, und in Wirthsstuben oder Salons wird es von keinem Getränk übertroffen werden.

14) **Nachgemachter Champagner.** — Ein lauteres Mä-ßigkeitsgetränk. Weinsteinsäure 1 Unze; 1 schöne Citrone: Ingwerwur-zel 1 Unze; weißen Zucker 1½ Pfd.; Wasser 2½ Gall.; Hefe 1 Gill (¼ Pint.)

Zerschneide die Citrone und zerquetsche den Ingwer; mische Alles, ausgenommen die Hefe; lasse das Wasser kochen und schütte es über die Mischung und lasse es stehen, bis es auf dem Grad der Blutwärme steht; dann thue die Hefe hinzu und laß es den Tag über in der Sonne stehen. Nachts fülle dann auf Flaschen und pfropfe gut zu. In 2 Tagen kann es gebraucht werden. **Mrs. Beecher.**

Hefe. — Hopfenhefe. — Hopfen 1 Unze; Wasser 3 Pints; Mehl 1 Kaffeetasse; braunen Zucker 1 Theelöffel voll; Salz 1 Theelöffel voll; Bier- oder Bäckerhefe 1 Gill.

Koche die Hopfen 20 Minuten in dem Wasser; seihe es durch ein Tuch oder Sieb in einen Hafen, und rühre das Mehl, Zucker und Salz hinein, wenn es ein wenig kühl ist, so thue die Hefe hinzu. Nach 4 oder 5 Stunden decke es zu und stelle es an einen kühlen Ort, oder auf Eis, zum Gebrauch. Das Obige macht eine gute Familienhefe; aber die folgende ist die gewöhnliche Bäckerhefe, indem dieselben stets Malz an Hand haben.

2) **Bäckerhefe.** — Hopfen 2 Unzen; Wasser 1 Gall.: Waizen-mehl 1 Pfd.; Malzmehl 1 Pt., verräthige Hefe ½ Pt.

Koche die Hopfen ½ Stunde in dem Wasser; seihe durch und laß es so lange stehen, bis du die Hand darin wohl leiden kannst, dann rühre das Mehl und die Hefe hinein; halte es an einem warmem Platz, bis es an-fängt gut zu gähren, alsdann laß es an einem kühleren Ort 6 oder 8 Stunden „schaffen." Pintflaschen, halb voll gefüllt, gut zugepfropft, oder in einem kühlen Keller oder Eishaus niedergelegt, wird diese Hefe sich mehrere Monate brauchbar erhalten. Aber weil es oft mühsam ist, Hefe zum Gebrauch zu bekommen, so will ich dir hiermit das Recept zur Anfer-tigung von der Hafenhefe der Destillirer geben.

3) **Hafenhefe.** — Ohne beim Anfang Hefe zu gebrauchen. — Hopfen ½ Pfd.; Wasser 1 Gall.; feines Malzmehl ½ Pint; braunen Zu-cker ½ Pfd.

Koche die Hopfen in dem Waffer, bis es sehr stark ist, seihe dann und rühre das Malzmehl hinein. Seihe dann wieder durch ein grobes Tuch, und laß es nochmals 10 Minuten sieden. Wenn es lauwarm ist, so rühre den Zucker hinein; thue es dann in einen Hafen und halte es so lange lauwarm, bis es gährt. Alsdann pfropfe gut zu und halte es an einem kalten Ort.

4) Hefenkuchen. — Große Kartoffeln 1 Dutzend; Hopfen 1 große Hand voll; Hefe ½ Pint und eine genügende Quantität Kernmehl.

Nachdem die Kartoffeln geschält sind, koche dieselben und reibe sie durch ein Reibeisen; koche die Hopfen in 2 Qts. Waffer und thue die Kartoffeln hinein, dann röste so viel Kernmehl, daß dadurch der Stoff Triebkraft bekommt, rühre alsdann die Hefe hinein, und laß es treiben. Alsdann verdicke es mit ungeröstetem Kernmehl, bis es herausgerollt und in Kuchen geschnitten werden kann. Trockne sie schnell, die Säure zu verhüten. Sie halten besser und werden schneller trocken, als wenn sie mit Mehl gemacht werden.

Ice cream, (Gefrornes.) — Frische Rahm ½ Gall.; fette Milch ½ Gall.; weißen Zucker 1 Pfd. Einige nehmen 2 Pfd. Zucker zu 1 Gall., allein es hinterläßt eine unangenehme Schärfe in dem Hals, wenn der Rahm genoffen ist. Jedoch mache es nach deinem Gutdünken.

Löse den Zucker in der Mischung auf, gib ihm einen Wohlgeschmack durch einen Extrakt, welcher nach deinem Geschmack ist. Oder nimm die Schaale von einer frischen Citrone und laß die Hälfte davon in so wenig Waffer, als möglich, ein wenig auffochen, und thue dieß hinzu. Dieß gibt einen beffern Geschmack, als die Citrone selbst, und kein Wohlgeruch befriedigt so allgemein, wie der der Citrone. Halte dieselbe Proportion immerdar ein, bei irgend einer beliebigen Quantität. Der Erdbeeren- oder Himmbeerensaft gibt dem Gefrornen eine herrliche Farb -und Wohlgeschmack; es thut's auch ungefähr ½ Unze Effenz oder Extrakt zu 1 Gall., oder den Geschmack zu befriedigen. Das Eis, in welchem Obiges gefroren werden soll, muß klein gebrochen sein, und etwa 1 Qt. Salz muß zu einem Kübel voll Eis genommen werden.

Ein halbstündiges, fleißiges Rühren und Durcheinanderschlagen wird es gefrieren machen. Der „old fashioned freezer," welcher sich in einem Eiszuber herumdreht, macht zarteres und beffereres Gefrornes, als alle „patent freezers," die ich sah. Der Gebrauch von ächter Rahm und Milch ist profitabel; deffen ohngeachtet will ich dir in der nächsten Vorschrift die besten Erfatzmittel angeben. Aber je weniger du von Beiden genießest, desto dienlicher ist es der Gesundheit.

2) Sehr wohlfeiles Gefrornes. — Milch 6 Qts.; Oswego Kern-Stärke ¼ Pfd.

Zuerst löse die Stärke in 1 Quart von der Milch auf, dann mische Alles zusammen und koche es ein wenig (aber laß es nicht zum Sieden kommen) versüße und würze es nach deinem Geschmack, wie oben angezeigt, oder:

3) Irish moss 1⅞ Unzen; Milch 1 Gall.

Zuerst laffe das Moos in ein wenig kaltem Waffer eine Stunde lang durchweichen, und reinige es gut, damit es von Sand und einem gewissen eigenthümlichen Geschmack befreit wird. Dann koche es eine Stunde lang in der Milch bis zum Siedepunkt, laß es aber nicht sieden. Es ist von schöner Farbe und gutem Geschmack ohne Eier und Rahm.　Das Moos mag zweimal leicht gekocht werden.

W e i n e. — Johannisbeer=, Kirschen=, und andere Beerweine.

Von allen den obigen Fruchtarten kann der Saft entweder alleine oder in Verbindung mit einander genommen werden, um eine Verschieden= heit der „Blume" zu erzielen, oder solche Personen zu befriedigen, die zwar die eine, aber nicht die andern Fruchtarten besitzen.

Drücke allen Saft, den du kannst, heraus, dann nehme eine gleiche Quantität kochenden Wassers und schütte es an die ausgepreßte Frucht. Laß es dann 2 Stunden stehen.　Hernach drücke den noch übrigen Saft heraus und mische es zusammen; dann thue zu jeder Gall. von dieser Mi= schung 4 Pfd. braunen Zucker.　Laß es stehen, bis es ausgegohren hat, oder 3 bis 4 Wochen, ohne einen Spunden im Faß, einfach ein Stück dün= nen Flor drüber her legend, die Fliegen davon abzuhalten. Wenn es „aus= geschafft" hat, so spunde zu.

Ein kühler Keller ist natürlich der beste Ort, Wein aufzubewahren, indem derselbe an einen Platz gethan werden muß, wo er nicht gefriert. Einige benützen bloß ein Viertel Saft, wenn sie Wein machen, und drei Viertel Wasser; allein du mußt im Gedächtniß halten, daß der Wein gut oder schlecht wird, je nachdem mehr oder weniger Zucker und Wasser dazu genommen wird.　Wenn du beim Auspressen des Saftes Achtung gibst, daß das Fleischige und der Saame der Frucht vom Saft entfernt bleibt, so bedarf es keines weiteren Durchseihens oder Abziehens.　Die meisten Leute empfehlen, Brandy dazu zu nehmen; allein wenn überhaupt ein Spiritus dazu gebraucht werden soll, so nimm lautern Alkohol, von ¼ bis ½ Pt. per Gall.; allein die von mir empfohlne Stärke und Quantität Zu= cker, macht eine weitere Beimischung von etwas Geistigem durchaus unnö= thig.　Halte im Gedächtniß, daß jede Frucht, von welcher du Wein ma= chen willst, vollkommen reif sein sollte.　Sobald dieß aber der Fall ist, mußt du den Wein gleich machen, lasse den Saft nicht vorher gähren, ehe du den Zucker hinzu thust.　Aufgefüllte Weinflaschen müssen stets auf die Seite zu liegen kommen.

2) R h u b a r b =, o d e r e n g l i s c h e r P a t e n t = W e i n.—Ein angenehmer, gesunder Wein wird aus dem ausgepreßten Saft der Garten= Rhabarber gemacht.

Zu jeder Gall. Saft thue 1 Gall. Regenwasser, in welchem 7 Pfd. brauner Zucker aufgelöst wurden.　Fülle mit dieser Proportion ein Keg oder Bärrel, laß den Spunden weg und halte es mit versüßtem Wasser ge= füllt, weil es sich herausschafft, bis es klar ist.　Dann spunde zu oder fülle auf Flaschen.

Diese Stengel liefern so viel Saft, daß derselbe ¾ ihres ganzen Ge= wichts ausmacht, oder von 1,600 bis 2,000 Gall. Wein von jedem Acker mit gut cultivirten Pflanzen.　Fülle die Fässer und lasse dieselben bis zum Frühling stehen und fülle auf Flaschen, indem jeder Wein in Glas oder Stein besser ist.

3) Einige behaupten, Herr Cahoon von Kenosha, Wisc., sei der ur= sprüngliche Erfinder des Pie p'ant=Weins; allein dieß ist ein Irrthum. Dieser Wein wurde lange zuvor in England gemacht und sogar patentirt. Sie machten ihn Anfangs nach der folgenden Vorschrift, welche auch einen

guten Artikel macht, jedoch mehr anwendbar bei sofortigem Gebrauch ist, als bei längerer Aufbewahrung:

Zu je 4 Pfunden von den fein geschnittenen Stengeln schütte eine Gallone siedendes Wasser, und nimm 4 Pfund braunen Zucker dazu. Laß es 24 Stunden zugedeckt stehen, nachdem du ein wenig Zimmt, Nelken= pfeffer, Nelken, Muskatnuß, Alles grob gestoßen, hinzu gethan hast, je nachdem ein Wohlgeruch gewünscht wird. Seihe es, laß es einige Tage treiben, und fülle dann auf Flaschen.

4) Tomatoe = Wein. — Drücke den Saft von reinen, reifen Tomato's aus, und zu jeder Gall. (ohne Wasser,) thue 4 Pfund braunen Zucker.

Thue den Zucker entweder sogleich, oder vor der Gährung hinein. Dieses muß bei der Bereitung von irgend einer Weinart beobachtet wer= den. Eine Presse, etwa wie eine Käspresse, Reif und Tuch, ist am besten, den Saft der Tomate und anderer Früchte auszupressen. Laß den Wein in einem Keg oder Barrel 2 bis 3 Monate lang stehen, dann ziehe ihn ab in Flaschen, sorgfältig den Bodensatz vermeidend. — Es macht den herr= lichsten Wein, welcher alle die herrlichen Eigenschaften der Tomate hat.

5) Tomato = Kultur, — frühe oder späte Frucht.—Der „Wer= king Farmer" sagt von der Tomatepflanze, daß sie 80 Prozent ihrer Frucht innerhalb 18 Zoll vom Boden entfernt trage, während mehr denn die Hälfte der Pflanze oberhalb dieser Länge ist. Wenn man die Aeste wegschneidet, so blutet die Pflanze nicht, deßhalb mögen dieselben unmittel= bar oberhalb der großen oder früh hervorgekommenen Frucht beschnitten werden.

„Es ist kein Schade, wenn man die kleine Frucht an dem Ende der Zweige wegnimmt; denn nicht nur wird die untere Frucht durch das Aus= putzen größer werden, sondern sie wird auch ein größeres Gewicht und Maaß liefern, außer dem, daß sie von 5 bis 15 Tagen bälder reif ist. Das Ausputzen sollte so geschehen, daß man einige Blätter in einiger Ent= fernung von der Frucht stehen läßt, um sich das völlige Reifwerden zu sichern. Die Nützlichkeit des frühzeitigen Düngens ist zu gut erwiesen, als daß man dasselbe erst empfehlen dürfte. Das Begraben der weggenom= menen Blätter unmittelbar um den Stock herum ist eine gute Praxis, in= dem man dadurch nicht nur etwas Dünger erhält, sondern auch zugleich denjenigen Theil des Bodens fruchtbarer macht, welcher gerade zum Frucht= treiben bestimmt ist. Die begrabenen Theile verwesen rasch und vereini= gen sich schnell mit dem Boden. Wenn man sehr große und frühreife Frucht wünscht, so muß man alle bis auf 2 oder 3 wegnehmen.

6) Späte Tomato's zur Reife zu bringen. — Ziehe die Pflanzen, welche noch grüne Tomato's haben, heraus, ehe die Fröste kommen, und hänge dieselben in einem gut gelüfteten Keller auf. Die Frucht wird fortfahren zu reifen bis Anfangs Winters, besonders wenn der Keller kühl und feucht ist.

7) Die Tomato als Speise. — Dr. Bennett, ein Pro= fessor von einiger Berühmtheit, hält die Tomato für einen werthvollen Ar= tikel, und schreibt ihr verschiedene gute medizinische Eigenschaften zu.

Erstens, daß die Tomato eines der stärksten Wirkungsmittel auf die Leber und andere Organe sei. Wo Calomel angewendet werden müsse, sei es vielleicht eins der wirksamsten und unschuldigsten Hilfsmittel, das der Professor kenne.

Zweitens, daß ein Extrakt von ihr gemacht werden könne, welcher den Gebrauch von Calomel bei der Heilung der Krankheit unnöthig macht.

Drittens, daß er mit diesem Artikel Diarrhöe mit gutem Erfolg behandelt habe.

Viertens, daß, wenn die Tomato als ein Diätmittel gebraucht werde, so sei sie ein sehr gutes Nahrungsmittel bei Unverdaulichkeit und Magenschwäche.

Fünftens, daß sie beständig als tägliche Speise benützt werden sollte, entweder gekocht oder roh, oder in der Form eines catchup (pfeffereingemachte Tomato-Sauce.) Sie ist der gesundeste Artikel der gegenwärtig im Gebrauch ist.

8) **Tomato's als Viehfutter.** — Herr Davis, Herausgeber der „Michigan State News," Ann Arbor, Mich., sagt, daß er dieses Jahr seiner Kuh wenigstens 10 Bushel Tomato's gefüttert habe. Er nimmt zu 3—4 Pts. Tomato's ein wenig Kleie auf ein Futter. Sie geben eine ausgezeichnet fette und gute Milch.

9) **Wein von weißen Johannistrauben.** — Nimm irgend eine Quantität reife, weiße Johannisbeeren, presse den Saft heraus, und schütte nochmal so viel Wasser hinzu, als es Saft ist; mische zu jeder Gallone dieser Mischung 3½ Pfund Zucker; laß es 3 — 4 Monate lang stehen, ohne zu kochen oder abzuschäumen; dann ziehe es ab und fülle auf Flaschen.

Die weiße Johannisbeere hat weniger Säure, als die rothe, und bedarf nicht so viel Zucker. Ich habe niemals Johannisbeer-Wein gekostet, welcher diesem gleich käme.

10) **Ingwer-Wein.** — 98 Procent Alkohol 1 Qt.; besten zerstoßenen Ingwer 1 Unze; Cayennepfeffer 5 Gran; Weinsteinsäure 1 Drachme. Laß es eine Woche lang stehen, filtrire es dann, oder laß es durch den Hahnen über dem Bodensatz ab. Nun thue 1 Gallone Wasser, in welcher 1 Pfund weißer Zucker gekocht wurde, hinzu. Mische es, wenn es kalt ist. Um den Wein zu färben, koche ½ Unze Cochenille, ¾ Unzen preparirten Weinstein, ⅛ Unze Saleratus (eine Art kohlensaure Pottasche) und ⅛ Unze Alaun in 1 Pt. Wasser, bis du eine hochrothe Farbe bekommst. Nimm eine gehörige Portion davon, dem Weine die gewünschte Farbe zu geben.

Dieser Wein paßt beinahe für alle Zwecke, zu welchen irgend ein Wein benützt wird, und 1 Gall. davon kostet nicht mehr, denn 1 Pint von vielen in diesem Land zu medizinischen Zwecken verkauften Weinen, welche angeblich von Europa kommen sollen. Wenn Jemand an einer schlimmen Erkältung leidet, und er trinkt etwa ½ Pt. dieses heißgemachten Weines zur Bettzeit, indem er zugleich 15 bis 20 Minuten lang ein Fußbad nimmt, sich dann warm zudeckt, bei Nacht schwitzt, am Morgen den Leib mit einem rauhen, in Wasser getauchten Handtuche wäscht, dann mit einem trockenen Handtuche sich tüchtig reibt, (etwa 5 Minuten) so wird er von seiner Erkältung in 99 Fällen von hundert nichts mehr fühlen. Frauenzimmer und Kinder sollten weniger davon nehmen, im Verhältniß des Alters. Schwache Frauenzimmer, welche wenig oder keinen Appetit haben, dabei mager sind und an Verdauungsbeschwerden leiden, jedoch die wirkli-

che Verdauungslosigkeit noch nicht bei ihnen zur Reife gekommen ist, wer=
den völlig befreit werden von diesem Zustand, wenn sie unmittelbar nach
der Mahlzeit etwa 2 Monate lang, (je nach dem Fortschritt der Besse=
rung) davon ½ Weinglas voll nehmen. Für den Hausgebrauch ist es oh=
ne Farbe so gut, als mit derselben.

11) **Brombeer=Wein.** — Zerstoße die Beeren und schütte zu
jeder Gallone 1 Qt. heißes Wasser; laß die Mischung 24 Stunden stehen
und rühre sie gelegentlich um. Dann seihe und thue es in ein Keg, indem
du noch 2 Pfund Zucker und 1 Pint Roggenbranntwein oder ½ Pint vom
besten Alkohol zu jeder Gall. zusetzen mußt.

Pfropfe fest zu und laß es stehen bis etwa Oktober, so wirst du Wein
haben, zum Gebrauch tauglich, ohne weiteres Seihen oder Kochen. Du
wirst zuvor nie etwas Besseres an die Lippen gebracht haben. Ich glaube
gewiß, daß da, wo diese Beeren in Menge sind, dieser Wein allem andern
vorgezogen werden sollte, indem er bei Krankheiten ein unschätzbares Stär=
kungsmittel ist, und für Unterleibskrankheiten gibt es gar nichts Besseres.
Deßhalb gebe ich auch die Vorschrift zur Bereitung, und weil ich diesen
Wein selbst gemacht habe, so spreche ich aus Erfahrung über diesen Gegen=
stand. Die „Dollar Times, Cincinnati, O.," publicirte dieses Rezept
zuerst ohne Angabe von einem dazu benützten geistigen Stoff; allein ich
fand, daß der Wein ohne einen solchen leicht sauer wird.

12) **Kultur der Lawton=Brombeere.** — Ein Zeitungs=
schreiber in Coldwater, Mich., sagt von dieser Frucht, daß sie da, wo man
sie am besten kenne, die populärste Kleinfrucht sei, die je gepflanzt werden
wäre. Man habe gefunden, daß an einem einzigen Stengel in einem
Jahr über tausend ausgewachsene, reife Beeren producirt worden seien.
Die Durchschnittsgröße dieser Frucht sei von einem ⅜ bis zu 1½ Zoll im
Durchmesser. Qualität ausgezeichnet und sehr saftig, die Samenkörner
sehr klein und wenig an Zahl. 5 Quart geben 1 Gallone Saft, welcher,
gemischt mit 2 Gallonen Wasser und 9 Pfund rafinirtem Zucker 3 Gallo=
nen Wein gebe, der an Güte dem besten Rebenwein gleich sei. Professor
Mapes und viele Andere, welche diesen Wein gekostet und ihn als eigent=
lichen Wein gefunden haben, sprachen Alle sehr rühmlich von ihm.

Sollte gewünscht werden, diese Frucht in großer Anzahl zum Verkauf
oder zur Weinbereitung zu pflanzen, so sollten die Reihen 5 Fuß Entfer=
nung stehen und die Pflanzen etwa 3 Fuß von einander in Reihen, und
etwa alle 15 Fuß sollten starke, 4 Fuß hohe Pfähle eingesteckt werden, an
deren Spitze ein starker Draht der Länge nach, den Reihen entlang sich
zieht, an welchem die Pflanzen befestigt werden. Auf diese Weise braucht
dann nicht jede Pflanze einen Pfahl. Und weil die Frucht an den Sten=
geln vom letzten Jahr wächst, so schneide im Herbst diejenigen Stengel
hinweg, welche im selben Jahr getragen haben, und befestige so viel neue
Stengel an den Draht, als du für's künftige Jahr wünschest. Auch mußt
du im Herbst gut düngen. Dieselbe Anweisung bezieht sich auch auf die
Cultur der Himbeere.

13) **Port Wein,** (so genannt nach dem Oportowein in Portugall.)
Völlig reife, wilde Trauben 2 Buschel; besten Alkohol 3 Gall.; Zucker 25
Pfd.; Wasser, um ein Bärrel vollends zu füllen.

Zerquetsche die Trauben, ohne die Samenkörner zu zerdrücken, dann
thue sie nebst dem Zucker und Alkohol in ein Bärrel und fülle dasselbe mit

Regenwasser auf, und laß es einige Wochen in der Sonne liegen, oder wenn das Wetter kalt ist, so thue es an einen warmen Ort, dann in den Keller bis zum Frühling; dann ziehe ab und fülle auf Flaschen, oder in ganz reine Fäßchen, und du wirst einen bessern Artikel bekommen, als wenn Zehntel von dem Portowein, der als „eingeführter" verkauft wird.

14) **Ciderwein.** — Professor Horsford, ein berühmter Chemiker, übersandte der Gartenbau-Gesellschaft von Massachusetts das folgende Rezept und empfiehlt es einem allgemeinen Versuch:

Laß den neuen Cider von schönen, reisen und gesunden Saueräpfeln 1 bis 3 Wochen lang gähren, je nachdem das Wetter warm oder kühl ist. Wenn die Gährung einen hohen Grad erreicht hat, so thue für jede Gall. Cider von $\frac{1}{2}$ bis 2 Pfund Zucker im Verhältniß zur Säure des Ciders. Nimm weißen, zerstoßenen Zucker. Laß es dann fort gähren, bis es den Grad von Gährung erlangt hat, den man bleibend wünscht. Alsdann laß 1 Quart Cider heraus und mische für jede Gall. $\frac{1}{4}$ Unze Sulphite of lime (schweflichtsauren Kalk.) Rühre das Pulver und den Cider tüchtig durcheinander, bis es völlig vermischt ist, dann schütte es in den gährenden Cider im Faß. Rühre den Cider schnell und tüchtig durch einander, darnach mag er sich setzen. Die Gährung wird nun auf einmal aufhören. Wenn der Cider nach einigen Tagen klar geworden ist, so lasse ihn sorgfältig ab, den Satz ferne zu halten, und fülle dann auf Flaschen. Wenn leicht zugepfropft, (was besser ist,) so gibt es einen perlenden Ciderwein.

15) **Traubenwein.** — Reise, frischgepflückte, auserlesene veredelte Trauben 20 Pfund; thue dieselben in einen steinernen Hafen, und schütte 6 Qts. kochendes Regenwasser über dieselben; wenn hinlänglich erkaltet, zerdrücke dieselben mit der Hand; darnach laß sie 3 Tage lang stehen, ein Stück Tuch über den Hafen her gedeckt. Dann drücke den Saft aus und thue 10 Pfund schönen, zerstoßenen Zucker hinzu, und laß es noch eine Woche in dem Krug stehen. Hebe dann den Schaum ab, seihe das Ganze durch; laß es wieder bedeckt stehen, bis die Gährung vollzogen. Dann seihe nochmals, ziehe auf Flaschen, propfe gut zu und lege die Flaschen auf die Seite an einen kühlen Ort.

16) **Farbe zum Wein, (Schöne.)** — Weißen Zucker 1 Pfund, Wasser $\frac{1}{4}$ Pt.; thue es in einen eisernen Kessel, laß es einkochen, bis es dunkelroth und dick ist; nimm es vom Feuer und thue ein wenig heißes Wasser hinzu, daß es nicht hart wird, wenn es kühl geworden. Dann fülle es in eine Flasche zum Gebrauch.

Irgend einer von den obigen Weinen kann damit gefärbt werden; allein für den Hausgebrauch benütze ich nie eine Farbe.

17) **Magenbitters,** das dem von Hostetter gleich kommt, nur den vierten Theil kostet und für Schiedam-Schnapps ausgegeben wird.— Europäische Enzianwurzel $1\frac{1}{2}$ Unze; Pommeranzenschaalen $2\frac{1}{2}$ Unzen; Zimmt $\frac{1}{4}$ Unze; Anießaamen $\frac{1}{2}$ Unze; Koriandersaamen $\frac{1}{2}$ Unze; Kardamomen- auch Malaguettensaamen eine Achtel Unze; ungemahlene Chinarinde $\frac{1}{2}$ Unze; Kinoharz oder Gambia-Gummi $\frac{1}{4}$ Unze; zerquetsche alle diese Artikel und thue sie in 1 Pint vom besten Alkohol. Laß es eine Woche lang stehen und schütte die klare Tinktur ab; dann koche den Bodensatz einige Minuten in 1 Quart Wasser; seihe durch), und presse alle darin befindliche Stärke heraus. Nun löse 1 Pfund Hutzucker in der heißen Flüssigkeit auf, thue 3 Quarts kaltes Wasser dazu und mische es mit der geisti-

zu Tinktur, welche zuerst abgeschüttet wurde.   Oder kannst du diese sammt dem Bodensatz stehen lassen, wenn du dieß vorziehst.

18) Schiedam = Schnapps, — fälschlicher Weise so genannt. Es ist allgemein bekannt, daß in Schiedam, Holland, die beste Qualität Gin (Wachholderbranntwein) gemacht wird, den man Schiedam=Schnapps nennt, deßhalb kann erwartet werden, daß gewissenlose Menschen ihn nach= ahmen werden; allein solch niederträchtige Nachahmung kann nicht von ei= nem Manne erwartet werden, welcher sich nur noch einigermaßen ehrlich nennt. —

Rezept für Nachahmung. — Nimm Enzianwurzel ¼ Pfd.; Pomeran= zenschaalen ¼ Pfd.; puds ½ Pfd.; oder wenn man sie nicht haben kann, so nimm unreife Pomeranzen oder agaric (Lerchenschwamm) ¼ Pfd.; besten Galgand ¼ Pfd.;   Tausendguldenkraut ¼ Pfd.; — Thue Weingeist 10 Gall. hinzu und lasse es 2 Wochen stehen, rühre es alle Tage, und nach Verfluß dieser Zeit thue 3 Gall. davon in ein Bärrel voll gutem Whisky. Dann fülle auf Flaschen und versehe dieselben mit folgender Aufschrift:

„Aromatischer Schiedam=Schnapps, ein ausgezeichnetes Stärkungs, Harn treibendes=, Verdauung beförderndes= und kräftiges, herzstärkendes Mittel. — Dieses medicinische Getränk wird zu Schiedam in Holland ge= macht und wird für seine unschädlichen Bestandtheile und Eigenschaften Garantie geleistet, indem versichert wird, daß es von der besten Qualität ist.

Seine außergewöhnlichen Eigenschaften bei Steinbeschwerden, Gicht, chronischem Rheumatismus, anfänglicher Wassersucht, Blähung, colikarti= gen Magen= und Bauchschmerzen (bei Kindern oder bei Alten,) ferner in allen gewöhnlichen Leiden der Nieren, Blase und Urinwerkzeuge, in akuter oder chronischer Unverdaulichkeit, bei allgemeiner Schwäche, trägem Um= lauf des Blutes, unvollkommener Verwandlung der Speisen und bei dem Verlust der Lebenskräfte sind von der ganzen medicinischen Fakultät an= erkannt.‟

Ich kaufte obiges Recept von einem Kaufmann in Evansville, Ind. Er hatte den Stoff in Flaschen und versah dieselben mit obiger, von mir gezeigter Aufschrift.   Dieselbe war in einem schönen Styl mit bronzenen Lettern geschrieben, und hinausgesandt in die Welt als lauterer „Schiedam Schnapps‟ zu $1 per Flasche.

Ich habe dir hiermit die ganze Sache mitgetheilt, damit alle die Tau= sende, in deren Hände dieß Buch kommen mag, wissen mögen, welches Ver= trauen oder Mißtrauen in die ausgeschriebenen heutigen Wunderarzneien zu setzen sei, und daß es der sicherste Weg ist, dieselben selbst zu bereiten oder zu wissenschaftlichen Männern zu gehen.   Verlange von ihnen eine Vorschrift und folge ihrem Rath.   Jedermann weiß, daß wirklicher hollän= discher Gin (Wachholder=Branntwein) harntreibende und andere Eigen= schaften besitzt, und wer würde nicht erwarten, in diesem flammenden mit bronzenen Lettern überschriebenen Ding den ächten Artikel zu bekommen, besonders da alle die Leiden aufgeführt sind, über welche sich die Liebhaber des „Schiedam‟ gewöhnlich beklagen? Und doch ist nicht ein Tropfen Gin in einem ganzen Bärrel.   Und meine Entschuldigung in Hinsicht dieser Ausstellung hat ihren Grund darin, daß ich diejenigen, welche solche Arti= kel gebrauchen, hiermit wissen lassen möchte, daß man dazu guten Whisky braucht, der bei $4 per Gall. kostet, selbst wenn für $7.20 bittere Tonics zu 3½ Bärrel von dem eigen köstlichen Stoff genommen werden.

Darum befolge unsere Anweisung, wo Wachholder-Branntwein oder anderer geistiger Stoff gebraucht wird, wie in dem ersten Recept in dem „medicinischen Gebiet" angegeben.

Medicinisches Gebiet.

In Hinsicht auf dieses Gebiet möchte ich als Einleitungswort folgende Warnung und zugleich eine Ermahnung zur Vorsicht vorausschicken:

Wenn du irgend einen medicinischen Artikel kaufst, welcher nicht regelmäßig mit einer Ueberschrift versehen ist, so laß ihn stets den Namen drauf hin schreiben. Dadurch wirst du nicht blos Geld sparen, sondern vielleicht das Leben auch oft retten. Arsenik, Phosphor, Laudanum, Säuren u. s. w. sollten stets dahin gestellt werden, wo die Kinder sie nicht erreichen können. Kaufe immer die besten Arzneien, um des Erfolgs versichert zu sein.

Alkohol (geläuterter Weingeist,) ist in Medicinen dem Brandy, Rum oder Gin vorzuziehen. Nichts half der Unmäßigkeit im Genuß geistiger Getränke mehr auf, als die alten unverständigen Aerzte, welche diese Artikel ihren Patienten fort und fort verschreiben, und die Hälfte des Grundes ist darin zu finden, daß sie sich selbst des beständigen Trinkens dieser Stoffe schuldig machen. Wenn wir aber bedenken, daß es fast unmöglich ist, einen ächten Artikel zu bekommen, so wird die Sünde des Verschreibers derselben um so größer, während jeder wissenschaftlich gebildete Mann weiß, daß mit Alkohol (der lauter ist) und mit vaterländischen Fruchtweinen, Cider und Ciderweinen alle die Wirkungen hervorgebracht werden können, welche bei der Kur von Krankheiten gewünscht werden, ohne obigen geistigen Stoffe zu gebrauchen.

Wenn man Spiritus gebraucht, um irgend ein Bitters oder Syrup vor Sauerwerden zu bewahren, so nimm anstatt 1 Quart vom besten Brandy, Rum oder Gin, ½ Pint Alkohol mit etwa 2 oder 3 Unzen zerstoßenen Zucker, weniger oder mehr, je nachdem man gerade eine Quantität hat. Wenn ein harntreibendes Mittel gebraucht werden soll, wobei Gin verschrieben wurde, so thue 1 Drachme Wachholderöl in den Alkohol, oder wenn es das Arzneimittel erlaubt, so kannst du anstatt des Oels 1 oder 2 Unzen Wachholderbeeren hinein thun. Wenn das Mittel ein zusammenziehendes sein soll, wie z. B. vom Brandy, so nimm ¼ Unze Kinoharz oder Catechu (japanesische Erde.) Wenn schweißtreibende Eigenschaften verlangt werden, wie z. B. der Rum hat, so versüße mit Molasses, anstatt mit Zucker, und benütze 1 Drachme Kümmelöl, oder 1 bis 2 Unzen vom Samen zu obiger Quantität, wie Wachholderbeeren zum Gin. Wenn die Stärke des Weins gewünscht wird, so benütze 1 Quart Ingwer-Wein, oder, wenn dieser nicht nach dem Geschmack des Patienten ist, so nimm irgend einen andern Wein, den derselbe vorzieht. Aber kein einziger sollte Alkoholverschreibungen als ein beständiges Getränk benützen, selbst nicht in der Medicin, außer dann, wenn er von einem Arzt die Anweisung dazu hat, welcher nicht selbst ein Säufer ist. Wenn Familien der obigen Vorschrift folgen und die in diesem Buch angegebenen Weine zum medicinischen

Gebrauch sorgfältig bereiten, so werden sie selten in den Fall kommen, die vorgeblich reinen Branntweine, Gins, Rums u. s. w. zu gebrauchen, und die Unmäßigkeit würde eines natürlichen Todes sterben, aus Mangel an Nahrung.

Es wird mir erlaubt sein, hier einen allgemeinen Irrthum in Hinsicht auf Alkohol in Wein zu rügen. Es wird allgemein geglaubt, daß aus Früchten bereiteter Wein keinen Alkohol enthalte, wenn man solchen nicht extra beimische; aber einen größern Irrthum gibts in der Welt nicht; denn es gibt gar keinen Wein, welcher Art er auch sei, der nicht wenigstens 10 Theile Alkohol bei 100 Theilen Wein hätte, und von 10 aufwärts bis zu $25\frac{1}{2}$ Theile. Johannisbeer=Wein hat $20\frac{1}{2}$; Stachelbeerwein $11\frac{3}{4}$; Cider von 5 zu 9 Theilen; Porter (englisches Bier) $4\frac{1}{2}$; selbst Schmalbier $1\frac{1}{4}$ Qt. bei 100 Qts.

Hieraus ist ersichtlich, daß jedes Quart Fruchtwein, welcher nicht für Medicin oder zum heiligen Abendmahl gebraucht wird, der Unmäßigkeit aufhilft, gegen die wir doch Alle sind. Und diejenigen, welche nun eben einmal irgend etwas „Geistiges" haben müssen, will ich folgende „Geistige Thatsachen" mittheilen:

1. Daß Whis key der key (Schlüssel) ist, welcher Vielen die Thüre in das Gefängniß und Armenhaus öffnet.
2. Daß Brandy die Nasen derjenigen brandmarkt, welche ihren Gelüsten nicht Einhalt thun können.
3. Daß Punch die Ursache vieler unfreundlicher Punches (Stöße) ist.
4. Daß Ale viele ailings (Kummer) verursacht, während beer (Bier) zu der bar (zum Gerichtssaal) führt.
5. Daß Wine viele winding (krummen Wege) nach Hause macht.
6. Daß Cham-pagne (Champagner) die Quelle vieler payns (Schmerzen) ist.
7. Daß Gin-slings (Gin=Schleudern) mehr getödtet haben, als slings of shot.

Medicinen gegen Ague oder Wechselfieber, „kaltes Fieber."

Dr. Kreiders Pillen. — Quinine 20 Gran; Dovers powders 10 Grs; subcarbonate of iron (basischkohlensaures Eisen) 10 Grs; vermische es mit arabischem Gummischleim oder aufgelöstes Gummi und mache 20 Pillen daraus. Gabe: Zwei Pillen, alle Stunden zu nehmen, 5 Stunden vor dem Ausbruch des Schüttelfrostes. Alsdann nimm Abends und Morgens eine Pille, bis alle genommen sind.

Ich kurirte mich einst selbst von diesem Fieber, nachdem ich es mit allen gewöhnlichen begleitenden Krankheiten 3 bis 4 Jahre lang herumgeschleppt hatte. Fünf Wochen höchstens konnte ich es von mir ferne halten, bis ich diese obigen Pillen bekam. Dieß war, ehe ich Medicin studirte. Auch habe ich viele Andere damit kurirt, welche, einen einzigen Fall ausgenommen, die Gabe nicht zu wiederholen brauchten Bei dem Anfall von Wechselfieber ist es am besten, wenn man beim erstenmal gleich ein Abführungsmittel nimmt, außer man hätte geregelten Stuhlgang, was nicht gewöhnlich der Fall ist, und wenn das Abführmittel gut gewirkt hat, so fahre fort mit der eigentlichen Kur, sobald du die periodische Wiederkehr des Fiebers merkst.

2) Für ganz kleine Kinder gibt es nichts Besseres, als 5 oder 6 Gran Quinin in ein Fläschchen, das 2 Unzen hält, zu thun, einen Eßlöffel voll weißen Zucker dazu zu thun, und das Fläschchen mit Wasser aufzufüllen. Gabe: 1 Theelöffel voll, wie oben bei den Pillen angegeben, in Hinsicht auf die Zeit.

3) **Bitters gegen das kalte Fieber.** — Quinin 40 Gran; Spanischen Pfeffer 20 Gran; Gewürznelken ¼ Unze; Weinstein 1 Unze; Whiskey 1 Pint. Mische Alles zusammen. Gabe: Alle 2 Stunden 1 bis 2 Eßlöffel voll, 8 Stunden vor dem Anfall zu geben, und 3 mal täglich einige Tage lang; oder wenn du eine Medicin ohne Branntwein haben willst, so nimm das folgende:

4) **Fieberpulver.** — Quinin 10 Gran; spanischen Pfeffer 4 Gran. Mische es und mache 3 Pulver daraus. Vorschrift: Nimm 1 Pulver 4 Stunden vor dem Ausbruch des Fiebers, das andere 2 Stunden, und das dritte 1 Stunde vor dem Ausbruch. Es wird selten wieder ausbrechen. Oder nimm:

5) **Fiebermixtur ohne Quinin.** — Frau Wadsworth, einige Meilen von Ann Arbor, benützte die folgende Fiebermixtur über 20 Jahre lang, in welcher Zeit, wie sie sagt mehr als 40 Fälle, ohne daß es in einem einzigen fehlgeschlagen hätte, kurirt wurden.

Mandrake root (Mai-Apfel oder Entenfuß-Wurzel) frisch gegraben, dann klopft sie dieselbe, und preßt den Saft aus, bis sie 1½ Eßlöffel voll hat, wozu sie dieselbe Quantität Molasses nimmt, und es in 3 Theile theilt, jeder Theil 1 Löffel voll, alle 2 Stunden einen davon zu nehmen, so beginnend, daß eine Stunde vor dem Anfang Alles genommen ist. Es macht zwar etwas krank, indem es ein wenig Brechen erregt; allein sie sagt, daß es nicht leicht wiederholt zu werden brauche. Alsdann nimm Dogwood-Rinde (Hartriegel) ziehe sie in Wasser aus, bis es recht stark ist, und trinke einige Wochen lang nach Belieben davon.

6) **Fiebermittel von einem Hellseher.** — Es unterliegt keinem Zweifel, daß das folgende Mittel von einem Hellseher ein gutes ist; denn ich kenne den Werth der angegebenen Wurzel. Siehe: Mittel gegen Kolik:

Blue vervain, (Eisenhard) die Blätter und die obern Theile 1 Pfund, durchwachsener Wasserhanf, Krähenwurzelkraut ¼ Pfund, vom besten Roggenbranntwein 1 Gall.

Die Gabe war nicht angegeben; allein die meisten Personen würden ein halbes Weinglas voll, 5 bis 6 mal täglich, nehmen. —

7) **Das Wechselfieber für einen Cent curirt.** — Es ist in Erfahrung gebracht worden, daß Salpetersäure bei Behandlung von Wechselfieber von großem Werth ist. Ein Arzt wandte dieselbe in 23 Fällen dieses Fiebers an, und in 22 davon mit dem besten Erfolg. Er brach damit die Anfälle, welchen kein Rückfall folgte. In den meisten Fällen sind etwa 60 Tropfen dieser starken Säure genügend, das Fieber zu brechen und die Gesundheit wieder herzustellen. Gabe: 5 bis 6 Tropfen alle 2 Stunden, in ein wenig Gummischleim zu geben, bis 60 Tropfen genommen sind.

8) **Fiebertropfen.** — Salzsäure und Opiumtinktur von jedem eine halbe Unze; Quinin 40 Gran: Brandy 4 Unzen; nimm 1 Theelöffel voll 9, 6 und 3 Stunden vor dem Ausbruch des Fiebers, und fahre so

fort, bis e   rochen ift.   7, 14 und 21 Tage hernach nimm 3 Gaben, und es wird sich schwerlich ein Rückfall einstellen.

Ich bin fest überzeugt, daß irgend eine Opiumarznei, wie z. B. Laudanum, Morphin (Auszug des Opiums) u. s. w., welches die Nerven anregt, eine werthvolle Medicin bei Wechselfieber ist, weil sie sich auf's Tiefste mit dem Nervensystem verbindet, und heilend auf dasselbe wirkt, weshalb auch in der ersten Fieberpille, in Devers Pulver Opium die Hauptsache ist.

9) F i e b e r w e i n. — Quinin 25 Gran; Wasser 1 Pint; Vitriolöl 15 Tropfen; Bittersalz 2 Unzen; Brandy 1 Gill; Hutzucker 2 Unzen; färbe es mit rother Sandelholz=Tinktur. Gabe: 1 Weinglas voll per Tag.

Dieses Mittel wird sehr empfohlen von einem praktischen Arzt in einem der „Fieberlöcher" (in Saginaw) des Westens. Es kann natürlich genommen werden, ohne vorher ein Laxir zu geben.

10) S t ä r k e n d e W e i n t i n k t u r. — Ein radikales Mittel gegen Wechselfieber, ohne Quinin.—Chinarinde 2 Unzen; Rinde vom wilden Kirschbaum 1 Unze; Zimmt 1 Drachme; spanischen Pfeffer 1 Theelöffel voll; Schwefelblüthe 1 Unze; Portewein 2 Quart. Laß es eine Woche stehen und schüttle es von Zeit zu Zeit. Alle diese Artikel müssen pulverisirt werden. Gabe: 1 Weinglas voll alle 2 oder 3 Stunden den Tag hindurch, bis das Fieber gebrochen ist; dann 2 oder 3 mal des Tages, bis Alles genommen ist. Kaufe und pulverisire deine Chinarinde immer selbst, weil die meisten pulverisirten Artikel sehr verfälscht sind, was namentlich der Grund davon ist, daß so viele Kuren mit China ohne Erfolg sind.

11) N u ß k a f f e e. — Dieses Mittel hat schon viele Fälle von Wechselfieber kurirt, nachdem sonst Alles fehlgeschlagen hatte. Es wird folgendermaßen gemacht: Ruß vom Kamin gekratzt (der aus Ofenröhren taugt nicht dazu) 1 Eßlöffel voll, in 1 Pint Wasser ausgezogen, und ein in ein wenig Wasser gut verrührtes Ei dazu gethan, worauf sich der Kaffee setzt, Zucker und Rahm dazu genommen und 3 mal des Tags, etwa beim Essen anstatt eines andern Kaffee genossen.

Es hat sich bei der Heilung von Nervenfieber, schweren Fällen von Gelbsucht, Unverdaulichkeit u. s. w. sehr hilfreich erwiesen. Viele Leute werden die Nase rümpfen über diese Altgroßmutter=Vorschrift; allein ich versichere solche hochfahrende Dokteren, daß unsere Großmütter bei ihrem Tode mehr Belehrung und Erfahrung mit sich aus der Welt nehmen, als diese Klasse von Schnüfflern jemals besitzen wird. Und ich danke in der That dem Herrn (und mit mir viel tausend Andere) daß Er mich befähigte, dieses Buch so auszustatten, daß es in so vielen Exemplaren verbreitet werden konnte.

12) Balmony (Chelene, glatte Schildblume.) Nimm die lesen Blätter und thue so viel davon in ein Pintblech, daß es ein ¼ voll ist, dann fülle das Pintgeschirr mit heißem Wasser, und laß es ziehen. Trinke das Ganze im Verlauf des Tages, und wiederhole es 3 bis 4 Tage lang, oder bis du gesund bist. Es hat viele Fälle von Wechselfiebern kurirt. Es ist werthvoll bei Gelbsucht, und allen Arten Leberkrankheiten, auch gegen Würmer, sowohl innerlich eingenommen, als auch zu Klystiren gebraucht.

Es ist ebenfalls werthvoll bei Unverdaulichkeit, entzündlichen und fieberischen Krankheiten überhaupt.

„Nachtschweiße" zu beseitigen. Nach Fiebern, bei der Schwindsucht u. s. w. sind viele Personen mit „Nachtschweißen" geplagt, welche durch allgemeine Schwäche verursacht werden. Zu ihrer Beseitigung nimm:

Rainfarn- oder Wurmkraut-Essenz ½ Unze; Alkohol ¼ Unze; Wasser ¼ Unze; Quinin 15 Gran; Salzsäure 30 Tropfen. Mische es. Gabe: 1 Theelöffel voll in ¼ Pt. kalten Salbeithee.

Es sollte während des Tages 2 bis 3 mal genommen werden, und besonders zur Bettzeit. Auch sollte die Salbei als Getränk beliebig genommen werden, bis man kurirt ist. Es kurirt selbst das Wechselfieber; wenn man obige Dosis alle Stunden erneuert, und 12 bis 15 Stunden vor dem Ausbruch beginnt.

Mittel gegen Fieber im Allgemeinen. — Kohlensaures Ammoniak 2 Drachmen; Alaun 1 Drachme; Spanischen Pfeffer, europäischen Enzian, Columbowurzel und blausaures Eisen, Alles pulverisirt, ½ Drachme von jedem. Thue Alles in eine Flasche und thue 4 Unzen Wasser hinzu. Gabe: 1 Theelöffel voll (für eine erwachsene Person) alle 2 Stunden, in gewöhnlichen Fiebern. Es mag, wenn gewünscht, versüßt werden. Schüttte es vor jeder Gabe gut auf und halte die Flasche fest zugepfropft.

Wenn der Patient 24 Stunden ohne Fieber war, oder wenn er bleich, mit einer kalten Oberfläche des Leibes und von schwachem Puls ist, wenn das Fieber beginnt, so bereite Folgendes:

2) Fieberthee. — Nimm Virginische Schlangenwurzel und Baldrianwurzel von jedem 2 Drachmen, kochendes Wasser 1 Pint; Schütte das Wasser an die Wurzeln, und laß sie ½ Stunde ziehen, und gib 1 Theelöffel voll von dem Fiebermittel, (unmittelbar vor dem „Fieberthee" angegeben) und 1 Theelöffel voll von diesem Thee zusammen, alle 2 Stunden wiederholt, und wenn der Patient wieder 24 Stunden ohne Fieber war, so gib es alle 3 oder 4 Stunden, bis derselbe guten Appetit und Verdauung hat; dann gib es dreimal täglich, unmittelbar vor Essen, bis der Patient eine ziemliche Stärke erlangt hat, wobei es dann nicht mehr fortgesetzt zu werden braucht. Einen einfachen Aufguß mag er noch gebrauchen, die Verdauung zu befördern.

Ein starker Thee von der Wurzel des Wildkirschbaums ist das beste Ersatzmittel für den Thee von der Schlangenwurzel, und besonders, wenn vorher Quecksilber bei dieser Krankheit benutzt wurde. Wenn dieß der Fall ist, so ist es am besten, wenn man mit dem Kirschenrinden-Thee fortfährt, bis der Kranke völlig genesen ist.

Ein Patient von galliger Natur, welcher obiges Verfahren einschlägt, wird etliche Mal etwas Galle erbrechen, oder wenn eine Anhäufung in dem Magen stattfindet, so wird er sich vielleicht zwei Stunden lang von Zeit zu Zeit erbrechen; aber es wird bald aufhören. Es purgirt nicht, außer ein Mensch sei sehr biliös, in welchem Fall er sich vielleicht 2 bis 3 mal erbrechen muß) aber es gibt dem Magen und den Gedärmen so viel „Ton," (Stärke) daß ein regelmäßiger Stuhlgang Statt finden wird. Sollte dieser sich aber nach 2 bis 3 Tagen nicht einstellen, so gib ein Klystier von warmem Wasser, in welches man auch ein wenig Salz thun kann.

Gib dem Patienten nährende und gesunde Speisen, welche er will, besonders gebratenen Schinken, viele und fette Milch, gekochten Reis, geröstetes Brot in Milch oder trocken) mit guter, frischer Butter u. s. w.; und sein Getränk sei gutes, gesundes und kaltes Wasser, oder Thee und Kaffee, nach dem Geschmack versüßt. Halte die Person und das Bett reinlich, und im Krankenzimmer herrsche Stille, indem jede lärmende Unterhaltung vermieden werde. Auch muß es gehörig gelüftet werden.

Wenn viel Kopfschmerz vorhanden ist bei dem höchsten Grad des Fiebers, oder Schmerzen im Kreuz und in den Lenden, und bei Nacht Phantasiren stattfindet, mit Unerträglichkeit von Licht und Geräusch, alsdann gebrauche Folgendes:

3) Fieberliniment. — Schwefeläther und Salmiakgeist 1 Unze von jedem; salzsaures Ammoniak eine Achtel Unze; mische es und schüttle die Flasche, wasche den Kopf und alle schmerzenden Theile alle 2 bis 3 Stunden damit, bis der Schmerz aufhört. Halte es fest zugepfropft. Nach der Anwendung dieses Mittels nimm ein 4 bis 5fach zusammengelegtes Stück Musselin, tauche es in kaltes Wasser und lege es auf die schmerzenden Theile des Kopfes, oder auf die Herzgrube, wenn viel Erbrechen stattfindet. Es mag alle 3 bis 4 Stunden erneuert werden. Außer dieser Behandlungsweise tauche ein Handtuch in kaltes Wasser, und reibe den Patienten damit stark an dem ganzen Leib; trockne ihn hernach gut ab mit einem trockenen heißen Handtuch. Dieses kann alle 3 bis 4 Stunden wiederholt werden, wenn die Haut sehr heiß und trocken ist. Wenn dagegen der Leib kalt, bleich, feucht, schwarzgelb oder bleifarben ist, dann unterlasse die Waschungen des ganzen Körpers. Das Gesicht, der Hals und die Hände mögen zwar gewaschen werden, allein trockne sie gut mit einem reinen, heißen und trockenen Handtuch. Wenn er aber sehr blaß und bleich ist, und der ganze Leib kühl oder kalt, oder wenn er einen weißen Ring um Mund und Nase hat, oder wenn er eine kalte, klebrige Ausdünstung hat, dann gib das „Mittel für Fieber im Allgemeinen," bis die obigen Merkmale verschwinden. Gib dem Patienten heißen Kaffee oder Thee, amerikanischen Ysop, Salbei-, Melissen-, oder Pfefferminzthee, so heiß er ihn schlucken kann, und so oft als möglich; auch mache ihm heiße Umschläge auf den Leib und stelle eine Flasche mit heißem Wasser an seine Fußsohlen. Wenn dann diese Neigung zur Niedergeschlagenheit oder Schwäche gehoben ist, so gib das Fiebermittel allein, alle 2 Stunden, wie zuvor.

Kinder müssen von dieser Arznei (dem „Fiebermittel") nach Verhältniß ihres Alters nehmen. Gib einem Kind, ein Jahr alt, ¼ von einem Theelöffel voll oder 15 Tropfen, wenn unter einem Jahr, ein Bißchen weniger, und vergrößere die Gabe in dem Verhältniß des größeren Alters. Einem Kind von 3 bis 6 Jahren ½ Theelöffel voll, einem Kinde von 6 bis 10 Jahren ¾ von einem Theelöffel voll, u. s. w. und gib Kindern einige Mal des Tages Etwas zu essen, wobei das Beste ist: Gebratenen Schinken, gutes, altes Waizenbrod, in guter, fetter Milch gekocht, Welschkornmus und Milch, gekochter Reis u. s. w. — Fleischnahrung sagt am besten zu, und besonders bei Sommerkrankheit der Kinder ist die Fleischspeise ungleich die beste. Da die Kinder den Aufguß der Schlangenwurzel ungern nehmen, so kann man bei jungen Kindern das „Fiebermittel" mit weißem Zucker versüßen, um den Geschmack der Medicin angenehmer zu machen.

Aeltere Kinder nehmen die Schlangenwurzel und den Baldrian gerne und man sollte ihnen die Medicin gerade wie den Alten, d. h. unversüßt, im Uebrigen aber natürlich nach den Altersverhältnissen geben.

4) Anmerkung. — Die obige Behandlungsweise, wenn sie eine kurze Zeit ununterbrochen fortgesetzt wird, ist wirksam bei Durchfall, Sommerkrankheiten der Kinder und bei allen Arten von Fiebern bei Kindern. Gib es alle 2 Stunden, oder wenn der Kranke sehr schwach und leichenähnlich ist, so gib es alle Stunden, bis Besserung eintritt; dann gib es alle 2 Stunden, wie vorgeschrieben bei „Fiebern im Allgemeinen," und in kurzer Zeit wirst du mit dem Resultat befriedigt sein.

5) Nervenfieber. — Wenn der Patient das Nerven=Fieber hat, d. h. wenn seine Zunge braun oder schwarz ist, und in der Mitte trocken, mit glatten, rothen Rändern, wenn er dünnen, wässerigen oder kothigen Durchfall, einen geschwollenen Bauch hat, wenn sein Puls sehr schnell oder langsam (oft auch ganz gewöhnlich) schlägt, wenn er phantasirt und bei Nacht wenig schlafen kann, dann gib das „Fiebermittel" in dem Thee Nr. 2, wie „für Fieber im Allgemeinen," alle 2 Stunden, und gib auch noch das Folgende:

6) Fieberbalsam. — Ganzer Kampher 30 Gran; Kubebenbalsam, süßer Salpeterspiritus, zusammengesetzter Lavendelspiritus von jedem ½ Unze.

Schüttle das Fläschchen und gib alle 4 Stunden 40 Tropfen, mit der andern Medicin ein, bis die Zunge feucht wird, und der Durchfall ziemlich gehoben ist; dann höre mit dieser Arznei auf, und fahre mit dem „Fiebermittel" und Schlangenwurzelthee fort, wie vorgeschrieben bei „Fiebern im Allgemeinen."

Anmerkung. — Wir glauben nicht, daß bei Fiebern ein einziger Fall in tausend die Symptome des Nerven=Fiebers entwickelt, wenn der Patient in solchen Fällen nicht falsch behandelt wurde, als das Fieber auf der ersten Stufe war, wie z. B. durch Blutentziehung, Erbrechen, besonders durch Brechweinstein, Purgiren, besonders durch Kalomel, und zusammengesetzten Koloquinten=Extrakt, oder durch Caster Oel, Bittersalz durch Thee von Sennesblättern, und durch das bekannte kühlende Pulver, welches zusammengesetzt ist aus Salpeter und Brechweinstein oder Brechwurzel, welche genannten Mittel alle die Schleimhäute des Magens und der Gedärme reizen, das Blut auf diese Theile hinleiten, und somit Reizung, Verschleimung, Anhäufung der Säfte, Entzündung und consequenterweise Nervenfieber verursachen.

Wenn ein Fieber mit Ruhr oder Blut=Abgang begleitet ist, so sollte es auf dieselbe Weise behandet werden, wie das Nerven=Fieber, indem es nichts anders ist als Nervenfieber mit Entzündung der großen, und zuweilen der kleinen Gedärme. Die obige Behandlung des Nervenfiebers wird auch alle Formen von Ruhr so wie die Fieber, kuriren. Die blutigen und schleimigen Ausleerungen werden noch 2 oder 3 Tage fortdauern, nachdem das Fieber schon gebrochen ist und der Appetit und die Verdauung sich wieder eingestellt hat; ja hie und da wird der Patient auch ziemliche Schmerzen während des Stuhlgangs empfinden, (besonders wenn er grüne Galle entleert,) der aber immerhin bald aufhören wird.

7) Scharlachfieber. — Dieses Fieber ist in jeder Hinsicht, wie die Fieber im Allgemeinen zu behandeln, und wenn der Hals des Kranken

irgend ein Zeichen von Anschwellung hat, so benütze das Liniment Nr. 3, und wende das kalte Wasser ebenso an, wie unter jener Nr. gezeigt ist. Es sollte alle 3 bis 4 Stunden wiederholt werden, bis die Geschwulst verschwunden ist, wonach dann statt eines nassen Tuches ein warmes, trockenes Stück Flanell genommen werden sollte. Wenn aber der Hals des Patienten eitern würde, so gib von dem Fiebermittel einige Tropfen alle halbe oder ganze Stunden, bis die dunkeln Schorfen sich abschälen, und der Hals roth und rein aussieht, wonach du die Arznei blos in regelmäßigen Zwischenräumen geben darfst, wie angegeben ist bei „Fiebern im Allgemeinen," nämlich alle 2 Stunden. Wenn diese Behandlung gleich Anfangs angewendet wird, so wird der Hals selten eitern.

8) Congestions=Fieber. Bei diesem Fieber gib das Fiebermittel, wie angegeben gegen „Fieber im Allgemeinen." Wenn aber der Patient nicht bei sich selbst ist und sein Leib kalt oder mit einem kalten Schweiß bedeckt ist, so gib das Fiebermittel alle Stunden in 1 Theelöffel voll von dem Schlangenwurzel= und Baldrianthee, bis der Patient warm wird. Dann gib es alle 2 Stunden, und zwar bis zu 12 Stunden vor der Zeit, in welcher er einen neuen Anfall erwartet.

9) Anfregendes Stärkungsmittel. — Schwefelsaures Quinin, d. i. Chinin, 20 Gran; pulverisirten spanischen Pfeffer 30 Gran; pulverisirt 8 kohlensaures Ammonium 90 Gran; mische Alles in eine Flasche, nimm 15 Theelöffel kaltes Wasser dazu, und gib davon 1 Theelöffel voll mit einem Theelöffel voll des Fiebermittels, und zwar alle Stunden. entweder allein, oder, was besser ist, in 1 Theelöffel voll Schlangenwurzel und Baldrianthee. Gib es 15 Stunden lang.

Der Patient sollte sich ins Bett legen und nach Belieben Thee von amerikanischen Isop oder heißen Kaffee, oder heißen Thee trinken, und wenn die Zeit des Fieberfrostes vorüber ist, so gib dasselbe was gegen „Fieber im Allgemein," bis der Kranke völlig genesen ist. Die obige Behandlung hält irgend eine Form von kaltem Fieber zurück, und die Nachkur wird bei einiger Vorsicht die Wiederkehr desselben verhindern.

Ich habe obige Behandlungsweise bei den Fiebern deshalb angegeben, weil ich weiß, daß sie in allen Fällen anwendbar ist, und daß man die Artikel in allen Apotheken haben kann. Familien können dieses Verfahren befriedigend einschlagen, allein für Aerzte gibt es einen bessern, weil schnellerem Weg, zu curiren, und es ist mir sehr Leid, daß wegen der Unkenntniß Vieler in Hinsicht des Werthes der Medicin, die ich meine, dieselbe von den Druggisten gewöhnlich nicht gehalten wird. Ich meine nämlich die Gelsamintinktur. Sie ist ein unübertroffenes Fiebermittel. Sie stimmt das ganze System herab, ohne jedoch nachher eine bleibende Niedergeschlagenheit zu hinterlassen. Ihre eigenthümliche Funktion besteht darin sie das Gesicht umwölkt und Doppelsehen bewirkt, ferner verursacht, daß der Kranke die Augen schließen muß und völlig erschlafft ist, was nach einigen Stunden allmählig verschwinden wird, worauf der Patient wieder gestärkt, und wenn die Arznei in Verbindung mit Quinine genommen, völlig hergestellt sein wird. Dasselbe wird folgendermaßen verabreicht:

10.) Nimm die Gelsamintinktur 50 Tropfen; thue es in ein Fläschchen mit 5 Theelöffel Wasser und 10 Gr. Quinine. Schüttle es beim Gebrauch. Gabe: 1 Theelöffel voll in ½ Glas versüßtem Wasser und wiederhole es alle 2 Stunden.

Beobachte seine Wirkung genau, und sobald du seine eigenthümliche Wirkung wahrnimmst so gib nichts mehr. Ein Dokter von Ann Arbor verbindet mit der Gelsamintinktur noch 20 Tropfen amerikanische Nießwurztinktur und gibt die Medicin, wie oben angegeben. Im Fall die eigenthümliche Wirkung völlig hervorgebracht würde, so gib 2 Löffel voll Branntwein, den Patienten von seiner Betäubung aufzurichten: oder was noch vorzuziehen ist:

11) Nimm kohlensaures Ammonium ¼ Uz.; Wasser 4 Uz.; mische es. Gabe: 1 Eßlöffel voll alle 15 bis 20 Minuten, bis der Kranke wieder munter ist.

Wenn die amerikanische Nießwurz nach obiger Vorschrift genommen wird, so wird sie anwendbar gefunden werden in allen Fällen von Fiebern, ausgenommen in Typhoidfieber mit seiner eigenen großen Erschlaffung. Ohne Beimischung von Nießwurz ist sie anwendbar in allen oben beschriebenen Fiebern. Natürlich, wenn das Fieber auf diese Weise unterdrückt wurde, so mußt du mit Quinine oder einer anderen stärkenden Verfahrungsweise fortfahren die Kur zu vollenden und einen Rückfall zu verhüten. Es mag nicht unnöthig sein, hiemit die Bereitung einer nahrhaften und angenehmen Lemonade für Patienten besonders für Fieberkranke anzugeben:

12) Nahrhafte Lemonade für Fieberkranke. — Pfeilwurzel 2 oder 3 Theelöffel voll in ein wenig Wasser verrieben (in einem Schüsselchen oder Krug, der ein Quart hält) alsdann drücke den Saft einer halben schönen Citrone mit 2 oder 3 Eßlöffel voll Zucker hinein, und schütte soviel kochendes Wasser darauf, daß es das Gefäß füllt. Rühre es, während du das kochende Wasser hinzuschüttest. Bedecke das Geschirr, und wenn es kalt geworden, so mag beliebig davon getrunken werden, den Durst zu löschen und die Schwachen zu stärken. Einige jedoch ziehen das folgende Getränk vor.

13) Prof. Hufelands Trank für jeden Kranken, oder gegen Durst nach Ausschweifung. Weinstein ½ Uz.; Wasser drei Quarts; siede es, bis es zerflossen ist; nachdem es vom Feuer genommen, thue eine zerschnittene Pomeranze mit 1½ bis 3 Uz.; weißem Zucker, dem Geschmack des Patienten gemäß. Fülle auf Flaschen und halte es kühl. Dieses kann als gewöhnliches Getränk bei Fiebern von allen Graden, sowie überhaupt immer dann benützt werden, wenn der Kranke eine große Quantität von Getränken fordert. Auch Gesunde finden es von angenehmem Geschmack.

Gebärmutter-Blutfluß.—Prof. Platts Behandlungsweise, 20 Jahre ohne einen einzigen Fehlschlag.—Bleizucker 10 Gr.; Mutterkorn 10 Gr.; Opium 3 Gr.; Brechwurzel 1 Gr. Alles pulverisirt und wohl vermischt. Gabe: 10 bis 12 Gr., in ein wenig Honig oder Syrup.

In sehr schlimmen Fällen nach der Entbindung mag es nach 30 Minuten wiederholt werden, oder kann man die Gabe erhöhen auf 15 bis 18 Gr. In Fällen, wobei schnelles Dahinschwinden statt findet, wiederhole es einmal nach Verfluß von 3 Stunden. Dieß ist gewöhnlich Alles, was nöthig ist, wo nicht, so wiederhole die Gabe gelegentlich, je nachdem die Höhe des Grades es erfordern mag.

Unverdaulichkeit.—In den guten alten Tagen des Kornbrodes und Caffee von Brodkruste hatte man wenig an Verdauungsschwäche zu leiden; dagegen in den Tagen der Unmäßigkeit, sowohl im Essen, als auch im

Trinken, gibt es sehr viele Menschen mit schwachen Magen und schlechter Verdauung. Wie ist nun wohl diesem Uebel abzuhelfen? Antwort: Wirf alle Medicin den Hunden vor, ja,—und selbst die Speise.—„Was, Hungers sterben?" „„Nein;—aber einfach hungrig werden."" Wer hörte jemal von einem Dyspeptiker, er sei hungrig? Kaum jene werden es, welche des Tages nur dreimal essen. Sie essen blos, weil es im Mund gut schmeckt; sie haben bloßen Maulhunger. Alle Aerzte, deren Bücher ich las, sagen: „Iß wenig und oft; trink ein wenig und oft!" Ich sage aber: „Iß ein wenig, wenn hungrig im Magen; trink ein wenig nach der Verdauung, und es ist von eben so großem Vortheil, das rechte Ding, als auch zur rechten Zeit zu essen. "Manche Personen litten so sehr an Verdauungsschwäche, daß ein einziger Theelöffel voll Speise nicht im Magen bleiben wollte. In solchen Fällen sollte einige Tage lang nichts gegessen werden, sondern mache Klystire von Welschkornschleim, Reiswasser, fetter Fleischbrühe u. s. w. Solche Fälle ereignen sich übrigens sehr selten. Bei Behandlung gewöhnlicher Fälle merke Folgendes:

Erstens: Bei gewöhnlichen Fällen, wenn viel Hitze im Magen ist, so mach zur Bettzeit ein Handtuch naß in kaltem Wasser, ringe es aus daß es nicht tröpfeln kann, lege es auf dem Magen und lege ein Stück Flanell drüber her, daß die Bettdecke nicht naß wird. Dieß wird die Hitze bald beseitigen; behalte es aber die ganze Nacht darauf und zu jeder folgenden Zeit da es dessen bedarf.

Zweitens: Wenn du Morgens die Gewohnheit hattest, etwa 2 große Kartoffeln, 2 Stücke Fleisch, 2 Stücke Brod, oder von 4 zu 6 heiße Pfannkuchen, oder 2 bis 3 heiße Biscuits zu essen, und 2 bis 4 Schaalen voll Kaffee oder Thee zu trinken, dann halt' ein, halt' ein! Du rufst: „Nein! Laß mich immerzu essen und trinken!"—Ich habe oft gesehen, wie dieß Alles in Verbindung mit Butter, Honig oder Mollasses gegessen wurde, und zwar in großer Quantität, wobei alles Andere, was noch auf der Tafel war, als Gurken, Tomato's u. s. w. ebenfalls versucht wurde, und zwar von Solchen, die mit Dyspepsia behaftet waren.

Allein fange diesen Morgen anders an. Iß blos eine halbe Kartoffel, ein zwei Zoll im Viereck messendes Stück Fleisch, und die Hälfte eines geschnittenen Stückes kalten Weizenbrodes oder das Yankee brown bread, wenn du es vertragen kannst, aber blos dieselbe Quantität. Iß sehr langsam, kaue die Speisen fein, und iß sie, ohne dabei Wasser, Kaffee oder Thee zu genießen. Trinke erst eine Stunde vor dem folgenden Essen.

Drittens: Die erörternde Frage ist nun: Littest du an Verdauungsschwäche, weil du Morgens zuviel gegessen, oder weil du nicht die rechte Speise zu dir genommen hast? Wenn dem so ist, so iß das nächste Mal weniger, und wechsle die Speisen, und so fahre fort, bis du dich der rechten Quantität und Art der Speise versichert hast, was dich befähigt, dieses belästigende Uebel nach der Mahlzeit zu überwältigen, ja noch mehr, was dich nach der Mahlzeit vollkommen „gut fühlen" macht.

Endlich: Du hast nun das ganze Geheimniß der Heilung des schlimmsten Falles in Verdauungsschwäche essen vor dir liegen. Jedenfalls wirst du dabei nicht vergessen, daß Jahre gebraucht wurden zur Verzärtelung und Nachsicht, erwarte daher nicht, dieses Uebel in einigen Tagen zu kuriren; nein, es erfordert Monate, vielleicht ein ganzes Jahr Selbstverleugnung, Wachsamkeit und Sorgfalt, denn bei allem Diesen wird eine einzige Ueber-

ladung des Magens mit einem „Christmas pooding" die Kur wieder um
Monate zurücksetzen.   Nimm dir fest vor, blos einfache Speisen zu genie=
ßen, und zwar in geringer Quantität, obschon ein zärtlich besorgtes Weib
oder andere Freunde sagen, nun ein Stück von diesem guten Kuchen zu
nehmen, oder was es sonst sein mag.   „O nimm eine Tasse von diesem
guten Kaffee!" werden sie oft sagen; aber; „nein! nein!" muß immer die=
selbe Antwort sein, sonst bist du bald der Alte hinsichtlich der Unverdaulich=
keit deines Magens; denn schwerlich ist irgend eine Krankheit dem Rück=
fall unterworfen, wie die Dyspepsia.

Deßhalb genieße blos solche Speise, die du ertragen kannst, und in
solch kleiner Quantität, daß du dabei gesund bleibst.   Trinke nichts Flüs=
siges, bis die Verdauung vorüber ist, oder 4 Stunden nach dem Essen,
bis der Magen ein wenig stark geworden ist, es zu ertragen; denn durch
Ueberladung mit Getränken zieht man sich mehr Beschwerden zu, als durch
zu vieles Essen.   Besonders müssen Dyspeptiker vermeiden, kaltes Was=
ser bei der Mahlzeit zu trinken.

W a r n u n g .—Es mag mir erlaubt sein, ein Wort der Warnung
für Mütter und Andern zu sagen: Ein Teller voll Speise ist genug zur
Gesundheit; zwei, und sogar drei, werden oft gegessen.   Wenn „pooding"
auf dem Tisch ist, nimm etwas; wenn Kuchen darauf ist, nimm etwas; aber
nicht Alles, und iß nicht zweimal soviel Fleischspeise, als deine Gesundheit
erfodert.   Wenn Aepfel, Melonen, Rosinen, Nüsse u. s. w. auf dem Ti=
sche sind, iß ein wenig davon; iß sie aber vor und nie nach der Mahlzeit.
Wenn deine Umgebung sich darüber verwundert, so sage, Du essest um zu
leben, nicht, du lebest um zu essen.   Bist du ein Specereyhändler und
nagst beständig an Rosinen, Kandy, Käse, Aepfeln und anderen Eßwa=
ren, so halt' inne bis unmittelbar vor der Mahlzeit, dann iß, was du
willst, geh zum Essen, und rühre nach der Zurückkunft nichts mehr an, bis
wieder Essenszeit ist, dann bist du sicher.   Fährst du aber fort mit deinem
Naschen, so thust du es um den theuren Preis deiner eigenen Gesundheit.
Hast du Kinder oder andere junge Leute unter deiner Aufsicht, so sorge da=
für, daß sie keine zu große Quantität Speise bei der Mahlzeit zu sich neh=
men, und zwischen derselben gar nichts.

Die schwarze Waldkirsche, in Jamaica Rum gethan, und denselben
sehr stark gemacht mit den Kirschen, ist empfohlen als ein sehr gutes Mit=
tel gegen diese Krankheit.

Der alte Vater Pinkney, über 90 Jahre alt, versichert mich, daß er
viele schlimme Fälle von Unverdaulichkeit kurirt habe, wo die Unmäßigkeit
im Essen und Trinken aufgegeben worden sei.   Er nahm:

Blue flag root, rein gewaschen und von Flecken und verdorbenen
Streifen befreit, dann dieselben zerstoßen und in ein wenig warmes Was=
ser gethan, dann den milchigen Saft geseiht und ein wenig Pfeffersauce
dazu gethan, um es ein wenig heiß zu machen.   Gabe: 1 Eßlöffel voll 3
mal täglich.

Es ist gut wegen seiner Wirkung auf die Leber und wäre daher nütz=
lich in Leberleiden.   Der Pfeffer ist ebenfalls magenstärkend.   Siehe: „Nuß=
kaffee," Nro. 12, unter den Fiebermitteln.

H a l s e n t z ü n d u n g .   Dieses Leiden greift in chronischer Form
mächtig um sich, und ist eine Krankheit, welche bei jeder Wetterveränderung
sich verschlimmert; besonders in den Herbst= und Wintermonaten.   Diese

Krankheit ist sehr schwer zu kuriren; allein durch Vorsicht, Zeit und vernünftige Behandlungsweise kann sie geheilt werden. Das Schlimme bei vie en Leuten ist, daß sie denken, es sei eine ungewöhnliche Krankheit, folglich müssen sie auch ungewöhnliche Mittel gegen dieselben anwenden, während doch die einfacheren Mittel, von denen einige hier folgen, beinahe jeden Fall kuriren, wenn eine gehörige Zeit damit fortgefahren wird. So nimm denn zuerst das:

Linderungsmittel bei Hautkrankheiten.— Zusammengesetzte Chinatinktur 6 Uz.; flüssigen Sarsaparillen-Extrakt 1 Pfd. Schierling-Extrakt ½ Unze; jodsaure Pottasche ½ Unze; Jodine ½ Drachme; Löse den Schierlingextrakt und die Pulver in ein Wenig von Flüssigkeit auf und mische Alles. Es muß wohl geschüttelt werden vor dem einnehmen. Gabe: 2 Theelöffel voll 3 mal täglich.

Gurgelwasser für einen bösen Hals. Sehr starken Salbeithee ½ Pt. geseihten Honig, gewöhnliches Salz und starken Essig, von jedem 2 Eßlöffel voll, pulverisirten spanischen Pfeffer 1 Theelöffel voll. Laß den Pfeffer in dem Salbeithee ziehen, seihe es durch, mische Alles, fülle auf Flaschen auf und gurgle den Hals von 4 bis 12 mal täglich, jenachdem der Fall leichter oder schlimmer ist.

Dieß ist eins der allerbesten Gurgelwasser im Gebrauch. In Zeit von drei Monaten kurirte ich einmal eine Person, welche 2 Jahre lang an diesem Uebel litt, wobei die Eustachische Röhre beständig Eiter an ihrer Oeffnung durch die Mandeln in den Mund entleerte, der Patient ganz taub und der ganze Hals entzündet war. Ich brauchte dabei auch die Präparation für Taubheit. Athme bei dieser Krankheit durch die Nase, und bei allen anfänglichen Lungenkrankheiten athme nicht blos durch die Nase, sondern auch langsam, den Athem stark eingezogen, und die Luft wieder langsam ausathmend, was die Lungen erweitert und stärkt, und sie von Krankheit schützt. Ueberdieß wasche den ganzen Leib etwa zweimal die Woche reichlich mit der feinsten Seife und Wasser, trockne dich gut ab und reibe dann mit einem groben Handtuch den Leib 10 Minuten lang, und wende das grobe Handtuch jeden Abend und Morgen an, um den Körper damit zu reiben, bis die Haut eine rothe Oberfläche behält und Lebenswärme bekommt. Hiedurch wird das Blut vom Hals und andern innern Organen abgeleitet, oder mit andern Worten, es macht die Cirkulation desselben gleichmäßig. Bedenke dieß und handle dieser Thatsache gemäß, so kann keine Entzündung lang bestehen, mag sie sich festgesetzt haben, wo sie will. Gebrauche für Hals und Brust auch noch Folgendes: Einreibung.

Liniment gegen wehen Hals. Ganzen Kampfer 2 Uz.; feingeschabte Seife von Olivenöl und Soda gemacht 1 Dr.; Terpenthinöl 1 Eßlöffel voll; Oel vom wilden Majoran ½ Uz.; Opium ¼ Uz.; Alkohol 1 Pfd.; in einer Woche oder 10 Tagen wird es zum Gebrauch tauglich sein. Wasche die Theile beliebig damit, zwei oder dreimal täglich.

Dieses Einreibmittel wird in allen Hals- und andern Krankheiten, welche äußere Anwendung bedürfen, nützlich sein. Wenn die obige Behandlung fehlschlagen sollte, so hätte man ein Brechmittel mit dem Andern in Verbindung zu geben und mit demselben lange fort zu fahren. Ich führe das Brechmittel zuletzt an, weil so viele Leute durchaus keins nehmen wollen. Wenn aber sonst Alles fehlschlägt, so tritt dieses ein und rettet den Patienten, welcher dann zeigt, wie ungerecht das gehegte Vorurtheil war. Bei dem Ausdruck: lange fort zu fahren, meine ich einige Wochen, z erst 2 mal täglich, dann einmal, und endlich 3= bis 2 mal in der Woche, u. s. w.

Anmerkung: Trage um den Hals herum wenig Kleidungsstücke, kaue oft ein Wenig Galläpfel und schlucke den Saft. Trage des Nachts ein nasses Tuch um den Hals, und über demselben ein trockenes Handtuch. Wasche den Hals fleißig mit kaltem Wasser, gurgle auch die innere Seite des Halses oft mit Wasser, vermeide, mit Menschen angefüllte Zimmer. Gurgle dich ferner mit einer sehr schwachen Auflösung von salpetersaurem Silber, Höllenstein oder kaue dreiblätterige Coptis und schlucke den Saft und den Speichel davon. Oder nimm beliebig Borax und Honig, auch Auflösung von arabischen Gummi in Wasser, wenn viel Reiz vorhanden. Gebrauche die Stimme so wenig als möglich, bis du gesund bist, und brauche öfters Liniment zur Einreibung.

Früher hatte ich von dem Crotonöl viele Hoffnung; allein die Zeit hat gelehrt, daß der Vortheil den es bringt, nicht genügend ist, abgesehen von dem großen Reiz, den die längere Anwendung desselben zur Folge hat.

Das Rauchen von getrockneten Wollblumblätter in einer Pfeife, aus der noch nie geraucht wurde, soll schon viele Fälle von Halsentzündung kurirt haben, und in meiner letzten auserlesenen medicinischen Zeitschrift stand eine so feste Bestätigung des Erfolges dieser Thatsache, daß ich die angeführte Stelle nicht zurückhalten kann. Es heißt dort: „In derjenigen Krankheitsform, bei welcher eine Trockenheit der Luftröhre und ein beständiges Räuspern mit wenig Auswurf und bedeutende Schmerzen in den leidenden Theilen Statt findet, da ist die Wollblume, in einer Pfeife geraucht, von wunderbarer Wirkung, und schafft sofortige Befreiung des Uebels. Es scheint gleich schmerzstillenden Tropfen zu wirken, indem es den Reiz beseitigt durch Lösung des Auswurfs und durch Vertreibung des gallerartigen Schleims, welcher sich im Hals ansammelt. Zugleich verändert es die Natur der Krankheit durch eine unbekannte Kraft, und wenn darin fortgefahren wird, bewirkt es eine radikale Heilung.

Seit der Bekanntmachung des obigen Verfahrens in der 9ten Ausgabe dieses Werkes habe ich die getrocknete Wollblume geraucht und auch Andern anempfohlen. Es gab allgemeine Befriedigung bei Heilung von Husten und als ein Ersatzmittel des Tabaks, indem es die Nerven aufheitert und das Hüsteln von früherer Erkältung durch Einathmen des Rauchs in die Lungen beseitigt. Ein gewisser alter Herr, ein hartnäckiger Raucher, folgte meinem Rath und vermischte seinen Tabak mit Wollblumeblätter. Zuerst $\frac{1}{4}$ für eine Zeit lang, dann die Hälfte und endlich $\frac{3}{4}$ von der Wollblume in den Tabak mischend. Es befriedigte ihn ebenso, wie wenn er lauter Tabak genommen hätte, und kurirte einen Husten, welcher ihm nach einer Lungenentzündung geblieben war. Der Geruch kann kaum von dem Geruch des Tabaks im Zimmer unterschieden werden. Die Pflanze kann zu irgend einer Zeit des Sommers hindurch gesammelt werden. Der mittlere Stengel muß weggethan werden, während man die Blätter trocknet, dieselben fein reibt und sie so zum Gebrauch tauglich gemacht hat. Sie verursacht der Pfeife die Schwindsucht, so schnell sie die des Patienten kurirt; allein die Pfeife aus Thonerde, die benützt wird, kann durch Ausbrennen wieder schnell gereinigt werden. Hier wäre das Ersatzmittel des

Tabaks, für welches die Franzosen $50,000 offerirt haben. Ich habe es selbst seit etwa 4 Jahren zur größten Zufriedenheit und mit gutem Erfolg gebraucht. Da bei der Halskrankheit oft auch der Schnupfen vorhanden ist, so nimm in Verbindung mit obiger Behandlungsweise einige Mal täglich das folgende Mittel:

Schnupftabak gegen Schnupfen.—Schottischen Schnupftabak 1 Uz.; chlorsauren Kalk getrocknet und pulverisirt, 1 Theelöffel voll; mische dieß und thue es in eine fest schließende Dose oder in eine gut gekorkte Flasche.

Krebs. Methode des Dr. Landolpi, denselben zu heilen, sowie einige andere amerikanische Methoden: Die Grundlage, auf welcher die Behandlung des Krebses basirt, ist die Verwandlung einer bösartigen Geschwulst oder Beule in eine gutartige, welche eine Kur erlaubt. Diese Umwandlung wird bewirkt durch Brennen oder Aetzen mit einem Mittel das die gehörige Eigenschaft besitzt, z. B. chlorsaures Brom, verbunden mit andern Dingen, welche schon probirt wurden. Die innerliche Behandlung ist blos mitwirkend. Der Krebs kann von andern Geschwulsten unterschieden werden durch seine schießenden oder stechenden Schmerzen, und wenn eine offene Wunde vorhanden ist, an dem stinkenden Geruch. Die gewöhnlichen Mittel zu diesem Zweck sind folgende:

Gleiche Theile von den chlorsauren Zink, Gold und Spießglanz mit einer genügenden Quantität Mehl und etwas Wasser gemischt, um eine zähe Masse daraus zu formiren.

In Wien benützte oben angegebener Arzt eine Mixtur von denselben Bestandtheilen, nur in verschiedenen Proportionen: chlorsaures Brom 3 Theile; chlorsauren Zink 2 Theile; chlorsaurs Gold und Spießglanz von jedem 1 Theil, vermittelst gepulverter Süßholzwurzel in einen dicken Kuchen gemacht. Dieses Präparat sollte an einem offenen Ort gemacht werden, wegen der Gase, die sich entwickeln. Der wichtigste Artikel ist das chlorsaure Brom, welches oft allein angewendet werden ist, nämlich chlorsaures Brom von 2½ zu 4 Drachen, und Süßholzwurzel so viel es bedarf.

Der chlorsaure Zink ist unerläßlich bei eiterndem Krebs, wobei derselbe blutstillend wirkt. Das chlorsaure Gold ist blos nützlich bei dem Krebs, der ein gehirnähnliches Ansehen hat, in welchem Fall es eigene, wenn nicht eigenthümliche Wirkung hat. Hautkrebs, und kleine wässerige und blutige Geschwüre werden mit Brom mit der Basilicen Salbe nach dem Verhältniß eines Theils Brom zu 8 Theilen der Salbe behandelt. Die Applikation sollte sich nicht auf die gesunden Theile ausdehnen. Die Salbe darf blos ungefähr 24 Stunden drauf bleiben. Wenn der Verband abgenommen ist, so wird eine Linie wahrgenommen, welche die gesunden von den kranken Theilen trennt. Das Geschwür selbst ist theils weißlich theils röthlich, oder gelb und blau gestreift. Die Aetzmittel werden mit dem erweichenden Umschlag erneuert, oder mit Umschlägen gebracht, welche mit Basilicensalbe überstrichen sind, welche alle drei Stunden erneuert werden müssen, bis die Beule sich lostrennt. Die Schmerzen nehmen in demselben Verhältniß ab, in welchem das Absterben der Wunde zunimmt, und die Grenzlinie wird immer deutlicher. Ungefähr am 5ten Tage fängt der geätzte Theil sich zu erheben an, und vom 8ten bis 15ten Tag trennt er sich los, oder kann er mit der Zange weggenommen werden, wo=

bei keine Schmerzen fühlbar sind. Wenn irgend ein Theil noch unbefriedigend erscheint, oder Spuren von krankem Fleisch da sind, so muß ein kleines Stück von der Masse aufs Neue aufgelegt werden. Dann verbinde das Geschwür, wie eine einfache Eiterung. Wenn die Eiterung zu langsam fortschreitet, so verbinde es mit Leinwand, welche in folgende Flüssigkeit getaucht ist:

Chlorsauren Brom 20 oder 30 Tropfen, Gaulards Extract (so genannt nach dem Erfinder) von 1 zu 2 Drachmen; destillirtes Wasser 16 Uz.

In den meisten Fällen geht die Heilung schnell vor sich und eine allmählige Vernarbung vom Umkreis gegen den Mittelpunkt hin findet Statt, und die Narbe ist derjenigen ähnlich, welche durch ein schneidendes Instrument hinterlassen wird. Das innerliche Mittel, welches einen Rückfall verhütet, ist:

Chlorsaures Brom 2 Tropfen; Pulver von dem Samen des Wasserfenchels 23 Gr.; Fleckenschierling-Extract 12 Gr. Vermische und theile es in 20 Pillen, eins davon täglich 2 Monate lang zu nehmen, und nach dieser Zeit 2 Pillen täglich einen Monat lang. Morgens und Abends nach der Mahlzeit zu nehmen.

Bei irgend einem Fall von Krebs sollte das obige innerliche Mittel oder eins der andern milde und Säfte verbessernde Heilmittel drei oder vier Wochen vor dem Beginn der eigentlichen Behandlung genommen werden und man sollte damit einige Wochen fortfahren, wenn die Kur schon vollendet ist.

2] Dr. H. G. Judkin's Methode.—Dr. Judkins von Malaga, Monroe Co., O.; nimmt:

Chlorsaurer Zink in der Größe einer Haselnuß, und setzt genug Wasser hinzu, um daraus einen dünnen Kuchen zu formiren, dann mischt er damit gleiche Theile Mehl und fein pulverisirte Holzkohle, genug, um einen steifen Papp damit zu formiren. Er legt dieß auf ein weiches Stück Schaffell, groß genug, die Geschwulst damit zu bedecken, und wendet es alle andere Tage an, bis die Beule sich losgetrennt hat; dann behandelt er es mit „Judkin's Ointment."

3] L. S. Hudgin's Methode. — Hudgins ist ein Kaufmann in Nering, Mich.; und seine Methode ist ursprünglich nicht von ihm; aber er kurirte seine Frau damit, welche einen Krebsschaden auf der Brust hatte, der für unheilbar erklärt wurde. Einige würden es gebrauchen, weil es Calomel enthält, Andere würden es dagegen um derselben Ursache willen nicht benützen. Ich gebe ihm hier einen Platz, weil ich fest überzeugt bin, daß es eine Kur bewerkstelligt hat, und weil seine Zusammensetzung eine so einfache ist:

Nimm die Wurzel von der Weißeiche, bohre das Herz heraus, und brenne die Späne zu Asche (¼ Unze) nimm: salpetersaures Silber, Höllenstein ¼ Uz.; Calomel ¼ Uz.; Salpeter ¼ Uz., einen Tausendfüßler getrocknet und pulverisirt; Alles fein gemacht und mit ½ Pfd. Schmalz vermischt.

Streiche dieses ziemlich dünn auf ein weiches Leder und lege es auf den Krebs, zweimal täglich wiederholt. Es wird das Geschwür in einigen Tagen tödten, was du an der ganzen Erscheinung desselben wahrnehmen wirst. Dann lege ein Pflaster von durchweichten Feigen auf, bis das

Geschwür, die Fasern und Alles heraus geht. Heile dann vollends mit einem Pflaster von in Wasser gekochten Blättern der rothen Buche, das, abgeseiht und dick genug eingekocht, mit Bienenwachs und Schafunschlitt vermischt eine Salbe von gehöriger Beschaffenheit macht. Während des Gebrauchs des Obigen sollte folgendes Abführmittel gebraucht werden; ebenso einige Zeit nachher.

Nimm Entenfuß, (Mayapfelwurzel) pulverisirt, 1 Uz; Bittersalz 1 Uz.; thue dieß in 1 Pfd. guten Gin, und nimm hievon täglich dreimal von einem Theelöffel bis zu einem Eßlöffel voll, je nach dem du es ertragen kannst. Obigem Herrn sind einige andern Kuren bei derselben Methode bekannt.

4] Der Saft von den Kermesbeeren, (Schminkbeeren) in einem Zinnteller in die Sonne gesetzt und zu der Dicke einer Salbe eingetrocknet, dann als ein Pflaster aufgelegt, hat den Krebs schon kurirt.

5] Erweichende Umschläge von geschabten gelben Rüben und von gelber Sauerampferwurzel sind beide als heilend erprobt, und besonders der Gelbrüben-Umschlag reinigt nicht nur das Geschwür, sondern nimmt auch den beim Krebs eigenthümlichen starken Geruch hinweg.

6] Ein Herr in Ohio heilt den Krebs mit einem Thee der Gelbampfer-Wurzel, welcher nach Belieben getrunken werden kann. Er wascht das Geschwür mit demselben täglich einige Mal etliche Tage lang, dann legt er einen Umschlag von der zerquetschten Wurzel auf, und wendet dieses, selbst an der Zunge, zweimal täglich an.

7] Rev. E. C. Cuyler von Paughkeepsire, N. Y., sagt, es seien ihm einige Fälle bekannt, welche folgendermaßen kurirt worden seien:

Nimm die schmalgeblätterte Ampfer-Wurzel, und lasse sie in Regenwasser kochen, bis dasselbe sehr stark ist, wasche den Krebs mit dieser starken Abkochung innerhalb 24 Stunden 3 mal und fülle die Höhlung desselben aus, jedesmal 2 Minuten lang, dann zerquetsche die Wurzel und lege sie über einen ganz dünnen Zeug (Flor) und lege den Flor nächst auf den Krebsschaden. Nimm mit der Abkochung durchnäßte Leinwand und lege sie über den Umschlag. Lasse den Patient jedesmal ein Weinglas voll von dem starken Thee trinken, nebst einem Glas Portwein, welcher mit Honig versüßt ist.

8] Dr. Buchan's Werk über die Arzneiwissenschaft führt den Fall einer Person an, deren Krebs auf der Zunge in zwei Wochen auf folgende Weise geheilt wurde:

Verdünnte Salpetersäure 1 Uz.; Honig 2 Uz.; reines Wasser 2 Uz.; Vermische es und gebrauche davon drei Eßlöffel voll öfter, indem man es durch einen Federkiel oder ein Röhrchen zwischen den Zähnen hindurch passiren läßt. Die Arznei sollte jedoch die Zähnen nicht berühren. Opium wurde des Nachts gegeben, einfach, um die Schmerzen zu lindern.

9] Gutes englisches Heilmittel. —

Nimm chlorsauren Zink, pulverisirte Blutwurzel und Mehl, von jedem gleiches Gewicht, zu einem Teig geformt und so lang aufgelegt, bis die Mase herauskommt, dann lege einen Umschlag auf und behandle es wie ein einfaches Geschwür.

Der Rural New Yorker, welcher dieses publicirte, sagt in Hinsicht auf die Behandlung: Zuerst lege ein gewöhnliches Heftpflaster (viel größer, als das Krebsgeschwür) auf, in welches in der Mitte ein rundes Loch geschnitten werden muß, das ein wenig größer, als der Krebs sein muß, wodurch ein schmaler Rand von gesunder Haut dargestellt wird. Dann wende das Krebspflaster an und laß es 24 Stunden darauf liegen. Wenn es weggenommen wird, so wird das Geschwür erscheinen, als ob an demselben gebrannt worden wäre, und es hat die Farbe einer Schuhsohle, dagegen der äußere Rand erscheint weiß und halb gesotten, als ob er durch Dampf gebrannt worden wäre. Lege einen erweichenden Umschlag von Ulmenrinde auf, bis Eiterung statt findet. Dann heile mit irgend einer bekannten Salbe.

10] Armenische Methode.—In Armenien soll eine Salbe von Olivenöl so lange gekocht, bis es die Dicke einer Salbe hat, nach der Aussage eines Reisenden im Osten sehr schlimme Fälle von Krebs kurirt haben.

11] Feigen in frischer Milch weich gesotten, dann gespalten und heiß aufgelegt, zweimal des Tages erneuert, jedesmal die Theile mit ein Wenig von der Milch gewaschen und auch jedesmal ¼ Pt. von der Milch getrunken, und dieses 3 bis 4 Monate fortgesetzt, soll einen 99 Jahre alten Greisen vom Krebs befreit haben. Er soll dabei blos 6 Pfd. Feigen gebraucht haben, während 10 Pfund einen zehn Jahre alten Krebs geheilt haben sollen. Die erste Anwendung verursacht Schmerzen; aber jede folgende bringt Erleichterung.

12] Rinde von der Rotheiche.—Eine Salbe von der Asche dieser Rinde wurde längere Zeit zur Heilung des Krebses benützt. Und indem ich unlängst eine Vorschrift zur Bereitung und Gebrauch derselben von Isaak Dillen in Oregon, welcher es in einer Zeitung seiner Nachbarschaft veröffentlichte, gesehen habe, so kann ich den Vortheil derselben für das Publikum nicht unveröffentlicht lassen. Die Vorschrift ist folgende:

Nimm die Asche von der Rinde der Rotheiche, 1 Peck; schütte auf dieselbe 6 Quart siedendes Wasser; laß es 12 Stunden stehen, dann lasse die Lauge ab und koche sie zu einer dicken Salbe. Streiche dieselbe auf ein dickes Stück Tuch, ein wenig größer, als das Geschwür und laß es drei Stunden drauf liegen, und wenn das Geschwür zu schlimm ist, blos die Hälfte Zeit. Noch an demselben Tag, oder am nächsten, lege es abermal 3 Stunden lang auf, was gewöhnlich eine Kur bewirken wird. Nach dem letzten Pflaster wasche das Geschwür mit Milch und Wasser; dann brauche eine heilende Salbe aus Schafunschlitt, Holunderrinde, ein wenig Geigenharz, (Colophonium) und Bienenwachs (ein wenig Wurzel der weißen Lilie mag dazu genommen werden.) Wenn das Geschwür anfängt, zu eitern, so wasche es 3 bis 4mal täglich, die Salbe jedesmal wiederholt angewendet. Vermeide starke Speisen und Getränke; dagegen trinke einen Thee von Sassafraswurzel und den Spitzen des Benzoestrauchs eine Woche lang vor und nach Anwendung des Pflasters.

13] Professor Newton von Cincinnati, jetzt in New York City, gebraucht den chlorsauren Zink als Auflösung, die so stark gesättigt ist, als möglich oder macht er das Chlorite in einen Teig mit dicker Auflösung von arabischen Gummi in Wasser. Bei großen Beulen nimmt er das Messer, die darin befindliche Materie herauszubringen. Alsdann gebraucht er obige Auflösung oder das Pflaster, wie er's gerade für's Beste hält, um die Wurzeln zu zerstören, welche vom Messer angegriffen worden sind

Professor Newton sagt, er habe den Zink mit gutem Erfolg 20 Jahre lang angewendet. Er ist wahrscheinlich der Erfinder des Gebrauchs von Zink in Krebskrankheiten, und würde niemals mehr den Gegenstand berührt haben, wenn nicht allöopathische Aerzte denselben in Privathäusern und Hospitälern angewendet hätten, ohne dem die Ehre zu geben, dem Ehre gebührt. Es mag nicht am unrechten Platz sein, zu wiederholen, daß Säfte verbessernde Mittel vor und nach der Behandlung des Krebses genommen werden sollten.

Verstopfung, trägen Stuhlgang, zu kuriren.—Die Verstopfung zieht man sich oftmals dadurch zu, daß man versäumt, zur gewöhnlichen Zeit zu Stuhl zu gehen, denn die meisten Leute haben eine regelmäßige tägliche Ausleerung, und die gewöhnlichste Zeit ist des Morgens beim Aufstehen, oder unmittelbar nach dem Frühstück; allein durch Eile, oder Nachlässigkeit aus Mangel an gehöriger Einsicht des Uebels, das daraus entspringt, wird dieses Verlangen der Natur unterdrückt. Aber es ist wohl zu bedenken, daß die Natur gleich einem Arbeiter oder Studenten ihre bestimmte Zeit für ihre Pflichten hat. Laß sie daher nicht nur zu ihrer bestimmten Zeit arbeiten, sondern wenn sie in dieser Hinsicht träge ist, so gehe doch zur rechten Zeit und zwinge sie gleichsam zum Stuhlgang, oder mit andern Worten:

„Wenn die Natur auf's Zollhaus ruft,
So eile, den Tribut zu zahlen;
Und sträubt sie sich, die Pflicht zu thun,
Probir's zu wiederholten Malen.
Sei's Tag, sei's Nacht, denk: „Es muß sein!"
Geh', zahl den Zoll und schick' dich drein.
Was Eintritt hat in's Magenhaus,
Rechtzeitig soll das auch hinaus;
Sonst wird der Leib bald krank und matt.
Wohl dem, der gute Oeffnung hat!" — — —

Das Obige, verbunden mit Diät passende Kost, als: Milch, gebratene Aepfel, (oder wenn man nicht Dyspeptisch ist) rohe Aepfel, Birnen, Pfirsichen zur Essenszeit, schwarzes Brot oder Brot von Weizenmehl, unter welchem die Kleie gelassen wurde, wird in den meisten Fällen das Uebel heben.

2) In sehr hartnäckigen Fällen nimm: Bilsenkrautextrakt ½ Drachmen; Koloquintenextrakt ½ Dr.; Brechnuß,- Krähenaugen-Extrakt 3 Gr. Mache es sorgfältig zu einer Pillenmasse und bilde 15 Pillen daraus. Gabe: Morgens und Abends 1 Pille. Fahre damit fort, bis völlige Besserung eingetreten ist. Befolge dabei auch manche Vorschrift. Bei manchen Personen wird das Folgende völlig genügend sein:

3) Brandy, ½ Pt.; setze 1 Dr. zerstoßene Rhabarberwurzel hinzu, Aloe und weißer Zimmt 1 Uz.; und Fenchelsamen ½ Uz. Wenn einige Tage lang kein Stuhlgang Statt fand, so nimm ein Eßlöffel voll dreimal des Tages vor der Mahlzeit, bis es wirkt, dann die Hälfte davon oder noch weniger, um zu bewirken, daß täglich einmal Stuhlgang statt findet.

4) Welschkornmehl.—Einen Eßlöffel voll in so viel Wasser aufzurühren, daß man hinlänglich trinken kann. Dieses am Morgen unmittelbar nach dem Frühstück getrunken, hat schon manche schlimme Fälle kurirt.

5) **Ein frisches Ei.** Quirle es in ein Pint Wasser. Dieses Morgens beim Aufstehen und zu jeder Mahlzeit getrunken, hat schon hartnäckige Fälle kurirt. Man kann auch zwei Eier nehmen, je nachdem der Magen es ertragen kann.

Chronische Gicht zu kuriren. Nimm heißen Essig und thue so viel Tischsalz hinzu, als er auflösen kann und wasche die leidende Theile damit mit einem zarten Flanellstück. Reibe es mit der Hand hinein und trockne am Feuer. Wiederhole diese Operation vier Mal in 24 Stunden, jedesmal 15 Minuten, vier Tage lang, dann zweimal täglich ebenfalls vier Tage lang, dann einmal täglich, und befolge diese Regel, so oft sich in der Zukunft die Symptome zeigen. Während dieses Prozesses sollten der Magen und die Gedärme gelegentlich durch ein mildes Abführmittel geregelt werden. Vermeidung geistiger Getränke. Uebung in der freien Luft, besonders des Morgens, öfteres Baden des ganzen Körpers, Genuß der zuträglichsten Speisen, Benützung der Zeit durch Studiren und andern nützlichen Beschäftigungen, sind sehr erwünschte Hülfsmittel.

Tinktur gegen Gicht. Amerikanische Nießwurzel ¼ Uz.; Opium ¼ Uz., Wein ½ Pt.; Laß es einige Tage stehen. Gabe: 15 bis 30 Tropfen, je nachdem der Patient schwächlich oder robust ist, alle 2 bis 4 Stunden genommen.

M. Husson, ein französischer Officier, führte dieses Mittel ein vor sechzig Jahren, und es wurde sehr berühmt. Es ist auch werthvoll bei Rheumatismus. Bei der Gicht vertreibt es die Anfälle, stillt die Schmerzen und bewirkt Ruhe und Schlaf, vermindert den Puls und überwindet das Fieber.

In der neuesten Zeit wurde der Kaffee nicht nur gegen Gicht, sondern auch gegen den Stein empfohlen. Dr. Mosley bemerkt in seinem „Aufsatz über den Kaffee", daß der große Nutzen dieses Artikels in Frankreich darin gefunden werden sei, daß er die Existenz des Steins vernichte. In den französischen Colonien, wo mehr Kaffee gebraucht wird, als in den englischen, sowie auch in der Türkei, wo Kaffee das Hauptgetränk ist, ist sowohl die Steinkrankheit, als auch die Gicht etwas sehr Seltenes. Dr. Faur bemerkt bei einer besondern Veranlassung über die Wirkung des Kaffees, daß Dr. Deveran vom 25sten bis 50sten Jahre an der Gicht gelitten und Alles umsonst versucht habe, bis er vor 4 Jahren (von der Zeit gerechnet, als er dieß bemerkte) der Anweisung, Kaffee zu gebrauchen, folgte, und keine Wiederkehr der Gliederkrankheit mehr Statt gefunden habe.

Anfängliche Lähmung zu kuriren. Wenn die Lähmung schon lange Zeit gedauert hat, so kann nicht viel dagegen gethan werden; wenn die Krankheit dagegen erst anfängt, so kann eine theilweise, wenn nicht völlige Kur bewerkstelligt werden, wenn Folgendes angewendet wird.

Liniment gegen Lähmung. Schwefeläther 6 Uz.; Weingeist 2 Uz.; Opiumtinktur 1 Uz.; Lavendelöl 1 Uz.; vermische Alles und pfropfe gut zu. Bei anfänglicher Lähmung wasche den ganzen gefühllosen Theil mit diesem Präparate, und reibe es tüchtig hinein, etwa 2 Minuten lang, wenigstens 3 mal täglich. Die Einreibung geschehe mit der Hand. Zu gleicher Zeit nimm 20 Tropfen davon ein, in ein wenig versüßtem Wasser, um die Uebertragung des Uebels auf innere Organe zu verhüten

Es mag auch in veralteten Fällen angewendet werden und wird ohne Zweifel viel Gutes wirken. Bei anfänglichen Fällen ist es gut, wenn man die leidenden Theile mit Flanell bedeckt, und dieselben oft mit der Hand reibt. Auch ist die Elektrizität, von Sachverständigen angewendet, von gutem Erfolg. Dieses Einreibmittel sollte so angewendet werden, daß täglich davon eine Unze verbraucht würde, wenn nur ein Arm oder Fuß lahm; wenn dagegen die ganze Seit gelähmt ist, muß verhältnißmäßig mehr angewendet werden. Bei Magenschmerz oder Seitenstich wird ein Theelöffel voll, innerlich eingenommen, von ungemein gutem Erfolg sein. Bei Kopfschmerz bringe ein wenig an die Stirne, und vergiß nicht, daß bei jeder äußeren Anwendung auch Etwas davon innerlich eingenommen werden sollte. Bei Verstauchungen und Quetschungen, ohne daß die Haut verletzt ist, wird es mit gutem Erfolg gebraucht. Auch mag es erfolgreich angewendet werden, wenn man bei innerlichen Krankheiten den nach außen nächstliegenden Theil einreibt.

Geschwollene Mandeln zu kuriren. Wenn die Mandeln vergrößert werden durch Erkältung oder durch Halsweh, das manchmal eine Seuche ist, so nimm:

„Nro. 6" eine Uz.; Molasses 2 Uz.; heißes Wasser 4 Uz.; mische es und lasse Etwas davon in den Hals hinein fließen, ein wenig davon hinunter schluckend. Es bewirkt Schleimlösung im Hals, worauf die Geschwulst der Mandeln sich verliert, und sie zu neuer Thätigkeit anspornt. Es hat sich in epidemischen Fällen sehr erfolgreich gezeigt, in welchem die Mandeln hart und geschwollen sind mit einer Anlage zur chronischen Entzündung des ganzen Halses.

Der schlimmste Fall wird dieser Behandlung bald weichen. Sollte eine Anlage zu Fieber vorhanden sein, so magst du die Füße 15 bis 20 Minuten in heißes Wasser stellen und den ganzen Leib gelegentlich abwaschen.

„Krankes Kopfweh" zu kuriren. Diese Krankheit entsteht durch Säure oder Ueberladung des Magens. Wenn es nicht durch zu viel Essen bewirkt wird, so stelle die Füße 15 bis 20 Minuten in heißes Wasser, und trinke zu gleicher Zeit einen Pflanzenthee, wie z. B. amerikanischen Isop, Katzenminze, Katzenkraut oder Pfefferminze u. s. w. — Dann gehe zu Bette, decke dich warm zu, und suche eine Stunde lang den Schweiß zu unterhalten, in welcher Zeit Besserung eingetreten sein wird. Wenn aber unverdaute Speise im Magen liegt, so ist ein Brechmittel das Beste.

2) Ausgezeichnetes Brechmittel. Es ist zusammengesetzt aus Lobelie und Brechwurzel von jedem gleiche Theile, und Blutwurzel halb so viel als von einem der andern, jedes besonders pulverisirt und dann durch einander gemischt. Gabe: einen halben Theelöffel voll alle 15 bis 20 Minuten in einem warmen Thee, z. B. Kamillenblumen, amerikanischen Isop oder durchwachsener Wasserhanf, (Wasserdosten) zu nehmen. Fahre fort, bis eine gehörige Ausleerung des Magens erfolgt.

Nach dieser Operation, wenn der Magen ein wenig beruhigt ist, wird etwas Nahrung gewünscht werden. Eine milde Speise oder Welschkornschleim sollte in kleinen Quantitäten genommen werden. Man hat nichts dabei zu befürchten. Es gibt vielleicht kein Brechmittel das diesem gleich käme, weder in Hinsicht der Wirkung als solches, noch in Hinsicht auf seine Stärkung des ganzen Systems. Es ist ausgezeichnet in Halsbräune, chronischen Leber= und Magenleiden, u. s. w., und überhaupt, wann und wo ein Brechmittel nothwendig ist. Allein nachdem ich beide probirt habe, ziehe ich den Lobeliensaamen, allein gebraucht, vor   Derselbe muß, wenn gebraucht, gepulvert werden.

3) Brodthee, beim Einnehmen von Medicin gebraucht. Man nimmt ein Stück trockenes Brod und bröckelt es in ein Schüsselchen mit ein wenig Salz, Pfeffer und Butter, den Geschmack angenehm zu machen. Dann wird siedendes Wasser drüber geschüttet. Dieses beseitigt bald den Reiz zum Erbrechen, und stärkt den Magen zu neuer, gesunder Thätigkeit.

Periodisches Kopfweh.—Es gibt Solche, welche mit krankem Kopfweh behaftet sind, das in Perioden von einigen Wochen bis zu 2 oder 3 Monate wiederkehrt, und 2 bis 3 Tage dauert, und das mit Magenschwäche und Erbrechen begleitet ist. In diesem Fall benütze obiges Brechmittel, hernach nimm das Folgende, um von dem gegenwärtigen Anfall befreit zu werden:

Abführender Syrup.—Beste Sennesblätter 1 Uz.; Jalappe ½ Uz.; weiße Wallnuß die innere Rinde der Wurzel, getrocknet und zerstoßen, 2 Uz.; Pfefferminzblätter ½ Uz.; Feuchelsaamen ½ Uz.; Weingeist ½ Pt.; Wasser 1½ Pts.; Zucker 2 Pfund. Thue Alles in den Weingeist und das Wasser, bis auf den Zucker, und laß es zwei Wochen stehen und seihe es durch ein Tuch und dann den Zucker dazu gethan. Laß es blos einige Minuten leicht kochen, es in einen Syrup zu verwandeln. Wenn es in irgend einem Fall Kneipen verursachen sollte, so nimm mehr von dem Feuchelsaamen und den Pfefferminzblättern. Gabe: 1 Theelöffel voll einmal des Tages, oft auch weniger bis der Stuhlgang geregelt ist, wenn die nächste Periode des Kopfwehs wieder vorhanden ist, wird dasselbe nicht wieder ankommen.

Dieß ist ein mildes Abführmittel, und besonders angenehm für Kinder. Erhöhe oder verringere die Gabe, je nachdem die Umstände sind. Frauenzimmer von schwacher Constitution haben oft Kopfweh, welches rein sympathetisch ist. Sie können dasselbe unterscheiden durch ihre allgemeine Körperschwäche, Unregelmäßigkeit und Gedankenlosigkeit. In solchen Fällen nimm die folgenden:

5) Kopfwehtropfen. Bibergeil=, Enzian= und Baldrianwurzeln, zerquetscht, ¼ Uz. Opiumtinktur 1 Uz.; Schwefeläther 1½ Uz.; Alkohol ½ Pt.; Wasser ½ Pt. Thue Alles in eine Flasche, und lasse es etwa 10 Tage stehen. Gabe: 1 Theelöffel voll so oft, als es nöthig ist, oder 2 bis 3mal täglich.

6) Blutwurzel=Tinktur.—Man setzt eine Unze der getrockneten, zerstoßenen Wurzel zu ein Pt. Wachholderschnapps und nimmt einen Theelöffel voll alle Morgen vor dem Frühstück, und ißt blos eine kleine Portion leicht verdaulicher Speise. Dieses Mittel hat Wunder gethan in sehr veralteten Kopfschmerzen, und es mag nicht am unrechten Ort sein, zu sagen, daß die Mehrzahl derer die an Kopfschmerz leiden, Dyspeptiker sind, welches sie geworden sind durch anhaltende Unmäßigkeit im Essen, und durch Verringerung des Magensaftes durch zu vieles Trinken, selbst von Wasser, Thee oder Kaffee. Ein Zeitung in Niles gibt folgendes, leicht zu probirende Mittel an:

Holzkohle, ein Mittel gegen das „kranke Kopfweh.“— Es wird behauptet, daß 2 Theelöffel voll fein gepulverte Holzkohle, in einem halben Glas Wasser getrunken, in weniger als 15 Minuten das kranke Kopfweh beseitigt, wenn dasselbe durch zu viel Säure im Magen entstanden, was in der Regel der Fall ist. Wir haben dieses Mittel wiederholt probirt, und zwar jedesmal zu unserer größten Zufriedenheit.

Säuferwahnsinn. —Schlaf zu bekommen.—Gib ein Brechmittel von Brechwurzel. Dann gib 15 bis 18 Grs. von demselben alle zwei Stunden, wende zugleich das Schauerbad an, und gib dem Patienten so viel Fleischbrühe, als er wünscht.

Der Gefängnißarzt in Chicago gibt 36 glückliche Fälle an, wo nach obiger Weise verfahren wurde. In dem Correctionshaus zu Boston, wird die Gefahr, in welche Diejenigen oft versetzt werden, welche von ihren gewohnten geistigen Getränken hinweg auf einmal in eine solch puritanische Haushaltung hinein kommen, durch eine starke Abkochung von Wermuth beseitigt.

2) Reizendes, schmerzstillendes Mittel.— Schwefelsaures Quinin 12 Gr.; schwefelsaures Morphin 1 Gr. Vermische und theile es in 6 Pulver von denen alle Stunden eins gegeben werden muß.

Prof. King von Cincinnati, Ohio, sagt, daß von 2 bis 4 Pulver von diesem schmerzstillenden Stoffe beinahe jedesmal den Schlaf in dem Branntweindelirium bewirken. Dagegen ziehe ich das folgende Mittel vor:

3) Spanischen Pfeffer im Säuferwahnsinn. In Gaben von einem Scrupel zu einer Drachme in einem Glas voll Gin und Wasser alle vier Stunden gegeben, bis sich der Schlaf einstellt. Der Patient schläft gewöhnlich 4 bis 5 Stunden, munter und gestärkt erwachend. Eine Gabe ist oftmals hinlänglich, allein in manchen Fällen mag es auch 6 bis 7 Gaben erfordern; jedoch 3 bis 4 Gaben werden im Durchschnitt gebraucht werden. Prof. Scudders Eclectic medical Journal, Cincinnati, Ohio.

Typhus= oder Nervenfieber. Die Ansteckung zu verhüten.— Nimm Salpeter pulverisirt, ¾ Uz.; Vitriolöl ¾ Uz.; thue das Salpeter in eine Kaffeetasse und setze es auf eine glühend heiße Schaufel, von dem Vitriolöl 1|6 jedesmal darauf gießend und mit einem Pfeifenstiel gut durcheinander gerührt. Vermeide die Einathmung des Rauchs, der aus der Tasse aufsteigt. Hiebei wird durchaus keine Gefahr bei der Einathmung der Zimmerluft sein. Die obige Quantität ist genügend für ein Zimmer von 12 bei 16 Fuß, und weniger oder mehr muß bei andern Zimmern genommen werden, je nachdem der Größe derselben. Dr. J. C. Smith in London soll für die Bekanntmachung obigen Rezeptes £ 5,000 erhalten haben.

2) Die Luft von schädlichen Ausdünstungen in Krankenzimmern, wo die Krankheit gerade nicht ansteckend ist, zu reinigen, zerschneide einfach 3 oder 4 Zwiebel, setze sie in einem Teller auf den Fußboden und erneure dieß 3 bis 4 mal in 24 Stunden.

3) Mittel gegen Ansteckung; für Krankenzimmer, für Fleisch und Fische.—Gewöhnliches Kochsalz ½ Kaffeetasse voll; Schwefelsäure 2 bis 3 Uz.; thue etwa ½ Uz. von der Säure auf das Salz, (über ein Mal) und wiederhole dieß alle 15 Minuten. Während des Hineinmischens muß gerührt werden. Dieß reinigt ein großes Zimmer. Bei Fleisch und Fischen angewandt, thue dieselben in ein Kistchen, das mit einem guten Deckel ver-

5

sehen ist, und so das obige Gas einschließt. Es wird dieselben vor Fäulniß bewahren, und angesteckte Speisen werden wieder gut werden.

4) Gemahlener Kaffee, ein Wenig davon auf eine heiße Schaufel gestreut, wird in einigen Minuten ein mit unreinen Dünsten angefülltes Zimmer reinigen, und besonders, wenn dieselben von einem thierischen Character sind.

5) Chlorsaurer Kalk, eine halbe untere Kaffeetasse voll angefeuchtet mit einigen Tropfen gleichen Theilen Essig und Wasser wird in einigen Minuten ein Krankenzimmer reinigen.

Schweißtreibende Präparate. Schweißtreibende Tropfen. Brechwurzel, Safferan, Birginische Schlangenwurzel und ganzen Kampfer von jedem 2 Uz.; Opium ¼ Uz.; Alkohol 2 Qts. Laß es zwei Wochen stehen und schüttle es von Zeit zu Zeit. Gabe: Ein Theelöffel voll in einer Kaffeetasse voll amerikanischen Isop,- grüne Münze- oder Katzenminze=Thee alle halbe Stunden zu nehmen, bis ein Schweiß hervorgebracht ist, dann alle Stunden, einige Stunden fortgefahren.

Es ist vorzüglich bei Erkältungen, Fiebern, Brustfellenentzündung Lungenentzündung u. s. w. — Es ist rathsam, wenn man bei Gebrauch dieses Mittels die Füße in heißes Wasser stellt.

2) Schwitzen, durch brennenden Alkohol hervorzubringen. — Schütte Alkohol in eine untere Kaffeetasse, etwa halb voll, stelle es unter einem Stuhl; ziehe den Patienten ganz aus und setze ihn auf den Stuhl und decke ein wollenes Tuch über ihn her. Dann zünde ein Schwefelhölzchen an und halte es in den Alkohol, welcher dann brennt, und wenn derselbe ausgebrannt ist, so wird der Kranke in einem ordentlichen Schweiß sein; wo nicht, so thue nochmal halb so viel Alkohol in die Tasse und brenne denselben wieder an, was den erwünschten Erfolg haben wird. Dann gehe der Kranke zu Bette, nehme einen heißen Thee und schweißtreibende Tropfen, wie oben in Nr. 1 angegeben.

Kaisertropfen. Gegen Stein= und Nierenbeschwerden. Nimm Salpeter 1 Uz.; thue es in einen eisernen Mörser und setze es in Feuer durch eine glühende Kohle. Rühre es um, bis Alles zu einer festen Masse geschmolzen ist, dann blase die Kohle aus und pulverisire es. Dann nimm eine kleine Portion Saleratus und löse beide in Regenwasser auf, und zwar in zwei Unzen. Gabe: 20 bis 30 Tropfen Morgens und Abends, mit einem Schluck Flachssaamenthee, oder einer Auflösung von arabischem Gummi in Wasser.

In Verbindung mit Obigen gib dem Patienten einen bis drei Eßlöffel voll Zwiebelsaft zu trinken, und lasse ihn rohe Zwiebel essen, so viel er kann, und fahre so lang fort, bis er von Schmerzen frei ist. Ich habe Steine gesehen, so groß, wie ein gewöhnlicher Federkiel, krumm und 1¼ Zoll in Länge, und auch unzählige kleine Stückchen, welche eine Frau aus der Blase entleerte durch den einfachen Gebrauch von Zwiebelsaft.

Der Zwiebelsaft (rothe Zwiebel sollen die besten sein) kann mit dem Catheter (eine künstliche Harnröhre) in die Blase eingespritzt werden. Man braucht keine Furcht davor zu haben; denn ich kenne einen Arzt, der schon 40 Jahre prakticirt, welcher es oft mit glücklichem Erfolg gethan hat. Jedenfalls würde es einen Arzt erfodern, daß Instrument einzuführen.

2) Wenn Stein in den Harngängen ist, welcher in der Blasen=Röhre Schmerzen verursacht, wird gewöhnlich eine Opiumpille gege-

ben von ein bis drei Gran schwer, gemäß des Schmerzens, Alters und der Stärke des Patienten.

3) Eine starke Abkochung von einer Hand voll gefleckter Knöterich und 1 gill (¼ Pt.) Gin, und 2 gill Roßminze, (Monarde) und eben soviel Zwiebelsaft, Alles in 12 Stunden genommen, ist bekannt als ein Mittel das Stein in großer Quantität abführt. (Philadelphia eclectic Journal.)

Das sicherste Zeichen von Stein ist die dunkle Farbe des Urins, als ob derselbe mit gemahlenem Kaffee vermischt wäre, und ein dumpfer Schmerz in der Nierengegend. Wenn blos eine Entzündung der Nieren vorhanden, so erscheint die dunkle Farbe nicht. (Siehe die Anmerkungen über Gicht, am Schluß.)

Kamphercis. — Für aufgesprungene Hände oder Lippen. Wallrath 1½ Uz.; süßes Mandelöl 4 Theelöffel voll, ganzen Kampfer ¾ Uz., fein gemacht. Setze es auf den Ofen, bis es aufgelöst ist, und rühre beständig. Gebrauche keine starke Hitze beim Zerschmelzen der Artikel. So lange es warm ist, bringe es in Modeln, wenn du wünschen würdest, den Artikel zu verkaufen. Für deinen eigenen Gebrauch thue es in einen luftdicht geschlossene Schachtel. Bestreiche die Schrunden 2 oder 3 mal täglich, besonders zur Bettzeit.

Salbe gegen Brand, Winterbeulen, wunde Brustwarzen u. s. w. — Gleiche Theile Terpentinöl, Baumöl und Bienenwax. Schmelze das Oel und Wax zusammen, und wenn es ein wenig kalt ist, setze den Terpentin hinzu, und rühre um, bis es kalt ist. Auf diese Weise wird's gleichmäßig gemischt sein.

Beim Gebrauch streiche es auf dünne Leinwand. Ich gebrauchte diese Salbe bei einem meiner eigenen Kinder, ein und ein halbes Jahr alt, welches heißen Kaffee über sich hinunter schüttete. Das Kind verbrannte sich so sehr, daß ihm die Haut an Brust, Arm und Schulter mit den Kleidern herunterging. Fünfzehn Minuten nach dem Gebrauch der Salbe fiel das Kind in den Schlaf und schrie nachher nicht mehr wegen Schmerzen von der Brandwunde; auch wurde die Haut wieder so schön, wie zuvor.

2) Dr. Downers Salbe gegen Brandwunden. — Bienenwax 4 Unzen; Opium ¼ Unze; Bleizucker 1 Unze; schmelze das Bienenwax und dann thue den Bleizucker fein gerieben darnach das Opium hinzu, und endlich mische noch ½ Pt. Baumöl bei, um eine Salbe von gehöriger Beschaffenheit zu machen. Streiche leicht auf ein Stück Tuch. Keine Schmerzen werden gefühlt werden, während es gebraucht wird. Genannter Arzt empfiehlt es auch bei Schmerzen oder Entzündung in Goldaderleiden·

3) Warmer Umschlag bei Brandwunden und erfrornen Gliedern. — A. Bronson von Meadville, Pa., sagt aus 15jähriger Erfahrung, daß Umschläge von Welschkornmehl, mit frischem grünen, chinesischen Thee überdeckt, mit heißem Wasser durchweicht und über Brandwunden oder erfrorne Theile gelegt, so heiß es ertragen werden kann keine Geschwüre aufkommen lassen, und daß ein einziger warmer Umschlag gewöhnlich hinreichend sei.

4) Eine andere Salbe gegen Brandwunden. —Bienenwax, Burgundisches Pech, Harz von der Weißtanne und Geigenharz von jedem ¼ Pt. Theer ⅛ gill (d. h. ¼ Pt.;) vermischt und gschmelzen, und wie eine andere Salbe gebraucht.

5) **Eine andere Salbe gegen Brandwunden und Frostbeulen.** — Immerblumen-Blätter und Süßklee= oder Hahnenkopfblätter, Chamillen und Flieder, die innere Rinde, eine Hand voll von jedem. Koche Alles leicht in frischer Butter und Schafunschlitt, ¼ Pfd. von jedem, bis die Kräuter ganz rösch sind, dann seihe durch und setze 2 bis 3 Unzen Bienenwachs hinzu, eine Salbe zu formiren.

6) Das Weiße von einem Ei, gut gequirlt und mit einem Eßlöffel voll Schmalz gut zerschlagen, bis sich ein wenig Wasser davon scheidet, habe ich gegen Brandwunden gut gefunden.

7) Das weiße Bismuthoxyd, in ein wenig Schmalz verrieben, ist ebenfalls gut bei Brandwunden.

8) Glycerin und Tannin, von jedem gleiche Theile, zusammen zu einer Salbe gemacht, ist sehr gut bei wunden und aufgesprungenen Brustwarzen.

Das Beißen der Füße durch Frostbeulen zu kuriren. Hydrochlorinsäure, (Salzsäure) 1 Uz.; Regenwasser 7 Uz.; wasche damit die Füße täglich 2 bis 3 mal, oder mache den Socken damit naß, bis Besserung eintritt.

Geschwür, von Erkältung entstanden, zu heilen. Veröffentlicht auf Befehl der Regierung in Würtemberg. Schafunschlitt und Schweineschmalz, von jedem ¾ Pfd.; in einem eisernen Kessel zerschmolzen, und Eisenoxychydrat 2 Uz. hinzu gethan, beständig mit einem eisernen Löffel gerührt, bis die Masse eine gleichmäßige schwarze Farbe hat. Dann laß es abkühlen und setze venetianischen Terpentin 2 Uz., und Siegelerde 1 Uz.; Bergamotöl 1 Dr. Verreibe die Siegelerde mit ein wenig Baumöl ehe du sie zu den andern Stoffen thust.

Wende es täglich einige Male an, indem du es auf Leinwand streichst. Es heilt die schlimmsten Fälle in einigen Tagen.

Frischentstandene Nagelgeschwüre in 6 Stunden zu kuriren. Venetianischen Terpenthin 1 Uz.; thue in dasselbe einen halben Theelöffel voll Wasser und rühre es mit einem Steckchen, bis die Masse wie fester Honig aussieht; dann streiche es ziemlich dick auf ein Stück Tuch und lege es um den Finger. Wenn der Fall noch neu ist, so wird es die Schmerzen in 6 Stunden beseitigen.

2) Ein Umschlag von Kermes= oder Schminkbeeren heilt das Nagelgeschwür durch Vertheilung, außer es habe sich schon Eiter gebildet. Wenn dieß der Fall ist, so wird es denselben bald zusammen ziehen, wodurch viel Schmerz und Leiden erspart wird.

3) Wurzeln des blauen Kalmus und der Nießwurz gleiche Theile, in Milch und Wasser gekocht, dann halte das Geschwür 20 Minuten lang hinein, so heiß es ertragen werden kann, und binde die Wurzeln eine Stunde lang an die leidende Theile. Dieß hat mehrere Fälle von Nagelgeschwür geheilt, wenn rechtzeitig damit begonnen wurde.

4) Ein Umschlag von Leimen, womit ein altes Blockhaus verstrichen ist, mit Kampferspiritus durchnäßt, ist ebenfalls gut.

Salbe gegen Nagelgeschwür. Nimm Baumöl ½ Pt.; und koche darin für 3 Cents Kautabak, bis derselbe ganz zerfasert ist. Dann drücke es aus und setze 1 Uz. rothe Minning hinzu. Koche es, bis es schwarz ist. Wenn es ein wenig erkaltet ist, thue 1 Uz. pulverisirten Kampfer hinzu.

6) **Eine andere Salbe gegen Nagelgeschwür.** — Brenne einen Eßlöffel grünen Vitriol dann pulverisire ihn und mische ihn mit einem Eidotter. Man sagt, daß dieß den Schmerz stille und das Nagelgeschwür in 24 Stunden heile. Gebrauche nachher eine Salbe aus 2 Theile Rahm und einen Theil Schmierseife. Gebrauche die Heilsalbe täglich, nachdem der leidende Theil zuvor in warmes Wasser gehalten wurde.

Taubheit zu kuriren, wenn dieselbe erst anfänglich ist; wo nicht, doch Besserung zu verschaffen. — Hühnerschmalz ¼ Pt.; eine Handvoll Süßklee in Gärten gepflanzt; koche ihn mit dem Schmalz langsam, bis der Saft außen ist. Dann seihe ab und fülle auf Flaschen.

Wo die Taubheit im Anfang ist, so kann sie kurirt werden, wenn 3 oder 4 Tropfen täglich in das Ohr gethan werden; wenn das Uebel aber schon veraltet ist, so kann doch wenigstens Besserung verschafft werden, wenn man eine geraume Zeit mit fort fährt.

Warzen und Hühneraugen in 10 Minuten zu kuriren. — Nimm ein kleines Stück Potasche, laß es in der freien Luft stehen, bis es verlaufen ist; dann verdicke es zu einem Papp mit pulverisirten arabischen Gummi und ein wenig Mehl, was verhütet, daß es auf andere Theile fließt, wo es nicht nöthig ist.

Schneide die Warzen oder die Hühneraugen bis zur empfindsamen Haut heraus, wende dann obigen Teig an und laß es 10 Minuten darauf; danach wasche ihn ab und bade den leidenden Theil in scharfen Essig oder in Baumöl wovon jedes das Lungensalz neutralisirt. Drücke nun die Warze oder das Hühnerauge nicht aus, sondern laß es gehen, bis die Natur sie selbst ohne alle Gefahr abtreibt. Die Hühneraugen werden durch den Druck der Schuhe verursacht, weßhalb die meisten Fälle kurirt werden, wenn man den Druck derselben beseitigt. Bei diesen Leiden können neun aus zehn Fällen kurirt werden, wenn man täglich zweimal irgend ein gutes Liniment anwendet, und Schuhe oder Stiefel trägt, die nicht zu eng anliegen.

2) **Mittel gegen Hühneraugen.** — Nimm eine Citrone, schneide ein Stück davon ab und knicke es so, daß es über den leidenden Theil zu liegen kommt; befestige dieß so, daß es sich nicht bewegen kann, und laß es über Nacht liegen. Am andern Morgen wird das Hühnerauge mit einem stumpfen Messer abgenommen werden können. Zwei oder drei Applikationen dieses Mittels werden einen armen Krüppel lebenslustig machen. — London Field.

3) **Essigsäure** auf ein hartes oder weiches Hühnerauge gebracht, eine Woche lang Abends und Morgens angewendet, wird dasselbe kuriren; eben so der unten folgende barmherzige Samariter.

4) **Dr. Hartman's** unschuldiges und sicheres Heilmittel gegen Hühneraugen, Warzen und Geschwüren, die von Erkältung kommen —

Salpetersäure und Salzsäure, blaues Vitriol und Weinsteinsäure von jedem 1 Uz.; mische den blauen Vitriol, pulverisirt, zu irgend einer Säure, und auf dieselbe Weise verfahre mit der Weinsteinsäure. Nachdem es geschäumt hat, thue die andere Säure hinzu, und in einigen Tagen wird es zum Gebrauch recht sein.

Vorschrift: — Bei erfrornen Füßen reibe dieselben mit einer Bürste und wasche mit dieser Auflösung jeden rothen und verdorrten Theil sehr leicht. Wenn nach einem oder zwei Tagen keine Kur bewerkstelligt ist, so wiederhole es. Bei Hühneraugen schabe die todte Haut zuvor ab, ehe es angewendet wird. Bei Warzen wasche dieselben in der Woche einmal, bis dieselben verschwinden, was bald der Fall sein wird, denn es ist ein sicheres Mittel in allen oben angeführten Fällen, und sehr wohlfeil. So sagt obiger Arzt in Anderson, Ind.

5) Ein Herr in Ohio ist Willens, $1,000 zu bezahlen für jeden Fall, in welchem auf folgende Weise die Hühneraugen nicht nach dreitägem Gebrauch geheilt sind: Binde ein wenig Baumwolle um den kranken Zehen, und durchnässe sie dreimal täglich mit Terpenthingeist.

6) Ein Herr in Syracuse versichert mir, daß ein Pflaster von der „Green mountain Salve," auf das Hühnerauge gelegt, dasselbe völlig heile, und zwar in der Zeit, welche die Natur gebraucht, um es abzutreiben.

Linimente.—Der „verbesserte barmherzige Samariter." Nimm 98 Procent-Alkohol, 2 Qts.; und setze folgende Artikel hinzu: Sassafrasöl, Oel der canadischen Edeltanne, Terpenthingeist, spanische Pfeffer-Tinktur, japanische Erde, Guajakgummi-Tinktur und Opiumtinktur von jedem 1 Unze; Myrrhentinktur 4 Uz.; Majoranöl 2 Uz.; Hornkrautöl ½ Unze; ganzen Kampfer 2 Uz.; und Chloroform 1½ Uz.

Ich habe obiges Liniment über 5 Jahre lang benützt, und kann es in Hinsicht seines Werthes nicht genug rühmen. Ich kurirte mich selbst von zwei schlimmen Anfällen von Rheumatismus mit demselben, das erstemal im Knie, das zweitemal in der Schulter. Meine Frau kurirte damit zwei Hühneraugen an der Zehe, indem sie dieselben einige Tage lang, zweimal, damit wusch. Es ist kaum Etwas zu denken, was nicht mit diesem Mittel geheilt werden könnte, als z. B. Verstauchungen, Quetschungen, Schnitwunden, Rheumatismus, schwacher Rücken und viele andere Leiden, deßhalb erlaube mir, in Hinsicht der verschiedenen Linimente zu bemerken, daß dieselben von 20 zu 30 Minuten lang hineingerieben werden sollten, bis die Hand, wenn man sie auf die Theile legt, brennt, anstatt zwei bis drei Minuten, wie es gewöhnlich der Gebrauch ist. Flanell damit zu befeuchten und es aufzulegen, ist ein empfehlenswerther Weg.

2) Liniment gegen alte Geschwüre. Alkohol 1 Qt.; Salmiakgeist 4 Uz.; Opium 2 Uz.; Myrrhengummi 2 Uz.; gewöhnliches Salz 2 Eßlöffel voll. Mische es und schüttle öfters eine Woche lang. Dieß ist ein sehr gutes Liniment gegen alte Geschwüre, Schnittwunden, Verenkungen, entzündlichem Rheumatismus :c.

3) Dr. Raymond's Liniment. Alkohol 1 Qt.; Majoranöl 2 Uz.; Wermuthöl 1 Uz.; ganzen Kampfer 2 Uz.; Terpenthingeist 2 Uz.; und spanische Fliegentinktur 1 Uz.; mische Alles und brauche es, wie jedes andere Liniment.

Dr. Raymond von Conneout, Ohio, meint, es sei dieß das beste Liniment in der Welt.—

4) Deutsches Liniment gegen Rheumatismus.— Edeltannen- und Cedernöl von jedem ½ Unze; Majoranöl und Sassafrasöl von jedem 1 Uz.; Salmiakgeist 1 Uz.; pulverisirten spanischen Pfeffer 1 Uz.; Terpenthingeist und ganzen Kampfer von jedem ½ Uz.; bringe Alles in eine Quartflasche und fülle dieselbe mit 95-Procent Alkohol.

Die Deutschen sprechen alle gleich lobenswerth von dieser Flüssigkeit; besonders halten sie es sehr werthvoll in Kolik bei Menschen und Pferden.

Gabe gegen Kolik bei einem Menschen: ½ Theelöffel voll; für ein Pferd von ½ bis 1 Unze, in ein wenig warmen Wasser. alle 15 Minuten, bis die Schmerzen gestillt sind.

Ein Herr kaufte ein Pferd um 75 Dollars, das den Fuß unten am Fußgelenk verrenkt hatte, und das vor der Verstauchung 125 Dollars werth war. Er kurirte es mit diesem Liniment, und verkaufte es um seinen ursprünglichen Preis. Er befreite seine Frau mit demselben Mittel von der Nervenreißen, seit ich dieses Mittel publicirt habe Urtheile selbst über seinen Werth!—

Cook's Electro-Magnetic Liniment.—Besten Alkohol 1 Galle; Amber-öl 8 Uz.; ganzen Kampfer 8 Uz.; Seife von oliven Oel und Soda fein geschabte, 2 Uz.; Ochsengalle 4 Uz.; Salmiakgeist 3 F.'s stark, 12 Uz.; vermische Alles und schüttle von Zeit zu Zeit 10 Minuten lang, und es ist zum Gebrauch fertig.

Dieß ist ein starkes, werthvolles und auch wohlfeiles Liniment. Es kann bei Geschwulsten, Verstauchungen u. s. w. gebraucht werden, und es wird an den Hals, auf die Brust für Lungen in Asthma, wehem Hals und drgl. eingerieben.

6) Liniment gegen Rückenschmerzen. — Nimm eine Pintflasche und thue in dieselbe Majoranöl, Wermuthöl, Terpenthingeist und ganzen Kampfer von jedem 1 Uz.; und fülle mit dem besten Alkohol auf.

7) Gutes Londoner Liniment.—Nimm Chloroform, Olivenöl und Salmiakgeist von jedem 1 Uz.; essigsaures Morphium 10 Gr.; vermische es und gebrauche es wie ein anderes Liniment. Ist sehr werthvoll.

8) Gummi Liniment. Nimm Myrrhen,- Kampfer- und Opiumgummi von jedem ¼ Uz.; spanischen Pfeffer ½ Uz.; Alkohol 1 Pint; mische Alles.

Dieses Liniment ist nach drei oder vier Tagen zum Gebrauch tauglich und wurde sehr empfohlen von E. Burrows von Matamora, Lapeer Co. Mich. Er zieht den Rum vor, (wenn man einen guten Artikel bekommen kann) anstatt des Alkohols. Dieß ist ausgezeichnet in Kolik und Diarrhöe.

9) Patent-Liniment. — Nimm Branntwein 15 gals.; und thue 2 Pfd. pulverisirten spanischen Pfeffer hinein; laß es 10 Tage stehen und filtrire oder laß den Branntwein durch einen Hahnen ab, den Bodensatz ferne haltend. In derselben Zeit nimm 1 gal. Terpenthinspiritus und thue darein Majoran,- Pferdeminz,- Sassafras- und Edeltannenöl von jedem 6 U.; ganzen Kampfer 2 Pfd. Vermische Alles, und es ist sofort fertig zum Verkauf, um diejenigen zu betrügen, welche Jedermann für ehrlich halten weil sie selber so sind.

Damit jedoch kein Verlust entsteht durch den Raum, den obiges Liniment einnimmt, so will ich dir sagen, wie du ein gutes Liniment machen kannst mit einem Theil der obigen Gegenstände. Nämlich das folgende: Nimm von den Patent-Liniment 8 Uz.; Baum,- Majoran,- Sassafrasöl und Salmiakgeist von jedem 2 Uz. mische es. Schüttle gut, wenn es gebraucht wird. Diese Mischung ist ein ausgezeichnetes Pferdeliniment. Das Erstere würde weniger als $ 1.00 per Gallone kosten, während der Verkaufspreis es auf $2.00 per Quart erhöht. Sieh, wohin dein Geld geht!—

10) **Liniment von der Lobelie und spanischen Pfeffer.**—Nimm eine Quartflasche und thue ¼ Uz. spanischen Pfeffer (pulverisirt) hinein, dann setze 2 Uz. Lobilienkraut hinzu, und fülle die Flasche mit Brantwein auf. In 2 Wochen ist es zum Gebrauch fertig, und anwendbar bei Schnittwunden, Quetschungen, Verrenkungen u. s. w. Auch ist es bei Verletzungen an den Füßen der Ochsen und Pferde heilsam. Während des Gebrauchs können die Thiere doch fortarbeiten; auch verursacht es wenig Wundheit, zwei oder dreimal täglich angewendet.

Ich kenne einen Herrn, welcher einen klaffenden Schnitt im Kopf hatte, welcher vier Zoll lang war und bis zu der Hirnschale reichte, welcher ihm durch einen fallenden Ast verursacht wurde. Er heilte diese Wunde allein mit diesem Mittel, so fremd es scheinen mag. Bei der Heilung war weder Schmerz noch Eiterung wahrzunehmen.

11) **Liniment, das von Dr. A. John** bereitet werden soll. Um 70 Dutzend Flaschen voll zu machen, nimm Terpenthingeist und Erböl von jedem 4 Gallonen; Leinöl oder Baumöl 2 Gall.; Majoran-, Edeltannen-, Wachholderbeer-, Amberöl und Opiumtinktur von jedem 3 Quarts; Salmiakgeist 1 Qt.; Arnika- oder Wolverleitinktur 2 Gals.; ganzen Kampfer 1 Pfd. Thue Alles in ein Keg und schüttle es tüchtig. Wenn du es in kleine Flaschen füllen willst, so schüttle es vorher gut und lasse in einen passenden Krug oder große Flasche heraus, um damit die kleineren Flaschen aufzufüllen. Schüttle es gut, so oft du 5 Krüge oder Flaschen voll abgelassen hast· Auch beim Gebrauch muß dasselbe gut geschüttelt werden. Daher könnte man es das Schüttel=Liniment heißen; doch du magst es nennen, wie du willst; es ist ein gutes. Personen, welche blos für ihren eigenen Gebrauch bereiten wollen, dürfen blos den siebenzigsten Theil der verschiedenen Quantitäten nehmen; dieß würde sich ungefähr folgendermaßen gestalten:

Terpenthinöl und Erböl von jedem 7½ Unze; Baumöl und Arnikatinktur von jedem 3⅔ Uz.; Majoran-, Edeltannen-, Wachholderbeer-, Amberöl und Opiumtinktur von jedem 1½ Uz.; Salmiakgeist ½ Uz.; und ganzen Kampfer ¼ Uz., welches ein Bißchen weniger, als ein Quart macht, indem bei der ganzen Quantität, ohne den Kampfer, 64 Qts. sind.

Leberthran angenehmer und verdaulicher zu machen. Zu jeder Flasche voll setze eine Unze feines Kochsalz hinzu. Mische es gut.

Durch diesen sehr einfachen Weg verliert der Leberthran seinen eigenthümlichen unangenehmen Geschmack und ist auch besser für den Magen, zu verdauen. Aber selbst diese Verbesserung halte ich in der Auszehrung noch nicht so vortheilhaft, wie ein Glas voll fetter, süßer Rahm, mit einem Theelöffel voll vom besten Brandy, bei jeder Mahlzeit zu trinken.

Mittel gegen Schwindsucht. Ein sehr guter Syrup. Nimm die innere Rinde vom amerikanischen Lerchenbaum, das Moos kann davon weg gebürstet werden, ein Peck; Wurzel der gemeinen Narde ½ Pfd.; Löwenzahnwurzel ¼ Pfd.; Hopfen 2 Uz.; koche dieß gehörig in 2 oder 3 Gals. Wasser, die Stärke davon zu bekommen. Seihe es und koche es dann nochmal bis auf eine Gal. ein. Wenn es blutwarm ist, so setze 3 Pfd. Honig und 3 Pt. vom besten Brandy hinzu. Fülle auf Flaschen und halte es an einem kühlen Ort. Gabe: Ein Weinglas voll, oder weniger, je nachdem es der Magen erträgt, 3 oder 4 mal täglich, vor der Mahlzeit und vor dem Bette gehen, zu nehmen.

Die Schwindsucht oder Auszehrung mag füglich die Königin der Krankheiten genannt werden; allein sie ist dessen ungeachtet oft genöthigt, ihre Farbe abzulegen, und einer guten Gesundheit, und deshalb auch der Fröhlichkeit, Platz zu machen, wenn sie mit obigen Syrup in Berührung kam. Derselbe enthält jedenfalls keinen der Artikel, die man zu den verschiedenen Syruparten für diese Krankheit gewöhnlich nimmt, und schon dieß sollte unsere Aufmerksamkeit auf ihn hinlenken. Ein „sachverständiger" Mann sagte mir, daß in diesem Syrup nicht ein einziges Mittel sei, das in Schwindsucht einen Werth habe. Ich gab zu, daß es keinen Artikel enthält, der gewöhnlich gegen Schwindsucht gebraucht wird; allein erlaube mir, zu fragen, ob diese gewöhnlichen Mittel einen einzigen Fall aus hundert kuriren? Die Antwort ist: „Nein!"— Ich gebrauche diesen Syrup gegenwärtig in einem Fall, wo einer unserer Professoren, und nach ihm noch zwei andere Aerzte vergeblich Besserung versprochen haben; denn obwohl sie ein wenig Besserung schafften, so hielt dieselbe eben nicht an. Der Mann hatte seit einem Jahr sein eigenes Holz nicht mehr gespalten, noch irgend eine erkleckliche Arbeit ausführen können. Er nahm nun unsern Syrup beinahe 3 Monate. Er war schwach, abgemagert, und hustete sehr viel, auch waren Füße und der ganze Leib kalt. Jetzt ist er stark, fleischig, und Leib und Füße sind warm. Was könnte mehr verlangt werden? — Behalte im Gedächtniß, daß bei dem Gebrauch dieses Syrups Hoffnung vorhanden ist, so lange Leben da ist.

In Hinsicht dieser gefährlichen und trügerischen Krankheit sind die Ansichten sehr verschieden. Und da man über diesen Gegenstand schon so viel gesagt und geschrieben hat, so will ich mich nur kurz darüber erklären, indem in Folgendem meine eigene Erfahrung, als auch die vieler Andern ausspreche, und zwar als einen guten Rath für Schwindsüchtige.

Erstens: Wähle zu deinem Aufenthalt lieber nördliche, als südliche Gegenden. Gehe hin, wo kühle, frische Luft ist. Jage, fische, und iß nach Belieben von dem erlegten Wildpret. Wirf alle Sorgen ab und vertraue auf Christum, daß er Es wohl machen werde im Leben und Sterben. Bereise die Hügel und Thäler unseres nördlichen Landes. Sei darauf bedacht, beim Athemholen die Luft langsam durch die Nase einzuathmen, und nicht durch den Mund. Dieß stärkt die Lungen und erweitert die Brust.

Zweitens: Verlasse deine Heimath nicht, nachdem du schon Alles Andere vergeblich gesucht hast, just bereit, den Leichenmantel anzuhängen, denn alsbald bedarfst du aller Sorgfalt deiner Freunde, und einen stillen Ort, um da zu sterben. Dagegen führe Ersteres schnell aus, sobald du merkst, daß die Krankheit sich permanent auf den Lungen festgesetzt hat. Nimm die Mittel mit dir, wodurch du dich vor Nässe und Regen schützen kannst. Dagegen wasche und reibe den ganzen Leib öfters und trage Flanell auf dem bloßen Leib. Kleide dich dem Wetter und den Umständen gemäß an; auch Frauenzimmer sollten solche Gesundheitsreisen machen; allein Diejenigen unter ihnen, welche Familien haben und dieselben nicht verlassen können, werden anstatt der Reisen durch Beschäftigung im Garten eine gesunde Leibesübung haben. Irgend eine Arbeit im Freien, die sie verrichten können, ist höchst zweckdienlich für sie.

Endlich: Diejenigen, bei welchen die Krankheit im letzten Stadium werden viel Vortheil von dem Genuß fetter, frischer Rahm haben, wenn sie bei jeder Mahlzeit ½ Pt. genießen. In allen Fällen steht dieß Mittel über dem Cobfisch-Leberthran, abgesehen davon, daß es viel angenehmer zu nehmen ist. Wenn der Magen es ertragen kann, so mag noch ein Thee und ein Eßlöffel voll Brandy hinzugesetzt werden.

2) Ein halbes Pt frische Milch mit einem Weinglas voll ausgepreßten Saft von weißem Andorn jeden Morgen einen Monat lang getrunken, soll schon Wunder gewirkt haben, indem es die Geschwüre in den Lungen heilte und den Leib wieder zu gesunder Thätigkeit stimmte.

3) Chlorsaures Kali für Schwindsüchtige. Dr. A. B. Palmer, Professor an der Universität in Ann Arbor, Mich. versicherte mir, daß er dieses Mittel sehr erfolgreich angewendet habe. Seine Methode ist die: Er thut ungefähr einen Theelöffel voll in ein Glas Wasser, und läßt es den Patienten in einer Zeit von 6 bis 24 Stunden trinken, jedesmal ein wenig davon nehmend. Er gibt dieß in Verbindung mit andern Mitteln. Wenn die chlorsaure Pottasche Hitze oder ein brennendes Gefühl im Magen erregen sollte, so verringere die Gabe. Außerdem darf bei diesem Mittel nichts befürchtet werden. Es verbessert die allgemeine Symptome, verringert die Zahl der Pulsschläge, während der Leberthran eigentlich bisher nichts war, als eine Krankenspeise, und wegen seines sehr unangenehmen Geruchs und Geschmacks und seiner Unverdaulichkeit im Magen, ziehe ich die frische, süße Rahm, wie oben bemerkt, oder das fette Fleisch vor, wie unten gezeigt wird.

4) Bemerkungen über den Genuß fetter Fleischspeisen, als Schutzmittel gegen Schwindsucht. Es wird so viel gesprochen gegen den Genuß von fettem Fleisch, besonders Schweinefleisch, daß ich meine Bemerkungen über diesen Gegenstand nicht besser beschließen kann, als daß ich die entgegengesetzten Ansichten Sachverständiger, sowie meine eigene Erfahrung mittheile:

Dr. Dixon meint, daß das Oel neun Zehntel von Schwindsuchtsfällen kurire und daß dieß das ganze Geheimniß des Cobfisch-Leberthrans sei, welcher die Stelle des fetten Fleisches einnehme.

Dr. Hooker bemerkt über diesen Gegenstand Folgendes: „Erstens: Von allen jungen Menschen zwischen dem 15 und 22 Jahre genießt blos ein Fünftel fettes Fleisch. Zweitens: Personen im Alter von 45 Jahren essen beinahe alle fette Fleischspeisen; vielleicht einer von fünfzig ausgenommen. Drittens: Personen, welche zwischen dem 15 und 22 Jahre fettes Fleisch meiden, sterben in der Regel vor dem 35 Jahre an der Schwindsucht; dagegen die Wenigeren, die in diesem Alter einen Appetit darnach haben, erreichen ein gutes und hohes Alter. Viertens: Von denjenigen Personen, welche zwischen dem 12 und 45 Jahre an der Auszehrung sterben, haben neun Zehntel niemals fettes Fleisch gegessen."—

Die meisten Personen, welche fette Fleischspeisen meiden, genießen auch wenig Butter oder fette Brühen, obschon Viele sich durch den theilweiweise beliebigen Genuß dieser Artikel, sowie durch Milch, Eier und verschiedene zuckerhaltige Substanzen entschädigen; allein sie setzen an die Stelle des fetten Fleisches unvollkommene Ersatzmittel; denn ohne den Genuß von fettem Fleisch wird der Körper früher oder später leiden müssen, indem er nicht genug thierische Wärme entwickelt. Warum sterben so viele Frauen, junge Prediger und Studenten an der Schwindsucht? Einfach: Weil gebratene Hühner und mageres Fleisch nebst Bisquits und dgl. ihre ganze Nahrung ausmacht, und sie keine Bewegung haben; während diesel ben, wenn sie fette Fleischspeisen und Brod, das wenigstens einen Tag alt ist, essen, Böden aufwaschen, Holz sägen, oder andere Armübungen, je nach dem Geschlecht haben würden, und dieß eine Stunde am Schluß jedes Tages thäten, für ein langes Leben aufbewahrt wären, um ihren Familien ihren Gemeinden, wie überhaupt der Menschheit, nützlich zu sein.

5) Insofern Schweinefleisch eine Speise ist, mag die folgende Regel sicher befolgt werden: Wenn der Magen es ertragen kann, was erkannt wird, wenn es gehörig verdaut wird, so mag sein Gebrauch fortgesetzt werden; wenn aber unverdaute Stückchen abgehen, so muß die Quantität verringert werden; und wenn auch jetzt nicht Alles verdaut wird, so sollte es ganz vermieden werden. Für Leute, welche keine gewöhnlichen Arbeiter sind, ist Holzsägen die beste Uebung, nächstdem Reiten und Spaziergehen. Für Frauenzimmer ist die Gartenarbeit, besonders Hacken, nächstdem das Aufwaschen, Auskehren und Abstäuben der Zimmer, dann Reiten und Gehen das Nützlichste.

6) Ich sah unlängst ein Stück in einer Zeitung, welches das beste Mittel gegen Schwindsucht sein soll, und daß so viel richtigen Sinn enthält, daß ich meine Bemerkungen über diesen Gegenstand mit der Anführung desselben hiemit schließen will:

„Iß Alles, was der Appetit von den nahrhaftesten Speisen wünscht, als z. B. frisches Rindfleisch, Hammelfleisch, Austern, rohe Eier, Früchte, Pflanzenspeisen, und trinke dreimal des Tages ein Glas amerikanisches Getränk aus Eiern, Zucker, Wein oder Spiritus, so reich gemacht, als es der Patient ertragen kann. Vermeide alle anderen Alkohol enthaltenden Getränke. Bade zweimal die Woch in warmen Wasser und in einem warmen Zimmer. Nach dem Baden reibe den ganzen Leib und die Glieder mit süßer Rahm oder Baumöl ein. Bewege dich täglich in der freien Luft. Gehen ist die beste Uebung. Stehe aufrecht. Uebe die Arme und Lungen von Zeit zu Zeit. Bewahre einen guten Muth. Nimm nach Belieben von den besten Hustensyrup, dann wird die Schwindsucht ein Fremdling in deinem Hause sein.'

„Zur Bereitung des besten Hustensyrups nimm 1 Uz. durchwachsenen Wasserhanf, 1 Unze Ulme, 1 Uz. Süßholzextrakt, 1 Uz. Flachssaamen; koche Alles leicht in 1 Ot. Wasser, bis die Stärke völlig ausgezogen ist. Seihe es sorgfältig; setze 1 Pt. von der besten Melasses und 1 Pfd. Hutzucker hinzu. Laß Alles nochmals leicht kochen, und wenn kalt, fülle auf Flaschen, und pfropfe gut zu.' Dieß ist das beste, wohlfeilste und sicherste Arzneimittel gegen Schwindsucht."

„Ein Theelöffel voll, einige Mal genommen, wird den beschwerlichsten Husten, der von der Lunge kommt, legen, den Reiz besänftigen und beseitigen, und wenn fortgesetzt, wird es jede Richtung zur Schwindsucht beseitigen, und selbst den blauen Husten bricht es völlig. Es gibt kein besseres Mittel gegen Halsbräune, Engbrüstigkeit, Entzündung der Luftröhrenäste und alle Leiden der Lunge und des Halses. Tausende von kostbaren Leben können durch dieses wohlfeile und einfache Mittel erhalten werden, und ebenso Tausende von Dollars, welche anderwärts gespendet würden zum Kaufen von Geheimmitteln, welche beide nutzlos und gefährlich sind."— Exchange.

Salbe gegen alte Geschwure. Rothes Präzipitat $\frac{1}{2}$ Uz. Bleizucker $\frac{1}{2}$ Uz.; gebrannten Alaun 1 Uz.; weißen Vitriol $\frac{1}{4}$ Uz.; oder ein

Bißchen weniger. Alles fein pulverisirt. Mache ½ Pfd. Schafunschlitt warm, rühre Alles hinein, und rühre so lang, bis es kalt ist.

2) Judkin's Salbe. Diese Salbe war lange Zeit berühmt durch ganz Ohio und die östlichen Staaten. Sie wurde erfunden und gemacht von einem alten Arzt mit obigen Namen. Ich erhielt es von einem der Söhne, welcher mit diesem Mittel stets den Krebs und andere alte Geschwüre kurirt.

Leinöl 1 Pt. Baumöl 1 Uz.; koche beide in einem Kessel auf Kohlen ungefähr 4 Stunden lang, so heiß als möglich; dann vermische Borax ½ Uz.; rothe Mennige 4 Uz.; und Bleizucker 1½ Uz.; diese letzteren Artikel werden nun erst dazu gethan, wenn der Kessel vom Feuer genommen ist. Rühre noch so lange um, bis auf den Grad der Blutwärme abgekühlt ist. Alsdann setze noch eine Unze Terpenthingeist hinzu. Nimm nun ein wenig heraus, und wenn es nicht die gehörige Dicke hat und sich nicht auf dünne zarte Leinwand streichen läßt, wie eine Salbe, so koche noch einmal ein, bis es diese Eigenschaft erlangt hat.

Judkins sagt, daß diese Salbe gut sei gegen alle Arten von Wunden, Quetschungen, Geschwüren, Brandwunden, Geschwulst, Rheumatismus, Eiterbeulen, wunden Brüsten; und selbst, wenn innerliche Wunden statt finden. Es wurde mit Erfolg gebraucht durch Auflegung von Pflastern über den leidenden Theilen.

Sissons Einreibmittel. — Vom besten Brandy ½ Pt.; Terpenthinöl 1 Gill ¼ Pt. ganzen Kampfer 1 Uz.; Ochsengalle ½ Pt.; Oel aus gekochten Kalbsfüßen 1 Pt. Mische Alles.

Dieses Liniment sucht seines gleichen. Es ist sehr gut bei Geschwulsten, die von starken Quetschungen und Stößen entstehen, und auch bei veralteten Geschwulsten, indem es dieselben heilt. Reibe es ziemlich lang hinein, dann befeuchte ein Flanellstück und binde es um die leidenden Theile.

Grüne Salbe. — Terpenthin der Weißtanne und Schweineschmalz ½ Pfd. von jedem; Honig und Bienenwachs, von jedem ¼ Pfd.; Schmelze Alles zusammen und setze eine halbe Uz. sehr fein pulverisirten Grünspan hinzu.

Bei tiefen Wunden und alten Geschwüren wirkt dieß Mittel bewunderungswürdig; es hält das faule Fleisch ab und heilt über alles Erwarten, indem es eine gesunde Eiterung unterhält. Ein Mann bezahlte einer englischen Dame für das Rezept zehn Dollars, und es sind mir mehrere Fälle bekannt, wo dieses Mittel außerordentlich gut gewirkt hat, und zwar bei Menschen und Thieren. Es ist mehr werth, als dieses Buch, für irgend eine Familie, die es nicht besitzt. Diese Salbe mit gleichen Theilen von dem „Magnetie," Nro: 11 gemischt, findet in der Welt ihresgleichen nicht.

5) Eine andere „grüne Salbe." — Honig und Bienenwachs, von jedem ½ Pfd.; Terpenthingeist 1 Uz.; Gaultheria= oder Hernkrautöl und Opiumtinktur von jedem 2 Uz.; fein pulverisirten Grünspan ¼ Uz.; Schweineschmalz 1½ Pfd. setze Alles in einem Kessel auf ein Ofenfeuer, und lasse es langsam kochen.

Ich gebe hier dieses Mittel, das nur ein Wenig von dem vorhergehenden abweicht, deßhalb, weil das Oel von Weißtanne schwer zu bekommen ist, und Manche den Terpenthingeist vorziehen. Und da sich bei manchen Personen bei dem Gebrauch von Grünspan das Fleisch entzündet, so ist bei diesem Recept viel weniger von diesem Stoff genommen.

Ausgezeichnete und berühmte Salbe gegen Pusteln (Eiter=
bläschen im Gesicht, Krätze in weiten ebenen Länderstrecken. Nimm eine
Pintflasche und thue in dieselbe Salpetersäure, Scheidwasser 1 Uz.; Queck=
silber 1 Uz.; laß es stehen, bis das Quecksilber aufgelöst ist; alsdann zer=
schmelze ½ Pfd. Schweineschmalz in einem irdenen Geschirr und mische Al=
les zusammen und rühre es mit einem hölzernen Schäufelchen um, bis es
erkaltet ist.

Diese Salbe ist gut gegen krebsartige, scrophulöse und syphilitische
Beulen, sowie gegen Salzfluß, Flechten, Pusteln im Gesicht, chronische
(veraltete) Entzündung der Augenlieder, u. s. w. Anwendung: Bei Haut=
ausschlägen schabe die Kruste hinweg, wärme die Salbe auf und reibe sie
einmal täglich tüchtig hinein. Bei fließenden Geschwüren lege ein dünnes
Plaster auf, und wiederhole dieß blos einmal in 36 bis 48 Stunden.

Salbe gegen Salzfluß. Scheidewasser oder Salpetersäure
1 Uz.; Quecksilber 1 Uz.; gute harte zerflossene Seife 1 Uz.; präparirte
Kreide 1 Uz.; gemischt mit 1 Pfd. Schmalz. Thue das Scheidewasser
und Quecksilber in ein irdenes Geschirr, und nachdem es langsam gekocht
hat, so vermische alsdann die andern Gegenstände damit, die Kreide zuletzt.
Setze ungefähr ½ Eßlöffel voll Terpenthingeist hinzu.

Herr Mead hat großem Glauben an dieses Mittel. Er fande es ein
für die siebente Ausgabe dieses Werkes, und viele haben es zu ihrer Be=
friedigung angewendet.

8) Dr. Gibson von Jamestown, Pa., sagt, daß er mit nachfolgenden
Mittel den Salzfluß und Ausfatz kurirt habe, ohne daß es ihm ein einzi=
ges Mal fehlgeschlagen hätte:

Wasche zuerst die leidenden Theile mit Seife von Olivenöl und So=
da und Wasser; dann trockne mit einem weichen Tuch ab; alsdann befeuch=
te die leidenden Theile mit Jodtinktur und nachdem dieß trocken ist, wasche
es mit gelber Quecksilber Salbe. Wenn der Ausschlag an einem unbe=
deckten Leibestheil Statt findet, so gebrauche folgendes Waschmittel, ab=
wechselnd mit der Tinktur:

Quecksilbersublimat 1 Drachme; Bleizucker 3 Uz.; weißen Vitriol 2
Skrupel; Salmiak 3 Dr.; Regenwasser 1 Pt. Mische Alles.

Dr. Gibson hatte einen Fall, daß ein junger Mann heirathen woll=
te; aber seine Braut wollte nicht eher Hochzeit mit ihm machen, bis er von
einem ausfatzartigen Geschwür, das rings um den Kopf ging, wo der Hut
in Berührung mit demselben kam, befreit wäre. Geduld und neun Mo=
nate Ausdauer kurirten ihn völlig, so daß er seine Braut heimführen konn=
te.

Hier möchte ich bemerken, daß bei jeder langwierigen Krankheit der
Art ein blutreinigendes Mittel genommen werden sollte, um die Säfte zu
verbessern, während die äußerlichen Mittel angewendet werden. Das ab=
führende Reinigungsmittel ist besonders für diese Hautkrankheiten bestimmt,
und sollte einige Zeit fortgesetzt werden, selbst wenn man nicht im Sinn
hat, zu heirathen. Die Citronensalbe ist fast in allen Apotheken zu
haben.

9) Bleiweiß in Baumöl als eine Salbe gebraucht, heilte eine Dame
in Lafayette, Ind., von einem hartnäckigen Salzfluß.

10) Krätzsalbe. — Ungesalzene Butter 1 Pfd.; Burgundisches
Pech 2 Uz.; Terpentinspiritus 2 Unzen; pulverisirtes, rothes Präzipi=

tat 1½ Unze ; Laſſe das Pech und die Butter zuſammen in einem paſſenden Geſchirr auf Kohlenfeuer ſchmelzen und rühre es gut durch einander. Als-dann nimm es vom Feuer, wenn es ein wenig erkaltet iſt ſetze den Terpen-thinöl und zuletzt das Präzipitat hinzu. Rühre es dann, bis es kalt iſt.

Dieſes Mittel heilt alle Fälle von Pſora, gewöhnlich Krätze genannt, ſowie auch viele andere Hautausſchläge, wie z. B. Skropfeln, Puſteln u. ſ. w.

Dr. Beach meint, das Thier, welches die Haut beläſtigt, (nämlich bei der wirklichen Krätze) ſei das Reſultat der Krankheit, während Andere das-ſelbe für die Urſache halten.

11) Magnetiſche Salbe, — welche Traſt zugeſchrieben wird.

Schweineſchmalz, zerſchnittene Roſinen und fein geſchnittenen Tabak, von jedem gleiches Gewicht. Koche es leicht zuſammen : dann ſeihe es, und preſſe es tüchtig aus. Dies iſt eine vorzügliche Salbe, und ihre Wirkung iſt wirklich magnetiſch. Vermiſche ſie mit der „grünen Salbe" No. 4, ſo haſt du ein gutes Mittel gegen Piles, das heißt : (Hämorrhoi-den, Goldaderbeſchwerden) Salzfluß und alle Arten von Hautkrankheiten, ſowie gegen Schnittwunden, Verſtauchungen u. ſ. w. Wenn das Mittel beim Salzfluß gebraucht wird, ſo muß eines von den Alterativen innerlich genommen und damit lange fortgeſetzt werden.

12) Stramoniumſalbe. — Für den allgemeinen Gebrauch gibt es ſchwerlich ein beſſeres Mittel, als dieſes, wenn es recht gemacht wird. Es kann in den meiſten Apotheken bekommen werden ; allein es iſt in der Regel nicht halb ſo gut, als das nach dieſer Vorſchrift gemachte. Ich gebe die Vorſchrift in großen Proportionen, weil es in großen Quan-titäten gebraucht werden wird. Stramonium (Stechapfel) heißt auf eng-liſch : Jimpson, Stink-Weed, Thorn-Apple, von ſeiner dornichten Rundung der Frucht.

Pflücke ungefähr ein Buſhel von den Blättern, ſo lange ſie noch grün ſind ; hänge einen paſſenden, eiſernen Keſſel über ein ſchwaches Feuer, thue einige von den Blättern hinein und zerſtampfe ſie, während du immer wieder andere hinzufügſt, bis du alle zu einer weichen Maſſe zerquetſcht haſt ; dann ſetze 5 Pfd. Schmalz hinzu und koche es, bis es aufwallt ; dann ſeihe es und fülle in Schachteln zum Gebrauch. Stadtbewohner, welche es mit weniger Mühe zu machen wünſchen, können eine Drachme des Extraktes kaufen, der in der Apotheke zu haben iſt, welchen ſie dann mit ein wenig Waſſer miſchen, bis es diejenige Beſchaffenheit hat, daß es bei der Zugabe von einer Unze Schmalz eine Salbe gibt. Dieſe Salbe iſt zwar beſſer, als die gekaufte ; aber nicht ſo gut, wie die obige.

Dieſes Mittel iſt ein ſchmerzſtillendes Mittel bei Brandwunden, Ver-brühungen, alten, brennenden Geſchwüren, Hautkrankheiten, ſchmerzenden Hämorrhoiden ; auch vertreibt es die Geſchwulſte und iſt ſehr ſtärkend bei gebrochenen Beinen, d. h., wenn dieſelben wieder geheilt ſind, und man die Salbe nach Belieben über das Glied einreibt. Es zerſetzt die Geſchwulſt und gibt den Muskeln Ton, Spannkraft u. ſ. w. Es iſt ebenfalls werth-voll bei ſchmerzhaftem oder Geſchwulſt verurſachendem Rheumatismus. Oder mache in ſolchen Fällen eine Tinktur von 2 Unzen des Stechapfel-ſamens mit Alkohol und Waſſer, ½ Pt. von jedem. Wenn dieſe Tinktur die Arnikatinktur nicht noch übertrifft, so gebe ich dir meinen Kopf zu einem „Foot-Ball". — Beim Gebrauch durchnässe mit der Tinktur ein Stück Tuch oder braunes Papier, und binde es auf die leidenden Theile und halte sie recht naß. Wie man diese Tinktur macht, siehe unter: „Tinkturen."

13) Krötenöl. — Gegen Quetschungen, Verrenkungen, Kreuzschmerzen, verhärtete Brüste, verhärtete Euter bei Kühen u. s. w.

Nimm vier schöne, große lebendige Kröten, thue sie in kochendes Wasser und siede sie sehr gut durch, dann nimm sie heraus und koche das Wasser ein bis auf ½ Pt., thue 1 Pfd. frischgestoßene, ungesalzene Butter hinzu und laß es leicht zusammen kochen; zuletzt thue 2 Unzen Arnikatinktur hinzu.

Dieses Mittel kommt von einem alten Arzt, welcher es für das beste hielt von allen, die er besaß. Manche Leute möchten denken, es sei doch gar zu hart, mit Kröten so umzugehen; allein auf diese Weise werden sie am schnellsten getödtet.

Gelbsucht. — Dr. Peabody's Heilmittel gegen die schlimmsten Fälle. — Rothes Jodquecksilber 7 Gran; Jod-Kali, destillirtes Wasser 1 Unze; mische Alles. Fange mit 6 Tropfen, 3 oder 4 mal des Tages genommen, an, und vermehre die Gabe jeden Tag um einen Tropfen, bis eine einzige Gabe aus 12 bis 15 Tropfen besteht. Gib es in ein wenig Wasser unmittelbar nach der Mahlzeit. Wenn es ein kneipendes Gefühl in den Gedärmen verursacht so wie eine Vollheit in dem Kopf bewirkt, bei der Gabe von 12 bis 15 Tropfen, so gehe wieder zu 6 Tropfen zurück und dann wieder aufwärts, wie vorhin. Es ist mir bekannt, daß dieses Mittel in zwei sehr schlimmen Fällen völlige Heilung bewirkt hat, nämlich eben in der Gelbsucht.

Ich weiß, daß viele Personen keine Medizin nehmen wollen, unter welcher sich Quecksilber befindet, während wieder Viele sind, welche eben deßhalb solche Medizinen benützen. Da ich jedoch Alle befriedigen möchte, so gebe ich auch das folgende Mittel:

2) Getränk bei der Gelbsucht. — Binde in ein Stück Tuch Kaminruß und Safran, von beiden gleiche Theile, in der Größe von einem halben Hühnerei laß es über Nacht in einem Glas Wasser liegen. Am Morgen thue das gelbe eines Eis, gut zerschlagen in dieses Wasser und trinke es. Thue dieß 3 Morgen, und wenn es mehr bedarf, so lang, bis 9 Gaben genommen sind.

Ich bin versichert, daß dieses Mittel in vielen schlimmen Fällen gute Dienste geleistet hat. Siehe ebenfalls: Nußkaffee, No. 12, unter den Fiebermitteln.

Hämorrhoiden oder Goldaderbeschwerden. — Gutes innerliches Mittel dagegen. — Weinstein, pulverisirte Jalappe, Sennesblätter und Schwefelblüthe 1 Unze von jedem; Salpeter ½ Unze; Gelbwurzel 1 Unze; pulverisire Alles gut in einem Mörser, und gib davon 1 Theelöffel voll 3 mal des Tages, oder nimm mehr oder weniger je nach der Beschaffenheit des Kranken und gemäß den Umständen. Der Leib muß gehörig offen gehalten werden.

Aeußerliche Anwendung. — Die innere Rinde von der Weißeiche; koche dieselbe und seihe sie durch und koche abermals, bis du ½ Pt. des sehr dicken Extraktes hast; alsdann thue ½ Pt. von geräuchertem

Schweinefleisch ½ Pt. Oel hinzu, koche es leicht zusammen, bis es sich mit einander vereinigt, wenn kalt. Dann reibe es alle Abend mit dem Finger in den Rektum (After) bis Heilung stattfindet. Vermeide jede starke, reizende Speise. Dieses Mittel ist sehr gut gegen blinde und blutende Hämorrhoiden, sowohl bei anfänglichen, als auch bei veralteten Fällen.

Dr. Hartman von Andersontown, Ind., kurirte mit diesem Mittel diese Krankheit mit glücklichen Erfolg, und seit ich mit diesem Verfahren (nun 2 Jahre) bekannt bin, hatte ich selbst einmal die Gelegenheit, seine Güte kennen zu lernen, nämlich an einem Manne, der oft Tage und Woche lang lag, und an diesem Uebel litt. Nach einigen Anwendungen des äußerlichen Mittels konnte er wieder seiner Berufsarbeit nachkommen.

2) **Salbe gegen Hämorrhoiden.** — Kohlensaures Blei, Bleiweiß ½ Uz.; schwefelsaures Morphium 15 Gran; Stechapfel = Salbe 1 Uz.; Olivenöl 20 Tropfen. Mische es, und gebrauche es 3 mal des Tages, oder wie die Umstände und Schmerzen es erfordern mögen.

Diese Salbe hat gegen Hämorrhoiden eine große Berühmtheit erlangt. Sie nimmt die Schmerzen immer gewiß. Die Hämorrhoiden sind auch schon mit Lampenöl, auf die leidenden Theile eingerieben geheilt worden. Anwendung: zwei bis dreimal täglich. Selbst Unschlitt, irgend eine oder einfache Salbe ist gut gegen trockene Hämorrhoiden.

Gegen äußere Hämorrhoiden ist das folgende Mittel sehr gerühmt. Nimm Austernschaalen, wasche und brenne sie, dann pulverisire sie fein und rühre sie unter frisches Schweineschmalz. Schmiere dieß ein, und gebrauche innerlich eine Unze Schwefel, mit drei Uz. pulverisirten Geigenharz oder Colophonium; nimm davon Abends und Morgens so viel, als auf einen Fünfcentstück Platz hat. Die erste Woche nimm alle Tage, dann alle 3 bis 4 Tage, bis Heilung eingetreten. Die Einreibung muß fortgesetzt werden.

4) Frau Morehead in Danville, Ind., kurirte sich von den Hämorrhoiden dadurch, daß sie einfach warme Sitzbäder nahm, so oft die Schmerzen kamen, entweder nach dem Stuhlgang oder zu irgend einer andern Zeit. Sie blieb so lange im Bad, bis die Schmerzen sie verließen. Ihr Mann dagegen befreite sich von diesem Uebel durch kalte Sitzbäder und Benützung einer Salbe von gekochtem Springkraut in Schweineschmalz. Ich führe diese Methoden deßhalb an, daß, wenn eine fehlschlägt, doch wenigstens Eins unter den vielen Mitteln gefunden wird, das Hilfe schafft.

5) G. P. Rogers von Jronton, O., sagt, es seien mehrere Fälle dieser Krankheit durch folgendes Mittel kurirt worden: pulverisirtes Opium und pulverisirtes Geigenharz, Colophonium 1 Uz. von jedem, mit 1 Uz. Unschlitt vermischt und nach den Umständen angewendet, (eingerieben.)

6) Dr. D. W. Raymond von Conneaut, O., sagt: „Gleiche Gewichts=Theile von Glycerin und Tannin heile die Hämorrhoiden, wenn man sie damit einreibe, und zwar in sehr kurzer Zeit. Auch heilt dieses Mittel wunde oder aufgesprungene Brustwarzen in 24 Stunden, und ist ausgezeichnet gut beim Abschorfen oder Wundsein der Haut. Ich weiß, daß einfaches Unschlitt, in dem Rektum eingebracht, außerordentlich wohlthätig ist gegen Hämorrhoiden, woraus ich schließe, daß irgend ein Oel= oder Salbepräparat gut für dieses Uebel ist. In einer alten Zeitung fand ich folgendes Mittel:

7) „**Einfaches Mittel gegen Hämorrhoiden.**" —

„Mische einen Eßlöffel voll Schwefel mit einer halben Pt. Milch, jeden Tag zu nehmen, bis sich günstige Symptome zeigen; und dann gelegenheit= lich, je nachdem der Fall es erfordert. Das Obige ist ein wohlfeiles, ein= faches und unfehlbares Mittel gegen diese schmerzliche und unangenehme Krankheit.

8) Pashal Mason, wohnhaft bei Ann Arbor, kurirte eine Dame aus dem Süden, welche auf Besuch in der Nachbarschaft war und an Hä= morrhoiden krank darnieder lag, mit einem Thee von der Wurzel der auf schwammigen, nassem Grunde wildwachsenden Johannisbeere, von welchem sie einige Tage lang nach Belieben davon trank.

Stechapfelblätter und Petersilie eine Hand voll von jedem, in Schwei= neschmalz gekocht, und als eine Salbe benützt, heilte viele Fälle.

S ch m e r z st i l l e n d e T r o p f e n.—Hoffmännische Tropfen, (eng= lisch: Hoffman's Anodyne.)— Schwefeläther 2 Uz.; Alkohol 4 Uz. und äthe= risches Oel ¾ Drachme; mische es. Gabe: Von einem halben zu zwei Theelöffel voll (½ bis 2 Dr.) gemäß der Krankheit und Schmerzen, für die es gegeben ist. Es wird in ein wenig versüßtem Wasser gegeben. Die Deutschen ziehen es dem Laudanum weit vor, besonders wo letzteres Krankheit des Magens verursacht. Es ist ein ausgezeichnetes Localmittel bei Gesichtsschmerz und andere schmerzhafte Leiden, und ist am nächsten verwandt mit dem „Magnetic tooth cordial" und „paralytic liniment."

O p i u m t i n k t u r. Bestes türkisches Opium 1 Uz.; zerschneide es und schütte 1 gill (¼ Pt. Wasser drauf, und schaffe es in einem Schüssel= chen oder einem Mörser durcheinander, bis es aufgelöst ist; dann schütte es in eine Flasche, und spüle die Schüssel oder den Mörser mit ½ Pt. 76 Procent = Alkohol aus, und thue dann den Alkohol zu dem Präparat. Schüttle es gut, und in 24 Stunden ist es fertig zum Gebrauch. Gabe: von 10 zu 30 Tropfen für eine erwachsene Person, nach der Stärke des Patienten und der Schmerzen.

. Dreißig Tropfen von dieser Tinktur kommen einem Gran Opium gleich. ˙ Dieß ist ein viel besserer Weg, es zu bereiten, als wenn man das Opium in den Alkohol thut oder in irgend einen andern einzelnen geistigen Stoff, denn in diesem Fall löst sich Vieles von dem Opium gar nicht auf. Siehe die Bemerkungen, welche nach „Godfreys cordial" gemacht sind.

3) G e k a m p f e r t e r, w e i n g e i st i g e r O p i u m a u s z u g. Nimm vom besten Opium ½ Drachme; laß es in etwa zwei Theelöffel voll warmem Wasser sich auflösen; alsdann setze Benzoesäure ½ Drachme hin= zu, sowie ½ Drachme Anisöl; geläuterten Honig 1 Uz.; ganzen Kampfer 1 Scrupel; 76 Procent=Alkohol, 11 Unzen; destillirtes Wasser 4½ Unzen. Halt es zwei Wochen lang warm. Gabe: Für Kinder 5 bis 20 Tropfen; für Erwachsene 1 bis 2 Teelöffel voll. Diese Medicin wird benützt als ein schmerz= und krampfstillendes Mittel, es hebt den Husten, stillt das Erbrechen und die Schmerzen im Magen und den Gedärmen, hilft bei Diarrhöe und verschafft Schlaf. Gewöhnlich wird es für Kinder gebraucht. Siehe die Anmerkung für Nro. 5, unten.

4) T r o p f e n g e g e n B r u st = und Lungenleiden. Opium in Pulver, japanische Erde ebenfalls als Pulver, Kampfer, Santelholz geras= pelt, von jedem ½ Uz.; Anisöl 1 Drachme.; 76 Procent=Alkohol und Was= ser in gleichen Verhältnissen 1 Gall. Halte es zwei Wochen lang warm.

Die Stärke des Opiums bei diesen Mittel ist ungefähr der des Pa=

6

regorie's gleich, und ist in gleichen Umständen und Gaben anzuwenden. Siehe die Bemerkungen unten.

5) **Godfrey's Cordial.** Löse in 5 Qts. Wasser 1 Uz. kohlensaure Potasche oder Saleratus auf, und thue 3 Qts. vom besten Syrup oder besten Molasses dazu, erhitze es, bis es anfängt zu kochen. Nimm den Schaum ab und setze 9 Uz. Opiumtinktur und 1 Drachme Sassafrasöl hinzu. Mische gut. Gebrauch: wie bei den zwei vorigen Mitteln.

Anmerkungen. — Es ist eine wohlbekannte Thatsache, daß Kindern durch den Gebrauch von schmerzstillenden Tropfen großer Schaden zugefügt wird, wie z. B. durch die obigen und durch „Mrs. Winslows Soothing Syrup," welcher jetzt in ausgedehntem Maßstab gebraucht wird, anstatt der obigen Mitteln. Vor einiger Zeit sah ich in einer Apotheke 87 leere Flaschen von „Mrs. Winslows Zeichen stehen. Ich fragte die Apotheker, ob sie Mrs. Winslows Syrup auffüllen. Die Antwort war: „Nein, eine Dame in dieser Stadt hat innerhalb 18 Monaten ihr Kind damit gefüttert und brachte uns jetzt die Flaschen zurück." – Nun möchte Jemand fragen: „Warum sagst du denn alsdann dem Volk, wie derartige Tropfen bereitet werden?" Antwort: „Weil dieselben am rechten Ort und bei rechten Gebrauch gut sind, und weil eben durch die Angabe dieser Mittel wir nun auch einen Platz für diese Anmerkungen finden; denn schlechte Charakter finden irgend einen Weg, ihre Zwecke zu erreichen, die Redlichen dagegen können und wollen nur nach besserem Wissen und Gewissen handeln, und wenn dieselben den Schaden nicht wissen, welcher durch den beständigen Gebrauch von Anodynes für die Kinder entsteht, so sind sie gleichsam ebenso verantwortlich, Schaden zu thun, wie die Uebelgesinnten.

Daher bedenke wohl, daß der beständige Gebrauch von Opium in irgend einem Präparat bei Kindern und Erwachsenen das Nervensystem stört und eine solche nervöse Anlage erzeugt, daß Opium eine Nothwendigkeit für den Kranken wird. Daher gebrauche diese Mittel blos in großen Schmerzen oder in großer Erregtheit der Nerven, und lege sie wieder bei Seite, sobald es die Umstände nur ein wenig erlauben. Natürlich geben wir hier kein Rezept zur Bereitung des „Soothing Syrups," weil seine genaue Zusammensetzung dem Volk noch nicht bekannt ist; allein daß seine stillenden Eigenschaften Opium enthalten, daran ist nicht der geringste Zweifel. Siehe: „Carminatives," welche den Opiumpräparaten vorzuziehen sind, besonders bei Kindern.

Rheumatismus. — Entzündlicher Rheumatismus. — Bill Wrights, und andere Heilmittel.— Schwefel und Salpeter 1 Uz. von jedem; Gnajakgummi ½ Uz.; Herbstzeitlosenwurzel oder den Saamen, und Muskatnuß von jedem ¼ Uz.; Alles zu pulverisiren und mit 2 Uz. einfachem Syrup oder Molasses zu mischen. Dosis: Einen Theelöffel voll alle 2 Stunden, bis ein gehöriger Stuhlgang statt findet, dann 3 bis 4 mal täglich, bis die Kur vollendet ist.

Herr Wright, früher Gastgeber im Niagara Hotel, Toledo, O., hat dieses Mittel öfters als ein sehr gutes gefunden, und seit ich es erhielt, fand ich einen Mann in Marshall, Mich. an einem Samstagabend mit so geschwollenen, durch Rheumatismus verursachten Füßen, daß er kaum an Krücken fortkommen konnte. Ich gab ihm von diesem Mittel alle 2 Stunden einen Theelöffel voll, bis er Stuhlgang erhielt, dann alle vier

Stunden; und siehe! Am Montag Nachmittag konnte er ganz bequem ohne Stock und Krücke gehen. Die Medicin kostete ihn blos 20 Cents.

2) **Abführmittel bei Rheumatismus.** — In veralteten Rheumatismus hat sich folgendes Präparat oft sehr werthvoll erwiesen.

Herbstzeitlosensaamen und schwarze Schlangenwurzel von jedem ½ Uz.; die Wurzel muß zerquescht werden; vom besten Roggenbrantwein 1 Pt.; thue Alles zusammen und lasse es 3 oder 4 Tage stehen. Gabe: Von 1 Theelöffel voll bis zu einen Eßlöffel voll, dreimal täglich vor der Mahlzeit.

Die Wirkung davon ist eine gehörige Abführung oder auch eine brechen erregende Reizung des Magens; deßhalb muß die Gabe so modificirt werden, daß es weder zu sehr laxirt, noch Erbrechen macht. Die Gabe muß vergrößert werden, bis eine dieser genannten Wirkungen gefühlt wird, dagegen verringert, wenn die eine oder die andere Wirkung zu groß ist.

3) **Liniment gegen Rheumatismus.** — Olivenöl, Kampferspiritus und Chloroform von jedem 2 Uz.; Sassafrasöl 1 Theelöffel voll. Zuerst thue das Sassafrasöl zu dem Baumöl, dann den Kampferspiritus, und schüttle es gut, ehe du das Chloroform hinzu thust. Beim Gebrauch muß es jedesmal geschüttelt und stets gut zugepfropft sein, weil das Chloroform sich schnell verflüchtigt, wenn die Flasche offen gelassen würde. Wende es Tags drei- oder viermal an, und reibe es tüchtig ein.

Ich kurirte meinen Schwager von einem sehr entzündlichen oder Geschwulst verursachenden Rheumatismus, und zwar in Zeit von vier Tagen, ohne ein anderes Mittel dabei zu gebrauchen. Er bezahlte fünf Dollars nach der Kur für das Rezept. Ich möchte aber empfehlen, beim Gebrauch dieses Mittel auch zugleich „Bill Wright's Heilmittel zu gebrauchen, indem ich vollkommen überzeugt bin, daß der schlimmste Fall von entzündlichem Rheumatismus dieser innerlichen und äußerlichen Behandlung weichen muß.

4) J. B. Hitcheor von Ypsilanti, Mich. benützt Terpenthinspiritus 1 Pt.; Theer 2 Theelöffel voll; Vitriolöl 1 Theelöffel voll, welches er Alles in einem irdenem Geschirr vermischt. Dann setzte er es über das Feuer, läßt es 15 Minuten drauf, und füllt es dann auf Flaschen. (Terpenthinspiritus und Terpenthinöl ist eins.)‚

Er wascht mit diesem Mittel die leidenden Theile zweimal des Tages tüchtig, dann bindet er die Tory Kraut darauf, (wie angegeben bei dem Kapitel von der Reducirung der Geschwulste) und gibt ein Terpenthinöl innerlich ein.

5) Alva Raymond nimmt: Rum 1 Pt.; Oel, aus den Rindsfüßen gewonnen ½ Pt.; oder wenn das Gelenk steif ist, nimmt er Stinkkatzenöl anstatt des vorigen; Terpenthinspiritus 1 gill (¼ Pt.) und kocht Alles leicht zusammen, und füllt dann auf Flaschen. Er reibt es dreimal täglich tüchtig ein.

Er empfiehlt ebenfalls, die Füße im heißen Wasser zu baden, und die Fußsohlen mit einem alten Messer zu schaben, worauf er geröstete zerquetschte Kermesbeerenwurzel mit Theer und Schwefel vermischt, um ein Zugpflaster für die Füße zu formiren, benützt Er versicherte mir, daß er auf diese Weise schon 30 Jahre lang dieses Uebel sehr glücklich behandelt

habe, und es ist so sehr dem Präparat von Dr. Kittredge gegen steifen Ge=
lenkrheumatismus ähnlich, daß ich in beide doppeltes Vertrauen habe, und
auch Kittredge's Mittel nun gleich folgen lasse:

6) Dr. Kittredge's Mittel gegen Rheumatismus und
steife Gelenke. Starken Kampferspiritus 1 Pt.; Rindfuß=, Racccoon=,
Bären= oder Stinkkatzenöl 1 Pt.; Terpenthinspiritus ½ Pt. Schüttle die
Flasche beim Gebrauch und wende es täglich dreimal an, indem ein wenig
auf den leidenden Theil geschüttet wird, was von 20 bis 30 Minuten lang
eingerieben wird.

Der alte Doctor empfiehlt dieß als ein sicheres Mittel gegen chroni=
schen (veralteten) Rheumatismus, Verstauchungen und steifen Gelenken,
wenn dieselben nicht schon durch Verknöcherung zusammengewachsen sind,
was manchmal der Fall ist.

7) Französische und andere Mittel gegen chronischen Rheu=
matismus.—Dr. Bonnet in Graulbet, Frankreich, schreibt in seinem Brief
an das „Abeille Medical," daß er lange Zeit folgendes Mittel gebraucht
habe:

„Das concentirte Terpenthinöl zur Einreibung gegen Rheumatis=
mus." Er schreibt, er habe es für sich selbst mit dem besten Erfolg ge=
braucht, indem er dadurch beinahe augenblicklich von rheumatischen Schmer=
zen in beiden Knieen und in der linken Schulter befreit wurde.

8) Chronischer Rheumatismus, welcher 2 Jahre gedauert hatte, soll
in 24 Stunden durch folgendes Mittel geheilt worden sein. Alkohol, Ter=
penthinspiritus und versüßtem Salpetergeist und Wachholderöl von allen
diesen Stoffen gleiche Theile. Mische Alles, reibe es tüchtig in die lei=
denden Theile, und nimm davon 10 Tropfen zur Bettzeit ein. Nimm es
in Wasser.

9) Bitterer Branntwein gegen chronischen Rheumatismus.
Die Beeren des Zahnwehholzes, Wurzel der gemeinen Narde, Rinde des
Tulpenbaumes und des Hartriegels von jedem ½ Pfd. Alles pulverisirt
und in einen Krug, der eine Gallone hält, gethan, und mit Brandy aufge=
füllt. Gabe: 2 Löffel voll dreimal täglich vor jeder Mahlzeit.

Ein Bäcker in Lafayette, Ind., wurde durch obige Quantität von ei=
nem veralteten Rheumatismus kurirt.

10) David Mowry von Greenville, O., sagt, die Rinde vom gelben
Tulpenbaum, Hartriegel, Zahnwehholz, Wildkirsche und Weißesche, von
jedem gleiche Theil, eine große Handvoll in 2 Gall. Wasser zu eine Gall.
eingekocht, und 1 Gall. guten, alten Roggenbranntwein hinzugethan, kurire
den allerschlimmsten Fall von entzündlichem Rheumatismus, wenn man
davon dreimal des Tags eine ziemliche Portion einnimmt.

11) Chronischer Rheumatismus wurde kurirt, daß man die Rinde
eines fruchttragenden Holzapfelbaums nahm, eine gute Portion in Brant=
wein that, denselben sehr stark zu machen, und davon dreimal täglich ein
Weinglas voll nahm, bis eine Gallone aufgebracht war.

12) Mittel der Green-bay-Indianer gegen Rheumatismus.
Rinde von der Wurzel des Spindelbaums 1 Uz.; schwarze Schlangenwur=
zel 2 Uz.; Blutwurzel 1 Uz.; sumpfiger Nachtschatten ½ Uz.; Zahnweh=
holz die Rinde oder die Beeren, 1 Uz.; feingeschnittene Kermesbeerenwur=
zel 1 Uz., Roggenbranntwein 1 Qt. Laß es vor dem Gebrauch einige Ta=
ge stehen. Gabe: Einen Theelöffel voll alle 3 bis 4 Stunden, die Gabe

erhöhend bis zu 2 oder 3 Theelöffel voll, je nachdem der Magen es ertragen kann.

Nimm ein gutes Fußbad, gehe zu Bette und decke dich warm zu, und nimm zwischen jeder Gabe von obigem Mittel die „schweißtreibenden Tropfen," nach der Vorschrift derselben, und wiederhole das Schwitzen alle Tage, bis das Uebel dieser Behandlung unterliegt. Wenn zu irgend einer Zeit eine Vollheit des Kopfes stattfindet, oder wenn der Magen durch das Mittel leidet, so gehe zur ersten Gabe eines Theelöffels voll zurück, oder noch weniger, wenn nothwendig. Die Vorschrift ist von Jacob S. Cornelius, einem Indianer von der green Bay, welcher in Illinois diese Krankheit mit diesem Mittel sehr glücklich kurirte.

13) Ich kenne einen alten Arzt, welcher mir versicherte, daß er mit Salpeter öfters Fälle kurirt habe, bei welchem jedes andere Mittel fehlgeschlagen habe. Er begann mit 20 Gran, und verdoppelte die Gabe alle 3 oder 4 Stunden, bis zu einer halben Unze. Diese Gaben waren aber bloß für Personen von robuster, starker Natur bestimmt; allein bei Personen von keiner solchen Constitution wäre diese Gabe zu groß. Meistens wird dieses Mittel so verschrieben, daß ein Theelöffel Salpeter zu einem Pint Branntwein kommt, und dann ein Theelöffel voll davon eine Gabe bildet; allein du kannst eher den Atlantischen Ocean in den großen Ocean mit einem Theelöffel gießen, als auf diesem langsamen Weg den Rheumatismus zu kuriren. Der Salpeter mag in Quantitäten von $\frac{1}{2}$ bis zu $1\frac{1}{2}$ Uz. innerhalb 24 Stunden, mit Wasser sehr verdünnt, genommen werden. Wenn man im Magen Schmerzen fühlen sollte, so halte mit dem Einnehmen des Mittels inne, und gib große Quantitäten schleimiger Getränke, wie z. B. einen Aufguß von Ulmen = Rinde, Auflösung von arabischem Gummi in Wasser, Leinsaamenthee re.

14) N e u e s M i t t e l. — Kohlenöl 3 Uz.; Stinkkatzenöl 1 Unze; mische, und schüttle es, wenn angewendet; mache reichlichen Gebrauch davon, und reibe es beim warmen Ofen oder bei der Hitze einer heißgemachten Schaufel ein.

15) Einer unserer Aerzte in Ann Arbor gebrauchte ein Präparat, welches dem obigen beinahe gleich, jedoch insofern verschieden davon ist, daß ich versichert bin, daß irgend ein thierisches Oel dieselben Dienste thut, als eins mit starkem Geruch, welches oben genannt ist. Er benützte nämlich Kohlenöl 2 Uz. und Knochenöl 1 Uz.; Majoranöl $\frac{1}{2}$ Uz.; gemischt, und beim Gebrauch geschüttelt.

Der Geruch des Kohlenöls ist nicht sehr angenehm, allein wenn zwei geschwollene Kniegelenke und Füße damit geheilt werden können, und zwar in der kurzen Zeit von 2 oder 3 Wochen, wie es hier der Fall war, so sollte es trotz seines unangenehmen Geruchs eingerieben werden. Das säftverbessernde, abführende Pulver sollte ein = oder zweimal wöchentlich genommen werden, um einen milden Stuhlgang bei allen diesen chronischen Leiden zu unterhalten.

M i t t e l g e g e n E n g b r ü s t i g k e i t. Alantwurzel, Angelikawurzel, Beinwurzel, Aralienwurzel und weißes Andornkraut von jedem 1 Uz.; drücke durch einen Seiher 1 Pfd. Honig und setze denselben hinzu. Gabe: Einen Eßlöffel voll, alle paar Minuten heiß genommen, bis Besserung eintritt, dann einige Mal des Tages, bis eine völlige Kur bewerkstelligt ist.

Dieses Mittel heilte eine Jungfrau, von welcher die Aerzte sagten, man könne ihr nicht helfen: „Lasset sie im Frieden sterben!" war der Rath, den sie den Eltern gaben. Eine alte Frau dagegen erwiderte: „Laßt sie leben im Frieden!"— Es ist ein vorzügliches Mittel gegen irgend eine Art von Husten; selbst solche Personen, welche die Auszehrung noch nicht in hohem Grade haben, werden große Erleichterung durch dasselbe finden.

2) Dr. J. K. Finley von Pittsburg kurirte eine Dame, mit welcher ich nachher bekannt wurde, von dieser Krankheit. Die Vollkommenheit dieser Kur bewog mich, dem genannten Arzt um das Rezept zu schreiben. Es ist folgendes:

Theeröl 1 Drachme; Tinktur der amerikanischen Nießwurz 2 Drachmen; Zucker-Syrup 2 Drachmen; mische Alles. Gabe: Für Erwachsene 15 Tropfen drei- bis viermal täglich. Ich habe in dieses Rezept sehr großes Vertrauen.

3) Eine Dame in Yellow Springs, O., sagte mir, daß sie selbst sich vom Asthma befreit habe, indem sie einen Thee, von den im Herbst abgefallenen Blättern des gewöhnlichen Kastanienbaumes gut versüßt getrunken, und zwei bis drei Monate damit fortgemacht habe.

Sie gebrauchte diesen Thee zuerst einen Monat lang, worauf das Uebel wiederkehrte; nachdem sie ihn dann noch zwei Monate länger nahm, sind seither Jahre verflossen, ohne daß das Leiden wieder eingetreten wäre. Es ist dieses Mittel ebenso sicher, als einfach, und sehr leicht zu versuchen.

Lobelienkraut ist von Einigen als ein Heilmittel bei Engbrüstigkeit empfohlen; allein das Vorurtheil gegen diese Pflanze ist so groß, daß ich weiter nicht davon sprechen mag.

4) Job Kali kurirte einen sehr schlimmen Fall von Engbrüstigkeit dadurch, daß 5 Gran täglich dreimal, genommen wurden. Nimm ½ Uz. genannter Medicin, thue denselben in ein Fläschchen und setze 32 Theelöffel voll Wasser hinzu; dann enthält ein Theelöffel voll 5 Gr.; welches du in ½ Glli (¼ Pt.) mehr Wasser thust und vor jeder Mahlzeit trinkst.

Zusammengesetztes Pulver. Wachsgagelrinde 2 Pfd.; Rinde der Schierling-Tanne oder Fichte 1 Pfd.; Ingwerwurzel 1 Pfd.; spanischen Pfeffer 2 Uz.; Nelken 2 Uz.; Alles fein pulverisirt und gut gemischt;—Gabe: von ½ bis 1 Theelöffel voll und einen Löffel voll Zucker. Thue dieß in eine Kaffeeschaale, mache dieselbe halb voll mit kochendem Wasser; laß es einige Minuten stehen, fülle dann die Tasse vollends mit Milch auf und trinke nach Belieben. Wenn keine Milch vorhanden ist, so fülle die Tasse mit heißem Wasser auf.

„Dieses Mittel ist gut in anfänglichen und weniger gefährlichen Krankheitsfällen. Es ist gut gegen Durchfall, Schmerzen im Magen und den Gedärmen, und es nimmt alle Folgen von Erkältung weg. Einige Gaben werden die schlimmste Erkältung kuriren, wenn der Patient zu Bette liegt, nachdem er zuvor 15 bis 20 Minuten lang ein Fußbad genommen hat, (in heißem Wasser) und in derselben Zeit reichlich von dem Thee trinkt, es hält oft eine Krankheit zurück, wenn dieselbe erst im ersten Stadium ist. Ich gebrauche es, während ich ein Brechmittel von Lobelie nehme oder gebe, wie unter „auserlesene Brechmittel" bemerkt ist. Ich gebrauche dieses Mittel als einen:

2) Thee gegen Magenschwäche. Wenn eine Magenverderbniß statt fand durch den unmäßigen Genuß einer allzureichen Mahl-

zeit, da wird man augenblicklich und gewöhnlich durch eine Tasse von dem oben genannten Thee Hilfe schaffen, wenn man die eine Hälfte von demselben 15 Minuten vor dem Essen, und die andere Hälfte unmittelbar vor dem Niedersitzen zur Mahlzeit trinkt, und kein anderes Getränk zu sich nimmt, bis die Verdauung vorüber ist. Dieses muß einige Tage oder Wochen, je nach Umständen, fortgesetzt werden. Es spornt den Magen zu neuer Thätigkeit an, bewirkt Verdauung und Absorption, verhindert die Ansammlung von Gas, wodurch die Aufstoßung von Wind aus dem Magen verursacht wird, und gibt dem ganzen System den rechten „Ton," (Stärke.) Wenn man beim Ausgehen in außerordentlicher Kälte eine Tasse von diesem Thee trinkt, so verleiht dieß mehr Wärme, als Brantwein, oder ein anderes geistiges Getränk, welches von so Vielen bei solchen Gelegenheiten erwählt wird. Was aber das Beste bei diese m Mittel ist, das ist der Umstand, daß es ein:

3) vollkommenes Heilmittel gegen Trunkenheit ist.— Diejenigen, welche sich das Trinken geistiger Stoffe zur Gewohnheit gemacht haben, und gerne frei von diesem Uebel sein möchten, die sollen eine Tasse dieses nach obiger Vorschrift bereiteten Thees trinken, und zwar, die eine Hälfte unmittelbar bei dem Aufstehen am Morgen, und das Uebrige just vor dem Frühstück, sollen aber wegbleiben von dem Ort der Verführung. Sie werden fühlen, wie sich über den ganzen Leib eine angenehme, gesunde Wärme verbreitet, die vom Magen ausgeht, mit einem Verlangen nach Speise, anstatt nach Getränken. Befolge dieß zwei= bis dreimal des Tages, oder so oft das Verlangen beginnt nach den gewohnten geistigen Getränken. Fahre, wenn es nöthig ist, einige Tage oder Wochen damit fort, so wirst du finden, daß der stärkende spanische Pfeffer und die ebenfalls stärkende Wachsgagelrinde nach und nach den falschen Appetit oder das Verlangen des Magens zufrieden gestellt hat, während das Ganze den Magen gestärkt und das System erneuert hat, und du dich selbst wieder kennst als „einen Mann." Aber bedenke, o bedenke: „Deine einzige Heilung und Sicherheit besteht nun darin, daß du durchaus von allen jenen Plätzen dich ferne hältst, wo solche giftige, geistige Getränke gehalten oder verkauft werden!"—

Stärkungsmittel bei schweren Fiebern und nach Gebärmutter=Blutflüssen. — Vom besten Brandy und Zimmtwasser von jedem 4 Unzen (Flüssigkeitsmaaß). Das gelbe von zwei Eiern, gut gequirlt, Hutzucker ½ Unze; Zimmtöl 2 Tropfen. Mische Alles.— Gabe: Von ½ bis 1 Uz. (Flüssigkeitsmaaß) so oft als der vorliegende Fall es erfodert. Dieß ist beides: eine Speise und ein Getränk. Natürlich kann man anstatt des Zimmtöls irgend ein wohlriechendes Oel dazu nehmen. Diese Mixtur ist eine Nachahmung des zusammengesetzten sogenannten „egg—flip." Es ist ein vorzügliches Stärkungsmittel bei sehr gesunkenem Zustand bei dem höchsten Grad von Fiebern und bei außerordentlicher Schwäche nach Gebärmutterblutflüssen.

Alterative. (Säfte verbessernde Mittel.) — Syrup oder Blutreiniger.— Honduras=Sarsaparilla 12 Uz.; Guajakholzspäne 6 Uz.; Hornkrautblätter 4 Uz.; Rinde der Sassafraswurzel 4 Uz.; Holderblüthen 4 Uz.; Gelbampfer 3 Uz.; Klettenwurzel 4 Uz.; Löwenzahnwurzel 6 Uz.; Bittersüßwurzel 2 Uz.; Alles zerstoßen. Bringe die Bestandtheile in ein passendes Gefäß und thue 1 Pt. Alkohol hinzu, und so viel Wasser, daß das Ganze gerade gehörig bedeckt wird. Bringe es an einen warmen Ort, und halte es da 3 bis 4 Tage lang. Dann lasse ein Pt. von der Tinktur ab und stelle dieselbe bei Seite. Alsdann setze wieder Wasser zu den Pflanzen, und koche die Stärke davon heraus. Dann laß es wieder ab, und setze es wieder besonders bei Seite, (nicht zu der ersteren Tinktur;) dann setze noch einmal Wasser zu den Pflanzen, um dieselben nochmals zu kochen. Darnach thue beide Wasser zusammen und koche sie zu ein Quart ein. Seihe es ab und thue dann die zurückgestellte Tinktur hinzu und 2½ Pfd. gestoßenen oder Hutzucker. Koche es dann nochmals leicht, um einen Syrup daraus zu machen. Wenn es kalt ist, so fülle es auf Flaschen und versiegle es, bis es gebraucht wird. Gabe: Einen bis zwei Eßlöffel voll, je nach dem Alter und der Stärke des Patienten, eine halbe Stunde vor der Mahlzeit und Bettzeit zu nehmen. Dieses oder irgend ein anderes Alterativ sollte Wochen und Monate lang genommen werden, je nach dem Grad der Krankheit, für die es verschrieben ist, als z. B. Stropheln und andere Krankheiten, die ihren Grund in unreinem Blut haben. Es sollte bei veralteten Augenleiden genommen werden, wenn dieselben triefen; ebenso bei alten Geschwüren, Salzfluß u s. w. Ich würde dieses Mittel nicht für „Jaynes Alterative," noch für „Swan's, Townsons und Ayer's Sarsaparillas" geben; denn wir wissen nicht nur, daß es gut, sondern auch, aus was es gemacht ist.

2) Ein sehr gutes Blutreinigungsmittel.—Kermesbeer-, Entenfuß-, Gelbampfer-, Sassafras- und Violen-Wurzeln, sammt der Rinde der Wurzeln; ferner geraspeltes Guajakholz und Süßhollunderblüthe von jedem 4 Unzen; Kümmelsaamen 3 Uz.; zerschneide die Wurzeln und setze dem Ganzen ein Quart Alkohol und so viel Wasser bei, daß dasselbe gerade bedeckt wird. Laß es 3 oder 4 Tage an einem warmen Ort stehen, wie das letzte, obige Medikament, indem du hier gerade so zu verfahren hast, ausgenommen, daß du hier 1 Quart, anstatt 1 Pt., wie bei Ersterem, abzulassen hast. Koche die Flüssigkeit bis zu ein Quart ein, und setze 4 Pfd. Zucker sammt der Quart der abgelassenen Tinktur bei. Gabe: Ein Eßlöffel voll, viermal täglich, wie oben zu nehmen, d. h., ½ Stunde vor dem Essen und Schlafengehen. Sollte diese Gabe zu sehr wirken, so vermindere sie; dagegen wenn gar nicht wirkt, erhöhe sie, bis ein gehöriger Stuhlgang statt findet. Dieses Mittel kann in den veraltesten Krankheiten benützt werden, selbst Syphilis (venerische Krankheit nicht ausgenommen.

3) Purgirendes, Blutreinigendes Pulver. — Rochellesalz 5 Uz.; präparirten Weinstein 2 Uz.; Schwefel 1 Uz.; (es kann auch Bittersalz statt dem ersten genommen werden.) Thue das Salz in eine Bratpfanne, und setze dieselbe in den Backofen, bis das Krystallisationswasser alles ausgetrocknet ist. Dann bringe es in einen Mörser und reibe es fein und tüchtig durcheinander mit den übrigen Stoffen. Gabe: Mische einige Löffel voll von dem Pulver mit Molasses, dann nimm alle drei bis vier Stunden einen Theelöffel voll davon, bis etwa 24 bis 36 Stunden lang eine gute Abführung unterhalten wird. Alsdann nimm blos ein- oder zweimal täglich, um das Blut zu reinigen. Nach 10 Tagen muß die Gabe dann noch einmal erhöht werden, um nochmals eine Abführung zu Stande zu bringen, wie das erste Mal.

Dieses Alterativ ist besonders werthvoll in allen Krankheiten der

Haut, wie z. B. Krätze, citerartigem Ausschlag, Salzfluß und andere Hautausschlägen, wobei zugleich eine äußerliche Behandlung befolgt werden muß. Es ist ebenfalls werthvoll bei triefenden, wehen Augen, chronischen Rheumatismus u. s. w. —

4) **Stärkendes Alterativ und abführendes Bitters.** — Vom besten Roggenbranntwein und Wasser, von jedem 1 Quart; von der besten, ungemahlenen Chinarinde, unpulverisirt, Kolumbiawurzel und die Beeren von Zahnweh-Holz von jedem 2 Unzen. Rinde von Zahnwehholz, der schwarze Wildkirsche und des Tulpenbaumes, von jedem 1 Uz.; Kermesbeerwurzel, Entenfußwurzel und Nelken (Gewürznelken) von jedem ½ Unze. Diese Artikel alle müssen getrocknet sein, und ehe sie in den Branntwein gethan werden, muß man sie pulverisiren. Schüttle es alle Tage eine Woche lang, in welcher Zeit es dann zum Gebrauch fertig ist. Gabe: Einen bis zwei Eßlöffel voll beim Morgen- und Abendessen.

Obgleich dieses Alterativ hier zuletzt aufgeführt, so ist es doch nicht das Geringste hinsichtlich des Werthes. Ich verfertigte dieses Mittel zuerst für meinen eigenen Gebrauch, und es wirkte so außerordentlich gut, daß ich es auch Andern gab. Es befriedigte so allgemein, daß ich ihm nun einen Raum in diesem Buch vergönne, damit es noch weit mehr Gutes thun kann, als wenn man es von den Augen der Leute ferne hält.

Sollte es in irgend einem Fall ein kneipendes Gefühl verursachen oder eine zu starke Abführung die Folge davon sein, so veringere die Gabe; wenn aber keins dieser Zeichen eintritt, so erhöhe die Gabe, oder nimm 3-mal des Tages. Ich glaube, daß irgend ein Fruchtwein die Stelle des Branntweins und Wassers dabei versehen würde, wenn demselben ½ Pint Alkohol beigemischt würde. Es ist werthvoll in alle Arten von Schwäche, welche ihren Grund in allgemeiner Gesunkenheit der Leibeskräfte haben, und besonders, wenn die Leber unthätig ist, was erkannt wird an beständiger Verstopfung. Wenn das Mittel aufgebraucht ist, so kann der Branntwein noch einmal auf die Bestandtheile geschüttet werden. Es wird beim Wechselfieber und überhaupt nach überstandenen Fiebern sehr werthvoll gefunden werden, indem es einen Rückfall verhütet und das ganze System wieder kräftigt.

Harntreibende Pillen, Tropfen, Abkochungen u. s. w. — Verhärteter Copaivabalsam 2 Theile, weingeistiger Kubebenextrakt 1 Theil, in Pillen geformt mit ein wenig Wachholderöl. Gabe: Ein oder zwei Pillen, drei- bis viermal täglich. Droguisten, Apotheker u. s. w. können dieselben erhalten von Tilden & Co. New York. Diese Pille ist sehr werthvoll bei Nieren-, Blasen- und Gebärmutterleiden, Entzündung durch vorhandenen Stein, sowie bei Tripper, Nachtripper, weißem Fluß, gewöhnlichen Entzündungen u. s. w. gefunden worden.

2) **Diuretische Tropfen.** Kubebenöl ½ Uz.; süßer Salpetergeist ½ Uz.; Copaivabalsam 1 Uz.; Harlemöl eine Flasche; Lavendelöl 20 Tropfen. Mische Alles. Gabe: 10 bis 25 Tropfen, (je nachdem es der Magen ertragen kann) dreimal des Tages. In irgend einer der obigen Krankheiten kann es zur größten Befriedigung gebraucht werden.

3) **Harntreibende Abkochung.** — Purpurfarbener Wasserdost (oder Wiesenkönigin) Aralie, gelbe Sauerampser, Schmink- oder Kermesbeeren von allen diesen Pflanzen die Wurzel, und zwar von jeder 1 Unze; ferner Wurzel des Löwenzahns, der Klette, der amerikanischen

Sarsaparilla und der Violen Wurzel von jedem ½ Unze ; mahle oder zerstoße Alles und vermische es gut. Gabe : Nimm was zwischen die Fingerspitze der Hand geht (etwa ¼ bis ½ Unze,) und schütte auf dasselbe 1 Pint kochendes Wasser, und laß es eine Zeit lang ziehen. Wenn es kalt ist, so nimm einen Schluck oder zwei und trinke so den Thee im Verlauf des Tages.

Befolge diese Weise zwei oder drei Tage lang, oder so lang es nöthig ist, und erneure dieß nach 10 bis 12 Tagen. Es kann in allen Arten von Nierenleiden, wobei der Urin dunkelfarben oder sehr gering in Quantität ist, gebraucht werden, und ist sehr werthvoll bei Blasenentzündung.

4) H a r n t r e i b e n d e T i n k t u r. — Grüne Minze, zerstoßen in eine Flasche gethan und mit Gin aufgefüllt, ist ein ausgezeichnetes harntreibendes Mittel.

5) H a r n t r e i b e n d e s M i t t e l f ü r K i n d e r. — Süßer Salpetergeist einige Tropfen mit ein wenig Thee von der grünen Minze vermischt, ist hinreichend. Bei ganz kleinen Kindern ist der Kürbis- oder Wassermelonensamen vielleicht das Beste.

W a s s e r s u c h t. Mittel dagegen, bestehend in einem Syrup und Pillen. — Wiesenkönigin die Wurzel, Aralienblüthe oder auch die Beeren oder innere Rinde ; Wachhalderbeer- Meerrettigwurzel und Asclepias- oder Seiden-Wolfsmilch-Wurzel ; ferner : Die Rinde oder Beeren des Zahnweh-Holzes, Entenfuß- oder Maiapfelwurzel, und die Rinde von der Wurzel des Bittersüß von jedem 2 Unzen ; weißen Senfsamen 1 Unze ; holländischen Gin (Wachholderbrauntwein) 1 Pint.

Gieße kochendes Wasser über das Ganze, ausgenommen den Gin, und halte es 12 Stunden lang heiß. Dann koche es und schütte es zweimal ab ; dann koche es bis zu 3 Quart ; seihe es, thue 3 Pfund Zucker und zuletzt den Gin dazu. Gabe : Nimm, so viel der Magen ertragen kann, viermal täglich etwa ein Weinglas voll, oder auch mehr. Dieses Mittel sollte in Verbindung mit dem folgenden gebraucht werden :

2) P i l l e n g e g e n W a s s e r s u c h t. — Jalappe 50 Gran ; Gummigutt 30 Gr. ; Podophyllin, d. h. der wirksamste Bestandtheil der Entenfuß- oder Maiapfelwurzel im conzentrirten Zustande 20 Gr. ; Elaterium gemacht aus dem Saft der Eselsgurke 12 Gr. ; Aloe 30 Gr. ; spanischem Pfeffer 35 Gr. ; geschabene Kastilianische Seife dieselbe getrocknet und pulverisirt, 20 Gr. ; Krotonöl 90 Tropfen ; pulverisire Alles fein und vermische es gut. Dann formire es zu einer Pillenmasse vermittelst eines dicken Schleims, aus gleichen Theilen arabischen Gummi und Traganthgummi und mache 3 Gran schwere Pillen daraus. Gabe : In der ersten Woche alle zwei Tage eine Pille, dann alle 3 oder 4 Tage, bis das Wasser vermittelst dieser Pillen und des obigen Syrups abgeleitet ist.

In dieser Krankheit muß eine radikale Behandlung und Kur Statt finden, und ich glaube, daß, wenn man unsere Vorschriften befolgt, gewiß auch bei denen, welche diese Medizinen gebrauchen, dieselbe Erfahrungen gemacht werden, daß nämlich eine völlige Kur bewerkstelligt worden sei. Die Pillen werden den Magen zwar ein wenig angreifen ; allein es ist keine Gefahr dabei : fahre getrost fort, und in vier bis fünf Tagen werden sich die meisten Patienten von der Vorzüglichkeit dieser Behandlungsweise überzeugen ; denn die größten Ausleerungen durch den Stuhlgang und den Urin, die du je erwartetest, werden stattfinden. Wenn der Patient schwach und abgezehrt werden sollte durch diese Behandlung, so vermische ein wenig davon mit Fleischbrühe, Wein u. s. w., mit fetter, nahrhafter Kost, so wird durchaus keine Gefahr beim Gebrauch dieses Mittels sein. Die obige Pille wird man vorzüglich finden bei biliöser Kolik und andern schwer zu heilenden Fällen. Dieselben haben schon nach 15 Minuten gewirkt. Es ist rathsam, nicht mehr als eine Pille auf einmal zu nehmen; es wurden aber auch schon zwei genommen; allein sie bewirkten, daß viel Maculatur verbraucht wurde, indem sie 14 Ausleerungen bewirkten. Einige haben sie die „irländische Pille" genannt, von ihrer Aehnlichkeit mit dem irischen Dienstmädchen mit ihrer Bürste und Staubbesen. Beide machen reine Arbeit.

Reizendes Pflaster, Zugpflaster. — Ein von den eklektischen Aerzten vielgebrauchtes. — Theer 1 Pfd.; burgundisches Pech ½ Unze; Terpentin von der Weißtanne, weißer Terpentin 1 Unze; Colophonium oder Geigenharz 2 Unzen; Koche den Theer, das Harz und Gummi mit einander eine kurze Zeit; nimm es vom Feuer weg, und rühre fein pulverisirte Entenfußwurzel, Blutwurzel, Wurzel der Kermesbeere und Aronswurzel von jedem 1 Unze, hinein.

Dieses Pflaster wird sehr viel gegen Krankheiten entzündlicher Art gebraucht, wie z. B. in chronischen Leber- und Lungenleiden, oder Entzündung der Gelenke. Es wird auf ein Stück Tuch gestrichen und auf den Theil, wo die Schmerzen sind, gelegt; es wird alle Tage frisch aufgelegt, und allenfallsige Materie jedesmal mit einem trockenen Stück Tuch abgewischt. Es wird so lange benutzt, bis die Gesundheit wieder hergestellt ist, oder so lange es der Patient ertragen kann. Das Geschwür darf nie naß gemacht werden, indem dieß Entzündung verursachen würde. Auch bist du verbunden, es sogleich zu heilen, anstatt daß du es fließen lässest, „so lange als es nöthig sei." — Zur selben Zeit müssen auch solche Mittel angewendet werden, welche der Constitution des Kranken angemessen sind. Diese Mittel müssen sich genau nach den Umständen richten.

Entzündung der Leber. — Leberentzündung, oder wie es gewöhnlich genannt wird: Leberbeschwerden, tritt in zweierlei Formen auf. Es gibt nämlich eine acute und eine chronische Entzündung dieses Organs. Die akute Form erkennt man an einer gewissen Schwere und einem schmerzhaften Gefühl auf der rechten Seite unter den kurzen Rippen, oft auch in der rechten Schulter oder zwischen beiden Schultern, an der bleichen und gelben Farbe des Gesichts, oft auch großer Niedergeschlagenheit, ferner an der Appetitlosigkeit, die oft stattfindet, an der Verstopfung, dem dunkelfarbenen Urin u. s. w.—Oft findet auch Fieber statt, oder fühlt man Schmerzen, welche denen in Brustfellentzündung ähnlich sind, wobei schwerer Athem, trockener Husten, und oft Erbrechen und eigentliche Krankheit stattfindet.

In chronischen oder veralteten Leberleiden dagegen findet allgemeine Schwäche statt, welche begleitet ist von Magenschmerzen, übelriechendem Athem, belegter Zunge, Unverdaulichkeit, gelben Augen, lehmfarbigem, schwachen und trägen Stuhl u. s. w.

Bei der akuten Form muß dieselbe Behandlung eingeschlagen werden wie bemerkt unter Brustfellentzündung. Außerdem müssen hier noch die Leberpillen oder Lebertropfen, welche unten folgen, so gegeben werden, daß sie hinlänglich abführen, bis Heilung stattfindet. In der chronischen Form sind die Pillen in Verbindung mit der Salbe oder dem reizenden Pflaster genügend, außer es hätte sich die Gelbsucht bereits eingestellt. Alsdann siehe die Vorschriften bei dieser Krankheit.

2) Eklektische Leberpillen. — Podophyllin 10 Gran; Leptandrin, d. h. der weingeistige Auszug der Wurzel von dem virginischen Ehrenpreis, Sanguinarin (der ausgezogene, wirksamste Theil der Blutwurzel) 10 Gr.; Löwenzahnextrakt 20 Gr.; aus diesem Allem 20 Pillen gemacht, indem man dieselben vermittelst ein wenig Zimmt=, Pfefferminzöl u. s. w. benetzt.

Gabe: Bei chronischen Leberleiden nimm eine Pille des Nachts, einige Tage lang; oder kann man zuerst auch zwei nehmen, eine Purganz zu Stande zu bringen. Hernach täglich eine Pille.

In Verbindung mit dieser Pille trage das reizende Pflaster in der Gegend der Leber, und wasche den ganzen Leib täglich mit einem Handtuch, und reibe tüchtig beim Abtrocknen; nimm dich aber in Acht, daß du das durch das Pflaster hervorgebrachte Geschwür nicht naß machst. Wenn als wirkendes Abführmittel gebraucht, darf man zwei bis drei Pillen in allen den Fällen nehmen, in welchen die Aerzte der „alten Schule" Calomel oder blue pills anwandten.

3) Verbesserte Leberpille. — Leptandrin 40 Gran; Podophyllin und spanischen Pfeffer 30 Gr. von jedem; Sanguinarin, Iridin oder Schwertlilienwurzel=Extrakt und Brechwurzel 15 Gr. von jedem. Pulverisire und mische Alles gut durcheinander. Alsdann formire eine Pillenmasse daraus vermittelst einer halben Drachme von dem weichen Extrakt des Entenfuß oder Miaiapfel, und einiger Tropfen Anisöl: dann rolle daraus 3 Gran schwere Pillen.

Gabe: Eine Pille, zur Bettzeit genommen, wirkt in der Regel am Morgen. Es gibt aber auch Solche, bei denen es zwei Pillen erfordert; während bei einem Rückfall der Krankheit es jede zweite oder dritte Nacht eine Pille erfordert, um auf die beste Weise die Leber wieder in gewöhnlichen Fällen zu reguliren. In hartnäckigen Fällen dagegen, in denen diese Pille nicht im Stande ist, der Leber wieder zur Thätigkeit zu verhelfen, hast du folgendes Mittel zu gebrauchen:

4) Lebertropfen in hartnäckigen Fällen. — Entenfußwurzel= und Violenwurzeltinktur von jedem 1 Unze; Ehrenpreiswurzel 2 Unzen; Gabe: Für Erwachsene 1 Theelöffel voll alle 3 bis 5 Stunden, die Gabe allmählig vergrößernd, (bis zu 2 oder 3 Theelöffel voll) wenn der Mund nicht wund davon wird, der Magen nicht zu sehr angegriffen und keine zu starke Purganz stattfindet.

Diese Tropfen sind besonders gut bei Vergrößerung der Leber und der Milz und in veralteten Krankheiten dieser Organe. In solchen Fällen sollte äußerlich auf der Stelle der Leber und Milz (besonders wenn man fürchten muß, daß Eiterung dieser Organe stattfinde) folgendes Mittel angewendet werden:

5) Salbe gegen eiternde Leber, Fieberkuchen oder Vergrößerung der Milz, englisch: "Ague Cake" genannt, u. s. w.

Nimm eine gute Hand voll Knöterich, Wermuth und die Rinde der Sumachwurzel. Koche Alles mit einander, die Stärke heraus zu bekommen; dann seihe es und koche es sorgfältig ein bis zu ½ Pt.; dann setze

¼ Pfd. Schweineschmalz hinzu und laß es nochmals leicht kochen. Wenn beinahe kalt, setze einen Theelöffel voll Terpentinspiritus hinzu.

Wende es des Nachts an, indem du es über dem Sitz der Leber oder des andern Organs, welches eben leidend ist, tüchtig am warmen Ofen oder erhitzten Eisen einreibst.

Ich erhielt dieses Recept von dem ehrwürdigen Herrn Fruser in Ann Arbor, dessen Neffe so sehr an Eiterung der Leber litt, daß mehrere berathende Aerzte erklärten, er müsse sterben. Der Schmerz saß unmittelbar unter den kurzen Rippen der rechten Seite fest, wodurch er völlig zusammengebogen war. Er hatte eine Schwester, welche einige Jahre vorher gestorben war. In dieser seiner schweren Krankheit nun träumte dem Patienten, er sei bei seiner Schwester, welche ihm dieses obige Rezept mitgetheilt habe, was er am folgenden Morgen seiner Mutter erzählte: Die Frau ruhte nicht, bis es probirt wurde, und siehe da! es heilte ihn vollkommen. Der Prediger sagte, daß er das Mittel vielen Personen gegen Schmerzen innerer Organe, Fieberkuchen u. s. w. gegeben habe, und daß es zu großer Befriedigung, eine völlige Heilung, bewirkt habe. Die zwei erstgenannten Artikel kenne ich als gut in solchen Fällen; sie werden aber gewöhnlich so gebraucht, daß die Pflanzen gekocht und auf die leidenden Theile gelegt werden, oder daß die leidenden Theile ein Dampfbad bekommen, indem der Dampf durch die aufgelegten Pflanzen gelassen wird. Ich sehe keinen Grund, warum Geister aus der andern Welt nicht mit ihren Anverwandten hienieden in Communication treten könnten oder dürften; allein daß denselben erlaubt wäre, mit uns zu communiciren, wie wir irrende Sterbliche es auffassen, das habe ich noch nie geglaubt, und glaube es auch jetzt noch nicht; ebensowenig glaube ich auch, daß dieses der erste Traum der Art war, welcher sich als werthvoll erwies. Derlei Fälle gibt es viele im Leben einer großen Anzahl mir bekannter Individuen, welche noch einfacher und wichtiger sind, als der obige, und welche sehr interessant wären, wenn man sie erzählte; allein die Eigenschaft dieses Buches erlaubt solches nicht. Wenn dieser einzige Fall und dieses Mittel irgend Jemand einen Nutzen bringt, so bin ich's zufrieden.

Pillen. — Gegen Nervenschwäche.—Weingeistigen Auszug der Ignazbohne 30 Gr.; pulverisirtes arabisches Gummi 10 Gr. Mache 40 Pillen daraus. Gabe: Eine Pille vor dem Frühstück und wiederum eine Pille eine Stunde vor Schlafengehen. Für Kinder, sowie für sehr alte und schwache Personen ist ½ Pille hinreichend. Diese Pillen können leicht zerschnitten werden, wenn man sie vorher eine Weile auf ein nasses Stück Tuch legt.

Sie sind anwendbar bei Nervenschwäche (Dyspepsia) nervösem Kopfweh, Blutwallung nach dem Kopf, Gedächtnißschwäche und bei allen Arten von Leiden, welche auf allgemeiner Schwäche beruhen, wie lange diese Uebel auch schon gedauert haben mögen. Wenn nach zweiwöchentlichem Gebrauch dieses Mittels ein guter Erfolg bemerkbar ist, so ist eine Pille des Tages genug, bis alle genommen sind.

Der Extrakt wird gemacht, indem man die Ignazbohne oder den Samen derselben pulverisirt, 10 bis 14 Tage in Alkohol legt, dann durch Dampf es so reduzirt, daß von dem Ueberbleibsel und dem pulverisirten Gummi eine gehörige Pillenmasse gemacht werden kann. Es ist dies ein ausgezeichnetes Mittel, wenn es gehörig angewendet wird.

2) Pillen zu überzuckern. — Pillen, welche überzuckert werden sollen, müssen sehr trocken sein, sonst schwinden sie ein, und lassen zwischen dem Zucker und sich einen Zwischenraum, wodurch die Verzuckerung zerspringt, und leicht abfällt. Wenn dieselben trocken sind, so nimm Stärkmehl, arabisches Gummi und weißen Zucker, gleiche Gewichtstheile, reibe Alles in einem Marmormörser sehr fein, dann thue das Pulver in eine passende Pfanne oder Schachtel und schüttle es gut. Nun thue einige Pillen in eine kleine Schachtel, die einen Deckel hat, schütte ein klein wenig Syrup auf dieselben, schüttle dann gut, um die Oberfläche der Pillen zu benetzen; alsdann thue etwas von dem Pulver in die Schachtel und schüttle noch so lange, bis sie gehörig überkleidet, trocken und glatt sind. Wenn du nicht sehr sorgfältig bist, so wirst du zu viel Syrup auf die Pillen bringen. Wenn dies der Fall ist, so thue mehr Pillen hinein. Gehe aber dabei schnell zu Werk, daß die Pillen nicht zu sehr durchnäßt werden, und bringe das Pulver so bald als möglich in Verbindung mit denselben.

3) Schmerzstillende Pillen. — Morphium 9 Gran; Stechapfel- und Bilsenkraut-Extrakt von jedem 18 Gr.; mache hieraus mit einer Auflösung von arabischem- und Traganthgummi eine dicke Pillenmasse und theile sie in 40 Pillen. Gabe: Bei großen Schmerzen oder bei großer Reizbarkeit der Nerven wird eine Pille, zur Bettzeit genommen, eine ruhige Nacht verschaffen. Der Vortheil dieser Pillen für diejenigen, welche Opium und Morphium für ihre schmerzstillenden Mittel halten und gebrauchen, besteht darin, daß sie diese Pillen gebrauchen können, ohne dabei Verstopfung zu befürchten.

Einfaches, aber wirksames Mittel gegen häufige Bräune, (Croup).

Diese Krankheit ist begleitet von der Entzündung der Luftröhre, so wie von Krämpfen der Halsmuskeln, was einen eigenthümlichen Ton verursacht, welcher schwer zu beschreiben ist, aber, einmal von einer Mutter gehört, nimmer vergessen wird. Bei dieser Krankheit findet ferner Husten, beschwerliches Athemholen und Fieber statt. Oft wird der Hals ganz mit Schleim angefüllt, so daß der Patient nicht mehr athmen kann.

Das erste, was zu thun ist, besteht darin, daß man so bald als möglich heißes Wasser an Hand hat, sowie eine Flasche mit einer Brechtinktur, bereitet von gleichen Theilen Lobelienkraut und Blutwurzel. Gabe: Gemäß des Alters des Kindes. Wenn zwei Jahr alt, etwa einen Theelöffel voll alle 10 bis 15 Minuten, bis gehöriges Erbrechen stattfindet. Wenn 5 Jahre alt, 2 Theelöffel voll, die Gabe erhöhend im Verhältniß des Alters des Kindes, bis zu einem Eßlöffel voll für ein Kind von 10 Jahren. Für sehr junge Kinder von 4 bis 8 Monaten gib blos 8 bis 12 Tropfen. Nimm sobald als möglich heißes Wasser, und stelle die Füße hinein, und laß dieselben drinnen, bis Erbrechen stattfindet. Lege in heißes Wasser getauchte und wieder ausgedrückte Tücher auf Brust und Hals und wechsle fleißig damit ab, diese Theile heiß zu erhalten. Den nächsten Morgen gib eine hinlängliche Gabe von dem „vegetabilischen Abführmittel" um eine starke Abführung zu erzielen. Die Brechtinktur sollte in irgend einem warmen Thee gegeben werden. Wiederhole das Purgiren so oft die zurückkehrenden Symptome es erfordern, was gewöhnlich in der folgenden Nacht der Fall ist. Das Laxir muß alle zwei oder drei Tage wiederholt werden, dann kann ich guten Erfolg versichern, wenn in der rechten Zeit damit begonnen wurde. Es wird jedoch keiner Wiederholung bedürfen, wenn Eltern dieses Präparat stets an Hand haben, damit sie gleich beim Ausbruch der Krankheit dasselbe brauchen können.

2) Deutsches Mittel. — Gänseschmalz und Urin, gleiche Theile. Gabe: Einen Theelöffel bis zu einem Eßlöffel voll von dieser Mischung, gemäß des Alters des Kindes. Wiederhole die Gabe alle 15 Minuten, wenn auf die erste Gabe in dieser Zeit kein Erbrechen folgt.

Dieses Mittel ist werthvoll in leichten Fällen, und wo das erstere Mittel nicht an Hand ist, und ich weiß, daß es ein Kind kurirte, nachdem der beste Arzt in der Stadt erklärt hatte, das Kind müsse sterben. Aber merke dir, daß er unser ersteres Rezept dabei nicht benützte. Aber eine alte deutsche Frau kam in der elften Stunde und richtete das Kind wieder auf mit dem, was sie „P—s und Gänseschmalz" nannte. Ich selber gebrauchte das Mittel mit Erfolg.

3) Salbe gegen häutige Bräune. — Nimm das fetteste Schaffleisch um die Nieren und Lenden herum, und gutes Schweineschmalz, von jedem ½ Pfd., Wallrath ½ Unze. Lasse dieß zusammenschmelzen und setze ½ Pt. vom besten Essig hinzu. Laß es so lange leicht kochen, bis der Essig beinahe ganz verdampft ist. Schöpfe den Unrath gut ab und rühre beständig, bis es anfängt, ein körnerartiges Aussehen zu bekommen. Alsdann setze Amberöl und Föhrenöl und Bleizucker sehr fein verrieben von jedem ½ Unze hinzu; nimm es dann vom Feuer und rühre es, bis es kalt ist. Gabe: Für ein Kind von 2 Jahren alle halbe Stunde ½ bis 1 Theelöffel voll, bis Besserung eingetreten ist, oder Erbrechen stattfindet. Zu gleicher Zeit reibe es in die Brust, sowie an den Hals und auf den Lungen reichlich ein. Ein Arzt in Finlay, O., sagt, er wisse, daß dieses Mittel in dieser Krankheit so oft Hilfe schaffe, als Quinine bei Wechselfiebern.

Hundswuth und Schlangenbisse abzuhalten und zu kuriren. — A. Hubbard von Boon Co., Ill., sagt in einem Brief an den „St. Louis Republican": „Vor achtzehn Jahren wurden ich und mein Bruder von einem tollen Hunde gebissen. Zu derselben Zeit wurde auch ein Schaf gebissen. Neben den vielen Mitteln, die für uns kleine Knaben gerathen wurden, rieth einer unserer Freunde auch das folgende, von dem er sagte, daß es den Biß der Klapperschlange heile:

Nimm die Wurzel der gemeinen Esche, gewöhnlich Weißesche genannt; die Rinde von dieser Wurzel koche in Wasser und trinke reichlich davon. Während mein Vater das Obige bereitete, wurde das eben besprochene Schaf von der Wasserscheu befallen. Nachdem es durch dieselbe so schwach geworden war, daß es kaum mehr stehen konnte, gab ihm mein Vater ein Pint von dem Getränk von der besagten Wurzelrinde, indem er hoffte, er werde dadurch ausfinden, ob er durch das Mittel auch seine Söhne kuriren könne. Vier Stunden nachher stand das Schaf, zur Verwunderung Aller, auf und lief schnell zu der Heerde auf die Weide. Mein Bruder und ich setzten die Kur 8 bis 10 Tage fort, ¼ Pint dreimal des Tages nehmend. Es wurde nachher keine Wirkung des gefährlichen Giftes an uns mehr sichtbar. Gegen Schlangenbiß ist es, so viel ich weiß, ebenfalls mit gutem Erfolg gebraucht worden." Es mag Erbrechen und Laxiren bewirken, wenn zu reichlich davon genommen wird; allein eine gemäßigte Wirkung, entweder nach oben oder nach unten ist nicht unnöthig.

Ich kurirte einen Fall von Rheumatismus mit diesem Mittel bei einem vierzehnjährigen Knaben, seit ich mit diesem Mittel bekannt bin.

2) **Sächsisches Mittel.** — Gastell, ein sächsischer Förster, welcher nun ein Alter von 82 Jahren erreicht hat und nicht gerne ein Geheimniß von so großem Werthe mit in's Grab nehmen will, machte in dem Leipziger Journal das Mittel bekannt, mit welchem er fünfzig Jahre lang Menschen und Thiere von der Hundswuth befreite.

Nimm unmittelbar nach dem Biß warmen Essig oder laues Wasser, wasche die Wunde damit rein und trockne sie. Dann schütte auf die Wunde einige Tropfen Hydrochlorinsäure, Salzsäure weil mineralische Säuren das Gift des Speichels zerstören.

3) **Griechisches Mittel.** — Iß die grünen Geschosse des Spargels roh; Schlaf und ein Schweiß werden sich einstellen, und die Hundswuth in irgend einem Grad soll dadurch kurirt werden. Ein Correspondent des Providence Journal sagt, ein Mann in Athen, Griechenland, sei durch dieses Mittel von der Wasserscheu kurirt worden, selbst nachdem der Paroxismus sich schon eingestellt hatte.

4) **Quäker-Mittel, welches 50 Jahre glücklich angewendet wurde.** — Jacob Ely, ein guter alter Kaufmann unter den Quäkern in Lloydsville, O., gab mir das folgende Mittel, welches sein Vater schon seit 1806 glücklich gegen obige Krankheit bei Menschen und Thieren gebracht habe, und die New York Tribune hat kürzlich ein ähnliches Mittel publizirt.

Die getrocknete Alantwurzel pulverisire sie und miß 9 gehäufte Eßlöffel voll und mische dieselbe mit 2 bis 3 Theelöffel voll pulverisirtes arabisches Gummi, dann theile es in 9 gleiche Gaben. Wenn eine Person von einem wüthenden Thier gebissen wird, so nimm eine von diesen Portionen und koche dieselbe leicht in 1 Pt. frischer Milch, bis etwa die Hälfte der Milch verdampft ist. Dann seihe durch und trinke es des Morgens wobei 4 bis 5 Stunden gefastet werden muß. Dieselbe Gabe ist 3 auf einander folgende Morgen zu wiederholen, dann setze wieder 3 Morgen aus und so fort, bis alle 9 Dosen genommen sind. Der Patient muß sich vor Nässe hüten, ebenso vor der Sonnenhitze, auch muß er stark gewürzte Speisen vermeiden und darf nicht zu schwere Uebungen vornehmen, und wenn er verstopft ist, soll er eine Gabe Bittersalz nehmen. Die obige Quantität ist für ein Erwachsenes, Kinder dagegen nehmen weniger, je nach dem Alter.

5) **Mittel gegen Wasserscheu,** in die N. Y. Tribune eingesandt von J. W. Woolston in Philadelphia:

„Rezept.—Erste Dosis: 1 Unze Alantwurzel in 1 Pint Milch gekocht, bis es auf ein halbes Pint reducirt ist. Zweite Dosis: 1½ Unze Alantwurzel, gekocht in 1 Pint Milch, wie das erste; zwei Tage nach der ersten Gabe zu nehmen. Dritte Dosis: Gerade wie die zweite, ebenfalls 2 Tage nachher zu nehmen. Im Ganzen 3 Gaben.

6) **Schlangenbiß.**—Wenn Jemand von einer giftigen Schlange gebissen wurde, so ist es das Beste, den Ort des Bisses sogleich abzuwaschen. Wenn dann die Wunde an einem Platz ist, wohin du den Mund bringen kannst, so sauge alles Gift heraus, oder wenn irgend eine andere Person gegenwärtig ist, deren Mund nicht wund ist, mag diese es thun. Es ist dabei keine Gefahr zu befürchten. Natürlich muß Alles ausgespieen werden.

7) Salmiakgeist kann in einem kleinen Fläschchen in der Tasche getragen werden, und wenn von einer Schlange gebissen, ein Stückchen Holz geschärft und mit dem Salmiakgeist die Wunde gewaschen werden. Oder kann ein Stück Höllenstein in der Tasche nachgetragen werden. Wenn man es bedarf, kann man es schärfen und gerade so anwenden, wie das Stöckchen und das Ammonia. Einer der besten englischen Thierärzte machte bekannt, daß Höllenstein, beim Biß eines tollen Hund angewendet und häufig gebraucht, das Gift zerstöre; allein es muß sogleich angewendet werden, u n gewisse Hilfe erwarten zu können. Personen, welche an solchen Plätzen arbeiten, wo giftige Schlangen aufhalten, sollten immer eins von diesen Aetzmittel bei sich tragen.

8) Wenn dagegen Jemand gebissen wird, ohne irgend eines dieser Aetzmittel bei sich zu haben, und ohne im Stande zu sein, den Platz des Bisses mit dem Munde zu erreichen, um das Gift auszusaugen, so muß er so viel Brantwein trinken, daß er tüchtig betrunken wird. Oder er muß die Esche, den Spargel und die Alantwurzel benützen. Der National Intelligencer publicirte vor einigen Jahren ein Rezept gegen den Klapperschlangenbiß, von welchem gesagt wurde, daß es unfehlbar sei, indem es in vielen Fällen mit gutem Erfolg angewand werden sei. Es war nichts als der Gebrauch von Whisky, wie oben empfohlen, und es ist blos der Gerechtigkeit Genüge geleistet, wenn ich sage, daß eine Tochter von W. Reed in Pittsfield, welche in den Arm gebissen wurde, dadurch kurirt wurde, daß sie soviel Whisky trank, bis völlige Betrunkenheit bei ihr eingetreten war, und sie fühlte von da an nichts mehr von dem Biß, was ein Beweis davon ist, daß der Biß von des „Teufels Thee" gefährlicher ist, als der Biß einer Klapperschlange.

9) Ich kenne einen alten Arzt, welcher zu einem von einer Klapperschlange gebissenen Knaben gerufen wurde. Da gerade kein anderes Mittel vorhanden war, so kurirte er den Knaben nach dem Grundsatz, nach welchem das Haar des Hundes den Biß desselben kurirt. Er nahm ein Stück von der Schlange, etwa 2 Zoll lang, spaltete es auf der Rückseite, und band es auf die Bißwunde. — Es reinigte die Wunde, und keine schlimme Wirkung erfolgte.

10) Saleratus, angefeuchtet und auf die Wunde gebunden; hernach noch mehr in Wasser aufgelöst und damit leidenden Theile Stunden lang naß erhalten, hat viele Schlangenbisse und Bienenstiche kurirt.

11) Mittel gegen Schlangenbisse beim Vieh. Das Rindvieh oder auch Pferde werden in der Regel in die Füße gebissen. Wenn dieß der Fall war, so ist nichts nöthig, als dieselben in eine Schlammgrube zu führen und sie einige Stunden darin zu halten. Wenn die Thiere auf die Nase gebissen sind, so lege etwas von dem Schlamm auf dieselbe, doch so, daß das Athmen dadurch nicht verhindert wird. Ich bin völlig überzeugt, daß Lehmen ebenfalls ein ausgezeichnetes Mittel für Menschen wäre, da derselbe meines Wissens das Gift, in dem Speichel enthalten, herausgezogen hat, und ich habe Beweis davon, daß es dieß auch bei Schlangenbissen an Menschen und Thieren gethan hat.

Augenpräparate. — Augenwasser. — Kochsalz und weißen Vitriol von jedem einen Eßlöffel voll. Erhitze es in einem kupfernen oder irdenen Geschirr, bis es trocken ist. Durch die Hitze wird das scharfe oder beißende Wasser, Krystallisationswasser genannt, ausgetrieben, und macht die Mittel viel milder hinsichtlich ihrer Wirkung. Alsdann setze ½ Pt. Wasser hinzu, in welches noch ein Eßlöffel voll weißer Zucker und ein Stück blauer Vitriol, einer Bohne groß, gethan wird. Wenn es in irgend einem Fall zu stark wirkte, so setze noch ein wenig Wasser hinzu. Wende es 3= oder 4=mal täglich an. Wenn die Augen sehr triefend und eiternd sind, oder wenn die Eiterung schon lange dauerte, dann nimm von dem „Säfte verbessernde Syrup" oder von dem „abführenden Reinigungsmittel," dasselbe einige Wochen fortsetzend. je nachdem der Fall sein mag. Ich halte es für sehr gut, beim Gebrauch irgend eines Augenwassers so zu verfahren, daß es immer wieder 20 Minuten nach der ersten Anwendung gebraucht wird. Durch diese Wiederholung wird eine viel schnellere Kur statt finden. Gegen wunde Ohren und andere Theile von kleine Kindern muß es verdünnt werden, und 3 bis 4 Applikationen werden dieselben heilen. Ich habe es auch für Pferde werthvoll gefunden, als ein Waschmittel, wenn dieselben Etwas in die Augen bekommen, wodurch diese thränen oder eitern.

Der Gebrauch dieses Augenwassers befähigte mich, den Verfasser dieses Werks, die Brille wieder bei Seite zu legen, nachdem ich dieselbe vier Jahre getragen hatte, und ich habe seither Medicin studirt und graduirte als Arzt, ohne daß ich die Brille wieder gebraucht hätte, was ich eben dem Umstand zuschreibe, daß ich von Zeit zu Zeit obiges Augenwasser benützt habe.

2) Dr. Raymond von Grass Lake, Mich., welcher obiges Rezept von mir erhielt, setzt jeder Unze Wasser, die gebraucht wird, ein Gran Morphium (Morphine) bei, und er sagte mir, daß er es mit gutem Erfolg gebrauche. Die Zugabe des Morphiums stellt es beinahe auf gleiche Stufe mit dem ausgezeichneten Mittel, das die englischen Militärärzte in Indien gebrauchen. Es ist folgendes:

3) Indisches Mittel gegen wehe Augen. — Schwefelsaurer Zink oder weißen Vitriol 2 Gran; Opiumtinktur 1 Drachme; Rosenwasser 2 Uz.; mische Alles und bringe einen Tropfen oder zwei davon täglich 2= bis 3=mal in das Auge.

4) Ein Augenarzt in Xenia, O., braucht das folgende Mittel mit gutem Erfolg.

Schwefelsaurer Zink oder weißer Vitriol, Bleizucker (essigsaures Blei) und Steinalz von jedem ½ Uz.; Hutzucker 1 Uz.; Regenwasser 12 Unzen; mische es ohne Hitze, und gebrauche es wie andere Augenwasser.

5) Dr. Cook von Ashtabula, O., macht und verkauft große Quantitäten von „Cooks Eye water." Es ist folgendes:

Schwefelsauren Zink oder weißer Vitriol 1 Uz.; präzipitirtes kohlensaures Eisen ½ Uz.; Salz und Zucker, von jedem 1 Eßlöffel voll. Das Weiße von 2 Eiern; Regenwasser 32 Uz.; mische das Weiße der Eier, Zink, Salz, Bleizucker, Eisen gut zusammen, dann endlich setze das Wasser hinzu.

6) Mittel gegen hartnäckige Augenentzündung. Mache Ueberschläge von Hopfen, indem du eine Handvoll in Wasser kochst, und ½ bis 1 Drachme Opium dazu thust, während es kocht. Lege die Hopfen warm auf die Augen und halte dieselben naß mit dem Wasser, in welchem sie gekocht worden sind.

7) Wenn wehe Augen sehr triefen oder thränen, so thue ein wenig

Zinkorid in ein Fläschchen mit Wasser und benütze es recht fleißig, so wird es dieses Uebel bald beseitigen.

8) Grüner Vitriol und Wasser hat wehe Augen kurirt, die lange leidend waren, und wenn dieses Mittel recht stark gebraucht wird, so ist es sehr gut gegen die Rose oder Rothlauf.

9) Der Saft der Wurzel von der Garten-Rhabarber, auf das Auge angewendet, heilte viele schlimme Fälle.

10) Siede ein Ei, nimm den Dotter weg und fülle die Stelle, die der Dotter einnahm, mit gleichen Theilen schwefelsaurem Zink und Hutzucker pulverisirt, und presse nun das Oel durch ein leinenes Tuch heraus, so lange es heiß ist, und gebrauche davon nach Bedürfniß. Wenn es zu stark ist, so thue ein wenig Regenwasser hinzu.

Ich verkaufte einer gewissen Frau Johnston eins meiner Bücher, welche dieses Mittel mehrere Jahre mit gutem Erfolg gebrauchte, und wenn ich es nicht schon in meinem Buch gehabt hätte, so hätte ich es nicht für weniger, als für fünf Dollars von ihr kaufen können.

11) Augenpräparat von einem Matrosen. — Brenne Alaun und mische ihn mit dem Weißen eines Ei's; lege dies zwischen zwei Stücke Tuch, und lege es auf die Augen. Zu gleicher Zeit nimm Bittersalz und Weinstein gleiche Theile das Blut zu reinigen.

Dieses Mittel gab mir ein Matrose. Er benützt es oft, wenn er sonst nichts haben konnte.

12) Präparat von Vater Pinkney gegen sehr wehe Augen. Geschabte Castileseife und halb so viel fein pulverisirte Kreide. Feuchte diese Stoffe an mit starkem Tabaksaft und mache einen Teig daraus. Beim Gebrauch für's Auge lasse 2 Tropfen Brandy auf den Papp oder Teig fallen, dann nimm ein wenig aus der Schachtel, wo der Brandy hingetröpfelt ist, ungefähr in der Größe eines Waizenkornes, und bring es auf das kranke Auge. Mache es naß auf einem Stückchen Glas und bringe es vermittelst eines Pinselchens von Kameelshaaren in das Auge.

Gebrauche es zuerst zweimal täglich, und dann blos einmal in 2 Tagen. Dieß hat in 2 bis 3 Wochen viele schlimme Fälle kurirt, wie mir der alte Vater Pinkney in Wayne Co., Mich., versicherte, welcher es 50 Jahre lang gebrauchte und nun 90 Jahre alt ist. Er rückte es in dieses Buch ein, um seinen Mitmenschen damit zu nützen. Es ist gleich anwendbar beim Rindvieh und bei den Pferden.

13) Indianisches Augenwasser. — Regenwasser 1 Pt.; arabischer Gummi 1 Uz.; weißer Vitriol 1 Uz.; feines Salz ½ Theelöffel voll. Thue Alles in eine Flasche und schüttle es gut, bis es aufgelöst ist. Thue beim Schlafengehen etwas davon in das Auge. Dieß ist ein sehr gutes Mittel und half schon, wo alles Andere vergeblich angewendet wurde. Es kommt von einem alten Indianer. Ich glaube aber, daß man anstatt 1 Pt. Regenwasser ein Quart nehmen sollte.

14) Augenwasser von Tabak. — Feingeschnittenen Tabak, von der Größe einer gewöhnlichen Hickorynuß, Bleizucker in derselben Größe; Regenwasser 2 Uz.; Opium, eine Bohne groß. Verdünne es mit mehr Wasser, wenn nöthig.

15) Grünspan und Honig hat entzündete Augen geheilt, indem man blos so viel Grünspan nimmt, um dem Wasser die Grasfarbe zu geben, und dann ½ Honig dazufügt. Es soll auch die Narben bei Brandwunden verhüten.

16) Umschläge von rohen Kartoffeln ist eins der besten neuesten Mittel gegen entzündete Augen, wenn das Leiden noch nicht lange dauert. Man schabt die Kartoffeln fein und legt sie häufig auf.

17) Umschläge von Ulmenrinde, wie oben angezeigt gebraucht, sind ebenfalls ein ausgezeichnetes Mittel.

18) Ein Fell auf dem Auge zu vertreiben. — Hornkrautblätter zerstoßen und in einer gehörigen Quantität Hühnerschmalz leicht gekocht, um das Oel mit dem Wintergrün (Hornkraut) zu durchdringen. Seihe es und brauche es zweimal täglich.

19) Mittel gegen veraltete Augenleiden. — Kalkwasser 1 Pt.; fein pulverisirten Grünspan ½ Uz.; setze es auf ein schwaches Kohlfeuer und laß es etwa eine Stunde lang darauf. Dann seihe es, fülle in eine Flasche und pfropfe gut zu. Berühre das Fell auf der Pupille 2- oder 3- mal täglich vermöge eines kleinen Pinsels von Kameelshaaren, indem du das Augenlid eine Zeit lang aufwärts ziehst und so das Präparat in das Auge bringst.

Es wird nöthig sein, mit diesem Mittel zwei oder drei Monate fort zu fahren, ebenso eins von den Säfte verbessernde Mitteln zu gebrauchen, um das Blut zu reinigen. Dieses Mittel, drei Monate fortgesetzt, schenkte einer Jungfrau das Gesicht wieder, welche seit zwei Jahren das Licht nicht mehr erblickt hatte. Was dieses einfache Mittel vermochte, konnten die Aerzte nicht thun.

20) Augensalbe. — Nimm weißes Präzipitat 1 Theelöffel voll, und reibe dasselbe mit 3 Theelöffel voll Schweineschmalz zu einer Salbe und wende dieselbe auf die Außenseite des Augenlides an bei chronischen (veralteten) Augenleiden. Dieses Mittel hat schon Heilung bewirkt, wenn das Uebel so gefährlich war, daß selbst die Augenwimpern durch die Krankheit ausgefallen waren.

Ein Arzt, welcher sich selbst nicht kuriren konnte, wurde mit dieser Augensalbe geheilt. Wenn das rothe Präzipitat die Krätze kurirt, warum sollte das weiße nicht auch wehe Augen kuriren können.

21) Das Triefen und Eitern der wehen Augen zu vertreiben. — Krystallisirten Höllenstein 2 Gr.; Morphium 1 Gr.; blauen Vitriol 1 Gr.; Salmiak 1 Gr.; pulverisire jedes besonders und mische Alles. Wende es einmal des Tages an. Man legt nämlich ein klein wenig auf ein Glas, durchnäßt es mit ein wenig Wasser und bringt es vermittelst eines kleinen Pinsels von Cameelshaaren in das Auge.

22) Eine andere Methode. Nimm ein Stück Erlen Holz ungefähr 2 Fuß lang, bohre in der Mitte des Steckens ein Loch hinein, aber nicht der Länge nach, sondern kreuzweis; und fülle dieses Loch mit gewöhnlichem Salz; dann halte das eine Ende ins Feuer und laß es verkohlen bis beinahe zu dem Salz hin; alsdann verfahre mit dem andern Ende auf dieselbe Weise; zuletzt pulverisire das Salz und gebrauche es, wie das obige Mittel, nämlich einmal täglich.

So bald das Fließen von Eiterklümpchen aufhört, so vollende die Kur dadurch, daß du irgend eins der obigen Augenwasser benützest und beständig ein Alterativ gebrauchst, um das Blut zu reinigen.

Pflaster, Salben u. s. w. gegen Fiebergeschwüre. — Olivenöl, Leinsaamenöl und rothe Mimming pulverisirt, von jedem eine Unze. Thue Alles in ein eisernes Gefäß über ein mäßiges Feuer, beständig rührend, bis du deinen Finger über einen auf ein Stück Holz gebrachten Tropfen halten kannst, ohne daß er anklebt. Streiche es auf Tuch und gebrauche es, wie jede andere Salbe.

Mein Bruder, J. M. Chase, von Cancadea, N. Y., sagt, er habe diese Salbe fünfzehn Jahre lang gebraucht und kenne sie als die beste gegen alle Arten von Geschwüren, als Eiterbeulen, Fiebergeschwüre, und alle entzündeten Theile. Auch schon Andere versicherten mir, daß es sehr gut sei. Ein Mann hatte eine so sehr geschwollene Hand, daß sie eher einem Schinken, als Hand ähnlich sah. Zwei Aerzte erklärten, die Hand müsse abgenommen werden. Aber diese Salbe kurirte ihn. Beweis genug für ihre Güte.

2) Rothe Salbe.—Einige ziehen vor, die Salbe zu bereiten, wie folgt:

Rothe Minnung 1 Pfd.; Bienenwax und Geigenharz von jedem 2 Uz.; Leinsaamenöl und Olivenöl, von jedem 3 Eßlöffel voll; Terpenthinöl 1 Theelöffel voll. Schmilz Alles, außer dem ersten und letzten, dann rühre das Blei hinein; rühre es, bis es beinahe kalt ist, dann setze das Terpenthinöl hinzu. Dieß wird benützt bei Fieber- und allen andern Geschwüren von entzündlichem Charakter. Zu gleicher Zeit reinige das Blut mit folgender Pille:

3) Getrocknete und pulverisirte Entenfuß- oder Mayapfelwurzel ½ Uz.; Blutwurzel auf dieselbe Weise, ¼ Uz.; formire daraus Pillen von gewöhnlicher Größe mit Löwenzahnextract. Gabe: Es können drei Pillen zur Bettzeit genommen werden, etwa 2 bis 3 Tage lang; dann nimm eine Pille mehr, u. am Ende einer Woche kannst du irgend ein Abführmittel nehmen Dann nimm Jod Kali 10 Gr.; und thue es in eine Unze Wasser in ein Fläschchen, und nimm 20 bis 30 Tropfen davon in ein wenig mehr Wasser, anstatt der Mayapfelpillen. Thue dieß drei bis vier Tage, dann fahre wieder mit den Pillen fort, wie zuerst. Wenn du dieß drei- oder viermal wiederholt hast, so wird das Blut gehörig gereinigt sein. Fürchte nichts von den Mayapfelpillen; denn sie wirken nicht wie ein Abführmittel, sondern als ein Blutreiniger. Wenn es aber Bauchkneipen verursachen sollte, so reducire die Gabe auf weniger. Du wirst mit diesem Blutreinigungsmittel zufrieden sein.

4) Indianisches Mittel. — G. A. Patterson von Ashtabula, O., wurde von bösartigsten Fiebergeschwür durch einen indianischen Arzt in Cleveland, O., befreit. Die Fußmuskeln waren so zusammengezogen, daß er seinen Fuß gar nicht gebrauchen konnte. Vier Monate Zeit und folgende Mittel kurirte ihn:

Es wurde ein Syrup von der Wurzel des Spindelbaums gekocht, dann wurde Mollasses und Rum dazu gethan, um es angenehm zu machen, und es vor Säure zu bewahren. Dieß wurde hinlänglich benützt, um den Leib offen zu halten, und hie und da wurde die Rinde der Wurzel gekaut, indem sie eine Zeit lang dem Syrup vorgezogen wird. Das Geschwür wurde mit folgender Salbe bedeckt: Geigenharz oder Colophonium, Schafunschlitt 1 Pfd.; Bienenwachs 1 Pfd.; Leinsaamenöl 1 Pt.; wohlriechende Seife 1½ Uz.; mische; thue es in einen eisernen Kessel, koche es leicht zwei Stunden lang und rühre beständig. Streiche es auf Tuch und lege es nach Bedürfniß auf. Die obigen zusammengezogenen Fußmuskeln wurden blos mit Stinkkatzenöl eingerieben.

5) **Salbe von Kitridge erfunden.** Bittersüß und Flieder=
wurzeln von jedem 1½ Pfd. Hopfen, die Trauben und Blätter, und gro=
ßer Wegerich die Spitzen und die Wurzel, von jedem ½ Pfd.; für 3 cents
Tabak. Koche Alles in Regenwasser, die Stärke heraus zu bekommen.
Dann thue die Pflanzen in ein dickes Tuch und presse den Saft heraus.
Dann koche es sorgfältig ein bis zu ½ Pt., und setze ungesalzene Butter 1
Pfd.; Bienenwachs und Geigenharz, von jedem 1 Uz. hinzu; koche es über
einem leichten Feuer, bis das Wasser Alles verdampft ist.

Dieß ist eine sehr werthvolle Salbe.

6) **Umschlag auf Fiebergeschwüre.** — Die Rinde der
Sassafraswurzel trockne und pulverisire sehr fein; mache einen Umschlag
von Brot und Milch und thue soviel von obigem Pulver hinein, den Um=
schlag von gehöriger Dicke zu bereiten. Wende es dreimal täglich (in 24
Stunden) 3 Wochen lang an. Dann heile vollends mit einer Salbe von
Honig und Waizenmehl.

Wenn lose Beine vorhanden sind, so wird das Geschwür bedeutend
werden; wenn diese Beine sich herausschaffen; allein fahre nur getrost fort.
Ein 12 Jahre altes Geschwür wurde damit kurirt. Derselbe Mann heilte
8 andere Fälle, ohne daß es bei Einem fehlgeschlagen hätte. Es hat sich
auch hilfreich erwiesen bei Eiter=Geschwüren an den Lenden.

7) **Umschlag von Hefe bereitet.** — Frische Hefe, die dick=
ste Masse, mit Mehl verdickt und auf Fiebergeschwüre gelegt, hat sich als
sehr werthvoll erwiesen, wenn man es einige Wochen fortsetzt. Wenn ir=
gend ein Theil nicht wesentlich kurirt ist, so ist derselbe mit fein pulverisir=
tem Grünspan und ein wenig Schweineschmalz einzureiben, und dann ist
der Umschlag wieder auf derselben Stelle anzuwenden.

8) **Salbe gegen Fiebergeschwür, Eiterausfluß,
böse Brüste u. s. w.** — Koche in ein Pt. Regenwasser ½ Uz. Ta=
bak gut durch, dann seihe das Wasser ab von dem Tabak und koche es
wieder bis zu 1 gill (¼ Pt.) dann habe geschmolzenes Schweineschmalz,
Geigenharz und Bienenwachs, von jedem ½ Uz., bereit. Koche es leicht
zu einer dicken Salbe, dann rühre 1 Gill alten Rum hinein, und setze das
Kochen fort, wenn nöthig. Zu gebrauchen, wie andere Salben.

9) **Einreibmittel.** — Süßklee im Garten gewachsen, ein
wenig mit Schweineschmalz verkocht, dann mische gleiche Theile Bienen=
wachs und Terpentin von der Weißtanne hinzu. Dieses Mittel ist als
ein Einreibemittel sehr hoch geschätzt.

10) **Salbe gegen Fiebergeschwüre, Schnittwun=
den u. s. w.** — Terpentinöl und Honig, von jedem ½ Pint, auf einem
langsamen Feuer gekocht, bis sich beide Theile durch's Rühren mit einan=
der verbinden. Dann setze es bei Seite, um es so kühl werden zu lassen,
daß du einen Eidotter hinein thun kannst, ohne daß derselbe durch die Hitze
hart wird. Rühre den Dotter hinein und bringe das Ganze wieder an's
Feuer. Setze ganzen Kampher ¼ Unze hinzu, und rühre es so lange über
dem Feuer, bis es gut vermischt ist.

Wenn das Ei hineingethan wird, so lange es kühl ist, so verbindet es
sich mit den andern Stoffen; wen... aber hinzugefügt würde, so lange
die andern Stoffe heiß sind, so verbindet es sich nicht, sondern es kocht sich
fest. Dieses sehr empfohlene Mittel ist auch wirklich gut gegen oben an=
gegebene Schäden.

11) Wilhelm Howell bei Jackson, Mich., sagt, daß er lange Zeit, (bei 20 Jahren,) sehr hart mit einem Fiebergeschwür geplagt gewesen sei, und daß, als Alles nichts half, ihm ein alter Mann in New Jersey folgendes Rezept gegeben habe:

„Schabe eine frische weiße Rübe und wende das Mittel alle 4 Stunden, Tag und Nacht an, bis Heilung eingetreten." Das Mittel kurirte ihn, und er ist versichert, daß es auch Andern, denen er es verschrieben, geholfen hat. Wende es öfters des Tags an, wenn die Wunde übelriechend wird.

Salben. — Grüne Berg = Salbe. — Colophonium 5 Pfund; Burgundisches Pech, Bienenwachs und Schaafunschlitt von jedem ¼ Pfund; Edeltannenöl, Fichtenbalsam, Majoranöl, rothes Cedernöl, und venetianischen Terpentin, von jedem 1 Unze; Wermuhtöl ½ Unze; sehr fein pulverisirten Grünspan 1 Unze; schmilz die ersten Artikel zusammen und thue die Oele hinzu; der Grünspan wird mit ein wenig Oel verrieben und mit den andern Artikeln hineingethan. Rühre es gut; dann schütte es in kaltes Wasser und verarbeite die Masse zu Pflaster, bis sie kühl genug ist, sie zu rollen.

Diese Salbe hat ihresgleichen nicht in rheumatischen Schmerzen, oder Schwäche in der Seite, dem Rücken, den Schultern, oder wo irgend der Schmerz sich festsetzen mag. Wo die Haut aufgesprungen ist, wie z. B. bei Geschwüren und Quetschungen, da brauche ich dieses Mittel ohne Grünspan, und formire so eine weiße Salbe, die ich bezeichne wie die grüne, nur daß ich das Zeichen auf weißes Papier mache. —

Bei Verdauungsschwäche ist es gut, wenn man ein Pflaster von der grünen Salbe auf dem Magen trägt, und zwar so lang, als es darauf fest hält. Ebenso auf dem Rücken, oder an irgend einem schmerzhaften Orte. Bei Schnittwunden, Quetschungen u. s. w. streiche die weiße Salbe auf ein Tuch und brauche sie als ein Heftpflaster, bis eine Kur bewerkstelligt ist. Gegen Rheumatismus oder Schwäche streiche die grüne Salbe auf weiches Leder und lege es auf. Laß es liegen, so lang es hält. Gegen Hühneraugen streiche die grüne Salbe auf ein Tuch und lege sie auf dieselben. Es hat dieses Mittel viele Hühneraugen kurirt. Ein Mann in der Nähe von Lancaster, O., erhielt eins von meinen Büchern, welches dies Rezept enthielt, und ein Jahr nachher sagte er mir, daß er über viertausend Rollen von dieser Salbe verkauft habe. Er habe eine alte Frau in 6 Wochen von einem Rheumatismus kurirt, an welchem dieselbe 7 Wochen lang gelegen sei, indem er alle großen Gelenke mit der Salbe bedeckt und sonst Nichts gebraucht habe. Um Salben auszurollen, siehe den Apparat zur Bereitung von Salben.

2) Conklin's ausgezeichnetes Pflaster. — Geigenharz 4 Pfund; Bienenwachs, Burgundisches Pech, weißen Terpentin, und Schaafunschlitt, von jedem ¼ Pfund; ganzen Kampher und Fichtenbalsam, von jedem ¼ Unze; Olivenöl ½ Uz.; und Alkohol ½ Pt. Schmelze es, mische, rolle es aus zu einem Pflaster und benütze gleich andere Pflaster. Die Witkung dieser Salbe ist wunderbar.

3) Ein anderes Pflaster. — Schaafunschlitt ½ Pfund; Knospen des Gileadbaumes 2 Unzen; weißes Tannenharz 1 Unze; rothes Präzipitat ½ Unze; harte Seife ½ Unze; weißen Zucker 1 Eßlöffel voll. Koche die Knospen in dem Unschlitt, bis die Stärke herausgezogen ist, und

presse es aus oder seihe es durch). Schabe die Seife und thue sie mit den andern Artikeln zu dem Unschlitt. Nimm so viel ungesalzene Butter oder Olivenöl, um ihm die gehörige Beschaffenheit zu geben, um es leicht auf Tuch streichen zu können. Wenn beinahe kalt, rühre das rothe Präzipitat hinein, und mische es tüchtig durch.

Dieses Mittel ist gut gegen Schnitt= und Brandwunden, Quetschungen u. s. w.; bei Brandwunden streiche es ganz dünn. Wenn Geschwüre wildes Fleisch erzeugen, so streue ein wenig gebranuten Alaun auf das Pflaster, ehe du sie gebrauchst. Dieses Mittel wurde in Washtenaw Co., Mich., schon seit 40 Jahren mit dem besten Erfolg gebraucht.

4) Heftpflaster oder Salbe gegen tiefe Wunden, Schnitte u. s. w, — Weißes Colophonium 7 Unzen; Bienenwachs und Schaafunschlitt, von jedem ½ Unze. Schmilz Alles zusammen, dann schütte kaltes Wasser darein und verarbeite es zu Pflaster, bis es tüchtig gemischt ist, dann rolle es und mache passende Rollen davon zum Gebrauch.

Es kann auf festes Tuch gestrichen und in schmale Streifen geschnitten werden, man legt es auf eine Seite der Wunde oder des Schnittes, bis es fest klebt, dann drücke die Enden der Wunden nahe zusammen und drücke das andere Ende des Streifens fest hin, bis es ebenfalls fest klebt, und so die Wunde zusammen hält. Die Streifen sollten 3 bis 4 Zoll auf jeder Seite von dem Schnitt oder Wunde entfernt befestigt sein und sollten in verschiedenen Richtungen kreuzweis über einander gehen, damit die Wunde so klein wie möglich zusammengezogen wird. Es ist leicht spröde nachdem es gestrichen ist, bis es auf die warme Haut gelegt wird, dessen ungeachtet hält es lange, wenn man es macht, wie hier angegeben; will man es aber weicher haben, so hält es nicht lange fest.

5) Peleg White's alte Salbe oder Pflaster. — Dieses früher berühmte Pflaster war zusammengesetzt aus blos drei ganz einfachen Artikeln. Unsere grüne Berg=Salbe übertrifft sie weit. Um jedoch die alten Freunde dieser Salbe zu befriedigen, so gebe ich hiermit ihre Zusammensetzung ·

Colophonium 3 Pfund; Schaafunschlitt und Bienenwachs, von jedem ¼ Pfund; dieß zusammengeschmolzen, kalt Wasser hinzugethan, dann gezogen und verarbeitet, wie Schuhmacher=Pech. Dieses Mittel wurde empfohlen gegen Geschwüre, Brandwunden, Quetschungen und als Pflaster gegen Rheumatismus, u. s. w. —

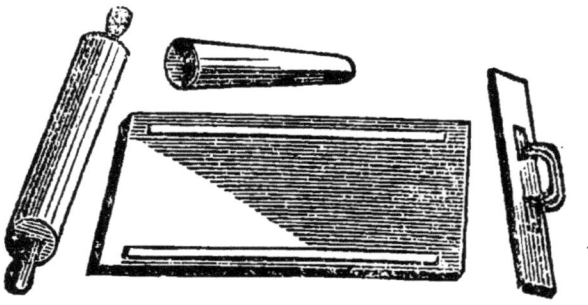

Apparat, um Salbe und Lozenges (medizinische Röhlein) zu machen.

Der Holzschnitt auf der vorhergehenden Seite, stellt ein Brett dar, welches mit Leisten versehen ist, die die gewünschte Dicke, nämlich die des Durchmessers der Pflasterrollen haben. Ferner ist ein Brettstück mit einer Handhabe versehen, mit welchem die Salbe gerollt wird, wenn sie zu diesem Zweck abgekühlt ist, auf dem Holzschnitt ist auf der vorhergehenden Seite dargestellt. Die Salbe wird zwischen die Leisten gelegt, welche in der Regel einen Zoll dick sind. Dann wird die Masse mit dem Brettstück so lange gerollt, bis dasselbe auf den Leisten aufliegt und so die Rollen alle eine Größe erhalten. Benütze dabei ein wenig Unschlitt, daß die Masse nicht an das Brett oder die Hände anklebt. Dann schneide die Rollen ab in die gewünschte Länge, und binde einen Umschlag um dieselben. daß sie sich nicht aneinander hängen.

Ein Roll- oder Wellholz und ein blechernes Instrument zum Aufschneiden der Lozenges (Arzneiküchlein) ist ebenfalls auf dem Holzschnitt dargestellt. Mit diesem Wellholz und einem andern Brett, welches ebenfalls dünne Leisten hat, nach der Dicke der gewünschten Küchlein, kannst du die Masse auswellen, bis das Wellholz ebenfalls die Leisten berührt. Auf diese Weise erhältst du dieselben, gerade wie die Salbe, alle von gleicher Dicke. Dann schneide sie mit dem Modell aus, und lege sie auf Papier, bis sie trocken sind.

Wurmmittel.— Santonin-Küchlein. Santonin, fein gerieben 60 Gr.; pulverisirten Zucker 5 Uz.; Tragantgummischleim so viel, um aus den vorigen Artikeln einen dicken Teig zu machen. Wirke es sorgfältig durcheinander, damit das Santonin sich gleichmäßig mit der Masse vermischt. Wenn es keine zu große Eile hat, so decke den Mörser, in welchem die Masse verrieben wurde, von 12 bis 24 Stunden zu, um es zu temperiren. Theile in 120 Küchlein. Siehe den Apparat auf der vorhergehenden Seite zum Ausrollen und Ausschneiden. Gabe: Für ein einjähriges Kind alle Abend und Morgen ein Küchlein, für ein zweijähriges 2; für ein vierjähriges 3; für ein achtjähriges 4; für ein zehn- oder mehrjähriges 5 oder 7 Küchlein. In allen Fällen zweimal des Tages genommen, und so lange fortgesetzt, bis die Würmer abgehen.

Dieses Mittel hat schon ausgezeichnet guten Erfolg gehabt und eine Menge Würmer abgetrieben. Zeichen von Würmern sind: Wenn der Bauch hart und ungewöhnlich groß ist; wenn ein unangenehmer Athem statt findet, besonders des Morgens; wenn die Zunge belegt ist, und die Oberlippe geschwollen. In der Nase fühlt man ein Kribbeln und Kitzeln, ebenso im After; der Urin ist weiß und milchartig; der Unterleib oft sehr verstopft, dann bald eben so sehr offen. Oft findet ein nagender Appetit statt, und hie und da gar kein Appetit nach Speise. Es ist daher nicht unnöthig, Wurmarzneien einzunehmen, mag man nun ein Kind oder eine erwachsene Person sein. Nachdem man die Küchlein 4 bis 6 Tage genommen hat, so ist es gut, wenn man ein Abführmittel nimmt, außer die Würmer wären in dieser Zeit in solcher Menge abgegangen, daß man ihre völlige Zerstörung daraus erkennen könnte. Das Mittel wird ebenfalls sehr gerühmt:

2) Wurmöl von Prof. Freeman.—In dem eclectic medical Journal von Cincinati, O., fand ich ein solch werthvolles Mittel gegen Würmer von Prof. J. Freeman, daß ich nicht umhin kann, dasselbe hier einzurücken, indem die dazu erforderlichen Artikel überall erhalten wer-

den können, während das Santonin zu den obigen Küchlein nicht überall zu haben ist. Seine dem Rezepte beigegebenen Bemerkungen gewähren hinsichtlich dessen, was man wissen muß, volle Befriedigung, und ist deßhalb in das Mittel Vertrauen zu setzen. Die Erklärungen in Klammern sind meine eigenen, wie dieß überhaupt durch das ganze Werk der Fall ist.

Nimm Wurmsamenöl ½ Uz.; Terpentinöl 2 Drachmen; Ricinusöl 1⅓ Uz.; flüssigen Spigeliencxtraft ½ Uz.; Hydrastin 10 Gran; Pfefferminz=Syrup ½ Uz.; Gabe: Einem Kinde von 10 Jahren einen Theelöffel voll dreimal täglich, eine Stunde vor jeder Mahlzeit. Wenn es zu sehr abführt, so gib es nicht so oft.

„Dies ist ein ausgezeichnetes Wurmmittel und stärkendes Abführmittel, und hat noch nie fehlgeschlagen beim Abtreiben von Würmern, wenn nämlich solche vorhanden sind und es zu diesem Zweck gegeben wurde. Ich habe in den letzten 5 Jahren kein anderes Wurmmittel gegeben, und oft trieb ein einziger Theelöffel voll davon drei bis zwanzig Würmer ab. Vor einigen Tagen verschrieb ich einen Theelöffel voll davon was den Abgang von 60 Würmern zur Folge hatte, und einen Theelöffel voll einige Tage hernach von demselben Kinde genommen, führte noch 40 andere ab, unter welchen einige 6 Zoll lang waren. Wo keine Würmer vorhanden sind, da wirkt das Mittel als ein Tonic, indem es die Beschaffenheit der Schleimhäute des Magens und der Gedärme regelt, den Appetit und die Verdauung vermehrt, und zugleich ein mildes Abführmittel ist."

3) Wurmthee. — Spigelienwurzel, Sennesblätter, Manna und amerikanischen Wurmsaamen von jedem ½ Uz.; zerquetsche Alles und schütte heißes Wasser daran; versüße es gut und nimm halb so viel Milch. Gabe: Ein Kind von 5 Jahren mag 1 Gill (¼ Pt.) dreimal des Tages nehmen, (und zwar vor der Mahlzeit) oder genug, um gehörig abzuführen.

Wenn dieß keinen Wurm abtreibt, so warte einen Tag und wiederhole dann die Gabe. Wenn am ersten Tag keine Abführung statt findet, so erhöhe die Gabe und fahre fort, bis Stuhlgang erfolgt, oder die Medicin alle genommen ist. Dieses Mittel kann angewendet werden, wo die Küchlein oder das Wurmöl nicht zu haben sind.

4) Wurmkuchen, — englisches Mittel. — Waizenmehl und Jalappe von jedem ½ Pfd.; Calomel, Zimmpulver und Ingwer, von jedem 1 Uz.; Mische es gut und mache es zu einem Teig mit Wasser, so daß es ausgewellt werden kann. Dann welle (oder rolle) es aus zu Wurmkuchen, 3|16 Zoll dick. Dann stich sie aus, ¾ Zoll im Viereck, und trockne sie. Gabe für ein Kind von 1 zu 2 Jahren ¾ von einem Küchlein, 4 bis 5 Jahren 1 Küchlein; von 5 zu 7 Jahren 1¼ Kuchen; von 7 zu 10 Jahren 1½ Kuchen; von 10 zu 12 Jahren 1¾; von 12 zu 14 Jahren 2; von 14 bis 17 Jahren 2¼; von 17 zu 20 Jahren und über dieses Alter 2½ Küchlein. Aber irgend Jemand über dieses Alter 3 Küchlein.

Kinder können dieselben essen oder kann man sie schaben und mit ein wenig Melasses, Henig oder sonstigem Eingemachten nehmen. — Wenn dieselben nach der ersten Gabe nicht wirken, wie man wünscht, so vermehre die Gabe ein Wenig. Der Patient sollte die Medicin zweimal in der Woche, etwa Sonntags und Mittwochs nehmen, und zwar des Morgens, wobei gefastet werden sollte. Man genieße ein wenig warmen Thee, dünnen Welschkornbrei und warmer Fleischbrühe. N. B. — Milch darf keine genossen werden beim Abtreiben der Würmer; auch muß man sorgfältig

sein, daß man sich nicht erkältet — Snodin, printer in oakham, England."—

Ich erhielt das Obige von einer englischen Familie, welche es sehr
lobte, sowohl als ein Abführmittel in gewöhnlichen Fällen, als auch als
ein Wurmmittel. Und Alle, welche willens sind, Kalomel einzunehmen,
werden ohne Zweifel mit seiner Wirkung befriedigt sein.

Bandwurm. — Einfaches, aber wirksames Mittel dagegen.—
Dieser sehr lästige und quälende Wurm wurde abgetrieben durch Kürbis-
kerne. Jede Gabe bestand aus 2 Unzen, welche alle 4 bis 5 Stunden vier
bis fünf Tage lang wiederholt wurde.—Terpentin.l in Gaben von $\frac{1}{2}$ bis
2 Uz. mit Ricinusöl vermischt, hat sich ebenfalls sehr wirksam bewiesen.—
Die Farnkrautwurzel, Baldrian, Rinde des Granatapfelbaums und zwar
die Rinde der Wurzel des Baums, u. s. w. sind mit gutem Erfolg benützt
worden. Allein mein Hauptzweck bei diesem Gegenstand ist, zu zeigen, mit
welchem Erfolg Dr. Beach in New York und Dowler in Beardstown,
Jll., diesen häßlichen Wurm abtreiben. Der erste Auszug ist aus: Beach's
american practice and Family phisieian," während das Letztere aus dem
Eclectic Medical and College Journal" in Cinncinati, genommen ist.

Dr. Beach sagt: „Die Symptome des Bandwurmes, wie mir eine
Frau, welche 25 Jahre daran litt, angab, sind dem Wesen nach folgende:
Der Wurm stellte sich bei ihr im zehnten Jahre ein und plagte sie bis zum
fünfunddreißigsten Jahre. Der Wurm machte sie oft sehr krank auf dem
Magen. Hie und da mußte sie Blut erbrechen, und kam oft fast vom Ver-
stand. Ihr Appetit war sehr verschieden: bald sehr stark, bald fast gar keiner für Monate lang. Krankheit, Erbrechen, große Brustschmerzen, Bewegung im Magen, Schmerzen daselbst und in der Seite, sowie in den
Gedärmen, und viele andere Leiden fanden statt. Hie und da stieg der
Wurm in die Höhe und machte sie krank. Hin und wieder, gewöhnlich
nach der Medicin, gingen auch Stücke des Thieres ab, oft bei 40, alle in
einem Tag, alle lebendig und im Wasser schwimmend."

„Behandlung.— Obiges Frauenzimmer sagte mir, sie habe
zwanzig verschiedene Aerzte zu verschiedenen Zeiten gehabt, und habe hundert verschiedene Medicinen genommen, ohne daß der Wurm abgetrieben
worden wäre. Sie nahm Terpentinöl; konnte es aber nicht im Magen
behalten. Unter diesen Umständen begann ich meine Behandlung: Kuh-
krätze die feinen Nadeln von der Hülse gestreift, einen kleinen Theelöffel
voll, dreimal täglich, gegeben in ein wenig Pfeilwurz-Gallerte dann gelegenheitlich ein Abführmittel von Entenfuß oder Mayapfel. Dabei muß
gefastet werden zur Zeit des Einnehmens. In Verbindung mit diesem
empfahl ich ihr, reichlich Knoblauch, und gewöhnliches, feines Salz zu genießen. Ich gab dieß, weil ich wußte, daß alle diese Artikel gegen die
Würmer wirken, ohne daß ich sie jedoch vorher einmal gegen den Bandwurm gegeben hätte. Nachdem sie diese Stoffe eine Zeit lang genommen
hatte, hörten alle die unangenehmen Symptome bei ihr auf und der Wurm
ging lebles von ihr zum Erstaunen Aller.

„Sie wurde gesund und hat sich seither auch des besten Wohlseins zu
erfreuen, und es ist kein Grund vorhanden, zu glauben, daß noch etwas
von dem Wurm vorhanden sei. Die Patientin sagte mir, daß während
ihrer Krankheit wenigstens ein Peck voll von diesem Wurm von ihr gegangen sei, und daß seine Länge eine Meile umfassen würde. Ihre Befreiung

und ihre Freude mag besser empfunden, als beschrieben werden. Ich habe einen Theil von diesem Wurm in meinem Besitz. Wenn einmal der Bandwurm durch den Mastdarm passirt, so muß man vorsichtig sein, daß man ihn nicht abreißt; denn er wächst sonst wieder, indem er diese eigenthümliche Eigenschaft besitzt."

2) Dr. Dowler sagt: „Der Gegenstand dieser Nachricht ist eine Tochter von M. E. Fish von Beardstown in Ill., etwa 6 Jahre alt. Das einzige besondere Interesse in diesem Fall liegt in der Güte des angewandten Mittels, welches mir neu war und zufällig mir zu Gesichte kam. Ich behandelte einen Bruder dieser Patientin. Ein Theil meiner Verschreibung für denselben war ein aus der Ulmenrinde mit Wasser bereiteten Schleim. Das Mädchen aß öfters von dieser für ihren Bruder verschriebenen Rinde den Tag hindurch. Den andern Morgen zeigte mir die Mutter ein Gefäß, das Etwas enthielt, das diesen Morgen von dem Kinde gegangen sei. Auch zeigten sich Bröckelchen von der Ulmenrinde, welche in Schleim eingeschlossen waren. Bei der Examination stellte es sich heraus, daß es ein etwa 3 Fuß langer Bandwurm war. Weil ich dachte, der Abgang des Bandwurmes sei ein mehr zufälliger gewesen, so verschrieb ich dem Kinde kräftigere Mittel, eine große Gabe Terpentin- und Ricinusöl. Diese Mittel, drei Tage lang gegeben, bewirkten wohl eine gute Abführung, aber kein Wurm zeigte sich. Um das leicht reizbare schwächliche Mädchen zu schonen, den Reiz der Gedärme wieder zu beseitigen, und die Eigenschaft der Ulmenrinde zu erproben, empfahl ich ihr Nichts mehr, als genannte Rinde wieder zu kauen und zu schlucken.

Als ich sie den folgenden Morgen besuchte, zeigte man mir Stücke von dem Wurm, meist nur einzelne, besondere Gelenke, welche über Nacht von ihr gegangen waren. Dieses Mittel nun immer mehr als ein Wurmmittel ansehend, empfahl ich, den Genuß dieser Rinde fortzusetzen, wie zuvor, so lange irgend ein Stück des Wurms abgehe. Bei meinen täglichen Besuchen überzeugte ich mich, daß immer wieder Stücke des Wurmes von dem Kinde gingen, und zwar nicht nur von Tag zu Tag, sondern oft mehrere Mal des Tages. Ich hörte nun auf, meine kleine Patientin zu besuchen, indem ich blos einmal gelegentlich sie wieder sehen wollte. Weil ich aber so großes Vertrauen in die Ulmenrinde erlangt hatte, empfahl ich, daß das Mädchen drei Tage hernach, wenn wieder Etwas von dem Wurme abgegangen sei, die Ulmenrinde wieder nehmen sollte. Die Stücke des Wurmes, selbst die einzelnen Gelenke, waren lebendig. Innerhalb sieben Wochen gingen von dem Kinde etwa 40 Fuß von dem Wurm ab. Sobald das Kind aufhörte, die Rinde zu genießen, kam kein Wurm mehr zum Vorschein. Der abgegangene Theil mit dem Kopf des Wurmes war ungefähr 15 Zoll lang. Da ich jedoch dachte, daß nicht alle Stücke des Wurmes oder der Würmer abgetrieben seien, verordnete ich, die Fortsetzung des Gebrauchs der Rinde. Ehe dieß aber geschehen war, ging sehr früh am andern Morgen wieder ein 6 Fuß langes Stück von dem Kinde ab. Ich schätze die ganze Länge des abgegangenen Wurmes auf 135 Fuß. Ob es mehrere oder nur ein Wurm gewesen, weiß ich nicht. Der Kopf und Schwanz, den ich unter den Stücken sah, läßt mich schließen, daß es ein einziger Wurm war. Seit der letzten Schätzung gingen immer noch Stücke ab. Der Abgang so vieler Wurmstücke beim Gebrauch dieses Mittels berechtigt, zu glauben, daß die Ulmenrinde ein gutes Wurm abtreibendes Mittel ist."

Mittel gegen Husten. — Hustenküchlein. — Gepulverte Brechwurzel 25 Gr.; mineralischer Kermes, oder Karthäuser Pulver 50 Gr.; schwefelsaures Morphium 8 Gr.; gepulverten weißen Zucker, arabischen Gummi und Süßholzextract von jedem 1½ Uz.; Anisöl 20 Tropfen; Tolusyrup so viel, um Alles zu einer Masse zu formiren. Welle es aus und schneide 160 Küchlein heraus. Gabe: Ein Küchlein dreimal täglich. — Parish's Pharmacy.

2) **Eine andere Sorte Hustenküchlein,** welche werthvoll sind: Blutwurzel=, Süßholz= und schwarze Schlangenwurzel=Extract von jedem ¼ Uz.; Brechwurzel= Lobelien= und Opiumtinktur ¼ Uz.; pulverisirten spanischen Pfeffer 10 Gr.; pulverisirtes arabisches Gummi und Stärke, von jedem ¾ Uz.; mische Alles und setze 3 Uz. pulverisirten hinzu. Wenn dieß noch zu trocken wäre, es zu Kuchen auszuwellen, so thue eine Auflösung von arabischem Gummi hinzu; dagegen wenn es zu naß wäre, so thue noch mehr Zucker hinzu. Theile es in 320 Küchlein. Gabe: Ein Küchlein, drei= bis sechsmal täglich, je nach Bedürfniß.

3) **Küchlein gegen Lungenleiden.** Pulverisirten Zucker 7 Uz.; Brechwurzeltinktur 3 Dr.; Blutwurzeltinktur und Tolusyrup von jedem 2 Dr.; Tinktur des durchwachsenen Wasserhanfs ½ Uz.; Morphium 1¼ Gr.; löse das Morphium in Wasser (¼ Theelöffel voll) auf, und mische 2 Tropfen Schwefelsäure oder Vitriolöl hinzu. Nun mische Alles, und setze ein mit Wasser bereiteter Schleim der Weinwurz oder des arabischen Gummis hinzu, einen gehörigen Teig zu formiren, welcher ausgewellt und in Küchlein von gewöhnlicher Größe geschnitten wird. Vorschrift: Ein Küchlein, im Munde zerfließen zu lassen, auf eine Gabe. Oder löse 6 Küchlein in 3 Eßlöffel voll Wasser auf und nimm die Hälfte eines Löffels voll 6=mal des Tages, oder öfter, wenn nöthig.

4) **Husten, durch Erkältung entstanden.** — Mittel dagegen; Honig und Jamaica Rum, von jedem gleiche Theile; beim Gebrauch zu schütteln. Dieß Mittel ist gut, wenn eine Erkältung dem Husten kurze Zeit vorausging; allein das folgende Mittel wird vielleicht besser befunden werden.

5) **Mixtur gegen Husten nach Erkältung.** — Blutwurzeltinktur, Brechwurzelsyrup und Meerzwiebelsyrup, Tinktur des Tolubalsam und gekampferten weingeistigen Opiumauszug gleiche Theile von jedem. Gabe: Einen halben Theelöffel voll, wenn der Husten bedeutend ist. Es ist eine sehr werthvolle Medicin.

6) **Husten-Candy.** — Meerzwiebeltinktur 2 Uz.; Tolutinktur und gekampferter weingeistiger Opiumextract von jedem ¼ Uz.; Brechwurzelwein ¼ Uz.; Wintergrün= oder Hornkrautöl 4 Tropfen; Sassafrasöl 3 Tropfen; Anissamenöl 2 Tropfen. Diese Mixtur muß in 5 Pfd. Candy gethan werden, welche gerade vom Feuer genommen werden kann. Das Kochen wird nun noch eine Weile fortgesetzt, um es zu Stengeln oder Stecken formiren zu können.

7) **Hustensyrup.** — Rinde der Wurzel des Spindelbaumes und Alantwurzel von jedem 2 Uz.; Aralienwurzel und die rauhe Rinde des amerikanischen Lerchenbaumes; das Moos mag man jedoch davon abbürsten von jedem 4 Uz.; Maiapfelwurzel ½ Uz.; Blutwurzel ¼ Uz.; mische

dieß Alles mit 1 Pt. Alkohol und so viel Wasser, daß Alles hinlänglich bedeckt ist. Laß es dann 2 oder 3 Tage stehen; dann laß ein Quart davon ab, und schütte an die Bestandtheile nochmals Wasser, koche es dann zweimal, indem wieder Wasser aufgeschüttet wird, und das abgegoßene Wasser einstweilen auf die Seite zu stellen ist. Seihe die zwei Wasser und koche sie zu 3 Pt. ein. Wenn kalt, thue 3 Pfd. Honig und die abgelaßene Alkoholflüssigkeit sammt 1½ Uz. Tinktur oder Wein der Brechwurzel hinzu. Wenn der Husten sehr hartnäckig ist, so verdopple die Brechwurzel, und nimm täglich ein warmes Fußbad, indem du nachher die Füße tüchtig mit einem rauhen Handtuch abreibst. Wasche auch zweimal in der Woche den ganzen Leib. Einen Eßlöffel voll 3 bis 5 mal täglich.

Wenn beim Niederliegen im Bette des Nachts der Husten sehr beschwerlich ist, oder auch beim Erwachen am Morgen, so thue in ein 4 Uz. haltendes Fläschchen voll Wasser Theer und Salpeterspiritus von jedem 1 Theelöffel voll, schüttle es gut und wenn der Husten so beschwerlich wird, wie oben bemerkt, dann nehme einen Theelöffel voll, ohne es vorher zu schütteln, was, eingenommen, den Hustenreiz vertreiben wird.

8) Hustentinktur. — Blutwurzel- und Tolubalsamtinktur von jedem 4 Uz.; Lobelien- und Fingerhuttinktur von jedem 2 Uz.; Opiumtinktur 1 Uz.; Anisöl-Essenz 1 Uz.; mische Alles. Gabe: Ungefähr ½ Theelöffel mit derselben Quantität Honig, dreimal täglich. Wenn nothwendig so mag die Gabe auf einen Theelöffel voll erhöht werden, um den Husten zu lösen und zu vertreiben. Es hat schon geholfen, wo Aerzte erklärten die Person müsse sterben. Das Mittel befördert den Auswurf, welcher den Husten verursacht, so lang er nicht gelöst ist. Allein wo der Lerchenbaum und die andern Bestandtheile bei Nro. 7 zu haben sind, da ziehe ich jenes Mittel diesem noch vor.

9) Hustenpillen. — Bilsenkrautextract, Harz der Balsamtanne mit pulverisirter Brechwurzel, oder Lobelie, und canadischem Balsam von jedem ¼ Uz.; Anisöl einige Tropfen, um aus der Masse Pillen von gewöhnlicher Größe zu bereiten.

Dr. Beach sagt: „Dieses Mittel beseitigt den Reiz der Schleimhäute, der Luftröhrengefäße und der Lungen, und ist ausgezeichnet bei tiefsitzenden Husten und allen Arten von Brustkrankheiten. Die bösen Folgen von Opium (bei Husten so häufig gebraucht) ist bei diesem Mittel nicht zu fürchten, und es ist überhaupt besser, als die Hustentropfen, welche ich nun entbehre durch diese Pillen." Beach's american practice.

Blauer Husten oder Stickhusten, Keuchhusten. — Syrup dagegen: Zwiebel und Knoblauch, von jedem 1 Gill (¼ Pt.) zerschneide sie und koche mit einem Gill Baumöl in einem bedeckten Geschirr langsam auf Kohlenfeuer. Dann seihe es durch und setze 1 Gill Honig hinzu, sammt Paregoric und gekampferten weingeistigen Opiumtinktur und Kampherspiritus von jedem ½ Uz. Fülle auf Flaschen und bewahre es gut verpfropft bis du es brauchst. Gabe: Für ein Kind für 2 oder 3 Jahren 1 Theelöffel zwei- bis dreimal täglich. Je nach dem Alter des Kindes muß die Gabe vermindert oder vergrößert werden. Dieses Mittel ist gut gegen Stickhusten, und ausgezeichnet in gewöhnlichen Erkältungen mit viel Husten. Ich spreche aus Erfahrung, welche der beste Lehrmeister ist.

2) Syrup gegen den blauen Husten oder Stickhusten von Dailey. — Nimm den stärksten Jamaika Rum 1 Pt.; Anisöl 2 Uz.;

Honig 1 Pt.; Citronensaft 4 Uz.; mische Alles. Gabe: Für Erwachsene 1 Eßlöffel voll 3 oder 4 mal des Tages. Kinder: 1 Theelöffel voll mit ebensoviel Zuckerwasser. Dailey sagt, daß er mehr denn hundert Fälle glücklich mit diesem Syrup behandelt habe.

3) **Wundheit und Heißerkeit durch Husten, — Mittel** dagegen. — Aralienwurzel zerquescht und in einer Theekanne leicht gekocht, indem man halb Wasser und halb Spiritus dazu nimmt. Wenn es dann nicht mehr zu heiß ist, muß der Dampf, aus der Röhre kommend, eingeathmet werden, was die Wundheit und Heißerkeit in Lunge und Hals, von vielen Husten verursacht, beseitigen wird.

Das Einwachsen der Nägel an den Zehen zu kuriren. — Wir entnehmen das folgende Mittel gegen ein sehr häufiges und sehr schmerzhaftes Leiden dem Boston Medical und Surgical Journal:

„Die Person, bei welcher ich diesen Plan zuerst befolgte, war eine Jungfrau, welche nicht mehr im Stande war, für mehrere Wochen die Schuhe anzuziehen, und es war der schlimmste Fall, den ich je sah. Die Spitzen der Nägel waren tief unterwachsen. Die ganze Zehe war geschwollen, wund, außerordentlich schmerzhaft und empfindlich. Meine Verfahrungsweise war folgende:

Ich that ein kleines Stück Unschlitt in einen Löffel, erhitzte es sehr stark, und schüttete es so in die wunden Stellen. Der Erfolg war beinahe unglaublich. Schmerz und Wundheit waren auf einmal beseitigt und in einigen Tagen waren alle Geschwürchen weg. Die kranken Theile waren trocken und das Ende des Nagels kam so heraus, daß er ohne alle Unannehmlichkeiten abgeschnitten werden konnte. Die Kur war vollständig, und das Leiden kam nicht wieder.

Ich wiederholte diese Methode seither schon öfters mit demselben guten Erfolg. Die Operation verursacht nur wenig Schmerzen, wenn das Unschlitt gehörig heiß ist. In einigen Fällen mag eine Wiederholung nöthig sein; ich beobachtete jedoch keinen einzigen Fall, bei welchem es nicht das erste Mal geholfen hätte. Es wurde seither in vielen andern Fällen angewandt mit gutem Erfolg, indem damit in einer einzigen Minute bewerkstelligt wurde, was durch Höllenstein erst in einigen Wochen geschehen kann.

Verschiedene Oele. — Brittisches Oel. — Leinsamen- und Terpenthinöl von jedem 8 Uz.; Amber- und Wachholderöl von jedem 4 Uz.; Barbades-Theer 3 Uz.; Steinöl (Petroleum) 1 Uz. Mische Alles.

Dieß ist ein altes Rezept; ist aber das ganze Buch werth für irgend Jemand, der ein Mittel gegen Schnittwunden, Quetschungen, Geschwulste, und irgend eine Art von Geschwüren und Wundheit bei Menschen, Pferden und Rindvieh gebraucht. Ebenso gut ist folgendes Mittel:

2) **Oel von der Balsam Fichte.** — Knospen der Balsam Fichte irgend eine Quantität; thue dieselben in ein passendes Geschirr oder Schüssel, sie zu kochen, und schütte so viel Olivenöl hinzu, daß es gehörig bedeckt wird. Koch es vorsichtig aus, und presse das Oel von den Knospen aus, und fülle auf Flaschen zum Gebrauch.

Man wird dieß sehr gut, als ein heilendes Oel, finden. Schweine-f... f...n anstatt des Oels genommen werden.

3) **Harlem Oel oder welsches Medikament.** — Schwefelblumen und Amberöl von jedem 2 Uz.; Leinsamenöl 1 Pfd.; Terpentinöl

so viel, um die ganze Masse so dick wie Molasses zu machen. Koche den Schwefel in dem Leinsamenöl, bis er aufgelöst ist, dann thue das Amber= und Terpentinöl hinzu. Gabe: Von 15 bis 25 Tropfen Morgens und Abends.

Unter den „Welschen" und Deutschen ist dieses Mittel weithin ver=breitet und wird gebraucht gegen Magenleiden, Nieren,= Leber= und Lun=genbeschwerden, gegen Engbrüstigkeit, kurzen Athem, Husten und andere Leiden. Es wird bei diesen Krankheiten innerlich genommen; dagegen bei Geschwüren, Wunden, Mundschwamm u. s. w. braucht man es zum Ein=reiben, und zum Nässen von Leinwand, um dieselben auf Brandwunden zu legen. Dieß ist in der That ein ausgezeichnetes Mittel und vielleicht das älteste Mittel, gegenwärtig im Gebrauch, schon bei 160 Jahre im Gebrauch. Die Gabe für ein Kind ist: einen Tropfen für jedes Jahr seines Alters.

4) Lavendelöl. — Das ächte Lavendelöl ist von der breitblätte=rige Lavendel gemacht; allein das gewöhnliche im Handel ist gemacht aus dem Steinöl (Petroleum) und 2 Unzen Terpentinöl zu jeder Pt.

5) Schwarzes Oel. — Vom besten Alkohol, Arnikatinktur, brittisches Oel und Theeröl von jedem 2 Uz.; thue sehr langsam ½ Uz. Schwefelsäure hinzu.

Dieses schwarze Oel wird weithin gebraucht als ein Liniment, und ist in der That werthvoll, besonders in Fällen, welche von Entzündung be=gleitet sind.

6) Eine andere Methode. — Nimm Schwefelsäure oder Vitriolöl 2 Uz.; Salpetersäure oder Scheidwasser 1 Uz.; Quecksilber ½ Uz.; thue Alles zusammen in eine Quartflasche oder in einen Krug, bis es aufgelöst ist. Dann setze langsam hinzu: Oliven= und Terpentinöl, das Olivenöl zuerst. Bereite dieses Mittel außerhalb eines Zimmers, um die aufsteigenden Dünste von demselben ferne zu halten. Wenn es fertig ist, so thue so viel baumwollenes Zeug hinein, als es auflöst. Dann ist es zum Gebrauch tauglich.

Diese Mischung wird ganz heiß, obschon keine Hitze dazu gebraucht. Rev. Way in Plymouth, Mich., kurirte sich damit von einem wunden Hals, indem er einige Tropfen von diesem „schwarzen Oel" auf Zucker nahm und es auf der Zunge zerfließen ließ. Dabei band er nasse Tücher um den Hals. Ebenso heilte dieses Mittel ein Füllen von einem bösen Fuß, und ein Mädchen von einem Fiebergeschwür. Wenn es in irgend einem Fall zu sehr beißen oder brennen sollte, so mache ein Stück braunes Papier in Wasser naß und lege es über die leidenden Theile.

Opodeldok. Vom besten Brandy 1 Qt.; mache ihn warm und setze 1 Uz. ganzen Kampfer; Salmiak und Wermuthöl von jedem ¼ Unze; Majeran= und Rosmarinöl von jedem ½ Uz. hinzu. Wenn die Oele durch die Hitze zerflossen sind, so thue 6 Uz. weiche Seife (Schmierseife) hinzu. Der Nutzen dieses Mittels ist zu bekannt, als daß es eine fernere Beschreibung bedürfte.

Heilmittel gegen Diarrhöe. — Die beste pulverisirte Rhabarberwurzel 1 Uz.; Pfefferminz=Blätter 1 Uz.; spanischen Pfeffer ¼ Uz.; Ueberschütte es mit kochendem Wasser lasse es bedeckt stehen und ehe es ganz kalt ist seihe es und thue doppelt kohlensaures Kali und Zimmtes=senz von jedem ½ Uz. mit so viel Brandy oder Whisky, als das Ganze ausmacht, und 4 Uz. weißen Zucker hinzu. Gabe: Für ein Erwachsenes

1 bis 2 Eßlöffel voll, für ein Kind 1 bis 2 Theelöffel voll, drei- bis 6mal täglich, bis Besserung eingetreten ist.

Dieses Präparat war auf meinen Reisen und in meiner Familie meine Zuflucht für mehrere Jahre, und es hat nie fehlgeschlagen. In sehr schweren Fällen kann jedoch folgendes Mittel genommen werden.

2) Klystier gegen chronische Diarrhöe. — Frische Milch mit dickem Schleim von der Ulme bereitet von jedem 1 Pt.; Olivenöl 1 gill (¼ Pt.) Melasses ½ Pt.; Salz 1 Uz.; Opiumtinktur 1 Dr.; mische es und spritze so viel ein, als die Gedärme zurück halten können.

3) Tinktur gegen Diarrhöe, — von Mr. Hendee in Warsaw. Ind. — Zusammengesetzte Myrrhentinktur 6 Uz.; Rhabarbertinktur und Lavendelspiritus von jedem 5 Uz.; Opiumtinktur 3 Uz.; Anis- und Zimmtöl mit ganzen Kampfer und Weinsteinsäure von jedem ⅛ Uz.; Alles vermischt. Gabe: Einen Theelöffel voll in einer halben Kaffeeschaale voll warm Wasser, mit weißen Zucker versüßt. Wiederhole die Gabe nach jeden Stuhlgang. Hendee sagt, er habe viele Fälle kurirt, wo die Aerzte die Patienten schon aufgegeben hatten. Es ist entschieden eine sehr gute Arzni.

4) Diarrhöe-Tropfen. — Rhabarber und zusammengesetzten Lavendelspiritus von jedem 4 Uz.; Opiumtinktur 2 Uz.; Zimmtöl 2 Tropfen; Alles gemischt. — Gabe — Einen Theelöffel voll alle 3 bis 4 Stunden, je nach dem Grade der Krankheit. Ist ein sehr gutes Mittel.

5) Syrup gegen Diarrhöe, in Fällen bei welchen lange Zeit Kalomel genommen wurde. — Rinde vom Hornstrauch, der Schwarzkirsche, der stachlichten Esche, Zahnwehholz und Löwenzahnwurzel von jedem 2 Uz.; Butter-Nuß-Rinde 1 Uz.; koche Alles gut aus, seihe, und koche es nochmal ein bis zu 1 Quart; alsdann setze weißen Zucker hinzu 2 Pfund; Alkohol 1 gill (¼ Pt.) oder Brandy ½ Pt.; Gabe: Ein Weinglas voll 3 bis 5 mal täglich, den Umständen gemäß.

Dieß Mittel regelt den Unterleib, und richtet zugleich das ganze System wieder auf. Es ist sowohl gegen Verstopfung gut, als gegen Durchfall! —

6) Gaultheria- oder Hornkrautbeeren sind als sehr heilsam bei der Diarrhöe, wo viel Kalomel genommen wurde, gefunden worden, wenn 1 Qt. davon in drei Tagen gegessen wird.

7) Gedörrte Heidelbeeren gekocht und den Saft häufig getrunken, hat Diarrhöe und blutigen Durchfall kurirt.

8) Thee gegen Diarrhöe und Mundfäule. Pulverisirte Rinde der canadischen Edeltanne, die gewöhnlich in den Apotheken vorräthig ist, 1 Eßlöffel voll, in einer halben Kaffeetasse voll Wasser abgezogen.

Jungen Kindern, welche an Diarrhöe oder Mundschwamm leiden, oder wenn beides beisammen ist, gib 1 Theelöffel voll dreimal täglich, (mehr oder weniger nach dem Alter,) bis sie kurirt sind. Wenn durch seinen Gebrauch Verstopfung entsteht, so stoße frische Butter und gib sie anstatt des Oeles, und in gleichen Quantitäten, wie das Oel. Kinder wurden für 3 Cents Rinde gerettet, wo Alopathen sagten, sie müßten sterben. Wenn gut für Kinder, so muß es dieß auch für Erwachsene sein, wenn man die Gabe erhöht.

8

9) **Sumach=Beeren** in Wasser ausgezogen und versüßt, wurde werthvoll bei Diarrhöe gefunden. In sehr schlimmen Fällen muß man einen starken Theelöffel pulverisirten Alaun zu 1 Pt. des starken Thees hinzusetzen. Gabe: Von einem Theelöffel bis zu einem Eßlöffel voll, gemäß des Alters des Kindes und der Gefährlichkeit des Falles.

Ich rettete das Leben eines Kindes damit, als schon zwei H. D's. erklärt hatten, es müsse sterben.

Choleratinktur. — Lies die dünnste Zimmtrinde aus und nimm ferner Gewürznelken und Guajakgummi alles pulverisirt, von jedem 1 Uz.; vom besten Brandy 1 Qt. Mische und schüttle es gelegenheitlich eine Woche oder zwei. Gabe: Einen Theelöffel bis zu einem Eßlöffel voll für Erwachsene, gemäß der Stärke und Constitution des Patienten. Es mag wiederholt werden in Zwischenräumen von 1 zu 4 Stunden, oder wenn nöthig, noch öfter, nach der Beschaffenheit des Unterleibes.

2) **Isthmus=Cholera=Tinktur.** — Rhabarber=Tinktur, spanische Pfeffer=Tinktur, Opium=Tinktur, Kampferspiritus und Pfefferminzessenz von jedem gleiche Theile, und jedes so stark, als es gemacht werden kann. Gabe: Von 5 bis 30 Tropfen, oder sogar zu 60; wiederhole es, bis Besserung eingetreten ist, alle 5 bis 30 Minuten.

C. H. Euhler, welcher am Isthmus zurückgehalten wurde, während dort die Cholera herrschte, wurde mit vielen Andern durch dieses Mittel gerettet.

3) **Abhaltungsmittel gegen Cholera.** — Hoffmännische Tropfen und Pfefferminzessenz von jedem 2 Uz.; Ingwertinktur 1 Uz.; Opiumtinktur, Kampferspiritus und spanische Pfeffertinktur von jedem $\frac{1}{4}$ Uz. Mische es. Gabe: Für ein Erwachsenes von einem Theelöffel zu einem Eßlöffel voll, nach der Constitution des Patienten.

4) **Stärkendes Mittel bei Cholera.** — Chloroform, Kampferspiritus, Opiumtinktur und gewürzhaften Salmiakgeist von jedem 1 Dr.; Zimmtwasser 2 Uz.; mische Alles. Gabe: Von 1 Theelöffel zu 1 Eßlöffel voll; wenn eingenommen, gut geschüttelt und versüßt.

5) **Deutsche Tinktur gegen Cholera.** — Schwefeläther 2 Uz.; füge hinzu Bibergeil und Enzian von jedem $\frac{1}{4}$ Uz.; Opium und Lerchenschwamm von jedem 1 Dr.; ganzen Kampfer $\frac{1}{2}$ Uz.; laß es zwei Tage stehen, dann füge 1 Qt; Alkohol hinzu, und laß es 14 Tage stehen. Dann ist's fertig zum Gebrauch. Gabe: 1 Theelöffel alle 15 bis 20 Minuten, je nachdem der Fall dringend ist.

Ich erhielt dieses Rezept von einem Deutschen in Lawrenceburgh, Ind., welcher damit während der Dauer der Cholera daselbst viel Gutes ausrichtete.

6) **Egyptisches Mittel gegen Cholera.** — Beste Jamaika Ingwer=Wurzel zerquetscht, 1 Uz.; spanischen Pfeffer 2 Theelöffel voll; koche Alles in 1 Qt. Wasser zu $\frac{1}{2}$ Pt., und füge weißen Zucker hinzu, einen dicken Syrup daraus zu bereiten. Gabe: 1 Eßlöffel voll alle 15 Minuten, bis das Erbrechen und der Durchfall aufhört. Dann trink einen Brombeerthee.

7) **Indische Vorschrift gegen Cholera.** — Zuerst löse $1\frac{1}{2}$ Uz. Alkohol $\frac{1}{2}$ Uz. ganzen Kampfer auf. Zweitens: Gib 1 Theelöffel voll Hirschhorngeist in einem Weinglas voll Wasser, und darauf gib alle 5 Minuten 15 Tropfen von dem Kampfer in einem Theelöffel voll Was-

ser, zu 3 Gaben. Dann warte 15 Minuten und beginne wieder, wie Anfangs, und setze mit den Kampfer 30 Minuten lang fort, außer es finde wiederkehrende Hitze statt. Wenn dieß der Fall ist, so gib eine Gabe mehr, und die Kur ist vollendet. Dieß soll ein ausgezeichnetes, in Indien gebrauchtes Mittel sein.

Man muß aber versichert sein, daß man die Cholera hat, indem 1 Theelöffel Hirschhorngeist die doppelte Gabe in gewöhnlichen Fällen wäre.

8) Eine andere Choleramedizin. — Kampferspiritus, Opium- und Rhabarbertinktur.

Bei Choleraanfällen fühlt der Patient ein allgemeines Unwohlsein, und Hitze im Magen, welche sich oft zu großen Schmerzen steigert, und den Patienten beängstigt, zuletzt tritt völlige Krankheit mit Erbrechen und Durchfall ein. Die ganze Kraft des Systems concentrirt sich in den innern Organen, das Nervensystem wird zerstört, Krämpfe verursachend und endlich den Tod herbeiführend. Deßhalb regulire die Ausleerungen und besänftige die Nerven; besonders aber brauche solche Mittel, welche auf die Oberfläche des Körpers hin wirken. Deßhalb ist dieß letztere Mittel ein gutes, weil es die Eigenschaften und Bestandtheile enthält, welche bei dieser Krankheit erforderlich sind. Laudanum ist beruhigend und heilend, der Kampferspiritus wirkt von innen nach außen hin und die Rhabarber regelt die Verdauungs-Werkzeuge. Wenn bei diesem Mittel Bäder und Reibungen vorgenommen werden, so ist es um so wirksamer.

Fünf bis 10 Tropfen machen die Gabe für ein Kind von 2 bis 5 Jahren. Diese Gabe kurirte ein Kind von 2½ Jahren von einem blutigen Durchfall.

Kolik und Cholera Morbus. — Cholera Morbus entsteht durch einen krankhaften Zustand der Galle, welcher oft durch Ueberladung des Magens mit Pflanzenkost entsteht, besonders durch unreife Früchte. Gewöhnlich beginnt die Krankheit mit Schwäche und Schmerzen im Magen in Begleitung von großen Schmerzen in den Gedärmen, mit Erbrechen und Durchfall, was den Patienten bald sehr schwächt. Durch die Zusammenziehung des Unterleibs und der Hände und Füße, fühlt sich der Kranke wie von einem Strick zusammengeschnürt. Der Durst ist sehr groß; die Ausleerungen sind zuerst mit Galle vermischt, und endlich beinahe lauter Galle.

Behandlung: Die Krankheit entsteht durch Versäuerung der Galle. Nimm Saleratus, Pfefferminzblätter und Rhabarberwurzel, pulverisirt, von jedem 1 gehäuften Theelöffel voll; thue dieß in eine Tasse, welche bedeckt werden kann, und schütte ½ Pt. kochendes Wasser hinzu. Wenn beinahe kalt, so füge 1 Eßlöffel voll Alkohol, oder nochmal so viel Brandy hinzu. Gabe: 2 bis 3 Eßlöffel voll alle 20 bis 30 Minuten, so lang die schmerzhaften Durchfälle und das Erbrechen dauert. Wenn in der Nabelgegend lang anhaltende Schmerzen statt finden, so wende Klystire an (wie in Pro. 2 angegeben) in Verbindung mit obigem Verfahren, so hast du nichts zu befürchten. Wenn die ersten Gaben ausgebrochen würden, so wiederhole sie sogleich wieder, bis der Magen sie behält.

Das obige Präparat sollte von jeder Familie vorräthig gehalten werden; denn Krankheiten der Art kommen sowohl des Nachts, als auch am Tage, unerwartet; dann geht viel Zeit verloren, bis man Feuer macht, oder die nöthigen Artikel zusammen bekommt, aus denen es bereitet ist.

2) **Gewöhnliche Kolik.** — Es gibt eine Art Kolik, mit welcher manche Personen von Jugend auf behaftet sind, und die nicht von Erbrechen oder Purgiren begleitet ist. Ich selbst war damit behaftet seit meines frühesten Denkens bis in mein zwanzigstes Jahr, indem ich jährlich 2 bis 3 mal davon befallen wurde.

Während eines solchen Anfalls im letztgenannten Alter kam gerade eine Nachbarsfrau in's Haus, und sobald sie ausgefunden, was mir fehle, ging sie fort, zog einen Bündel Eisenkraut aus der Erde, entfernte den Grund von den Wurzeln, schnitt dieselben ab, that eine gute Hand voll davon in ein Becken, schüttete heißes Wasser auf dieselben, zog sie eine kurze Zeit aus, nahm eine untere Kaffeetasse voll heraus und gab mir den Thee mit den Worten zu trinken: „Wenn du diesen Thee alle Tage einen Monat lang trinkst, so bekommst du in deinem Leben die Kolik niemals wieder." Ich trank ihn, und nach 15 Minuten war ich völlig von den Schmerzen befreit. Der Uebergang von außerordentlichen Schmerzen zu schneller und völliger Befreiung von denselben ist zu groß, als daß man ihn beschreiben kann.

Ich befolgte die Vorschrift der Frau und habe seit beinahe 30 Jahren keine Kolik mehr gehabt. Ich machte auch Andere mit diesem Umstand bekannt, bei denen es den gleichen Erfolg hatte. Es ist auch ein Stärkungsmittel bei und nach Fiebern.

Carminative (Mittel gegen Lähmungen.) Gegen die gewöhnlicheren Magenschmerzen, durch Anhäufung von Winden verursacht, ist sowohl für Alte als für Kinder die folgende Arznei werthvoll und viel besser, als die Gewohnheit des Einnehmens von Opiummixturen.

Zusammengesetzten Lavendelspiritus, Kampfergeist und Ingwertinktur von jedem 1 Uz.; Schwefeläther und spanische Pfeffer-Tinktur von jedem ½ Uz.; mische Alles, und halte es fest verkorkt. Gabe: Für eine erwachsene Person, alle 15 Minuten einen Theelöffel voll, bis der Schmerz nachgelassen; für ein Kind von 2 Jahren 5 Tropfen; mehr oder weniger, nach Verhältniß des Alters und der Schmerzen.

2) **Carminativ für Kinder.** Angelika- und Asklepiaswurzel von jedem 4 Uz.; Baldrian- und Schildkrautwurzel mit Mohnköpfen von jedem 2 Uz.; Kalmuswurzel ¾ Uz.; Anis-, Dill- und Fenchelsamen mit Blättern und Blüthen der Katzenminze (Katzenkraut) sammt gemeiner Herzgespann und Muskatblüthe von jedem 1 Uz.; Bibergeil und Cochenille von jedem ½ Uz.; ganzen Kampfer 2 Skrupel; Benzoeblumen ¼ Uz.; Alkohol und Wasser, von jedem 1 Qt.; oder Rum oder Brandy 2 Qts. Hutzucker (oder zerstoßenen) 1 Pfd. Pulverisire alle die Pflanzen und Wurzeln ziemlich fein, bringe sie in eine passende Flasche, gieße den Branntwein oder Alkohol und Wasser hinzu, halte es eine Woche lang an einem warmen Platz und schüttle es von Zeit zu Zeit. Dann filtrire oder seihe es und füge den Kampfer und die Benzoeblumen hinzu und schüttle es gut. Nun löse den Zucker durch Hitze in einem Qt. anderem Wasser auf und mische alles zusammen, so ist dasselbe fertig. Gabe für ein sehr junges Kind von 3 bis 5 Tropfen, wenn ein Jahr alt, etwa 10 Tropfen; von da aufwärts ein wenig mehr; von 2 bis 5 Jahren 1 Theelöffel voll. Für Erwachsene von 1 bis 4 Theelöffel voll, gemäß des Grades der Schmerzen. Erwachsene nehmen es in einer Tasse Katzenminzthee, und Kinder

in einem Eßlöffel voll von demselben. Es kann, wenn nöthig, alle 2 bis 6 Stunden wiederholt werden.

Eigenschaften dieses Mittels: Es stillt die Schmerzen, schafft einen guten Appetit und befördert die Ausdünstung und erzeugt einen gesunden Schlaf. Es ist ebenfalls ausgezeichnet bei der Windkolik, und werthvoll bei Hysterie und andern Nervenleiden, weiblichen Krankheiten u. s. w.

Aechtes Seidlitzpulver. Rochellesalz 2 Drachmen; doppeltkohlensaures Natron 2 Skrupel. Thue dieß in ein blaues Papier, und in weißes Papier thue 35 Gr. Weinsteinsäure. Beim Gebrauch bringe es in zwei Gläser, jedes besonders, fülle sie halb mit Wasser, und füge ein wenig weißen Zucker bei, dann schütte es zusammen, und trinke es während es schäumt.

Dieß ist ein sehr angenehmes Abführmittel, und sollte häufiger benützt werden, als es geschieht. Familien könnten 3 Uz. Rochellesalz und 1 Uz. des kohlensauren Natrons kaufen dasselbe untereinander mischen, etwa 2 Theelöffel voll zu einem Glas nehmen, die Weinsteinsäure besonders halten und einen halben Theelöffel voll in ein besonders Glas thun, mit einem Eßlöffel voll Zucker, gut aufgelöst, dann zusammen geschüttet und getrunken, so lange es schäumt. Kinder nehmen es sehr gerne als ein angenehmes Getränk.

Diptherie. — Dr. Phinney's Mittel dagegen. — Dr. Phinney von Boston machte in dem Journal jener Stadt ein Mittel gegen Diptherie bekannt, welches neulich von dem Detroit Daily Advertiser abgedruckt wurde, welches mir als eins der besten vorkommt, die je gegen diese Krankheit empfohlen wurden. Er sagt: Das Mittel, an welches ich mich hauptsächlich halte ist die schwarze Schlangenwurzel welche sowohl lokal zum Gurgeln, als auch innerlich gebraucht wird.

Zu einem Gurgelwasser nimmt man 1 Theelöffel voll von der Tinktur dieser Pflanze und 2 Eßlöffel voll Wasser womit alle Stunden, 24 Stunden lang, der Hals gegurgelt wird, oder auch so lange, bis der Fortschritt der Krankheit gehemmt ist. Dann mag man es bles alle Stunden oder noch weniger thun, je nachdem die Symptome sind. In Verbindung mit diesem Gurgelwasser, oder auch besonders, sollte eine erwachsene Person innerhalb 24 Stunden so viel von der Tinktur einnehmen, daß es zwei bis drei Theelöffel voll ausmacht.

„Außer dem vorhergehenden Mittel gib noch 10 Tropfen von der salzsauren Eisentinktur dreimal in den 24 Stunden, und ein Pulver chlorsaures Kali von 3 bis 5 Gr. in den Zwischenräumen zu nehmen.

„Unter dieser Behandlung findet eine sichtbare Besserung innerhalb der ersten 24 Stunden statt. Die aschfarbenen Häutchen verschwinden gewöhnlich in 2 Tagen und der Patient entgeht glücklich den schlimmen Tücken dieser Krankheit."

„Die vorhin angegebenen Gaben sind für Alte berechnet; Kindern gibt man natürlich weniger, im Verhältniß ihres Alters, u. s. w. — Man beobachtet sehr guten Erfolg bei dem öftern Ausgurgeln das ist: alle Stunden. Um einen Rückfall zu verhindern, sollte man das Gurgelwasser einige Tage lang von Zeit zu Zeit wiederholen, nachdem das weiße Häutchen und andere schlimme Symptome schon beseitigt sind. Um die Kur vollständig zu machen, mögen eine reichliche Diät und andere Wiederherstellungsmittel gebraucht werden wie es der erfahrene Arzt anbefehlen wird.

Abführmittel. — Vegetabilisches Laxirmittel. — Jalappe und Pfefferminzblätter 1 Uz. von jedem; Sennesblätter 2 Uz.; pulverisire Alles fein und siebe es durch. Fülle es auf eine Flasche und verkorke sie gut. Gabe: Bringe davon einen Theelöffel voll mit einem gehäuften Theelöffel voll Zucker in eine Kaffeetasse und schütte 3 oder 4 Eßlöffel voll siedendes Wasser daran. Wenn abgekühlt, rühre es um und trinke Alles. Die beste Zeit, es zu nehmen, ist des Morgens, ohne Frühstück, aber reichlich verdünnten Welschkornschleim trinkt. Wenn es nach 3 Stunden nicht gewirkt hat, so wiederhole die halbe Dosis, bis eine reichliche Abführung erfolgt.

2) **Indianisches Abführmittel.** — Alon und Gummigutt von jedem 1 Uz.; Mayapfel- Blutwurzel und Myrrhengummi von jedem ¼ Uz.; Kampfer und spanischen Pfeffer von jedem 1½ Drachme; Ingwer 4 Uz.; Alles fein pulverisirt und gut gemischt dann zu einer Pillenmasse geformt mit ein aus gleichen Theilen arabischem- und Tragantgummi bereiteter Schleim dann zu Pillen von gewöhnlicher Größe bereitet. Gabe: 2 bis 4 Pillen, gemäß der Constitution des Patienten.

3) **Pillen gegen Gallenkrankheiten.** — Beste Alon 1¼ Uz.; Gummigutt, Koloquinten und Mayapfel von jedem ¼ Uz.; spanischen Pfeffer ½ Uz.; trockene (harte) Kastilseife 1 Dr.; Alles fein pulverisirt, jedes sorgfältig und einzeln gemischt, dann mit Enzian Extract, Pfefferminzöl ½ Drachme mit ein wenig Gummi Auflösung zu einer Pillenmasse gemacht, wobei Alles sorgfältig gemischt werden muß. Man kann sich diese Pillen von den Apothekern bereiten lassen. Gabe: 3 bis 5 Pillen. Diese Pillen sollten stets im Haus gehalten werden, wo sie für alle gewöhnlichen Fälle als Abführmittel gut gefunden werden. Sie verursachen weder Schwäche noch Kneipen, noch lassen sie den Unterleib verstopft. Wer will, kann sie überzuckern, um sie leichter nehmen zu können.

Familien sollten derlei Mittel stets im Haus haben, um bei irgend einer Krankheit gleich damit bereit zu sein.

Mittel gegen Zahnweh und Neuralgia (Gesichtsschmerz.) Magnetisches Zahnmittel und Schmerzstiller. Vom besten Alkohol 1 Uz.; Opiumtinktur ¼ Uz.; Chloroform (nach dem Flüssigkeitsmaaß) ⅝ Uz.; Kampfer ½ Uz.; Gewürznelkenöl ½ Dr.; Schwefeläther ¾ Uz. und Lavendelöl 1 Dr. Wenn ein Nerv angegriffen ist, dieses Mittel beruhigt ihn. Bringe es vermittelst Charpie oder Baumwolle an die schmerzende Stelle, wo der Zahn schmerzt.

Die Fälle, in welchen ich mit diesem Mittel oft die größten Zahnschmerzen kurirte, sind zu zahlreich, als daß ich sie alle könnte anführen. Ich versichere jeden Leser und Käufer dieses Buches, daß es ein ausgezeichnetes Mittel gegen irgend welche lokale Schmerzen ist, wo es nur irgend angewendet werden kann. Die Schmerzen werden beim Gebrauch desselben nicht lange dauern. Um Raum zu sparen, unterlasse ich, anzuführen, mit welchem Erfolg ich auf meinen Reisen in Ohio, Indiana, Pennsylvanien u. s. w. mit diesem Mittel viele schlimme Fälle kurirt habe.

2) **Homöopathisches Zahnmittel.** Weingeist ½ Pt.; Arnikatinktur und Chloroform von jedem 1 Uz.; Gewürznelkenöl ½ Uz.; Mische, und wende es an, wie das vorige.

Manche werden dieses Mittel dem vorigen vorziehen, weil es Arnika enthält, und es ist besonders gut als ein Liniment gegen Quetschungen, welche Blutanhäufungen unter der Haut verursachen, (gegen „geronnenes Blut.")

3) **Innerliches Mittel gegen Neuralgie.** Salmiak ½ Dr., in einer Unze Wasser aufgelöst: Einen Eßlöffel voll alle 3 Minuten für 20 Minuten lang, zu welcher Zeit, wenn nicht vorher, der Schmerz nachgelassen haben wird.

Dieses Mittel ist von einem Manne, welcher lange an diese Krankheit litt und dem nichts, außer diesem, Hilfe schaffen konnte. Anstatt des gewöhnlichen Wassers brauchen vielleicht Manche lieber das „Kampfer"- oder „Minzwasser." Ammonia ist ein sehr gutes Arzneimittel, indem es nach außen seine Wirkung äußert.

4) **König der Oele gegen Neuralgie und Rheumatismus.** Lampenfluid 1 Pt.; Cedernöl, Edeltannenöl, Sassafras- und Majoranöl von jedem 2 Uz.; kohlensaures Ammonia pulverisirt, 1 Uz.; mische Alles. Vorschrift: Wende es öfters an auf die Nerven und das Zahnfleisch, und bei Gesichtsschmerzen (oder Neuralgie) im Gesicht, indem man braunes Papier damit näßt und dasselbe auf das Gesicht und andere leidende Theile legt; laß es aber nicht zu lange liegen, sonst zieht es Blasen auf der Haut. Auf den Zahnnerven bringe es vermittelst Charpie oder Baumwolle.

Ein Grobschmied in Sturgis, Mich. heilte mit diesem Mittel sich selbst und Andere von der Neuralgie, nachdem die Aerzte keine Hilfe schaffen konnten.

5) Vor einigen Jahren hielt ich mich einige Wochen lang in einem Gasthof bei Detroit auf. Als wir da einmal über Zahnweh sprachen, sagte die Wirthin, daß sie es einmal so sehr gehabt habe, daß sie zum äußersten Mittel gegriffen habe. Sie nahm kochende Wermuthpflanze in Alkohol, einen Eßlöffel voll, welches Mittel sie siedend heiß nahm, den Mund sogleich zuschloß, den Kopf so drehte, daß der Alkohol mit allen Zähnen in Verbindung kam; dann spie sie es aus und nahm das zweitemal dieselbe Gabe, indem sie das Kochen des Stoffes dadurch unterhielt, daß sie das zinnerne Geschirr, das denselben enthielt, auf eine Schaufel voll glühender Kohlen stellte. Dasselbe Mittel gebrauchte auch ein gewisser Herr auf dieselbe Weise. Sowohl obige Frau, als auch dieser Mann haben seither kein Zahnweh gehabt. Ich gebe aber dieses Mittel nicht deßhalb an, weil ich erwarte, daß es ein allgemeines Lieblingsmittel werde, sondern blos, um zu zeigen, wie groß die Zahnschmerzen werden können, wenn sie Einen zu solchen außerordentlichen Mitteln nöthigen.

6) Meerrettig-Wurzel, zerstoßen und auf das Gesicht, oder wo irgend die Schmerzen ihren Sitz haben mögen, gebunden, ist sehr werthvoll und Schmerz stillend erfunden worden, und ich glaube, daß es besser ist, die Wurzel zu gebrauchen, als die Blätter auf die Füße oder andere Theile zu legen.

3) **Zähne auszuziehen mit wenig oder gar keinen Schmerzen.** Dr. Dunlap, ein Zahnarzt von Chilliothe, O., richtete meine Aufmerksamkeit auf ein Mittel, durch welches die Schmerzen beim Ausziehen der Zähne abgehalten werden. Es ist ein werthvolles Mittel

für Alle, welche der schmerzhaften Operation des Zahnausziehens unterworfen sind.

Eisenhuttinktur, Chloroform und Weingeist von jedem 1 Uz.; Morphium 6 Gr.; Alles gemischt. Anwendung: Durchnässe zwei Stückchen Baumwolle mit der Flüssigkeit und bringe dieselbe an das Zahnfleisch zu beiden Seiten des Zahns, welcher ausgezogen werden soll und halte sie etwa 10 Minuten lang mit einer kleiner Pincette oder sonstigem passenden Instrumente fest. Zu gleicher Zeit muß das Zahnfleisch an der innern und äußern Seite ordentlich gerieben werden.

Dieses Mittel hat sich bei meiner Frau als ein gutes erprobt. Sie konnte einige Zähne fast ohne Schmerzen ausziehen lassen, nachdem ich ihr zuvor ein Chloroform Präparat zu recht gemacht hatte. Ich halte den Gebrauch von Chloroform auf diese Weise für viel zweckmäßiger, als wenn man es in einer Weise gibt, wobei die Menschen völlig ohnmächtig und bewußtlos werden und manches kostbare Leben verloren geht.

8) Zahnmittel, das den „Weinstein" an den Zähnen vertreibt, das Faulen derselben verhindert, und eine gesunde Thätigkeit des Zahnfleisches bewirkt:

Löse in 1½ Pts. siedendem Wasser 1 Uz. Borax auf, und wenn ein wenig erkaltet, so füge 1 Theelöffel voll Myrrhentinktur und 1 Eßlöffel voll Kampfergeist hinzu, und bewahre es zum Gebrauch auf.—Vorschrift:— Zur Bettzeit wasche den Mund mit Wasser aus, und benütze dabei eine weiche Zahn-Bürste, indem die Bürsten von steifen Borsten gemacht für die Zähne schädlich sind und deßhalb nie bei Zähnen gebraucht werden sollten. Dann nimm 1 Eßlöffel voll von dem Zahnmittel mit eben so viel warmem Wasser, und reibe damit die Zähne und das Zahnfleisch mehrere Abend bis der Zweck erreicht ist.

9) Waschmittel für Zähne, die Schwärze derselben zu verhindern und zu vertreiben. — Reine Salzsäure 1 Uz.; Wasser 1 Uz.; Honig 2 Uz.; Alles gemischt. — Nimm eine Zahnbürste und wasche die Zähne häufig mit diesem Mittel, und reibe die schwarzen Zähne damit stark, und dieselben werden augenblicklich schön weiß werden. Dann wasche den Mund sogleich mit Wasser aus, daß die Säure den Schmelz der Zähne nicht beschädigt.

Dieß braucht blos einmal in 3 oder 4 Monate wiederholt zu werden. Nach jedem Gebrauch muß der Mund mit Wasser ausgewaschen werden; denn wenn man dieß unterläßt, so werden die Zähne verdorben; beim Waschen aber nie.

10) Dr. Thompson von Evansville, Ind. gibt obiges Mittel in 20 Tropfen, 3 mal täglich, gegen Halsentzündung und Luftröhrenschwindsucht, in ein wenig Wasser, das aber durch eine kleine Röhre genommen werden sollte, daß es nicht an die Zähne kommt.

11) Ausgezeichnetes Zahnpulver. — Nimm irgend eine Quantität pulverisirte Kreide und zweimal so viel Holzkohle. Mache es sehr fein, dann füge ein klein wenig Castilianischeseife und so viel Kampferspiritus dazu, um daraus einen dicken Teig zu bereiten. Reibe es mit dem Finger an die Zähne, wodurch dieselben weißer werden, als durch irgend ein Mittel, das im Kauf ist.

Ich las in einem Cirkular, daß keine Holzkohle zu den Zähnen gebraucht werden soll; allein eine Tochter von mir gebrauchte sie 8 Jahre lang, ohne daß ihre Zähne dadurch im Geringsten verletzt worden wären, und dieselben sind sehr weiß. Wenn Holzkohle so sehr gefährlich wäre, so würden es 8 Jahre Zeit bewiesen haben.

12) **Den Zahnnerv zu tödten und das Faulen der Zähne zu verhindern,** sowie einen kranken Zahn zu erhalten. Scheidewasser oder Salpetersäure ½ Uz.; essigsaures Morphium 3 Gran; reinige den Mund zuerst; dann nimm ein wenig Baumwolle, befeuchte sie mit der Mixtur und bedecke es dann mit noch mehr Baumwolle. Sobald das Aetzmittel den faulenden Zahn durchdringt, sobald hört der Schmerz auf. Dann fülle den Zahn eine Zeit lang mit Baumwolle, die in Opiumtinktur getaucht ist, bis alle Empfindlichkeit vergangen ist, dann lasse den Zahn durch einen Zahnarzt ausfüllen. Eclectic medical Journal.

Essenzen. Die Regel der Droguisten bei Bereitung von Essenzen ist gewöhnlich die, daß sie 1 Uz. zu 1 Qt. Alkohol nehmen; allein Viele von ihnen nehmen nicht mehr, als die Hälfte davon, während die Hausirer nicht mehr als ein Viertel dieser Stärke nehmen. Ich würde solchen Stoff kaum geschenkt annehmen. Ich machte meine Essenzen stets wie folgt:

Pfefferminzöl 1 Uz.: vom besten Alkohol 1 Pt.; und dieselbe Quantität von irgend einem andern Oel für solche Essenz, die du bereiten willst. Gabe: Von 10 zu 30 Tropfen.

Von den meisten Essenzen kann ein Mann eine Flasche voll trinken, ohne davon Nutzen oder Schaden zu haben. Pfefferminzessenz wird gefärbt mit Kurkumenwurzel-Tinktur, Cinnamon-Essenz mit Roth-Santelholz-Tinktur oder auch mit Santelholz, und Gaultheria- oder Hernkraut-Essenz mit Kinotinktur. Familien, welche zu ihrem eigenen Gebrauch Essenzen bereiten, brauchen sich mit dem Färben derselben keine Mühe zu nehmen.

Tinkturen. — Bei Bereitung irgend einer Tinktur zu gewöhnlichem Gebrauch u. s. w. wird nicht blos vorausgesetzt, sondern es ist nöthig, daß die Wurzeln, Blätter, Rinden u. s. w. trocken sein müssen, außer es wäre anders vorgeschrieben.

Nimm die Wurzel, Pflanze, Rinde, Blätter, Gummi, welche verlangt werden, 2 Uz. und zerstoße dieselben. dann schütte siedendes Wasser darüber, ½ Pt., und wenn kalt, so füge ½ Pt. vom besten Alkohol hinzu, und halte es 4 bis 5 Tage warm, oder man kann es auch ohne Wärme 10 bis 12 Tage stehen lassen und es ein- bis zweimal täglich schütteln. Dann filtrire oder seihe es. Auch mag es auf dem Bodensatz stehen bleiben, wobei man es aber beim Gebrauch sorgfältig abgießen muß.

Bei Bereitung zusammengesetzter Tinkturen kann man entweder die einfachen Tinkturen mit einander verbinden, oder kann man die verschiedenen einzelnen Artikel alle zusammen in eine Flasche bringen, dann nimmt man so viel Alkohol und Wasser, als es erfordern würde, wenn man jede Tinktur besonders machte.

Mittel gegen fressende Flechten, Ringwurm und wundmachende Ausschläge, sogenannte Barbierkrätze u. s. w. — Nimm eine ächte Cubacigarre, rauche dieselbe eine Zeit lang, um etwa ¼ oder ½ Zoll Asche am Ende derselben zu bekommen. Nun netze die ganze Oberfläche des Geschwürs mit dem Speichel deines Mundes und reibe die Asche am Ende deiner Cigarre hinein und bedecke die

ganze wunde Stelle damit.   Thue dieß dreimal des Tages, so wird in
Zeit von einer Woche die Haut glatt und heil sein.

Ich spreche hier aus Erfahrung.   Eine halbe Cigarre kurirte mich
selbst einmal, als ein Barbier mich nicht rassiren wollte.   Tabak ist an seinem Platz eine gute Medicin, gleich geistigen Tinkturen, obschon er seine
Anbeter zu seinen Sklaven macht.

2) Gelbampferwurzel zerschnitten und mit gutem Essig getränkt, als
ein Waschmittel benützt, ist sehr empfohlen gegen Flechten oder den Ringwurm.

B a l s a m . — D. N. W. Hutchin's Indianisches Heilmittel
früher Peckham's Husten-Balsam genannt. — Reines, weißes Colophonium oder Geigenharz 2 Pfd.; schüttle es und füge 1 Qt. Terpentinöl, Tolubalsam 1 Uz.; canadischer Balsam, gewonnen von der canadischen Edeltanne 4 Uz.; Edeltannenöl oder canadisches Oel, Majoranöl und venetianischen Terpentin von jedem 1 Uz.; gereinigten Honig 4 Uz; hinzu.   Alles gemischt und in eine Flasche gefüllt.   Gabe: Von 6 zu 12 Tropfen;
für ein Kind von 6 Jahren 3 bis 5 Tropfen auf ein wenig Zucker.   Die
Gabe kann im Verhältniß der Stärke oder Schwäche des Magens, dieselbe
be zu ertragen, genommen werden oder kann man sie nach der Nothwendigkeit des vorliegenden Falles einrichten.

Es ist ein werthvolles Präparat gegen Husten, innerliche Schmerzen,
oder bei Verletzungen, und wirkt ausgezeichnet gut auf die Nieren.

2) „D r. M i t c h e l ' s B a l s a m g e g e n H u s t e n, Quet-
s c h u n g e n u. s. w. — Bockshorn-Saame, lateinisch: foenum graecum,
und Myrrhengummi von jedem eine Uz.; Rinde der Sassafraswurzel eine
starke Hand voll; Alkohol 1 Qt.   Bringe Alles in eine Flasche und halte
es 5 Tage lang warm.

Dr. Mitchel in Pa. machte zur Zeit seines Lebens guten, erfolgrei-
chen Gebrauch von diesem Balsam (oder Tinkturen) gegen Schnittwunden,
Quetschungen u. s. w., und es ist wirklich ein schätzbares Mittel zu obigen
Zwecken.

K ü n s t l i c h e H a u t z u m a c h e n. — Mittel gegen Brandwunden, Quetschungen, Verletzungen, ebenfalls ein Wasser abhaltendes Mittel.
Nimm Schießbaumwolle und venetianischen Terpentin gleiche Theile von
jedem, und löse dieselben in 20 mal mehr Schwefeläther auf, und zwar zuerst die Schießbaumwolle, dann den Terpentin.   Halte es fest verkorkt.

Durch das Anwenden dieses Mittels entsteht eine künstliche Haut, so
daß Luft und Wasser nicht durchdringen können.   Der Terpentin verhindert das Zusammenziehen und Pressen, welches durch die Verdampfung
des Aethers entstehen würde, wenn derselbe auf die Wunden gebracht
wird.   Besonders weil es weder Luft noch Wasser durchdringen läßt, ist
es ein schätzbares Mittel gegen aufgesprungene Brustwarzen, aufgesprungene Hände, äußerliche Quetschungen, Schnittwunden u. dgl.

Z e r t h e i l u n g s m i t t e l g e g e n G e s c h w u l s t e. Tabak
und gefleckter Wasserschierling die Blätter von beiden, von jedem 2 Unze;
Stechapfel und Nachtschatten die Blätter davon; und Gelbampferwurzel
von jedem 4 Uz.; die Rinde der Bittersüßwurzel.   Ziehe die Stärke aus
diesen Stoffen durch Kochen mit Wasser; presse es aus und koche es dann
nochmals; seihe es dann durch und koche es sorgfältig ein bis zu der Dicke

eines Oeles. Dann füge 18 Uz. Schweineschmalz hinzu und koche es leicht zusammen.

Es kann gebraucht werden gegen steife Gelenke, Verrenkungen, Quetschungen, von Geschwulst begleitet, wo die Haut nicht aufgesprungen ist, ferner gegen krebsartige Geschwüre, scrophulöse Geschwulst u. s. w. Es ist eines der besten Zertheilungsmittel, die im Gebrauch sind.

Blattern, — die Narben im Gesicht davon abzuhalten. Ein Militärarzt bei der englischen Armee in China hat kürzlich ein werthvolles Mittel erfunden, wodurch die Pocken-Narben im Gesicht vermieden werden können. Die Behandlungsweise ist folgende:

Wenn bei den Blattern das vorausgehende Fieber auf seinem höchsten Grade ist, und unmittelbar vor dem Ausbruch der Pusteln, muß die Brust tüchtig mit Crotonöl und Brechweinsteinsalbe eingerieben werden. Dieß verursacht, daß die Pusteln alle an diesem Theil des Leibes herauskommen und der übrige Theil desselben davon frei bleibt. Dieses Mittel bewirkt zugleich, daß die Pusteln alle völlig zum Vorschein kommen, und gerade dadurch verhindert es, daß die inneren Organe von der Krankheit angegriffen werden. Diese Behandlung soll nun unter der englischen Armee in China, dem Befehl der Regierung gemäß, eingeführt sein und soll sich als vollkommen erfolgreich erzeigen.

Es ist eine anerkannte Thatsache, daß Krankheiten in den meisten Fällen sich auf die schwächsten Theile werfen. Wenn daher durch Anwendung von Crotonöl und ein wenig Brechweinsteinsalbe sich Pusteln zeigen, so ist aller Grund vorhanden, zu glauben, daß die Pusteln bei den Blattern sich auf den eingeriebenen Theil, anstatt auf das Gesicht werfen.

Es wurde berichtet, daß eine ähnliche Behandlung den „blauen Husten," Stickhusten kurire, indem der Reiz von den Lungen abgeleitet werde. Wenn dem so ist, warum sollte das Mittel nicht auch die Masern auf der Oberfläche des Körpers erhalten können, besonders wenn sie eine Richtung nach den innern Organen nehmen, was man „hineinschlagen" heißt? Es ist des Versuchs in irgend einem dieser Fälle werth. Siehe: Ursachen der Entzündung unter: „Entzündung."

2) **Gewöhnliche Geschwulst zu vertreiben.** Teryfraut (tüchtig zerstoßen) und sodann auf irgend eine gewöhnliche Geschwulst gelegt wird den Theilen sehr bald ihre gewöhnliche Gestalt wieder verleihen.

Fettgeschwulste zu heilen. Löse grünen Vitriol in Wasser auf und mache dasselbe sehr stark. Dann nimm eine Nadel oder irgend ein scharfes Instrument und stich an etwa 12 verschiedenen Stellen in die Geschwulst hinein, so daß es leicht blutet. Dann wasche das Vitriolwasser einmal des Tages hinein.

Dieß, vier Wochen lang fortgesetzt, kurirte einen Mann, welcher 6 bis 8 Fettgeschwulste hatte. Einige davon waren am Kopf, so groß wie ein Hühnerei. Das Präparat ist ebenfalls gut als ein Waschmittel bei der Rose.

Innere und äußere Mittel gegen Blutungen. — Blutstillender Balsam, gut gegen innere Blutungen, von der Lunge, dem Magen, der Nase, und gegen allzugroße Menstruation oder Blutung der Gebärmutter.

Bringe 2½ Drachmen Schwefelsäure oder Vitriolöl in einen Mörser und füge langsam eine flüssige Drachme Terpentinöl hinzu, indem du es

beständig mit einer Glasstange oder Röhre rührst. Dann füge wiederum sach-
te eine flüssige Drachme Alkohol hinzu und rühre so lange, als irgend ein
Dampf von der Mixtur aufsteigt. Dann fülle es in gläserne Flaschen.
Es sollte eine klare rothe Farbe haben, gleich dunklem Blute. Wenn es
von schlechten Stoffen gemacht wird, so bekommt es eine schmutzigrothe
Farbe, und ist unbrauchbar. Gabe: 40 Tropfen werden in eine Kaffeetasse gethan und mit einem Theelöffel voll braunem Zucker gut verrührt,
dann wird die Tasse beinahe ganz mit Wasser aufgefüllt und der Inhalt
sogleich getrunken. Wiederhole es alle Stunden, vier Stunden lang; allein es muß damit aufgehört werden, so bald kein frisches Blut mehr zum
Vorschein kommt. Es wird nicht schlechter durch langes Stehen; aber eine Haut bildet sich darauf, welche durchgebrochen wird, um die unter ihm
sich befindende Medicin zu gebrauchen.

Während dem Gebrauch dieses Mittels ist Arbeit oder Bewegung in
freier Luft dem Eingeschlossensein vorzuziehen, und sobald sich Symptome
eines wiederkehrenden Blutens zeigen, so beginne mit diesem Mittel ohne
allen Zeitverlust, so darf man eine billige Hoffnung auf eine völlige Heilung erwarten.

2) Aeußerliches, blutstillendes Mittel. — Nimm
ein glasirtes irdenes Gefäß, das nicht zerspringt, und schütte 2½ Pts.
Wasser hinein. Hiezu füge Benzoëtinktur 2 Uz.; Alaun ¼ Pfd. und koche es 6 Stunden lang. Dabei muß das durch das Kochen verdampfte
Wasser immer wieder ersetzt werden. Hiezu muß aber kochendes Wasser
genommen werden, damit der Prozeß des Kochens nicht unterbrochen wird;
auch muß beständig gerührt werden. Nach Verfluß der 6 Stunden muß
es filtrirt oder behutsam durchgeseiht werden. Fülle es in Flachen mit
gläsernen Stöpseln.

Gebrauch: Durchnässe einen leinenen Lappen damit und binde denselben mit einer Binde fest, damit das auf der Oeffnung der Wunde festsi-
tzende verdickte Blut sich nicht entfernen kann. Wenn die Binde 24 bis 48
Stunden drangehalten ist, so genügt es.

Wenn an dem Erfolg dieses Mittels gezweifelt werden sollte, so
bringe einige Tropfen davon in ein Gefäß, worin sich Blut von einem
Menschen befindet. Je größer die Quantität des Stillungsmittels ist,
desto dicker wird die Blutmasse werden, bis es ganz schwarz und dick wird.
Pagliari war der Erste, welcher dieses Präparat zuerst veröffentlichte. —
Eclectic Dispensatory. —

3) Blutstillende Tinktur zu äußerlicher Anwendung. —
Vom besten Brandy 2 Uz.; feingeschabte Castilianische Seife 2 Dr.; Potasche 1 Dr.; mische Alles, und schüttle es gut bei dem Gebrauch. Wende
es warm an, indem du ein Stück Leinwand auflegst und dasselbe mit der
Mixtur naß hältst.

Geschwollene Halsdrüse oder Kropf zu kuriren. —
Jod Kali 2 Dr.; Jodtinktur 1 Drachme; Wasser 2½ Uz.; mische, und
schüttle es einige Minuten und fülle es in Flaschen zum Gebrauch. Man
gießt ein wenig davon in ein kleines Fläschchen, um es bei innerlichem Gebrauch bei der Hand zu haben. Gabe: 5 bis 10 Tropfen vor jeder Mahlzeit, in ein wenig Wasser zu nehmen. Aeußerliche Anwendung: Man be-
streicht den geschwollenen Hals mit einer in die Flüssigkeit der größeren
Flasche getauchten Feder Morgens und Abends, bis derselbe heil ist.

Das Mittel wird mehrere Male eine Abscherfung der Haut verursachen, bis die Kur vollendet ist; allein man muß deßhalb die Applikation desselben höchstens einen Tag aussetzen. Du darfst eine Kur sicher hoffen, wenn überhaupt noch eine solche bewerkstelligt werden kann. Sehr oft schon hat dies Mittel geholfen, und es ist bis jetzt keine Medicin gefunden, welche den hundertsten Theil so gut wäre, wie diese.

2) Allein, wenn du willens bist, dich einer längeren Kur zu unterwerfen, das Wundwerden des Halses zu vermeiden, so löse dieselbigenArtikel in einer Pinte Alkohol auf, und gebrauche es, wie oben beschrieben, d. h. innerlich und äußerlich.

S ch m e r z st i l l e r , — welcher von Davis sein soll. — Alkohol 1 Qt.; Guajakgummi 1 Uz.; Myrrhengummi und ganzen Kampfer mit pulverisirtem spanischen Pfeffer von jedem ½ Uz.; Alles gemischt. Schüttle es von Zeit zu Zeit eine Woche oder 10 Tage lang, und filtrire es dann oder laß es sich setzen. Wende es nachBelieben an bei äußerlichen Schmerzen, und für innerliche Leiden kann man Gaben von einem Theelöffel voll nehmen. Wiederhole es, so oft es nöthig ist.

G i f t e — G e g e n m i t t e l. — Sobald ausgefunden ist, daß eine Person Gift geschluckt hat, rühre Salz und gemahlenen Senf von jedem einen gehäuften Theelöffel voll, in ein Glas Wasser, und laß es sogleich trinken. Es ist das schnellste bekannte Brechmittel. Es sollte schon nach einer Minute Erbrechen bewirken; wenn nicht, so wiederhole die Gabe. Dann gib das Weiße von 2 oder 3 Eiern in einer Kaffeetasse (oder auch) zwei) voll Kaffee, und zwar vom allerstärksten. Wenn gerade kein Kaffee vorhanden ist, so schlucke das Ei in süßen Rahm; wenn kein Rahm vorhanden, nimm süße Milch; wo keine Milch ist, hinunter mit dem Ei! —

Ich selbst habe den Senf mit dem besten Erfolg bei meinem Kinde gebraucht, welches einen Viertelsdollar schluckte, der im Hals stecken blieb, was, wie es schien, dem Kinde einen baldigen Tod durch Erstickung verursacht hätte. Ich befolgte zuerst den Plan der Großmütter, indem ich den Kopf des Kindes abwärts richtete und ihm auf dem Rücken klopfte. Als dieß nichts half, mischte ich einen gehäuften Theelöffel voll Senf in so viel Wasser, daß das Kind denselben sofort schlucken konnte. Nach einer Minute hatten wir den Viertelsdollar sammt dem Mittagessen; ohne dieß hätten wir das Kind gewiß verloren.

E n t z ü n d l i ch e K r a n k h e i t e n. — Brustfellentzündung. — Die Brustfellentzündung ist eine Krankheit, bei welcher die Haut, oder das Fell, welches die Brust und die Lungen umgiebt, in einen entzündeten Zustand versetzt wird. Die Krankheit ist begleitet von stechenden Schmerzen in der Seite, schwerem Athem, Fieber, vollem schnellem und harten Puls. Die Krankheit beginnt gewöhnlich mit einem Frostanfall. In den meisten Fällen sitzt der Schmerz auf einem Punkt, gewöhnlich unter den kurzen Rippen; er zieht sich aber oft auch nach und nach gegen die Schulter und gegen der Vorderseite der Brust hin. Die Schmerzen erhöhen sich und werden oft sehr groß. Gewöhnlich ist die Krankheit von Husten begleitet, der Auswurf ist selten mit Blut vermischt, aber von sehr schleimigem Charakter. Oft ist die Lungenentzündung damit verbunden oder die Entzündung der Gefäße der Luftröhre. Wenn die Krankheit so complicirt ist, so ist der Auswurf mit Blut gestreift. Es macht zwar einen geringen Unterschied; denn die Behandlung ist eigentlich eine und dieselbe. Bei der Brustfellentzündung sind Expectoranten (Brustreinigungsmittel, den Auswurf des Schleims befördernde Arzneien) zwar nicht unnöthig; dagegen bei der Lungenentzündung absolut nothwendig.

Ursachen der Brustfellentzündung: Plötzliche Unterdrückung der Hautausdünstung, Erkältung, wodurch die kleinen Blutgefäße, welche wie ein Netz den ganzen Leib umgeben, kleiner oder verengert werden, wodurch die Cirkulation des Blutes gestört wird. Das Blut wird dabei nach Innen getrieben, was Blutansammlung in der Brust verursacht. Kalte Regen, Zugwinde, kalte nasse Füße, das Hineinschlagen der Masern in den Leib, Scharlachfieber, Rheumatismus u. s. w. kann Anlaß geben zur Brustfellentzündung.

Anweisung: Erweitere die ganze Oberfläche des Leibes (was durch Erwärmung desselben geschieht) wodurch die Verstopfung des Blutes gehoben wird. Bewirke und unterhalte eine gleichmäßige Cirkulation des Blutes, und das Werk ist gethan. Die Wärme des Leibes und der Füße ist bei dieser Krankheit sehr gering (nämlich die äußere Wärme.) Dieß zeigt an, daß die inneren kranken Theile desto erhitzter sein müssen. Diese Beschaffenheit des Systems zeigt zeitig genug an, welche Verfahrungsweise bei dieser Krankheit eingeschlagen werden müsse, nämlich: Erwärmung der Oberfläche des Leibes auf eine solche Weise, daß diese Wärme so lange unterhalten wird, bis die Natur selber wieder fähig ist, ihre Dienste nach ihrer eigenen Weise wieder zu verrichten.

Behandlung dieser Krankheit. — Es wurde ausgefunden, daß der kürzeste und leichteste Weg, die Oberfläche des Leibes zu erwärmen, der sei, daß man mit brennendem Alkohol einen Schweiß hervorbringe. Der beste Alkohol (98 Procent-Alkohol) sollte daher stets im Hause gehalten werden, so daß man ihn immer an Hand hätte, wenn man seiner bedürfte. (Siehe: Schweiß mit brennend u Alkohol hervorzubringen.) Oder wenn es Tag ist und die Feuer brennen, so kannst du ein Dampfbad nehmen, indem du eine Pfanne, halb oder ⅔ mit heißem Wasser gefüllt, unter den Stuhl stellst, wobei du ein wollenes Tuch um dich herum hast; dann wirf gelegentlich einen heißen Stein oder Backstein in das Wasser, dieß von Zeit zu Zeit wiederholend, bis ein gehöriger Schweiß erzielt ist, welcher 15 bis 30 Minuten lang unterhalten werden muß. Wenn dieß befolgt wird, sobald die Krankheit ausgebrochen ist, so bedarf es in der Regel sonst nichts Weiteres. Allein wenn die Hitze sich schon einen Tag oder zwei festgesetzt hat, so muß der Schweiß noch unterstützt werden mit einem Fußbad, so heiß als der Patient es ertragen kann, und mache einen starken Thee von gleichen Theilen knollige Asclepias oder Schwalbenwurz, und Katzenminze, „Katzenkraut." In eine untere Kaffeetasse von diesem heißen Thee thue 2 Theelöffel voll von den „Schweißtreibenden Tropfen" und lasse Alles auf einmal trinken, diese Gabe alle Stunden 5 bis 6 Stunden lang zu wiederholen. Außer dem ersten Mal darf bei den weiteren Gaben blos ein einziger Theelöffel voll Schweiß bringende Tropfen gegeben werden. So bald der Schweiß vorüber ist, bringe den Kranken in ein weiches Bett, daß der Schweiß noch 6 bis 12 Stunden lang unterhalten wird, oder bis die Schmerzen und die Aufgeregtheit sich legen. Wenn nöthig, so lege heiße Flaschen an die Füße und den Seiten des Kranken entlang, oder heiße Backsteine, oder andere Steine mit Flanell umwunden, und mit Essig befeuchtet, um die Ausdünstung zu befördern. Auch kann man Senfpflaster auf die leidenden Stellen legen, sowie auch auf die Fußsohlen. Die Arme und Füße sollten mit trockenem Flanell gerieben werden, was sehr gut bei schwerer Krankheit. Wenn der Schmerz heftig bleibt, und ein Schweiß schwer hervorzubringen ist, so thue spanischen Pfeffer oder gewöhnlichen Pfeffer in heißen Spiritus, und reibe damit die ganze Oberfläche des Körpers tüchtig und lange ein, so wird das Blut sich wieder nach Außen hin ziehen, und du wirst sehen, was weiter geschieht. Halte den Patienten stets gut zugedeckt und vermeide kalte Luftzüge. Wenn der Kranke besser zu werden beginnt, so sollten die Gaben verringert werden, sowie nun auch die Zeit zwischen den Gaben verlängert werden muß, bis die Krankheit völlig weicht. Alsdann reiche eine Gabe von dem „vegetabilischen Abführmittel," oder irgend ein anderes Laxirmittel. Und wenn ein solches nicht zur Hand ist, so kann Obiges nochmal wiederholt oder so modificirt werden, daß kein Rückfall bei dem Kranken eintritt. Die ganze Oberfläche des Leibes täglich mit gleichen Theilen Alkohol und Wasser eingerieben, ist ein herrliches Hilfsmittel bei irgend einer Krankheit, besonders bei inneren Entzündungen, wie Brustfellentzündung, Lungenentzündung, Schwindsucht, Entzündung der Luftröhrenäste u. s. w.

Die knollige Asclepias oder Schwalbenwurz, ist ein gutes Heilmittel in Brustfellentzündung oder in Lungenentzündung. Keine andere Wurzel oder Pflanze ist bekannt, welche so schweißerzeugend und schweißunterhaltend wäre, wie diese. Droguisten (Medicinhändler) halten sie gewöhnlich; sollte sie jedoch nicht zu bekommen sein, so sollte amerikanischer Isop, Salbei u. s. w., oder eine von den verschiedenen Minzen genommen werden. Die einzige Einwendung, welche gegen obiges Verfahren gemacht wird, ist die, daß die Doktoren sagen:

> „Heda! Ich glaub', der war nicht sehr krank;
> Denn sieh'! Er geht umher so frisch und frank!"
> Aber „Allopath" hält ihn Wochen lang nieder,
> Und schwächt ihm durch Aderlaß und Calomel die Glieder.

Der Verfasser und die Leser dieses Werkes werden es dem Uebersetzer desselben verzeihen, und selbst die Herren Aerzte werden ihr Späßchen mit dabei haben, und gefälligst entschuldigen, wenn hiemit ein Lied eingeschaltet wird, welches zur Genüge zeigt, daß selbst die gebildetsten Aerzte oft sehr von den „Symptomen hintergangen werden, und daß alles Wissen, auch die Arzneiwissenschaft, eben Stück- und Flickwerk ist:

> „Ein Doktor wollt' zum Kranken gehn:
> „O Freund! Um Euch steht's schlecht;
> Es naht der Tod, der grimme,
> Verlangt sein altes Recht.

> In zwei, drei Tagen sicher,
> Da seid Ihr kalt und todt;
> Ich kenne die Symptome; —
> Es naht die letzte Noth."—

Der Doktor ziehet weiter,
Zu einem Andern hin.
„O Doktor! Seht wie nahe
Ich schon am Sterben bin!"

„„Mit nichten,"" spricht der Doktor;
„„Ihr seid verrückt und toll,
Nach ein paar Tagen seid Ihr
Ganz frisch, gesund und wohl."" —

Und siehe! Nach drei Tagen
Macht sich der Doktor auf,
Geht zu dem Ersten, sicher,
Daß er vollbracht den Lauf.

Doch sieh! der wandelt munter;
Springt wie ein junges Roß;
Der Doktor steht betrachtend,
Und denkt sich: „kurios!"

Er eilet dann zum Andern·
Doch hier ist Alles aus;
Man trägt den Armen eben
Als Leiche aus dem Haus.

„Verkehrte Prophezeihung!
Da ist der Teufel los!"
Und wieder steht der Doktor,
Und denkt sich: „kurios!"—

2) **Lungenentzündung.** — Diese Krankheit wird von den Aerzten gewöhnlich Pneumonia genannt, von dem griechischen Wort Pneumon: die Lunge. Die Krankheit kann die ganze Lunge befallen; ist aber gewöhnlich blos auf eine Seite beschränkt, und zwar auf den untern Theil derselben.

Ursachen: Häufige Erkältungen, nasse kalte Füsse, Luftzüge, besonders während eines Schweißes, zurückgetriebene Hautausschläge u. s. w. Besonders aber erscheint diese Krankheit gerne im Winter, bei schnellem Wechsel von Winter und Frühling, besonders wenn letzterer naß und kalt ist. Solche, welche eine Anlage zu dieser Krankheit haben und schon öfters ähnliche Anfälle von derartigen Krankheiten hatten, müssen besonders thatsächlich unter dieser Krankheit leiden.

Symptome: — Die Lungenentzündung beginnt gleich den meisten Krankheiten mit einem Schüttelfrost, welchem bald Fieberhitze folgt, die mehr oder weniger gefährlich ist, gemäß welcher man den Krankheitsgrad so ziemlich zum Voraus erkennen kann, außer das Fieber nähme einen congestiven Charakter an, in welchem Fall anstatt einer heißen, fieberischen Oberfläche des Leibes, ein naßkaltes Gefühl desselben stattfindet, das unangenehm sowohl für die Hand, die denselben berührt, als auch für den Kranken selbst ist. Das Athmen ist erschwert, und ein schneller Puls findet statt, sowie ein dumpfer Schmerz mit Druck auf der Brust, mit einem beständigen abgebrochenen Husten und einem zähen Schleimauswurf, welcher mehr oder weniger mit Blut gestreift ist. Der Puls ist sehr wechselnd, so daß man sich nicht viel nach demselben richten kann. Die Zunge wird bald trocken und belegt; aber eine trockene und belegte Zunge mit bald eingetretenem Irrereden sind von der „alten Schule" als gefährliche Zeichen angesehen. Allein bei unserer gründlichen Behandlungsweise haben wir sehr selten solche fatale Zeichen zu befürchten, deßhalb ist's wirklich wunderbar, daß dieses Verfahren nicht häufiger eingeschlagen wird, wenn wir die Nachläßigkeit mancher Aerzte und die Unklugheit mancher Patienten betrachtet.

A n w e i s u n g. — Indem bei dieser Krankheit das Blut von der Oberfläche des Leibes wegzieht und sich auf die Lungen concentrirt, so ist die Aufgabe die, daß man das Blut wiederum in seine ursprünglichen Gefäße zurückführt, welches geschehen kann durch Wärme und Schweiß, welche Mittel die zusammengezogenen Blut-Gefäße wieder erweitert. Dieses Verfahren ist besser, als ein Loch in die Blut-Gefäße zu schlagen und Blut heraus zu lassen, was den Kranken schwächt und seine Genesung verzögert.

B e h a n d l u n g. — Die Behandlung der erst kurz eingetretenen Lungenentzündung ist zuerst dieselbe, wie bei der Brustfellentzündung, d. h. man muß einen gehörigen Schweiß hervorbringen. Laß den Kranken ein heißes Fußbad nehmen, während der Schweiß durch Alkohol oder durch das Dampfbad hervorgebracht wird, wie oben vorgeschrieben ist mit der Asclepias und den Schweiß treibenden Tropfen, womit einige Stunden fortgefahren wird. Dabei lege auch mit heißem Wasser gefüllte Flaschen zu den Füßen und Seiten des Kranken, oder in Ermanglung der Flaschen nimm Backsteine. Auf die Füße lege auch Senfpflaster, und laß sie liegen, so lange sie ertragen werden können. Nach 6 bis 8 Stunden gib das „vegetabilische Abführungsmittel," oder irgend ein anderes. Sei sehr vorsichtig, daß der Patient frei von allem Luftzug ist; besonders während der Ausdünstung. Wenn diese Vorschrift genau befolgt wird, so wird das Blut bald wieder in seiner ursprünglichen Circulation sein, nämlich auf der Oberfläche des Leibes, (nämlich der Haut) und der Kranke wird sicher vor Congestion (unnatürlicher Ansammlung des Blutes) auf den Lungen sein. Auch wird dadurch das Fieber gemildert, die Schmerzen gestillt und der Auswurf gefördert werden. Wenn aber der Auswurf gefährlich wird und die Krankheit in 8 bis 12 Stunden, oder nachdem der Kranke gehörigen Stuhlgang hatte, sich nicht zu heben scheint, dann gib das eclectische Brechmittel, oder das des Lobeliensamens, wie unter jenen Mitteln vorgeschrieben. Bei einem Fall, in welchem die Krankheit sich schon festgesetzt hat, gibt man am liebsten gleich ein Brechmittel; dann befolgt man obigen Plan, wie angegeben bei anfänglicher Krankheit. Ein den Schleimauswurf beförderndes Mittel ist in hartnäckigen Fällen nöthig. Dasselbe mag zusammengesetzt sein aus Lobelientinktur 1 Uz.; Blutwurzeltinktur ¼ Uz.; Brechwurzeltinktur ½ Uz.; einfachen Syrup oder Molasses 2 Uz. Mische Alles. Gabe: Einen Theelöffel voll alle 2 Stunden, abwechselnd mit dem Asclepiasthee und den schweißtreibenden Tropfen. Personen, welche dieses Buch im Hause haben und sich von demselben leiten lassen, und auch die gehörigen Medicinen vorräthig haben, werden, wenn sie diese Krankheit, oder die Entzündung irgend eines andern Orga-

9

nes nach den hier gemachten Bemerkungen und Vorschriften behandeln, von 10 Fällen kaum in einem einzigen die Wiederholung der Mittel nöthig haben.

In der Entzündung des Magens, welche erkannt wird an der Hitze, die sich nach dem Grad der Entzündung richtet, sind Getränke von Ulmenthee oder Schleim von arabischem Gummi reichlich getrunken, nützlich. Entzündung anderer Organe erfordert wieder andere Behandlung, wie z. B. die Ruhr, welche eine Entzündung der großen Gedärme ist, und welche Clystiere erfordert, neben dem, daß wie bei allen andern Krankheiten, ein Schweiß hervorgebracht und unterhalten wird.

Bei chronischer (veralteter) Entzündung sollte in der Woche einmal ein Brechmittel gegeben werden, und zu einer andern Zeit in der Woche sollte ein Schweiß erzeugt werden, nebenher sollten Reibungen mit einem rauhen Tuch vorgenommen werden, und zwar zweimal des Tages, 15 bis 20 Minuten lang. Wenn die Füße ungewöhnlich kalt sind, so wasche sie mit kaltem Wasser und trockne sie gut ab, Hernach reibe sie noch mit einem rauhen Tuch oder mit der trockenen Hand, bis sie vollkommen warm sind, und du ein angenehmes Gefühl in denselben hast. Es kann erwartet werden, daß eine solche veraltete Krankheit solch einer gründlichen Behandlung weichen muß.

Weibliche Schwäche und Unregelmäßigkeiten.

Es ist selbstverständlich, je feiner ein Werk und je vielfacher eine Maschine ist, desto leichter ist solches aus der Ordnung gebracht, und um so künstlicher muß der Mechaniker sein, solches wieder auszubessern.

Aus solcher Beobachtung schließe ich nun, weil das System des Weibes feiner und complicirter ist, da sie ein doppeltes Werk zu verrichten hat, das heißt, ihr eigenes Leben zu erhalten und ihren Nachkommen das Leben zu geben, daß ihr nach der Weisheit Gottes eine eigenthümliche Bildung verliehen, und etwa mit dem 14. bis 16. Jahre tritt die Kinder zeugende Periode ein, welches sich durch einen Blutabgang in regelmäßigen Zeiten äußert und ist als: monatliche Reinigung, Menstruation, Regeln u. s. w. bekannt.

Warum dies so eingerichtet ist oder nothwendig sein muß, kann Niemand sagen, wir sind einfach an die Thatsache angewiesen.

Der Blutverlust ist etwa 3 bis 5 Unzen und dauert von 3 bis 5 Tagen in normalem Zustand.

Weil dieses Buch in die Hände von so vielen Familien kommt, die keine medizinische Bücher im Besitz haben, will ich diesen Gegenstand genauer behandeln und die nothwendigen Anweisungen geben, wie man sich zu verhalten hat.

Gewöhnlich geht der Menstruation ein oder zwei Tage Unwohlsein, Schmerzen in den Lenden, ein Gefühl von Schwere in der Gebär-Mutter voraus, manchmal sehr nervöse Zustände, oder sehr aufgeregt, wieder Andere haben Kopfweh, Magenschmerz oder Uebelsein; junge Mädchen bekommen ebenfalls große Unruhe, weil sie nicht wissen, was und zu welchem Endzweck es ist und sollten daher von der Mutter oder Freundin sich belehren lassen.

Manchmal bei Entwicklung der Brüste kommen unangenehme Gefühle oder Schmerzen zum Vorschein, das jedoch von keinem Belang ist, hinsichtlich der Gesundheit; Mädchen, die thätigen Antheil an der Hausarbeit nehmen, viel Bewegung haben namentlich im Freien, sind weniger Unregelmäßigkeiten ausgesetzt und entwickeln sich gesunder und kräftiger.

Erlaube mir hier ein Wort der Warnung zu geben; es ist sehr gefährlich zur Zeit der monatlichen Reinigung sich zu erkälten; ich kannte ein junges Mädchen, die über diesen Gegenstand keine Belehrung von ihrer Mutter erhielt; sie war ängstlich oder schämte sie sich etwas zu sagen, welch' ein Wechsel mit ihr vorging oder was es zu bedeuten habe, ging an's Wasser, wusch sich, erkältete sich und wurde augenblicklich irrsinnig und blieb so, so lange ich sie kannte. Es ist die Pflicht einer Mutter, ihrem Kinde solche Mittheilung zu machen, um sie auf die bevorstehende Krisis vorzubereiten. Nachdem nun diese Menstruation angefangen, so verschwinden nach deren Verlauf die unangenehmen Gefühle und die Gesundheit ist wieder gut für einen Monat, tritt aber nach Ablauf desselben wieder ein und wird daher Menses oder monatliche Regel geheißen. Dieser Wechsel kann wegen der Complication und Feinheit des weiblichen Systems auf verschiedene Weise gestört werden, bei völligem Aufhören heißt es Unterdrückung der Menstruation, oder kann dieselbe sehr schmerzhaft und unvollkommen sein; oder zu reichlich und anhaltend, ferner unregelmäßig, hinsichtlich der Wiederkehr und Dauer—weißer Fluß genannt,—der durch fortwährendem schleimigen Abgang und mit mehr oder weniger Entzündung der sich darauf beziehenden Theile verbunden ist.

Weil nun die monatliche Reinigung absolut für die Gesundheit nöthig ist, manchmal vom vierzehnten bis zum fünfundvierzigsten Lebensjahre, so ist der Unregelmäßigkeit, zu häufigem, zu spärlichem oder zu reichlichem Abgang, unbedingt Schwäche oder Krankheit die Folge.

U r s a c h e n. Der weibliche Organismus ist so verschieden von dem des Mannes und äußere Ursachen, die denselben nicht angreifen, haben großen Einfluß auf das eigenthümliche System des Weibes, kein Grund kann dafür angegeben werden, als die Weisheit des Schöpfers und die Nothwendigkeit der Art und Weise der Beschaffenheit des Weibes; allein deren Schwächen und Unregelmäßigkeiten sind so enge mit einander verbunden, daß, was das eine beschädigt, nothwendig das andere angreift.

In den guten alten Zeiten, da die Mädchen Antheil an den häuslichen Geschäften nahmen, warme Kleidung trugen, einfache, gesunde Kost aßen, gute, gut gesohlte Schuhe brauchten, ferner keine Romane oder werthlose Bücher lasen, wodurch die Leidenschaften aufgeregt werden, da war so eine nervöse, schwache Frau oder Mädchen kaum zu finden; aber jetzt die sitzende Lebensweise, reizende Speisen, jede erdenkliche verführerische Mode, Schuhe mit Papiersohlen, wiederholte Erkältungen bei Zugehen und Abgehen von Gesellschaften bei leichter Bekleidung, Sinn erregende Lektüre, spätes Ausbleiben in der Nacht mit guten Freunden, (welches aber in der That Feinde sind,) wenn sie zu Hause oder im Bett sein sollten, alles dieses trägt zu wesentlichem Unwohlsein bei und ist noch ein Wunder, daß nicht noch mehr Fälle von Schwäche und sonstigen Krankheiten vorkommen.

S y m p t o m e. Schon das Wort Schwäche bezeichnet die Hauptsymptome, nämlich Kraftlosigkeit. Die Frau erscheint bleich, namentlich um den Mund, die Nase u. f. w. mit einem bläulichen Ring um die Augen, die wie eingesunken aussehen. Sie fühlt stumpf, matt, schläfrig, Uebelsein, öfters Flattern des Herzens; das Nervensystem ist in manchen Fällen so angegriffen, daß die Frau durch die Leiden sogar zu Selbstmord getrieben wird. Die Arme und Beine sind häufig geschwollen; der Schlaf unruhig; manchmal unnatürlichen Appetit, Verlangen für Lehm, Kohlen, und weiche Steine u. f. w.; oft ist ein Gefühl von Schwere im Unterleib oder Muttervorfall, was jedoch meistens bei verheiratheten Frauen der Fall ist; der Stuhlgang ist hartleibig, öfters mit kneipenden Schmerzen in den Eingeweiden verbunden, es finden manchmal Kopfweh und Rückenschmerzen statt, allein anstatt dieselben für ungünstige Zeichen zu halten, darf man eher daraus schließen, daß die Natur wiederum ihr regelmäßiges Werk vornehmen will und ist blos nöthig durch vernünftig angewandte Mittel dieselbe zu unterstützen.

Es wird mit Obigem nicht gesagt, daß jede Patientin mit allen angeführten Symptomen heimgesucht werde, sondern daß dieselbe etwa so beginnen, wie angezeigt und denselben durch passende Behandlung Einhalt gethan wird, um deren zunehmende Stärke zu steuern.

Kennzeichen. Die Symtome zeigen an, welches Verfahren einzuschlagen ist, wo allgemeine Schwäche stattfindet, erfordert es stärkende Mittel; Blässe beweist Mangel an Eisen im Blut; Weichheit oder Schlafheit der Muskeln, verlangt eine kräftige, stärkende Diät; stumpfe, schläfrige Mattigkeit erfordern Aufenthalt im Freien, sowie wirkliche Beschäftigung, Reisen, oder angenehme, aufmunternde Gesellschaft, über Berg und Thal zu schweifen, aber so oft ausruhen, um nicht körperlich geschwächt zu werden, sondern durch Bewegung Appetit zu bekommen, und wenn es nöthig sein sollte, vielleicht einmal die Woche ein gelindes Abführmittel zu nehmen in Verbindung mit der stärkenden Wein-Tinktur wie weiter unten angegeben, oder Eisen und Ingwer (Ginger,) welches etwa für das bessere gehalten und am bequemsten ist.

Im Falle von Entzündung der weiblichen Organe, was durch schleimigen Ausfluß angezeigt ist, sind kühlende und zusammenziehende Einspritzungen nöthig, nicht sowohl zum Heilen, als auch zum Reinigen.

Wo ein Muttervorfall stattfindet, sind sogenannte Mutter-Ringe anzuwenden bis durch allgemeine Behandlung das Leiden gehoben; Verstopfung verlangt Abführmittel, während bei Kopfschmerzen, Kreuzweh u. f. w. solche Mittel nothwendig sind, wie wir sie in Folgendem näher und spezieller anführen wollen.

Verfahren. Für allgemeine Schwäche gebrauche die stärkende Weintinktur mit Eisen, um den Organismus zu stärken und neu zu beleben, nimm: Dreyblatt, Salomos Siegel, Colombo, graue Sarsaparilla, Weinwurz, Enzian und Chamillen (Bethroot, Solomons seal, Colombo, Spickenard, Comfrey, Gentian an Chamomile blows von jedem eine Unze mit ein wenig Weißeichene-Rinde, alles dieses kann zu der Weintinktur genommen werden für ein und einen halben Pint Wein; irgend welcher Hauswein kann dazu gebraucht werden.

1. Ein guter Weg das Eisen zu nehmen ist der, man geht zu einem Schmied und läßt ein Stück reines Eisen sein feilen, mische mit diesen Eisenfeil-Spänen gleiches Gewicht Ingwer, mische es genau und nehme einen hal-

ben Theelöffel dreimal des Tages in etwas Honig und Syrup, die natürliche Wirkung ist, es macht den Stuhlgang dunkel farbig oder beinahe schwarz, man habe aber beßwegen keine Besorgniß, indem es blos ein Beweis ist, daß die Wirkung des Eisens stattfindet; fahre mit dem Gebrauch des Eisens zwei bis drei Monate fort oder bis die Gesundheit der Patientin wieder hergestellt ist.

Im Fall, daß man nicht im Stande ist, die Eisenfeil=Späne fein zu bekommen, wie in No. 1 angegeben, so kann die versüßte Eisen=Oxyd=Flüssigkeit (Liquor Ferri protoxidi dulce) an dessen Stelle gebraucht werden, von welcher ein halber Theelöffel voll 3 mal des Tages nach dem Essen genommen werden soll. Ich habe letztere Arznei mit dem größten Nutzen schon verordnet.

Mit der obigen Behandlung sollten zugleich warme Bäder, jedenfalls ein oder mehrere Mal in der Woche, gebraucht werden, in welche zu jedem Bade eine Ofenschaufel voll Asche gethan, das Wasser jedoch von der Asche abgegossen werden, keine andere als gute feine Seife z. B. venetianische (Castile) sollte gebraucht werden; wasche tüchtig und reibe mit einem trocknen, rauhen Handtuch die Haut am Körper, Armen und Beinen, bis man ganz warm und angenehm fühlt.

Die Diät bestehe aus mäßigen Portionen Schweine=Braten, geröstetem Rindfleisch, Schaffleisch, Wild u. s. w., damit Müdigkeit und Schläfrigkeit verschwinden und die Patientin Stärke genug erlangt zu der in diesen Umständen nothwendigen Bewegung und um des leeren dumpfen Gefühls los zu werden. Die Bewegung kann in Hausarbeit oder Beschäftigung außer dem Hause bestehen als: Gartenarbeit, Spielen, Schwingen, Singen, Reiten, Springen, wenn es ertragen werden kann, ferner angenehme Gesellschaft, Reisen u. s. w.

Gegen den Magenschmerz, Herzleiden oder Verstopfung gebrauche folgende Arznei:

2. Laxir=Pillen für Frauen. Aloe, Macrotin und Weinstein, zwei Drachmen von jedem, Podophyllin und Ingwer eine Drachme von jedem, etwa 15 bis 20 Tropfen Pfeffermünzöl, mache alles mit Schleim von arabischem Gummi zu einer Pillenmasse und vertheile in Pillen von gewöhnlicher Größe.

Nimm (Aloes, macrotin and cream of tartar each 2 Drm., Podopyhlin and ground Ginger each 1 Drm., Oil of Peppermint 15 to 20 Drops.)

Gabe: Eine Pille vor dem Schlafengehen, oder wenn es nöthig zwei, um den Stuhlgang zu ordnen. Sollte die Aloe nicht ertragen werden können, so kann folgendes Mittel gebraucht werden.

3. Laxir=Pillen und zugleich Schmerzstillend. Nimm: Macrotin, Rhabarberpulver und Bilsenkraut=Extract von jedem 10 Gran, spanische Seife 40 Gran, reibe die Seife mit den anderen Medicinen fein zusammen. — (Nimm: Macrotin, Powd. Rhubarb and Extract of Hyosciamus each 10 grans, Castile soap 40 grs.) mache Pillen von gewöhnlicher Größe daraus.

Gabe: Eine Pille zu nehmen oder öfters zwei, wenn es nöthig ist den Stuhlgang regelmäßig zu halten, der Extrakt vom Bilsenkraut stillt den Nervenreiz ohne dabei den Stuhlgang zu hindern.

4. **Schmerzstillende Pillen** gegen schmerzhafte Menstruation. Nimm Stechapfel-Extrakt und Quinin von jedem 16 Gran, Makrotin 3 Gran, Morphium 1 Gran wohlgemischt, in 8 Pillen gemacht. (Nimm Extract of Stramony and sulphate of quinine of each 16 grs., Macrotin 8 grs., Morphine 1 gran.)

Gabe: Eine Pille oder alle 40 Minuten wieder eine, im Fall de Schmerz sich nicht vermindert, der Vortheil dieser Pille ist, daß sich die Verstopfung nicht verschlimmert und die Schmerzen weichen müssen.

5. **Einspritzung gegen den weißen Fluß.** — Wenn sich ein trüber Schleimausfluß zeigt, der einige Zeit anhält, gebrauche die folgende Abkochung, welche bei solchen Leiden von großem Nutzen ist. Nimm Fichtenrinde, die Blätter und Rinde von virginischem Zauberstrauch eine Unze von jedem, (Hemlock bark and the leaves and bark of witch hazel) mache ein Quart Absud, davon gebrauche eine kleine Spritze voll Morgens und Abends in einer liegenden Position; sollte dieses in einigen Tagen keine Besserung bezwecken, so gebrauche das folgende Mittel auf die gleiche Weise.

6. **Einspritzung gegen chronische weibliche Beschwerden.** Nimm weißen Vitriol und Bleizucker, von jedem 10 Gran, Kochsalz, weißen Zucker und Alaun, von jedem 6 Gran und ein Pint weiches Wasser (white vitriol, Sugar Lead, each 10 grs. common salt loaf, sugar and Alum pulverized each 5 grs., soft water 1 Pt.) löse alles über einem gelinden Feuer auf und wenn erkaltet, seihe es durch ein Tuch und fülle es in eine Flasche, die gut zugekorkt werden kann, wenn es gebraucht werden soll, nehme etwa halb so viel von der Auflösung als gebraucht wird und halb weiches Wasser, mische es und gebrauche es mit einer Mutterspritze; im Fall, es zu stark ist, kann es noch mehr mit weichem Wasser verdünnt werden, namentlich wenn viel Entzündung vorhanden. Etwas Reiz ist erwartet und ist zur Heilung nothwendig.

7. Bei anhaltendem Vorfall der Gebärmutter ist ein elastischer Ring das beste, es kann aber ein wohlfeiles und gutes Mutterzäpfchen gemacht werden aus einem guten feinen Schwamm, schneide denselben zu der richtigen Form, daß, wenn angefeuchtet, er die Mutterscheide hinreichend ausfüllt, um die Gebärmutter in ihrem Platze zu halten. Bei dem Gebrauch des Schwammes sollte vorher ein Stückchen Band daran genäht werden, um es bei dem Entfernen bequemer zu fassen und muß bei jedesmaligem Abnehmen wohl gereinigt werden; nachdem nun die Einspritzungen No. 5 oder 6 gebraucht, (welche von beiden bei der Patientin vorgezogen wird) sollte der Ring oder Schwamm wieder so weit hinein gebracht werden, um dem schon besprochenen Zwecke zu entsprechen; die Entfernung des Schwammes sollte zweimal des Tages stattfinden.

Es ist von großer Wichtigkeit, daß um eine Heilung oder Erleichterung zu Stande zu bringen, die Person soviel als möglich im Bette bleibt oder in rücklehnender Lage verharrt.

Ein Ding ist augenscheinlich in diesen Fällen von Schwäche, nämlich Mangel von Eisen im Blut, dieser Artikel sollte also unbedingt bei Compositionen die Haupt-Medicin sein und in den meisten Fällen sind nach meiner Erfahrung die Recepte in No. 1 angegeben etwa zwei bis drei Monate lang gebraucht alles, was nöthig, und sollte unter keinen Umständen vernachläßigt werden.

Für wirklichen Blutfluß, welches von der Menstruation dadurch verschieden ist, daß das Blut gerinnt, was bei letzterem nicht der Fall ist, gebrauche den blutstillenden Balsam, wie weiter oben angegeben.

Jedoch für außergewöhnlichen oder lange anhaltenden Mutterblutfluß gebrauche folgendes Pulver.

8. **Pulver für außergewöhnliche Blutung.** Nimm Kino Gummi, und japanische Erde, von jedem 1 Drachme; Bleizucker und Alaun von jedem eine halbe Drachme. Nimm (Kino and Catechu of each 1 Drm., Sugar of Lead and Alum of each ½ Drm.) mache Alles zu einem feinen Pulver, mische es genau und theile es in etwa 20 Theile. Gabe: Ein Pulver, alle 2 bis 3 Stunden so lange bis die Blutung aufhört.

Wenn irgend ein Frauenzimmer, in deren Hand dieses Buch kommt, die obigen Verhandlung mit Aufmerksamkeit genau untersucht, so wie über die Medicinen nachdenkt und ist nicht viel mehr damit einverstanden, als mit der Behandlung der Hälfte der Aerzte, so bin ich sehr getäuscht und ich bin überzeugt, daß in Fällen, wo die angegebenen Medicinen den zu erwartenden Erfolg nicht bezwecken, würde ich den Fehler eher in der schlechten Quantität derselben suchen; ein anderer Vortheil ist ferner, die Patientin braucht sich nicht der Unannehmlichkeit auszusetzen, alle ihre Beschwerden und Leiden zu veröffentlichen, ist auch in den meisten Fällen zu zartfühlend und schüchtern ihren Zustand einem Arzte mitzutheilen.

Ueberhaupt ist dieser Gegenstand so wichtig, daß jedes Frauenzimmer mit Doktor Chase's Rezeptbuch versehen werden sollte, bereits der Unterweisung der Mädchen durch die Eltern, denn die Erfahrung der Mutter ist sicherlich der beste Unterricht und wird von jeder Tochter mit Zutrauen angenommen.

Für Gerber Schuhmacher und Sattler.

Farben.—Die beste Farbe für Stiefel, Schuhe und Pferdegeschirre, und zugleich Tinte, welche nicht gefrieren kann. Alkohol, Weingeist 1 Pt.; Eisentinktur 1½ Uz.; Blauholz- oder Campecheholz-Extrakt 1 Uz.; pulverfirte Galläpfel 1 Uz.; Regenwasser ½ Pt. Mische Alles. Oder:

2) Nimm Alkohol 1 Pt.; Blauholzextrakt und Eisentinktur von jedem 1 Uz.; pulverisirte Galläpfel 1 Uz.; Olivenöl ½ Uz.; Alles gemischt.

Ich kenne mehrere Schuhmacher, welche diese Farben benützen, und sie meinen, sie seien die besten, die man finden könne. Das Olivenöl soll benützt werden, damit das heiße Eisen nicht so hineinfrißt, daß es nicht mehr herausgeht, und zugleich, um eine feinere Politur mit dieser Farbe zuwege zu bringen. Das Erstere macht eine ziemlich gute Tinte für den Wintergebrauch, wenn man eine schnelle Hand beim Schreiben hat, daß sie (die Tinte) „nicht fließt," d. h. das Papier nicht fließen macht, was der Alkohol verursacht, welcher aber auch zugleich bewirkt, daß die Tinte nicht gefriert, und eben dieser Umstand macht diese Tinte zu einer werthvollen.

Wohlfeile Farbe für Anstreichen des Pferdegeschirres. Regenwasser 1 Gal.; Blauholzextrakt 1 Uz.; koche es so lange, bis der Blauholzextrakt aufgelöst ist. Dann nimm es vom Feuer und füge noch hinzu : grüner Vitriol ½ Uz.; doppeltchromsaures Kali und arabisches Gummi von jedem ¼ Uz. Alles pulverisirt.

Dieß macht eine wohlfeile und gute Farbe für Schuhe und Pferde-geschirre; allein für grobe Flickarbeit, (oder auch für neue, bei der du die „hot kit" heiße Eisen nicht wünschest) wirst du finden, daß, wenn du beim Füllen auf Flaschen zu jeder Pinte dieses Stoffes einen Eßlöffel vollKien-ruß fügst, es eine schwärzere und schönere Farbe gibt. Es ist eine wohl-feile Farbe zu wohlfeiler Arbeit; aber zu feineren Arbeiten übertrifft Nichts die beiden ersten. Auch ist es eine gute Tinte. Nur muß man sie fest verkorkt halten, daß sie nicht verdunstet, wodurch sie kleberig und zähe wird. Siehe auch:

4) **Leichte Farbe für Stiefel und Schuhe** beim Auf-spannen auf's Stiefelholz. — Nimm Wasser 1 Qt.; löse in demselben durch Hitze 1 Uz. Hausenblase auf, und thue noch mehr Wasser hinzu, um das wieder zu ersetzen, was verdunstet. Wenn aufgelöst, so füge 6 Uz. Stärke; Blauholzextrakt, Bienenwachs und Unschlitt von jedem 2 Unzen hinzu. Unterhalte die Hitze so lange, bis Alles zerschmolzen ist, damit es sich gut vermischt. Rühre zuerst die Stärke hinein, mit Zugabe von so viel Wasser, als es zu diesem Zwecke bedarf. Dieß macht Stiefel und Schuhe weich und biegsam, und ist anwendbar beim Aufspannen. Sie paßt besonders gut zum Aufputzen solcher Waare, die schon lange auf dem Brett stand

5) **Wasserdichte Oelschwärze.** —Nimm Kamphin 1 Pt.; und löse darin so viel elastisches Gummi oder Kautschuck auf, als sich auflö-sen läßt. Wenn es aufgelöst ist, so thue noch hinzu: Fisch Thran 1 Pt.; Unschlitt 6 Pfd.; Kienruß 2 Uz.; Mische Alles gut vermittelst Hitze.

Dieß ist eine gute Mischung zum Anstreichen alter Pferdegeschirre und Kutschen-Ueberschläge so gut, wie für Stiefel und Schuhe. Man kann das Kautschuck (elastisches Gummi) auch in dem Fischthran auflösen, indem man es einige Tage an einem sehr heißen Ort stellt. Hierdurch wird die Auslage für das Kamphin erspart, welches von keinem andern Werth dabei ist, als das Gummi aufzulösen. Manche lieben das Kaut-schuck nicht, weil sie befürchten, es schade dem Leder. Diese mögen dann das Folgende gebrauchen:

6) **Wasserdichter Ueberzug ohne elastisches Gummi.** Nimm Unschlitt 1 Pfd.; Bienenwachs ¼ Pfd.; Ricinus- oder Rindsfuß-öl ½ Pt.; und Kienruß ½ Uz. Mische Alles vermittelst Wärme. Oder:

7) **Rindsfußöl-Schwärze,** welche mit Rindsfußöl und ein wenig Bienenwachs und Unschlitt zu gehöriger Dicke bereitet und mit ein wenig Kienruß gefärbt ist, wird schnee- und wasserdicht gefunden werden.

8) **Das Rindsfußöl zu machen.** — Ein Correspondent des „Germantown Telegraph" sagt, was mit Rindsfüßen in einer Familie zu thun sei.

„Die Hufe werden abgehauen und die übrigen Theile werden gespal-ten und tüchtig ausgekocht. Von der Oberfläche dieser gekochten Masse ist das reine Rindsfußöl abzuschöpfen, welches von keiner andern obigen Substanz an Güte zum Einreiben in Pferdegeschirre, Stiefel, Schuhe u. s. w. übertroffen wird. Nachdem das Oel abgenommen ist, so wird das Wasser abgeseiht, um alle fettige Masse davon abzusondern. Diese Mas-se wird dann nochmals gekocht, bis dieselbe, wenn probirt, gallertartig ist.

Dann wird das Wasser in Schüsseln mit flachen Böden gethan, und wenn es kalt ist, wird es in gehörige Stücke geschnitten. Es verhärtet nach einigen Tagen, und du hast einen prächtigen Leim, frei von allen unreinen Substanzen, welcher dir auf 12 Monate für Familien Gebrauch hinreichend sein wird. Nur von den Füßen eines Stück Rindvieh

9) Einige ziehen vielleicht folgende Behandlung ihrer Stiefel und Schuhe vor, welche ein Correspondent der „Mechanic's Gazette" mittheilt. Wenn dieß der Fall ist, so müssen sie ihre Stiefel und Schuhe groß machen lassen, weil dieses Mittel die Eigenschaft hat, das Leder eingehen zu machen. Er sagt:

„Ich hatte die letzten 6 Jahre bloß 3 Paar Stiefel (keine Schuhe daneben,) und ich denke, ich werde die nächsten 6 Jahre auch nicht mehr brauchen. Der Grund davon ist der, daß ich sie auf folgende Weise behandle:

„Ich stelle 1 Pf. Unschlitt und ¼ Pfd. Colophonium oder Geigenharz in einer Pfanne über das Feuer. Wenn Alles zerschmolzen und gemischt ist, so mache ich die Stiefel warm und reibe mit einer Anstreicherbürste die heiße Mischung hinein, bis weder die Sohlen, noch die obern Theile noch etwas einsaugen. Wenn gewünscht wird, daß die Stiefel sogleich auch einen Glanz bekommen, so löse 1 Uz. Wachs in Terpentingeist auf, und füge 1 Theelöffel voll Kienruß hinzu. Einen Tag nachher (nachdem die Stiefel mit dem Unschlitt und Harz eingerieben wurden) reibe das Wachs mit dem Terpentinöl hinein, aber nicht bei Feuer."

„Auf diese Weise bekommen die Stiefel einen Ueberzug von Wachs und sie glänzen, wie ein Spiegel. Unschlitt, oder irgend ein anderes Fett wird ranzig, und verdirbt die Stiche sowohl, als das Leder; allein das Colophonium gibt ihm die gegenwirkende Eigenschaft, welche das Ganze erhält. Stiefel und Schuhe sollten so groß gemacht werden daß man Korksohlen in denselben tragen kann. Korkholz ist ein schlechter Wärmeleiter, daß die Füße beständig warm sind, (selbst auf dem kältesten Steinpflaster) wenn man die Korksohlen in denselben hat.

10) Schwarzer Firniß für Leder. — Nimm 98 Procent Alkohol 1 Pt.; Tafellack 3 Uz.; Colophonium 2 Uz.; Terpentin, gekochter 1 Uz.; Kienruß ½ Uz.; Alles gemischt, und wenn die Harze alle aufgelöst sind so ist es zum Gebrauch tauglich. Aber ich muß bemerken, daß schlechter Alkohol die Harze nicht auflöst, bei irgend einer Art von Firniß. Dieses bei Stiefeln und Schuhen angewendet, verleibt denselben den hellen Glanz, welchen die östlichen Waaren haben. Dieser Firniß ist ebenfalls anwendbar bei Holz oder Tuch, dem man einen Glanz zu geben wünscht, nachdem es angestrichen wurde.

11) Firniß zu Pferdegeschirren. — Der beste im Gebrauch. — Nimm 98 Prozent Alkohol 1 Gal.; weißen Terpentin 1½ Pfd.; Tafellack 1½ Pfd.; venetianischen Terpentin 1 gill (¼ Pt.) Laß dieß in einem Krug in der Sonne oder am warmen Ofen stehen, bis die Harze zerschmolzen sind; dann füge Olivenöl 1 gill (¼ P) und Kienruß 2 Uz. hinzu; reibe das Kienruß zuerst mit ein wenig von dem Firniß fein.

Dieser Firniß ist besser, als der in früheren Zeiten gebrauchte, denn der Glanz desselben ist eben so gut, und außerdem zerspringt er nicht, wenn an dem Geschirr gerieben oder herum geworfen wird. Wenn du einen Firniß für feines Leder wünschest so mache ihn, wie den obigen, einen reinen Krug; nimm aber keinen Kienruß dazu. Der Terpentin und das Olivenöl macht ihn geschmeidig, jedoch nicht klebrig.

Gerben, Schwärzen und Ausfertigen. — Proceß bei Kalb- und Rindsleder, sowie Leder zu Pferdegeschirr, in 6 bis 30 Tagen zu verfertigen.—Zu 12 Kalbsfellen, nimm japanische Erde 3 Pfd.; gewöhnliches Salz 2 Pfd.; Alaun 1 Pfd. Bringe diese Stoffe in einen kupfernen Kessel mit so viel Wasser, um das Ganze gehörig darin aufzulösen.

Die Haut oder Häute werden dann zuerst in die Kalkgrube gethan, dann geschabt und behandelt auf dieselbe Weise, wie bei dem alten Proceß. Alsdann wird die Haut in ein Gefäß mit genügender Quantität Wasser gebracht, um diese ganz zu bedecken. Zur selbigen Zeit schüttet man eine Pinte von der obigen Composition in das Gefäß, und wiederholt dieß alle Abend und Morgen 3 Tage lang. Darnach muß das Ganze vollends hinzugefügt werden. Dabei muß die Haut zwei- bis dreimal durch die Hände gehen und immer wieder gegerbt werden. Du kannst fortfahren mit dem Gebrauch dieses Gerbestoffs, wenn du jedesmal die Hälfte der Quantität neue Flüssigkeit hinzunimmst, und diese Proportionen bei irgend einer Quantität einhälst; und wenn du wünschest, daß das Leder das Aussehen einer Rindenfarbe bekommen soll, so füge 1 Pfd. sicilianischen Sumach hinzu. Rindsleder erfordert ungefähr 20 Tage, leichte Pferdehäute zu Pferdegeschirren 30 Tage, wenn das Leder gut werden soll. Eine Kalbshaut erfordert blos 6 bis 10 Tage. Die japanische Erde kommt in großen Kuchen von etwa 150 Pfund angefertigt, und kostet in New York ungefähr 4 Cents per Pfund in gewöhnlichen Zeiten.

Byron Rose, ein Gerber von Madison, O., sagt, 1 Qt. Vitriolöl oder Schwefelsäure zu 50 Seiten Leder, mit der japanischen Erde und dem Alaun, wie oben angegeben, (jedoch das Salz ausgelassen,) mache das Leder noch viel besser. Die Schwefelsäure öffnet die Poren, wodurch der ganze Prozeß viel schneller vor sich geht, ohne daß das Leder dadurch beschädigt würde.

2) **Canadisches Verfahren.** — Die Canadier machen vielerlei Flüssigkeiten, wobei sie jedesmal japanische Erde gebrauchen.

Die erste Flüssigkeit wird gemacht, daß man zu 20 Seiten Oberleder 15 Pfd. japanische Erde in so viel Wasser auflöst, daß es die Quantität Oberleder, das gegerbt werden soll, gerade bedeckt. Das zweite Wasser enthält dieselbe Quantität japanische Erde und 8 Pfd. Salpeter. Die dritte Flüssigkeit besteht aus 20 Pfd. japanische Erde und 1½ Pfd. Vitriolöl oder Schwefelsäure.) Das Leder bleibt in jeder Flüssigkeit vier Tage liegen, wenn es Oberleder werden soll; dagegen das Sohlleder bleibt nochmal so lange in einer nochmal so großen Quantität Flüssigkeit liegen. Man rechnet 50 Kalbshäute für 20 Seiten Oberleder, läßt dieselben aber blos 3 Tage in jeder Flüssigkeit liegen.

3) **Hirschhäute zu gerben und zu Handschuhen u. dgl. zuzubereiten, d. h., den Häuten die gelbe Farbe zu verleihen,** welche die hirschledernen Handschuhe haben. — Zu jeder Haut nimm einen Kübel voll Wasser, und thue in dasselbe 1 Qt. Kalk; laß die Haut oder Häute von 3 bis 4 Tagen darin liegen; dann klopfe oder walke sie eine halbe Stunde lang in gutem Seifen-Wasser. Nach diesem nimm weißen Vitriol, Alaun und Salz, 1 Theelöffel voll von jedem zu einer jeden Haut.

Diese Stoffe werden in so viel Wasser aufgelöst, daß die Haut gerade be=
deckt wird, und dieselbe 24 Stunden darin liegen bleibt. Ringe sie aus,
so gut du kannst. Alsdann bestreiche die Haut vermittelst einer Bürste
mit Gerber oder Fisch Oel ½ Pt., und hänge sie ungefähr 2 Tage in die
Sonne. Nach diesem muß das Oel wieder mit Seifenwasser herausge=
waschen werden, worauf man sie wieder aushängt, bis sie ganz trocken ist.
Dann ziehe und verarbeite die Haut oder Häute, bis dieselbigen weich und
lind sind. Scheure sie nochmals in Seifenwasser, wie zuvor, bis sie ganz
rein sind. Das Oel kann erhalten werden, wenn man es von der Ober=
fläche des Seifenwassers abschöpft, wenn dasselbe kurze Zeit gestanden ist.
Die gelbe Handschuhfarbe wird gemacht, daß man gelben Ocker gleichmä=
ßig über der Haut herstreut und mit einer Bürste gut hineinreibt.

Diesen obigen Plan befolgte mein Bruder vor mehreren Jahren, und
ich trug die Handschuhe und kenne den Werth dieser Vorschrift. Andere
aber nehmen auch Säuren, und wenn die Quantität derselben nicht zu
groß ist, so ist kein Grund vorhanden, warum dieselben nicht gebraucht
werden dürften. Die einzige Vorschrift dabei ist die, daß die Säure nicht
zu stark ist, daß sie das Leder nicht zerstört. In gehörigen Quantitäten
gerbt eine Säure blos; aber zerstört die Fibern (Fasern) nicht. Ich will
hier einige der werthvollsten Verfahrungsweisen mittheilen.

4) Gerben mit Säure. — Nachdem die Haare abgeschabt,
die Haut gescheuert, eingeweicht und in Seifenwasser gestampft worden,
(wie in der letzten Vorschrift angegeben) so nimm anstatt des weißen Vitri=
ols, Alauns und Salz, wie oben angeführt, Vitriolöl oder Schwefelsäure
und Wasser, von jedem gleiche Theile, und netze die Fleischseite der Haut
damit tüchtig ein, wozu ein Schwamm oder ein an einen Stecken befestig=
tes Stück Tuch genommen werden kann. Dann rolle die Haut auf; laß
sie blos 20 Minuten lang liegen, mache eine Auflösung von Soda etwa 1
Pfd. zu einem Kübel voll Wasser und weiche die Haut oder Häute in der=
selben 2 Stunden lang ein; dann wasche sie in reinem Wasser und thue
ein wenig trocken es Salz hinzu. Laß sie über Nacht in dem Salz liegen.
Dann schabe das Fleisch mit einem stumpfen Messer ab, oder wenn du ein
ausgebreitetes Geschäft betreibst, so thue es an dem regelmäßigen Schabe=
baum mit dem gewöhnlichen Falz= oder Gerbeisen. Wenn die Haut tro=
cken ist, so mache sie gelinde durch Ziehen und Reiben mit der Hand, oder
auch mit einem Stück Bimsstein. Dieses ist natürlich der kürzeste Weg,
Hirschhäute zu gerben, und wenn man dieselben blos mit der Säure an=
netzt, und blos 20 Minuten lang einweicht, so werden sie dadurch nicht
verdorben.

5) Eine andere Methode. — Vitriolöl ½ Uz.; Salz eine
Kaffeetasse voll; Milch genug, um eine Haut damit gehörig zu bedecken,
nicht über 3 Qts. Mache die Milch warm, dann füge das Salz und das
Vitriolöl hinzu. Laß die Haut 40 Minuten in der Flüssigkeit liegen und
halte sie warm. Hernach trockne und verarbeite sie, wie unter Nro. 4 an=
gegeben.

6) Schaaffelle zu gerben, um sie zu Handschuhen,
Thürmatten, Decken, usw. benützen zu können. Zu Thürmatten nimm 2
Häute mit langer Wolle, mache ein starkes Seifenwasser, mit heißem Was=
ser. Wenn dasselbe kalt ist, so wasche die Häute darin, dieselben sorgfäl=
tig mit der Hand ausdrückend, um den Unrath aus der Wolle zu bringen.

Dann wasche die Seife mit klarem, kaltem Regenwasser heraus. Nun löse Alaun und Salz, von jedem ½ Pfd. in ein wenig heißem Wasser auf, und bringe dieß in einen Zuber mit so viel kaltem Wasser, daß es die Häute bedeckt. Laß die Felle über Nacht oder 12 Stunden lang in diesem Wasser liegen. Dann hänge sie an einen Pfosten, damit sie abträufeln können. Wenn sie gut abgetränfelt sind, so strecke sie sorgfältig über ein Brett aus, um sie zu trocknen. Sie brauchen nicht angenagelt zu werden während des Trocknens, sondern dürfen blos einigemal mit der Hand ausgespannt werden. Wenn noch ein wenig feucht, so nimm Salpeter und Alaun, pulverisirt von jedem 1 Uz., und sprenkle es auf die Fleischseite jedes Fells und reibe es stark hinein. Dann lege die Fleischseiten zusammen und hänge die Felle 2 oder 3 Tage an einem schattigen Orte auf, wobei die untere Seite alle Tage oben hin gedreht wird, bis sie völlig trocken sind. Dann schabe die Fleischseite mit einem stumpfen Messer, um noch anhängende Theile von Fleisch von der Haut zu entfernen. Trenne alle erhabene Theile los und reibe die Fleischseite mit Bimsstein und der Hand. Die Häute werden sehr weiß und schön werden, tauglich zu Fußmatten, sowie in einen Schlitten oder Wagen an einem kalten Tage. Sie geben ebenfalls gute Decken anstatt der Buffalohäute, wenn man sie färbt und zusammennäht. Gegerbte Lamm= oder Schaaffelle, von denen die Wolle etwa ½ oder ¾ Zoll abgeschnitten wird, geben die schönsten Daumenhandschuhe, für Alt und Jung.

7) Verschiedene Pelz= und andere Felle zu gerben. ($50 Recept.) Zuerst entferne die Füße und andere nutzlose Theile, und weiche das Fell ein; dann schabe die Fleischtheile alle ab, und lege es in warmes Wasser, (eine Stunde lang,) darnach:

Nimm zu jedem Fell Borax, Salpeter, Glaubersalz von jedem ½ Uz., und löse dieses in so viel Wasser auf, daß es über die Haut her gespritzt werden kann.

Gebrauche hiezu eine Bürste, und thue in den Mittelpunkt der Haut, oder an den dicksten Theil derselben, am meisten von der Flüssigkeit. Lege darnach das Fell zusammen, die Fleischseite einwärts gekehrt, und hänge sie an einem kühlen Orte 24 Stunden lang auf; aber laß es nicht gefrieren.

2) Wasche das Fell rein und dann nimm: Soda 1 Uz.; Borax ½ Uz.; feine Seife 2 Uz.; schmilz dieß langsam zusammen, aber sei sorgfältig, daß es nicht kocht, und behandle die Fleischseite des Fells mit dieser Mischung; wie zuerst. Rolle das Fell wieder auf, und hänge sie 24 Stunden lang an einen warmen Ort.

3) Wasche das Fell rein, wie oben, und nimm 2 Uz. Saleratus löse dieselbe in heißem Regenwasser auf und durchweiche das Fell damit. Ferner:

Nimm Alaun 4 Uz.; Salz 8 Uz.; löse dieß ebenfalls in heißem Regenwasser auf. Wenn gehörig abgekühlt, so daß man die Hände gut darin leiden kann, lege das Fell auf 12 Stunden hinein. Dann ringe das Wasser heraus und hänge sie 12 Stunden auf, um sie zu trocknen. Wiederhole dieses letztere Einweichen und Trocknen 3 bis 4 mal, je nachdem man die Weichheit des fertigen Felles wünscht.

Endlich: Vollende das Geschäft durch Ziehen, Verarbeiten, sowie durch Reiben mit Bimsstein und feinem Sandpapier. Diese Methode ist

ausgezeichnet bei Schaaffellen und feinem Pelz, als auch bei Hunds,- Ka-
tzen,- Wolfsfellen usw., und sie liefert ein dauerhaftes Leder, das durch
das Waschen nicht beschädigt wird.

Ein Mann in Washtenaw Co., Mich., bezahlte für dieses Rezept
$50, aber durch Fleiß und Arbeit gewann er viel damit.

8) H i r s c h f e l l e u n d R a c o n F e l l e z u g e r b e n, daß man
daraus Geißeln, Stränge, usw. bereiten kann. Nimm Vitriolöl 1 Uz.;
Milch 3 Qts. Mische es.

Tauche das Fell zuerst in warmes Regenwasser und löse in demselben
so viel Saleratus und doppeltkohlensaures Kali, um es sehr stark zu machen, verarbeite und drücke einige Minuten lang tüchtig. Dann ringe es
aus, so gut du kannst, und thue es in die Vitriolöl Mischung, etwa 50
Minuten lang, während welcher Zeit das Fell stets herum gerührt wird.
Nun ringe wieder, weiche es dann noch eine Zeit lang durch, und endlich
trockne und verarbeite es, bis es weich und elastisch ist.

9) S c h w ä r z e z u m F ä r b e n f ü r d i e H a a r s e i t e d e s
Leders, das Bärrel zu 10 Cents. — Nimm ein Bärrel und lege in dasselbe eine Quantität altes Eisen (Gußeisen oder gewöhnliches Eisen;) fülle dasselbe fast ganz mit Regenwasser auf und füge 1 Pt. Vitriolöl hinzu.
Rühre es gut durch einander, und in einem Monat oder zwei hast du eine
gute Schwärze, welche zum Schwärzen von Leder eben so gut ist, wie die,
zu welcher Essig genommen wird.

Es ist dieß ebenfalls eine gute Schwärze für Stiefel, Schuhe und
Pferdegeschirre. Die Säure, die dabei gebraucht wird, ist so sehr verdünnt, daß sie das Leder nicht angreift. Die Gerber wenden zuerst den
Urin an, ehe sie die Schwärze benützen, was ihnen jährlich 10 bis 12 Doll.
erspart, anstatt an der Stelle des Essigs Urin zu benützen.

10) F r a n z ö s i s c h e Z u b e r e i t u n g u n d V e r f e r t i g e n
des Leders. — Nimm einen gewöhnlichen hölzern Wassereimer und fülle
denselben mit den abgeschabten Theilen der Fleischseite von Häuten (die
Fuß und Kopftheile von Kalbsfellen sind am besten dazu.) Alsdann füge
Salz und Alaun von jedem eine Hand voll, hinzu, und laß es 3 Tage stehen. Dann koche diese Masse, bis du einen dicken Papp bekommst. Beim
Gebrauch mußt du es warm machen, und bei der ersten Anwendung ein
wenig Unschlitt, bei der zweiten ein wenig Schmierseife dazu nehmen und
nach der gewöhnlichen Art des Verfertigens dabei verfahren, so wird dein
Leder weich und elastisch werden, wie das französische Kalbleder.

Ich zweifle nicht daran, daß diese Behandlungsweise ebenfalls gut für die
Schuhmacher beim Aufspannen der Stiefel und Schuhe auf das Stiefelholz wäre, und eine Weichheit und Lindheit bezweckte, welche auf keine andere Weise so gut erreicht werden kann.

11) F r a n z ö s i s c h e s P a t e n t l e d e r.— Das Verfahren, welches die französischen Handwerker beim Glasiren des Leders, wodurch dasselbe in den Ruf erster und schönster Qualität gekommen ist, mit so gutem
Erfolg allgemein eingeführt haben, ist Folgendes:

Arbeite in die Haut vermittelst eines tauglichen Werkzeuges 3 bis 4
aufeinanderfolgende Ueberzüge von trocknendem Firniß, welcher gemacht
wird, daß man Leinsamenöl, Bleiweiß und Silberglätte kocht, bis das
Bleiweiß und Silberglätte aufgelöst ist; von Erstem 1 Gal.: von beiden
Letzteren je 1 Pfd., ferner ein wenig Kreide oder Ocker hinzufügt. Jeder

Ueberzug muß vollkommen trocken sein, ehe der nächste gemacht wird. Bei den weißen Auftragen des Firniß nimmt man Knochen Kohle dazu; der Firniß wird verdünnt mit Terpentinöl, und nun werden nochmals 5 aufeinanderfolgende Ueberzüge auf das Leder gemacht, wie anfangs, nur werden diese sehr dünn aufgetragen und nicht hineingearbeitet. Hierauf wird das Leder mit pulverisirtem Bimsstein abgerieben, in einem Zimmer von 90 Graden Wärme, welches frei von Staub ist. Der letzte Ueberzug wird dann gemacht, indem man ½ Pfd. Erdpech mit 10 Pfd. des trocknenden Oeles, (wie beim ersten Prozeß benützt) kocht; 5 Pfd. Copalfirniß und 10 Pfd. Terpentinöl darunter rührt. Es sollte einen Monat liegen ehe dieses Leder benützt wird, um seine eigenthümlichen guten Eigenschaften bewähren zu können. — U. St. Gazette. —

Für Anstreicher.

Trockene Oele zum Anstreichen von Kutschen, Wägen, Stubenböden. Nimm Leinsamenöl 1 Gal.; thue hinzu: Schellack 2 Pfd.; Silberglätte ½ Pfd.; rothen Minning ¼ Pfd.; Umber 3 Uz. Koche es langsam 2 bis 3 Stunden lang, bis Alles aufgelöst ist.

Reibe deine Farben fein mit diesem Oel, verdünnt mit Terpentinöl. — Gelber Ocker wird zu Boden benützt, und hält vorzüglich.

2) Schnelltrocknendes Oel, welches den „Patent dryers" gleich kommt. — Leinsamenöl 2 Gal.; Silberglätte, rothen Minning und Umber von jedem 4 Uz.; Bleizucker und weißen Vitriol, von jedem 2 Uz.

Koche es langsam so lange, bis es eine Feder sengt. Gebrauche dieß oder eins der andern, um zu der auszuführenden Arbeit den rechten Artikel zu haben.

3) Japanisches schnelltrocknendes Oel von der besten Qualität. Nimm Leinsamenöl 1 Gal., und füge hinzu, Schellack ¾ Pfd.; Silberglätte und gebrannten türkischen Umber von jedem ½ Pfd.; rothen Minning ½ Pfd.; Bleizucker, essigsaures Blei 6 Uz. Koche in dem Oel, bis Alles aufgelöst ist, was etwa 4 Stunden erfordern wird. Dann nimm es vom Feuer und gieße 1 Gal. Terpentinöl hinzu, so ist es fertig.

4) Ein anderes trocknendes Oel. — Man nimmt Leinsamenöl 5 Gal., und fügt hinzu: rothen Minning und Silberglätte von jedem 3½ Pfd.; rothen Umber 1½ Pfd.; Bleizucker und weißen Vitriol von jedem ½ Pfd.; pulverisire alle diese Artikel, und koche sie in dem Oel, bis sie aufgelöst sind. Wenn ein wenig abgekühlt, füge 5 Gal. Terpentinöl hinzu, oder überhaupt so viel, um das ganze von gehöriger Dicke zu bereiten.

Der Mann, welcher mir dieses Rezept mittheilte, bezahlte für dasselbe $10. Er gebrauchte dieses trocknende Oel mit gutem Erfolg, und sagte, er habe auch 2 oder 3 Tropfen davon benützt in ein Quart Firniß, und besonders, wenn dieser nicht sogleich trocken wollte.

Oelfarbe mit Wasser zu reduciren (verdünnen.) — Nimm Schellack 1 Pfd.; Soda ½ Pfd.; Wasser 3 Pts. Bringe Alles in einen passenden Kessel; koche bis Alles aufgelöst ist. Wenn nicht Alles zerfließt, so füge ein wenig mehr Soda hinzu.   Wenn abgekühlt, kann es in Flaschen zum Gebrauch gefüllt werden.   Es macht nichts, wenn es beim Oeffnen der Flasche auch einen üblen Geruch hat.

Vorschrift des Gebrauchs. — Mache zwei Quart Oelfarbe auf die gewöhnliche Weise an, lasse aber das Terpentinöl weg.   Nun mische 1 Pt. von der Mischung, in welcher Schellack enthalten, mit dieser Oelfarbe, wodurch dieselbe dick wird.   Sie kann reducirt (verdünnt) werden mit Wasser, bis sie die Beschaffenheit hat, daß sie mit einem Pinsel aufgetragen werden kann.   Es werden zwei Ueberzüge, (Anstriche) erfordert, und bei dem zweiten Anstrich kann Sand mit benützt werden, wenn gewünscht.   Ich gebrauchte diese Farbe mit Bleiweiß und gelben Ocker und ein wenig Kienruß zur dunkleren Schattirung, zum Anstreichen eines Zaunes, wobei ich zu dem zweiten Anstrich Sand benützte.   Die Farbe wurde vor 4 Jahren aufgetragen, und der Zaun ist jetzt noch schön und gut.

Der Sand wurde mit einem Röhren ähnlichen, mit vielen kleinen Löchern versehenen Gefäß angebracht, um denselben gleichmäßig auftragen zu können, wie dies z. B. mit einer Pfefferbüchse der Fall ist.   Ich bereute den Gebrauch dieser Farbe und des Sandes nicht; denn beide tragen wesentlich zur Dauerhaftigkeit eines Anstrichs bei, welcher dem Wetter, Regen und Sonnenschein ausgesetzt ist.   Aber ein besserer Weg, das Sandauftragen zu bewerkstelligen, ist in dem unten dargestellten Apparat für Anstreicher angegeben.

2) Eine andere Methode. — Nimm Regenwasser 1 Gal. und löse darin 3 Uz. Perlasche auf.   Koche es und füge nach und nach 1 Pfd. Schellack hinzu.   Wenn dieß geschehen, so ist es tauglich, einer Oelfarbe beigemischt zu werden, und zwar in gleichen Proportionen.   Diese Methode kostet bloß den dritten Theil einer gewöhnlichen Oelfarbe.

Manche Personen könnten denken, es sei eine übel angewandte Klugheit, die Anstreicher zu belehren, wie sie ihre Oelfarben mit Wasser mischen können; allein ich glaube, daß Jeder, der eine derartige Arbeit übernimmt, mit diesem Plan bekannt sein sollte, und wenn er irgend eine Methode befolgen will, so steht das zu ihm.   Ich habe es mit gutem Gewissen anempfohlen, denn wenn es nichts taugen würde, so hätten dieß 4 Jahre Zeit gelehrt.

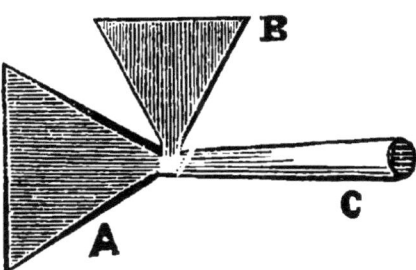

Apparat für Anstreicher zum Auftragen des Sandes.

3) Obiger Apparat ist von Zinn gemacht.   Die Röhre C mündet in das Ende eines kleinen Blasebalgs.   Der Sand wird in den Trichter B gethan, welcher senkrecht auf dem Apparat steht, und einen Deckel hat, während das breite Mundstück A beim Gebrauch des Apparats eben ge-

halten wird. Der Trichter entleert den Sand unmittelbar vor der Schnauze des Blasebalgs, und wenn derselbe getrieben wird, so wird der Sand ebenmäßig über den frisch angebrachten Oelanstrich geblasen, durch das Mundstück A. Der Theil, durch welchen der Sand durch den Wind geblasen wird, sollte nicht über einen Sechzehntelszoll dick und 2½ oder 3 Zoll weit sein, etwa wie bei Gießkannen.

Viele Personen lieben überhaupt das Auftragen von Sand nach dem Anstreichen. Allein weil die Bürsten nicht lange benützt werden können, wenn der Anstrich erneuert werden soll, so denke ich, es wäre am besten, wenn man blos Zäune und die Vorderseiten der Gebäude sanden würde, wo die Messer der Buben zu fleißig benützt werden.

Oelhäute zu erhalten und zu Oel zu reduciren. Löse in 1 Gal. Regenwasser ½ Pfd Soda auf.

Die Häute, welche vertrocknen und sich bilden, wenn man eine Oel= farbe eine Zeit lang stehen ließ, können wieder brauchbar gemacht werden, wenn man sie mit obigem Sodawasser überschüttet und dasselbe einige Ta= ge stehen läßt. Dann mache es heiß, und füge so viel Oel hinzu, als nöthig, um wieder eine gehörige, zum Anstreichen taugliche Farbe zu ha= ben. Anstreicher und Maler, welche ein weitläufiges Geschäft betreiben, sparen jährlich durch dieses einfache Verfahren viele Dollars.

Werthvolles Verfahren, neue Blechdächer anzu= streichen. Schabe die harzigen Bestandtheile ab, so rein als möglich, und kehr das Dach alsdann mit dem Besen ab. Alsdann:

Löse so viel Soda in einem Eimer Wasser auf, um dasselbe stark zu machen. Wasche das ganze Dach mit dem Sodawasser, und laß es so ste= hen, bis der Regen es abwascht, oder auch blos einige Stunden, nach wel= chen es rein abgewaschen werden muß, indem man dabei klares Wasser be= nützt

Nachdem es getrocknet ist, gib dem Dach einen Anstrich von venetia= nischem Roth gemischt mit ⅓ gekochten und ⅔ ungekochten Leinsamenöl, der zweite Anstrich mag irgend eine gewünschte Farbe haben. Das Soda= wasser löst das Harz auf, welches nach dem Kratzen noch zurückbleibt, zer= stört die fettartige Beschaffenheit der metallischen Substanzen des neuen Blechs, so daß die Farbe fest anhängen kann. Das venetianische Roth ist eine der dauerhaftesten Farben zum Anstreichen von Metalldächern ; wird jedoch öfters um der Farben willen verschmäht.

2) Feuerfeste Farbe für Schindel oder Bretter Dächer. — Lösche Steinkalk mit warm Wasser indem du denselben in ei= nen Zuber thust und zudeckst, um den Dampf darin zu behalten. Wenn abgelöscht, lasse das Pulver durch ein feines Sieb laufen, und füge zu je 6 Quart Kalk ein Qt. Steinsalz und 1 Gal. Wasser; dann koche die Masse und schöpfe den Schaum ab. Zu je 5 Gal. dieser Mischung füge 1 Pfd. pulverisirten Alaun und ½ Pfd. pulverisirten, grünen Vitriol, füge nach und nach (langsam) ¾ Pfd. pulverisirte Pottasche hinzu, und endlich feinen Sand oder Hickory=Asche 4 Pfd. —

Nun füge irgend eine gewünschte Farbe hinzu und lege es mit einer Bürste auf. Dieß sieht schöner aus, als Oel=Farbe, und ist so dauerhaft, als Schiefer. Es füllt kleine Löcher auf den Dächern aus, hält das Moos ab, und macht das Dach feuerfest, sowie Backstein Mauern, daß die Back= steine von der Nässe nicht angegriffen werden können.— Maine Farmer.

3) **Wasserfeste Oelfarbe.** — Löse etwa 5 Pfd. Gummiela-
stikum oder Kautschuck genannt, in 1 Gal. gekochtem Leinsamenöl durchkoch-
chen auf. Wenn dieß zu dick ist, so verdünne es mit gekochtem Oel; dagegen wenn es zu dünn sein sollte, so füge noch mehr Gummi elastikum bei.

Dieß ist besonders anwendbar bei Tuch; allein auch schätzbar für irgend einen andern Gegenstand.

Dem Glas die Frostfarbe zu verleihen. — Dem
Glas wird jene Eis= oder Frostfarbe, die wir oft an Fenstern sehen, ver-
welchen man wünscht, daß die Sonne nicht durchdringen könne, oder das
Auge des Beobachters nicht durchsehe, auf folgende Weise beigebracht:

Bleizucker, gut mit Oel zerrieben, gleich einer andern Farbe; alsdann
so lange es frisch ist, vermittelst eines Stück Baumwollenwatte, das man
mit den Fingern hält, und an den Scheiben auftupft, woraufman es theilweise trocknen läßt. Dann nimm ein Lineal, halte dasselbe auf die Fen-
sterrahmen, und ziehe mit einem Stöckchen, gerade Linien, von beliebiger
Entfernung, daß die Linien, die du in den Figuren, Vierecken u. s. w.
wünschest, gerade die rechte Weite haben. Gewöhnlich sind die Linien einen Zoll von der Einfassung der Scheiben entfernt, und im Mittelpunkt
derselben Diamantformen angebracht.

Orientalische Krystallmalerei. — Die Farben, welche
benützt werden, sind: Preußisches Blau, Carmoisin, vom reinsten und gewöhnlichsten Bleiweiß, Rosenroth, Grün, Gelb usw. Droguisten halten
sie in kleinen Röhren fertig zubereitet. Man muß dieselben mit Damarfirniß vermischt, und mit einem Tischmesser oder Spatel auf Glas fein
gerieben werden.

Vorschrift, die verschiedenen Schattirungen oder zusammengesetzten
Farben zu machen. Nimm die Stoffe ungefähr nach folgenden Proporti-
onen: Für Grün 1|5 blau und 4|5 gelb; für Purpurfarbe 1|6 blau und
4|5 Carmoisin; für Orangegelb $\frac{1}{4}$ Carmoisin und $\frac{3}{4}$ gelb; für Weinfarbe
1|12 blau und 11|12 Carmoisin; für Rosenroth füge ein wenig Carmoi-
sin zu Zinkfarbe; für eine braune Farbe: mische eine dunkle Purpurfarbe
und füge so viel Gelb hinzu, bis die Schattirung gefällt. Zu Schwarz
nimm Carmoisin und dunkelgrün, bis die Schattirung gefällt. Gemischte
Farbe heller zu machen, nimmt man die hellste und die dunkelste, und
mischt sie mit einander. Zu weißem Hintergrund nimmt man Zink oder
Bleiweis mit Terpentin=, Leinöl und Damarfirniß. Zu schwarzem Hintergrund: Kienruß mit Asphaltfirniß, gekochtem Leinöl und Terpentinöl
in gleichen Quantitäten. Zu Fleischfarbe nimm Zink mit einer kleinen
Portion Carmoisin und Chromgelb. Um einen Abriß von den Figuren
des Grundwerks eines Gemäldes zu nehmen, benütze ein wenig Kienruß
mit Asphaltfirniß, Terpentinöl und Leinöl um es gehörig flüssig zu machen.

Anweisung zum Malen. — Zuerst reinige dein Glas gut,
dann lege es über das Bild, das abgenommen werden soll, und mache auf
dem Glas alle Linien im Bilde nach, zu welchem der Kienruß Firniß gebraucht wird. Sei dabei sorgfältig, daß du alle Figuren, Pflanzen u.
dgl. genau nach machst. Wenn die Skizze genommen und trocken ist, dann
fange an den Hintergrund im Bilde aufzutragen bis Alles abgenommen
ist. Wenn der Hintergrund trocken ist, so fange an, die Farben aufzutragen, beginnend mit grün, wenn solches im Bilde ist, und endige mit gelb.

10

Wenn alle Farben aufgetragen sind, und auch der Hintergrund vollendet ist, so laß es gut trocknen. Hernach nimm ein dünnes Zinnblatt und runzle es mit der Hand tüchtig zusammen, dann strecke es theilweise wieder aus und lege dasselbe über das Bild und befestige es, indem du Papier darüber her klebst, so daß das Papier die ganze Rückseite des Glases bedeckt. Das ganze wird gerathen oder mißrathen, je nachdem der Maler Praxis oder Kunstsinn in sich vereinigt.

Beliebtes Grün. Ungerösteter, pulverisirter Kaffee, das Weiße von einem Ei hinzu gethan, macht in 24 Stunden ein herrliches Grün für künstliche Malerei, ein Beweis, daß ungerösteter Kaffee Gift enthält.

3) Durchsichtiges Zeichnungspapier zuzubereiten. Gebleichtes Leinöl, Terpentinöl und canabischen Balsam, gleiche Theile von jedem, gemischt·

Nimm eine Rahme, ein wenig kleiner, als das zu bereitende Papier und bringe Papp oder eine Gummiauflösung an die äußere Kante der Rahme, mache das in klarem Wasser naß und lege es auf die Rahme, und drücke es auf die mit Papp bestrichene Kante derselben. Darnach ziehe das Papier über die Rahme her und befestige es auch am andern Ende derselben. Wenn es trocken ist, hält es so fest, wie ein Trommelfell. Während es dann in dieser Lage sich befindet, sättige es mit der obigen Mischung vermittelst einem Pinsel. Drei bis vier Ueberzüge sind erforderlich, wobei der eine jedesmal getrocknet sein muß, ehe der andere aufgetragen wird. Es bedarf blos ein wenig, um es durchsichtig zu machen, so daß, wenn du eine Rose oder andere Blume oder Blatt nach der Natur abnehmen willst, dieselben eben so wohl unter das Papier gelegt werden können, wie das Bild unter das Glas bei der „orientalischen Malerei." Dann ziehe die Linien und vollende auf die obenbeschriebene Weise, oder kann es auch so gebraucht werden, daß es für Perspektiv Ansicht auf entfernter Scenerie dient.

Glasplatten in Thüren zu machen. — Schneide dein Glas nach der gewünschten Größe und reinige es gut mit Weingeist oder Seife. Dann schneide einen Streifen (ein dünnes Zinnblättchen, Staniel) lang und weit genug, um den Namen einzugraviren, und glätte das Blättchen mit einem Stück Elfenbein, oder einem sonstigem Glätter, der Länge nach. Nun mache das Glas mit der Zunge naß, (denn der Speichel ist die beste Substanz, etwas zu befestigen,) oder wenn das Glas sehr groß ist, so gebrauche eine schwache Auflösung von arabischen Gummi, oder das Weiße von einem Ei in ½ Pt. Wasser, streiche es auf das Staniel und reibe es mit einem Stück Tuch über das Glas her. Hernach reibe es noch mit dem Glätter. Je mehr es geglättet wird, desto schöner wird es. Nun ziehe Linien auf dem Blatt vermittelst eines Lineals, welche die Höhe der Buchstaben haben, die eingravirt werden sollen, bezeichnen. Gebrauche ein scharfes Messer zum Beschneiden des Zinnblattes, und entferne die hiedurch losgetrennten, überflüssigen Enden desselben. Dann schneide die Buchstaben auf die Rückseite des Zinnstreifens so ein, daß dieselben von außen deutlich gelesen werden können, und thue dieß entweder aus freier Hand, oder nach einem Modell von Buchstaben, welche zu diesem Zweck gekauft werden können. Führe beim Schneiden das Messer vorsichtig, und halte die Musterbuchstaben oder das Lineal (was du gerade benützest) correkt. Alsdann reibe die Ecken der Buchstaben nieder, entweder mit der Rückseite des Messers oder mit dem Glätter, wodurch die schwarze Farbe, oder der japanische Firniß, welche über die Rückseite der Glasplatte aufgetragen wird, verhindert ist, zwischen das Glas und das Zinnblättchen zu gelangen. Der japanische Firniß wird gemacht, indem man Asphalt (Judenpech) in so viel Terpentinöl auflöst, als es gerade zu diesem Verfahren erfordert. Trage diese Farbe mit einem Pinsel gleich jeder andern Farbe, auf die Rückseite der Buchstaben und über dem Glas auf, wodurch ein Hintergrund gebildet wird. Dieß wird ebenso für die eiserne Einfassung der Glasplatte benützt, indem es aufgetragen wird, während die Platte ein wenig heiß ist. So bald diese abgekühlt, ist es trocken. Wenn es ein wenig schwärzer gewünscht wird, so kann man ein wenig Kienruß darunter verreiben.

Wenn du es vorziehst, so kannst du jeden andern Buchstaben in dem Zinnblatt herausnehmen, und an dessen Stelle einen Buchstaben mit rother, blauer oder anderer Farbe malen, um eine größere Verschiedenheit darzustellen, je nach dem Wunsche deiner Kunden. Die Zinnblätter sind dicker, als die Silber- und Goldblätter, weßhalb durch Erstere die Farbe nicht so gut durchscheint, wie bei den Letztern. Wenn jedoch letztere Blätter gewünscht werden, so kann man das Durchscheinen der Farbe verhindern, wenn man folgende zwei Ueberzüge oder Anstriche macht: Trage den ersten Anstrich auf diese Blätter so auf, wie angegeben bei den Zinnblättern, und glätte den Stoff durch Reiben in das Glas hinein. Dann hauche darauf, bis dadurch eine Feuchtigkeit entsteht; nun trage den zweiten Ueberzug auf und glätte gut, wobei ein Papier drüber hergelegt wird. Anstatt des Messers, um die Buchstaben herum oder nach dem Lineal zu graviren, nimm eine Nadel, und fahre mit der scharfen Spitze um die Musterbuchstaben, oder das Lineal. Dann nimm ein Stückchen Holz, (wie gewöhnlich Goldarbeiter brauchen, oder irgend hartes Holz,) mit einer kleinen, scharfen Spitze, um damit die gemachten Einschnitte noch besser auszuprägen, indem bei diesen Blättern sich keine Substanz lostrennt, wie bei dem Zinnblatt. Dann werden diese Buchstaben ebenfalls mit der Farbe (oder dem japanischen Firniß) bestrichen, wie bei den andern Buchstaben. Man kann auch aus Anschlagezetteln oder dergleichen die Buchstaben herausschneiden und auf das Glas befestigen, indem man dieß ebenfalls naß macht, wie bei den Blättern. Man bringt den Firniß ebenfalls auf die Glasplatte und über die Buchstaben, wenn derselbe trocken ist, so nimmt man die papiernen Buchstaben heraus und bemalt nun die Formen mit den gewünschten Farben. Der japanische Firniß schält sich nicht ab, sondern läßt scharfe und deutliche Kanten, und diese bemalten Buchstaben nehmen sich sehr gut aus, wenn man gedruckte papierne oder gezeichnete Buchstaben bekommen kann, so erspart das viel Arbeit und Zeit.

Belehrung des Obigen. Zum Beispiel: In den unten angegebenen Namen kann A, von Goldblatt sein; W, mag blau bemalt sein, C, roth; H, schwarz; A, Goldblatt; S, blau; E, roth; M, schwarz und D, wieder Goldblatt, was eine in die Augen fallendere Platte macht, als wenn alle Buchstaben aus einem Blatt oder von einer Farbe wären, was Jeder leicht einsehen wird.

Setze dein Glas in die Einfassung vermittelst Kitt und gib dem Glas einen dünnen Ueberzug von diesem Kitt, weil der Pariser Kalk, welcher gewöhnlich gebraucht wird, den japanischen Firniß oder die Farbe bald he-

rauen zu Personen von einiger Fähigkeit sind bald im Stande, ihre Platten selbst zu bereiten, wenn sie obige Regeln befolgen, wobei sie $5 Lehrgeld ersparen. Anstatt des japanischen Firniß kann man eben sowohl Schellack Firniß mit Kienruß gefärbt, benützen. Siehe: „Durchscheinender Firniß für Holz."

Aetzen und Schleifen auf Glas, —anwendbar bei Schilder und Seitenfenstern usw. Nimm Asphaltfirniß und zeichne mit einem kleinen Bleistift den Namen aus. Bringe aber den Firniß nicht auf die Buchstaben, sondern blos um dieselben herum, indem du den Raum unbestrichen lässest, welcher für die Buchstaben bestimmt ist, wie dies mitfolgende Thürtafel, welche unser Holzschnitt darstellt, zeigt. Auf diese Weise werden nach unserer Ansicht vortreffliche Lettern dargestellt.

Die weiße Linie an der Außenseite stellt eine Einfassung dar, was die Schönheit der Tafel vermehrt. Wenn der Firniß trocken ist, so nimm zerschmolzenes Bienenwax, und wenn es anfängt abzukühlen, so nimm ein wenig und bestreiche den Rand des Glases, auf welches geätzt werden soll, mit demselben, wodurch dasselbe eine Erhöhung bildet, daß die Säure (der Aetzstoff) nicht über das Glas hinunter fließt, während geätzt wird. Nun lege das Glas auf einen ganz ebenen Ort und gieße ein wenig Flußsäure auf den Namen, Buchstaben, oder die Zeichnung, und laß es eine Stunde darauf liegen, in welcher Zeit das Glas nicht berührt oder bewegt werden darf. Dann schütte die Säure wieder in deine Flasche zurück, worauf dieselbe wieder benützt werden kann. Der Asphalt bezweckt, daß die Säure blos in die Buchstaben hineinfrißt, und das Wachs an dem Rande des Glases verhindert den Abfluß der Säure. Beim Abschütten der Säure wird das Glas mit ein wenig Wasser abgewaschen, das Wachs wird abgeschabt und der Asphalt mit ein wenig Terpentin abgemacht, und die Arbeit ist vollendet.

Die obigen Vorschriften sind für das einfache Glas gegeben; allein man kann auch entweder die Buchstaben die ausgeätzt sind, oder alles Andere außer diesen vergolden, wenn gewünscht, wie oben in dem Kapitel über Thürplatten angegeben. Oder du kannst die Oberfläche des Glases reiben oder schleifen, wie angegeben unter: Glasschleifen für Schilde, Fenster usw. — Es läßt sich diese Methode besonders gut anwenden auf dem „flashed" oder „stained glass" (blos auf einer Seite gefärbt,) auf dieselbe Weise wie oben ausgeführt, indem man die Buchstaben oder die Zeichnung an die gefärbte Seite setzt, was die Farbe auffrißt, das Zeichen aber rein und weiß läßt. Oder du kannst blos theilweise die gewünschten Buchstaben ätzen, wodurch die Buchstaben und Verzierung eine hellere Farbe bekommen, als der übrige Theil des Glases, was verursacht, daß es sich prächtig ausnimmt zu Seitenfenstern in Gängen und in Hallen, bei Lampen und den Fenstern in den Apotheken u. s. w.

Es gibt 2 Arten von gefärbtem Glas, das eine nennt man „Potmetal" (ganz gefärbtes Glas) das andere „flashed glass" (halbgefärbtes Glas.)

Das erste Glas wird gemacht, daß man die dazu gebrauchte Farbe mit dem geschmelzenen Glas mischt, während es gemacht wird, weßhalb es durchaus gleich ist. Das halbgefärbte Glas wird gemacht, daß man eine Seite desselben färbt, und es dann auf denjenigen Grad Wärme bringt, daß die Farbe im Glas bleibt. Die Farbe ist blos auf einer Seite.

Wenn gewünscht wird, auf Apotheker Gefäße, oder andere Häfen, zu ätzen, so kann dieß geschehen, das man den Namen mit dem Firniß und Wachs anfträgt. Dann nimmt man eine Bleikapsel ohne Boden oder Deckel, und paßt das untere Ende dem Hafen an, und drückt in das Wachs hinein, daß es fest bleibt. Dann schütte deine Säure in die Kapsel, wodurch dieselbe (die Säure) an ihrer Stelle bleiben muß, wie bei dem Wachs auf ebener Oberfläche. Es können ebensowohl auch andere Verzierungen aufgeätzt werden, als Buchstaben. Das frühere Verfahren bestand darin, daß man die ganze Oberfläche mit Wachs bedeckte und dann wieder von der Buchstaben entfernte, was sehr zeitraubend und mühsam war. Und wenn ein wenig Wachs an der Flasche hangen blieb, so konnte an diesem Platze die Säure nicht ätzen. Hernach hielt man das Glas über die Säure, anstatt die Säure auf das Glas zu bringen.

2) Glasschleifen für Schilde, Seitenfenstern usw. — Nachdem du einen Namen oder eine andere Zeichnung in ungefärbtes Glas geätzt hast und du wünschest, daß das Licht blos durch diesen Namen oder dieses Zeichen durchleuchten soll, um desto mehr in die Augen zu fallen, so verfahre dabei folgendermaßen:

Nimm ein Stück dünnes Messing groß genug, um nicht in die geätzten Buchstaben hinein zu sinken, sondern daß es über dieselben hergleitet, wenn auf der Oberfläche des Glases damit hin- und hergefahren wird. Mit pulverisirter Schmergel kannst du dann das Glas in kurzer Zeit so schleifen, daß es wird, wie die viel gesehenen, geschliffenen Kugeln über Lampen. Blos die Buchstaben sind ungeschliffen, weil sie tiefer eingeätzt sind. Während des Schleifens oder Reibens des Glases muß dasselbe naß gehalten werden.

Auf diese Weise können ganze Fenster geschliffen werden, anstatt ihnen die Frostfarbe zu verleihen; oder kann man umgekehrt verfahren, je nachdem man es wünscht.

3) Flußsäure. — Behufs des Aetzens zu bereiten. — Du kannst deine eigene Flußsäure bereiten, wenn du Flußspath bekommst, es pulverisirst und in Schwefelsäure, Vitriolöl wirfst, welches jene andere Säure „schneidet" oder auflöst.

Droguisten im Allgemeinen halten diesen Artikel nicht immer; allein sie können ihn von größeren Städten beziehen, und die Unze ungefähr um 75 cts. bekommen, und mit dieser einzigen Unze können durch die Verarbeitung derselben wenigstens $50 werth Arbeit gemacht werden. Man bewahrt es in gutta percha-bottles oder Bleiflaschen, und wenn es nicht gebraucht wird, so müssen die Flaschen mit Stöpseln aus demselben Material verschlossen werden. In Glas kann man es natürlich nicht thun, weil es dasselbe auflösen würde. Genannte Flaschen nennt man auf deutsch. Guttaperchaflaschen.

Porzelananstrich für Unterhaltungszimmer, oder Sprechzimmer. — Um das Holz für den Anstrich zuzubereiten, muß man, wenn dasselbe Tannenholz ist, einen oder zwei Ueberzüge von dem durchsichtigen Firniß auf tasselbe auftragen, wodurch verhindert wird, daß das Harz heraustreibt, wodurch der Firniß gelb würde. Dann trage in dem Zimmer wenigstens vier Anstriche von reinem Zink auf, welcher in ein wenig Oel verrieben wird, aber zum Auftragen mit Terpentinöl oder Naphtha oder Bergöl verdünnt werden muß. Gib jedem Anstrich Zeit, zu trocknen. Wenn es trocken und hart ist, so reibe es mit Sandpapier glatt, worauf es zubereitet ist für den Firniß, welcher aus zwei Ueberzügen von französischem Zink besteht, der mit Damarfirniß zerrieben und verdünnt wird, bis er sich gehörig auftragen läßt. Herr Miles von welchem ich diese Vorschrift habe, sagt, daß, wenn der französische Zink nicht zu bekommen sei, daß der Firniß mit gewöhnlichem Zink, in Oel zerrieben, gebraucht werden könne, wobei man aber Achtung geben müsse, daß man nicht zu viel Zink nehme, indem sonst der Glanz verringert würde, und der Firniß eher gelb werden könne. Es kann ein wenig Terpentinöl oder Naphtha hinzu gethan werden, wenn die Farbe zu dick ist; aber in keinem Fall darf Leinöl zur Verdünnung der Farbe genommen werden.

Dieser Firniß gehörig angewendet, ist sehr schön, und obschon er sehr weiß ist, kann er besser rein erhalten werden, als andere Anstriche, indem bei diesem einfach die Staubbürste (Kehrwisch) zum Reinigen gebraucht wird.

N. B. Nicht ein Bißchen Bleiweiß darf unter diesen Firniß genommen, weder bei dem ersten Anstrich noch bei den folgende. Auch darf kein Pinsel benützt werden, der in Bleiweiß eingetaucht war, außer er sei zuvor gehörig gereinigt, weil sonst ein gelber Teint sich zeigen würde, welchen die chemische Veränderung des Bleiweiß und der Zinkfarbe hervorbringen würde.

Verfahren der Anstreicher bei Bereitung ihrer Farben. Berliner Blau. Erstens: Salpetersäure, Scheidewasser irgend einer Quantität, und so viel Eisenspäne von dem Schraubstock in der Schmiede, als die Säure auflöst. Mache die Eisenspäne so heiß, als die Hand es ertragen kann, und füge sie langsam zu der Säure in kleinen Quantitäten, so lange dieselbe sie auflöst; alsdann füge langsam noch einmal so viel Wasser hinzu, als es Salpetersäure war, und wirf noch einmal einiges Eisen hinein, so lange die Säure dasselbe auflöst. Zweitens: Nimm blausaure Potasche löse dieselbe in so viel heißem Wasser auf, daß es eine starke Auflösung gibt. Nimm nun von diesem Stoff zu dem ersteren so viel, daß es ein dunkles Blau gibt, so hast du obiges Blau.

2) Ein anderes Verfahren. — Ein sehr passables Berliner Blau wird dadurch gemacht, daß man grünen Vitriol und blausaure Potasche gleiche Theile von jedem, jedes in einem besondern Wasser aufgelöst, und dann die beiden Wasser mit einander mischt.

3) Chromgelb. — Erstens: Nimm Bleizucker und Pariser Weiß von jedem 5 Pfd; löse diese Stoffe in heißem Wasser auf. Zweitens: Nimm doppeltchromsaure Potasche 6½ Uz.; und löse sie ebenfalls in heißem Wasser auf. Jeder Artikel wird besonders aufgelöst, dann wird Alles zusammengemischt. Die chromsaure Potasche wird zuletzt hinein gethan. Laß es 24 Stunden stehen.

4) Chromgrün. Nimm Pariser Weiß 6½ Pfd.; Bleizucker und blauen Vitriol von jedem 3½ Pfd.; Alaun 10½ Uz.; bestes weiches Berliner Blau und chromgelb von jedem 3½ Pfd. Mische Alles als feines Pul-

ver durcheinander, und füge eine Gallone Wasser hinzu. Rühre es gut, und laß es 3 bis 4 Stunden stehen.

5) **Dauerhaftes und wohlfeiles Grün.** — Nimm gelben Oder und färbe es mit einer Auflösung von Chromgelb und Berliner Blau, bis es die von dir gewünschte Schattirung hat.

6) **Pariser Grün.** — Nimm ungelöschten Kalk von der besten Sorte, lösche ihn ab mit heißem Wasser, dann nimm den feinsten Theil des Pulvers und füge so viel Alaunwasser hinzu, (sehr starke Alaunauflösung,) um daraus einen dicken Papp zu erhalten. Alsdann färbe es mit doppeltchromsaure Potasche und blauen Vitriol bis die Farbe nach deinem Geschmack ist. N B. Die doppeltchromsaure Potasche färbt gelb und und der blaue Vitriol blau. Behalte dieß, so wirst du keinen Fehler machen.

7) **Eine andere Methode.** — Blauen Vitriol 5 Pfd.; Bleizucker 6¼ Pfd.; Arsenik 2½ Pfd.; doppeltchromsaures Kali 1½ Uz.; mische Alles gut mit 3 Pint Wasser und laß es 2 bis 4 Stunden stehen.

8) **Hellbraune Farbe.** — Brasilienholz 1 Pfd.; koche es zwei Stunden lang in so viel Wasser, daß du nach Verfluß dieser Zeit noch eine Gallone Wasser hast. Dann seihe es durch und koche in dem gleichen Wasser 1 Pfd. Alaun bis er aufgelöst ist. Wenn es so kühl ist, daß es die Hand ertragen kann, füge ¾ Uz. salzsaures Zinn hinzu. Nun nimm Pariser Weiß 12½ Pfd., mische es mit Wasser, etwa so weich wie Salbe, und wenn das Erstere kühl ist, so rühre das Ganze tüchtig durcheinander.

Wenn irgend eine dieser Mischungen lange genug gestanden, wie oben angegeben, so gieße man das Wasser ab, indem man zu diesem Zweck das Präparat in Muslinsäcke bringt, und dann dasselbe der Luft aussetzt, um es zum Gebrauch zu trocknen. Es sollten zur Aufbewahrung blos gläserne, steinerne und hölzerne Gefäße benützt werden, (sowie beim Gebrauch der Präparate,) indem die Säuren das Eisen, Zinn, Kupfer usw. schnell angreifen, wodurch die Farben verunreinigt werden. Auch ist zu bedenken, daß, wenn Wasser zu starken Säuren gefügt wird, dasselbe langsam geschehen muß, besonders in schwache Flaschen, sonst zerbricht das Gefäß durch die große Hitze, welche sich durch Combination der Stoffe entwickelt. Anstreicher können bei Bereitung dieser Farben nach ihrem eigenen Urtheil verfahren, jedenfalls aber sollten sie sich das Vergnügen machen diese Vorschriften zu probiren, wenn sie auch denken, es komme nicht genug Profit dabei heraus. Sie können es ja mit kleinen Quantitäten voll versuchen indem die chemische Wirkung bei kleineren Quantitäten just so gut ist, wie bei größeren.

Für Grobschmiede.

Feilen und Raspeln durch chemisches Verfahren wieder zu schärfen. Löse Saleratus auf, nach dem Verhältniß en 4 Uz. zu 1 Qt. Wasser, um in demselben die Feilen gehörig zu bedecken. Koche dieselben in dem Wasser eine halbe Stunde lang. Dann nimm sie heraus, wasche und trockne sie. Stelle sie in einem Hafen, welcher mit

Regenwasser und Vitriolöl, (Schwefelsäure) aufgefüllt ist, und zwar nach dem Verhältniß von 1 Qt. Wasser zu 4 Uz. Säure.

Wenn die Feilen grob sind, so müssen sie etwa 12 Stunden drin verweilen; dagegen bei feinen nimmt es bloß 6 bis 8 Stunden. Wenn du sie heraus nimmst, so wasche sie rein, trockne sie schnell und gieße ein wenig Olivenöl darauf, den Rost davon abzuhalten. Dieses Verfahren ist anwendbar für Grobschmiede, Büchsenmacher, Flaschner, Kupferschmiede, Maschinisten usw. — Bei Kupferschmieden und Flaschnern wird es bloß kurze Zeit erfordern, die Theile aus ihren Feilen heraus zu bringen, indem die weichen Metalle, womit dieselben gefüllt sind, bald aufgelöst sind, worauf die Feilen bereits wieder so gut, wie neu sind. Bei Grobschmieden und Sägemüllern erfordert es die volle Zeit. Die Feilen können 3 bis 4 mal wieder geschärft werden, wobei ein Mann viel profitirt. Das obige Präparat kann so lange gebraucht werden, bis du wahrnimmst, daß keine Wirkung mehr statt findet, wenn du die Feilen hineinlegst. Bedecke es, wenn es nicht gebraucht wird.

Wenn die Arbeiter beim Feilen jedesmal die Feile in die Höhe lüpfen würden, wenn sie zurückfahren, so würde es nicht so bald nöthig sein, eine Feile frisch zu schärfen; dagegen beim Zurückziehen derselben bekommt sie eine „Drathecke," d. h., sie wird stumpf, was dann die Säure wieder beseitigt. Dieselbe schärft auch den Zahn. Viele Personen bezweifeln dies zwar; allein dessen ungeachtet ist das Mittel probatum. Ich weiß dieß aus Erfahrung. Durch das Kochen in dem Saleratuswasser wird das Fett entfernt und die Säure kann dann auf den Stahl einwirken.

Firniß, um den Rost vom Eisen oder Stahl abzuhalten. — Unschlitt 2 Uz.; Colophonium, (Geigenharz) 1 Uz.; schmilz dies zusammen und seihe es durch, während es heiß ist. Mache einen leichten Ueberzug damit, und du kannst irgend einen Artikel den du nicht beständig brauchst, auf lange Zeit aufbewahren, wie z. B. Messer, Gabeln, oder Schneidwerkzeuge der Mechaniker, usw. Für Aerzte dagegen und andere derartige Werkzeuge, welche der Luft vor dem Verkauf ausgesetzt waren, wirst du den folgenden Firniß noch vorzüglicher finden:

2) Durchsichtiger Firniß für allerlei Schneidwerkzeuge, Pflüge usw. — Vom besten Weingeist 1 Gal.; Sandaracgummi 2 Pfd.; Mastixgummi ¼ Pfd., bringe Alles in eine blecherne Kanne, welche gekorkt werden kann; verkorke sie gut und schüttle sie öfters, und lege die Kanne von Zeit zu Zeit in heißes Wasser. Wenn es aufgelöst ist, so ist es zum Gebrauch tauglich.

3) Der beste Firniß für Eisen und Stahl. — Nimm vom besten Copalfirniß und füge so viel Olivenöl hinzu, daß es sich fettartig anrührt; dann füge etwa so viel Terpentinöl hinzu, als es Firniß ist, und du wirst vielleicht nach keinem andern Firniß mehr ein Verlangen haben.

Durchsichtiger blauer Firniß für Stahl-Pflüge. Nimm Damar Firniß ½ Gal.; fein pulverisirtes Berliner Blau ½ Unze; mische sorgfältig. Bei geschliffenen Stahlpflügen oder anderem polirten Stahl ist ein oder zwei Ueberzüge genug, um eine schöne, blaue Farbe hervorzubringen, gleich hartem Stahl. Wenn die Farbe noch blauer erscheinen soll, so füge ein wenig Preußisches Blau hinzu. Copalfirniß ist nicht so durchsichtig, als der Damarfirniß.

5) Eine Schwärze oder schwarzer Firniß für Eisen.— Pulverisirtes Asphaltgummi 2 Pfd.; Benzoegummi ¼ Pfd.; Terpentingeist 1 Gal. Es muß schnell gemacht werden. Dann stellt man es an einen warmen Ort, und schüttelt es oft. Schattire es nach Belieben mit gepulverter Beinkohle. Trage es mit einem Pinsel auf. Es kann sowohl bei den dem Wetter ausgesetzten Eisen Artikeln, als auch bei denen angewendet werden, welche im Trockenen gehalten werden, um denselben eine schöne Politur zu verleihen.

6) Firniß für Eisen. — Asphalt 8 Pfd.; schmelze in einem eisernen Kessel, und füge langsam 5 Gal. gekochtes Leinöl; Silberglätte 1 Pfd., und weißen Vitriol ½ Pfd., hinzu. Koche es beständig 3 Stunden lang, dann füge dunkles Ambergummi 1½ Pfd. hinzu, und fahre dann mit dem Kochen noch 2 Stunden lang fort. Wenn es kalt ist, so verdünne es bis es die gehörige Beschaffenheit hat, um mit einem Pinsel aufgetragen werden zu können, wobei Terpentingeist benützt wird.

7) Ich möchte hier zugleich denjenigen Lesern eine Thatsache mittheilen, welche Reben und Bäume an den Häusern halten möchten und dieselben vermittelst Nägeln, die eingeschlagen werden, an den Seiten des Hauses hinauf ziehen, dabei aber wünschen daß man eine Rostplatte, durch die Nägel entstehend, verhindert.

Bohre ein Loch, in welches der Nagel geschlagen werden soll, stecke einen Streifen Zink hinein, und treibe dann den Nagel hinein, in Verbindung mit dem Zink. Die elektrische Wirkung zweier Metalle, die in Berührung mit einander kommen, halten der Rost ab, was sich während einer achtjährigen Beobachtung als probatum erwiesen hat

Gußstahl ohne Borax zu schweißen. — Grüner Vitriol 2 Uz.; Salpeter 1 Uz.; Kochsalz 1 Uz.; schwarzem Manganoxyd 1 Uz.; blausaures Kali 1 Uz.; Alles pulverisirt und mit 3 Pfd. schönem Schweißsande vermischt, gebrauche es gerade so, wie wenn du Sand hättest.

Schlechtes Eisen gut zu machen. — Schwarzes Manganoxyd 1 Theil; grüner Vitriol und Salz, von jedem 4 Theile; löse es in Wasser auf und koche es so lang, bis es trocken ist. Wenn es kühl geworden, so pulverisire es und mische tüchtig mit schönem Schweißsand.

Wenn du schlechtes Eisen hast, welches du doch auch nicht wegwerfen magst, so erhitze es und rolle es in dieser Mischung, verarbeite es ein wenig und erhitze es wieder, so wird es bald von allen Unreinigkeiten frei sein, welche die Ursachen sind, daß es verdorben war. Durch dieses Verfahren erhälst du von dem gewöhnlichsten Eisen die besten Hufnägel.

Schreiben auf Eisen, Stahl, Silber oder Gold, wobei der Buchstabe nicht den 10ten Theil von einem Cent kostet. Salzsäure 1 Uz.; Scheidewasser, Salpetersäure ½ Uz.; mische es, und es ist sofort tauglich zum Gebrauch).

Anweisung: Bedecke den Platz, auf welchen du schreiben oder etwas markiren willst, mit geschmolzenem Bienenwachs; wenn es kalt ist, so schreibe den Namen deutlich mit einer Feilenspitze, oder einem zu diesem Zweck verfertigten Instrument, durch das Wachs hinein, und reinige die so gemachten Buchstaben von dem Wachs; dann fülle mit diesen gemachten Säuren vermittelst einer Feder jeden Buchstaben aus, laß es von 1 bis 10 Minuten darin, je nach dem gewünschten Aussehen der Schrift. Dann gieße ein wenig Wasser darauf, welches die Säuren schwächt (reducirt) wodurch dem Proceß Einhalt gethan wird. Jede dieser Säuren allein würde Stahl und Eisen angreifen; bei Gold und Silber aber erfordert es obige Mischung. Wenn du die Säure abgewaschen hast, so wende ein wenig Oel auf die Schrift an.

Müllerpicken zu schärfen. — Füge zu 6 Qt. Regenwasser eine Uz. feinen Aetzsublimat und zwei Hände voll Kochsalz; wenn aufgelöst, ist es zum Gebrauch tauglich. Der erstere Stoff gibt dem Stahl die Stärke, und der letztere die Härte. Manche ziehen vor, dem Obigen noch 2 Uz. pulverisirten Salmiak beizugeben.

Anweisung: — Erhitze die Picken blos bis zur Kirschenröthe und tauche sie dann in die Flüssigkeit, temperire sie aber nicht. Beim Bearbeiten der Müllerpicken sei vorsichtig, daß du keine große Hitze machst, sondern sie bei einer ganz mäßigen Hitze bearbeitest. Der Grund, warum so wenige gute Picken machen können, ist der, daß sie die Hitze nicht so nieder halten, als sie sollten. Mit Sorgfalt für diesen Punkt und beim Gebrauch der obigen Flüssigkeit hat man selbst bei dem harten Quarzmühlstein nichts Weiteres zu befürchten. Verschließe das Präparat sorgfältig, wenn es nicht gebraucht wird; denn es ist Gift. Schweine oder Hunde möchten davon trinken, wenn es unbedeckt bliebe. Dieß ist die Mischung, wodurch ich den Namen erhielt, daß ich das beste Präparat für Müllerpicken habe; allein weil ich einige andere sehr berühmte Mittel habe, so will ich hier noch einige folgen lassen.

2) Ein englischer Müller gab mir, nachdem er mein Buch gekauft hatte, das folgende Rezept, wofür er $10 bezahlte. Er hatte es 30 Jahre lang benützt, und will nie ein anderes benützen:

Salz, ½ Kaffeeschaale voll; Salpeter ½ Uz.; pulverisirter Alaun 1 Theelöffel voll; Regenwasser 1 Gal.; dabei darf die Hitze nie über Kirschenröthe haben, und die Pike nicht temperirt werden.

3) Salpeter, Salmiak und Alaun, Alles pulverisirt von jedem 2 Uz.; Salz 1½ Pfd.; Wasser 3 Gal. Verfahre wie oben.

Es muß dieß letztere Mittel auch ein gutes sein, indem das nachfolgende das ich 500 Meilen von dem Ort erhielt, an welchem ich zu dem Erstern kam. (und zwar beide von Männern welche dessen Werth kannten,) dem Andern so ähnlich ist, daß man sie „Zwillinge" nennen kann.

4) Müllerpicken und Sägeblätter zu härten. — Salpeter und Alaun, von jedem 2 Uz.; Salmiak ½ Uz.; Salz 1½ Pfd.; Regenwasser 3 Gal. Mache die Hitze bis zur Kirschenröthe, tauche die Picken dann in die Flüssigkeit, wie oben, ohne die Pike zu temperiren.

5) Vorschrift, nach welcher Church in Ann Arbor, Mich., die Müllerpicken schärft: Wasser 3 Gal.; Salz 2 Qt.; Salmiak und Salpeter, von jedem 2 Uz.; Rindenasche von der Weißesche, eine Schaufel voll was verursacht, daß die Pike rein und wie Silber aussieht.

Ich erhielt dieses Rezept von einem Schmied, welcher dem jungen Herrn Church $5 dafür bezahlte. Die Belehrung des Church ging dahin die Picken nicht zu kalt zu hämmern, damit sie nicht reißen; noch zu heiß, damit die Poren des Stahles sich nicht zu sehr öffnen. Auch nicht weiter zu hitzen, als 1 oder 2 Zoll über einmal, wenn sie geschärft wird. Di Herren Church bekommen sogar von Illinois und Wiskonsin Picken gesandt um sie zu schärfen.

Anmerkung des Ueberſetzers: Unter Müllerpicke verſteht man das Inſtrument (die Picke) womit die Müller ihre Mühlſteine behauen (rauh machen.)

Metzgermeſſer, mit ſcharfer, ſchöner Klinge. Bei Strecken des Meſſers ſei ſehr ſorgfältig, daß du die Hitze nicht zu ſtark machſt, wenn es bald vollends ſeine gehörige Dicke hat. Hämmere es leicht, wie die Müllerpicken, und wenn es ſo iſt, daß es gehärtet werden kann, ſo hitze es blos bis zur Kirſchenröthe, und halte es ſo, beim Härten, daß du es mit der Schneide in das Waſſer hinein bringſt, wodurch es vor dem Springen bewahrt bleibt. Bringe es wagrecht in das Waſſer, und es wird grade wieder herauskommen.

Bringe es vom Waſſer wieder zum Feuer, und mache es ein wenig warm, dann reibe ein Unſchlittlicht auf beide Seiten des Meſſers, und bringe es wieder zum Feuer zurück, bewege es rückwärts und vorwärts, und drehe es in der Flamme öfters um, um die Hitze ebenmäßig über das Meſſer her zu leiten, bis das Unſchlitt in den Stahl hinein zu gehen ſcheint. Dann nimm es heraus, und beſtreiche es abermals mit dem Unſchlittlicht (und zwar jedesmal auf beiden Seiten) dann wieder zurück in das Feuer, und bewegt, wie zuvor, bis es in einen plötzlichen Knall in Flamme überzugehen ſcheint. Sei ſorgfältig, daß die Hitze a f der ganzen Länge und Breite des Meſſers gleich iſt. Dann reibe das Unſchlitt wieder darüber her, und wieder zurück zum Feuer, und zwar noch 3 mal, ſo ſchnell, als es aufgebrannt iſt. Zuletzt reibe das Unſchlitt nochmals drüber her, ſtoße dann das Meſſer in den Kohlenſtaub der Eſſe, und laß es dort liegen, bis es kalt iſt.

Wenn dieſe Vorſchrift genau befolgt wird, ſo wird das Meſſer eine gleichmäßig ſcharfe Schneide bekommen, und die Klinge wird die beſte ſein die du je geſehen haſt. Es iſt ebenfalls anwendbar bei Schneidmeſſern und andern dünnen Schneidwerkzeugen, ſowie bei Federn zu Fallen, welche auf trockenem Grund aufgeſtellt ſind. Allein die folgende Vorſchrift paßt für die Springfedern in Fallen im Allgemeinen:

2) **Springfedern für Fallen zu härten.** Bei dem Härten der Springfedern von Gußſtahl in den Fallen bedarf es nichts Weiteres, als das man die Hitze im Dunkeln macht, und zwar ſo mäßig, daß man die Röthe gerade ſehen kann, dann kühle die Federn in lauwarmen Waſſer. Dieß iſt eine kurze Vorſchrift, allein ſie macht langdauernde Springfedern. Der Grund, warum zum Härten der Fallenſpringfedern die Dunkelheit erfordert wird, iſt der, weil eine geringere Hitze bei Nacht viel beſſer geſehen werden kann, als am Tage, und die niedere Hitze und das laue Waſſer geben die gehörige Stärke.

Silberplattiren auf Kutſchenarbeit zu machen. Zuerſt feile die Theile, wo die Plattirung aufgelegt werden ſollen, ſehr rein; alsdann beſtreiche die Oberfläche mit ſalzſaurem Zink, welches gemacht wird durch Auflöſung von Zink in Salzſäure; nun halte dieſen Theil über ein Geſchirr, welches heißes, weiches Loth (d. i. eine Miſchung von Blei und Zinn wie die Flaſchner zum Löthen gebrauchen) enthält, bringe die Zinnauflöſung vermittelſt eines Schwammes oder Lümpchens, das an eine Handhabe befeſtigt iſt, auf den betreffenden Theil. Ueberſtreiche es dann mit Loth. Bürſte alles überflüſſige ab, damit die Oberfläche glatt bleibt. Nun nimm Nro 2 dünnes Silberblech von der Größe des Theils welcher mit dem Loth überzogen ist und lege sie darauf, und reibe es glatt mit einem in Oel getauchtes Tuchstück; hierauf fahre mit dem Löthkolben langsam über die Platte her, wodurch das unterlegte Loth geschmolzen wird, was verursacht, daß die Platte fest anhangt, als das Loth an das Eisen. Dann polire die Versilberung mit Hirschleder.

Der Löthkolben muß verzinnt und ebenfalls gehalten werden, wie beim Löthen von Zinn.

Neuer Weg, Eisen zu schweißen, ohne ein Stück herauszuhauen. — Wenn gewünscht wird, zwei Eisenstücke mit einander zusammen zu schweißen, woraus man Achsen oder sonstige Gegenstände, in welche ein Loch gemacht werden muß, bereiten will, ohne ein Stück von dem Eisen herauszuhauen, so nimm ein Stück Pappendeckel, welches naß gemacht wird, nach der Breite des Eisenstückes und der Länge, welche du nicht geschweißt haben willst, geformt, und lege denselben zwischen die zwei Eisenstücke, und drücke dieselben fest auf den Pappendeckel, während die Hitze gemacht wird, so wird das Eisen zusammengeschweißt werden bis zum Pappendeckel hin; aber nicht weiter, wo der Pappedeckel zwischen den Eisenstücken liegt. Alsdann mache das Loch nach der gewünschten Größe hinein.

Auf diese Weise können die Beißzangen der Schmiede ebenfalls reparirt werden, ohne davon Stücke abzuhauen und eine neue Zangennase zu machen. Passe einfach zwei Stücke Eisen einander an nach der Größe, welche du der Zange versetzen willst. Dieselben müssen ebenfalls die rechte Länge und Breite haben. Dann nimm beide zwischen die Zange und hitze sie, damit du sie zusammen fügen kannst, um gehörig geschweißt zu werden. Nun nimm ein Stück des nassen Pappendeckels, und lege es zwischen die Theile, die nicht mit einander zusammengeschweißt werden sollen. Drücke die Zange fest zusammen vermittelst eines Gelenkes oder eines Rings, der an den Handhaben angebracht wird. Dann lege die Zange in's Feuer und mache eine gute Schweißhitze, und dennoch werden die Theile da nicht geschweißt, wo der Pappendeckel zwischen ihnen war. Wenn sie am Ende einmal ein wenig zusammen halten, so nimm die Zange auf den Ambos und gib ihr einen Streich, worauf die zu schweißenden Theile zusammen fahren, so schön und fest, wie neu. Man hat mir gesagt, daß der Staub vom Boden der Schmiedewerkstätte ebenso tauglich zu diesem Verfahren sein; ich habe aber dasselbe nicht selber gesehen. Allein in Hinsicht auf das andere Verfahren hat es seine Richtigkeit, und dennoch fand ich einen Grobschmied, welcher sagte, daß er an die Möglichkeit des Gelingens nicht glaube, selbst wenn er es mit Augen sehe.

Gußeisen zu härten. — Gußeisen kann gehärter werden, wenn man ihm eine Glühhitze gibt und dann in eine Composition bringt, welche zusammengesetzt ist aus gleichen Theilen von blausaure Pottasche, Salmiak und Salpeter. Alles fein pulverisirt und gemischt. Alsdann wird es heiß in eine Flüssigkeit gebracht, welche zusammengesetzt aus 2 Uz. blausaure Pottasche und 4 Uz. Salmiak zu jeder Gallone kalten Wassers. —

2) Das härteste Gußeisen weicher zu machen, daß man es bohren kann. — Hitze es bis zur Kirschenröthe, und lege es eben in das Feuer, dann halte mit einer Zange ein Stück Schwefel auf dasselbe, ein wenig kleiner, als das Loch werden soll, was das ganze Stück durchaus

weich machen wird. Laß es im Feuer liegen, bis es ein wenig kühl ist, dann ist es fertig, gelohrt zu werden.

Auf diese Weise wurden Schlittenschuhen für große Schlitten in 5 Minuten gebohrt, nachdem ein Mann einen halben Tag gebrauchte, auf die andere Weise ¼ Zoll zu bohren. Es ist anwendbar bei irgend einem Artikel, welcher ohne Nachtheil erhitzt werden kann.

Stabeisen zu härten. — Um Stabeisen zu härten, nimm blausaure Pottasche fein pulverisirt, und rolle das Eisen in demselben, wenn dies seine Form erlaubt, wo nicht, so streue das Pulver reichlich auf das Eisen, während es heiß ist.

Diese Manier ist anwendbar bei eisernen Achsen, indem man die Ach=je erhitzt und den untern Theil derselben in dem Pulver rollt, das zu die=jem Zweck hingestreut wird, worauf es schnell in den Zuber mit kaltem Wasser gethan wird. Sie halten viele Jahre, ohne abgenützt werden zu sein.

2) **Ein kleines Stück Eisen auf ein großes zu schweißen** bei ganz geringer Hitze. — Nimm Borax 1 Pfd.; rothes Eisenoxyd 1 bis 2 Uz.; schmilz diese Stoffe in der Schmelzpfanne zusammen, und wenn kalt so pulverisire es und bewahre es zum Gebrauch auf.

Beim Schweißen der obigen Stücke bring' das große Stück zu einer „weißen Hitze," und das kleine zu einer guten Schweißhitze, nimm das große vom Feuer und streue etwas von dem Pulver auf die betreffende Stelle und lege das andere Stück darauf, gebrauche den Hammer mit kräftigen Nachdruck und das Schweißen wird so gut vollbracht sein, als bei größere Hitze ohne Pulver.

Bronzstoff für Eisen und Holz. — Zuerst mache eine schwarze Farbe, dann füge ein wenig chromgelb hinzu, um eine dunkelgrüne Schat=tirung darzustellen. Mache davon einen Anstrich auf den Artikel, der ge=bronzt, oder besser „bronzirt," (d. h. dem das Ansehen von altem Messing gegeben werden soll;) wenn trocken, so überstreiche es mit Firniß, und wenn der Firniß ein wenig trocken ist, so streue Bronzestaub darauf, dann gib ihm nochmals einen Firnißüberzug, und wenn es getrocknet ist, so ist das Werk gethan.

Gußeiserne Glocken, welche gegenwärtig vielfältig bei en Farmern eingeführt werden, werden viel schöner, wenn man sie bronzirt, auch wer=den sie dadurch vor Rost geschützt, ohne Nachtheil für den Klang. Eiserne Fenzen (Gitter, Zäune) um den Hof herum, Vorgebäude, Veranda's usw. können dadurch verbessert werden. Es kann auch, wenn gewünscht, auf Holz angewendet werden.

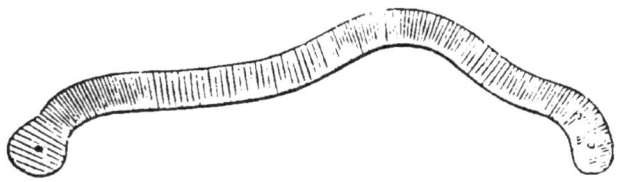

Bruchband=Federn.

Springfedern für Bruchbänder (Bandagen.) Vor=schrift für Schmiede, dieselben zu machen, welche besser sind, als die Pa=tentbandagen. — Nachdem ich die verschiedenen Arten der Bruchbändern

versucht hatte, indem ich selbst über zwei Jahre eins an jeder Seite zu tra=
gen hatte, so gab ich dieselben alle auf, indem ich sie für schlimmer als nutz=
los halte.   Dann ging ich zu einem Schmied und ließ mir Springfedern
machen, wie sie in dem obigen Holzschnitt dargestellt sind.

Die wurden dann so gebogen, daß sie der Form des Leibes gehörig
anpaßten, um auf den Körper blos so stark zu drücken, daß die angebrach=
ten Kissen oder Polster, das, was sonst hervorbringen würde, zurückhalten
Das Kissen an dem hintern Ende der Feder ist von Sohlleder gemacht,
mit baumwollenen oder leinenen Tuch überzogen und ein wenig Watte da=
zwischen gethan, damit es so sanft als möglich aufliegt.   Das vordere
Kissen mache ich aus Holz, gedreht nach der Form und Größe von einem
Hühnerei, welches Holz im Mittelpunkt der Länge nach durchsägt wird,
worauf zwei Schrauben durch die Löcher gebracht werden, welche am Ende
der Feder zu diesem Zweck angebracht sind.   Das hintere Polster wird
blos mit einer Schraube befestigt.   Die Feder wird geölt, dann mit
Schaffell überzogen, um das Rosten zu verhüten.   Dann wird sie mit ei=
nem ledernen Riemen und Schnalle um den Leib befestigt, oder kann man
zu diesem Zweck auch ein Stück Tuch von passender Weite zu einem Band
genäht, gebrauchen, damit es weich aufliegt, wo es um die Hüfte herum
liegt.   Der Bogen, welcher der Feder gegeben wird, ehe sie nach der Form
des Leibes gebogen wird, läßt ihr Raum, sich zu erheben, wenn der Fuß
gehoben wird, ohne das Kissen aus seiner Stelle zu verrücken, wodurch
ein zweiter Riemen erspart wird, welcher um den Schenkel herum geht,
wie bei den Patentbandagen, was sehr belästigend für den Träger des
Bruchbandes ist.   Mache die Federn aus Federstahl, ungefähr $\frac{1}{2}$ bis $\frac{2}{3}$
Zoll weit, und etwa 1|16 Zoll dick, und von solcher Länge, daß sie blos
über das Kreuz liegt.

Ich spreche aus 10jähriger eigener Erfahrung, welche eine hinläng=
che Zeit sein dürfte für ein gut ausgeführtes, erprobtes Experiment.

Zur Flaschner.

Firniß für Kohleneimer. — Asphalt, (Erdpech,) 1 Pfd;
Kienruß $\frac{1}{4}$ Pf., Colophonium $\frac{1}{2}$ Pfd.; Terpentinöl.   Löse das Erdpech
und Colophonium in dem Terpentinöl auf, verreibe das Kienruß mit Lein=
öl um daraus einen Pappt zu formiren, und mische dieß zu dem andern
Streiche es mit einem Pinsel auf die Eimer

Japanisch: Flüssigkeit von allen Farben auf
Zinn. — Sandarachgummi 1 Pfd.; canadischen Balsam, Tolubalsam und
Bleizucker von jedem 2 Uz., Leinöl $\frac{1}{2}$ Pt.; Terpentinöl 2 Qt.

Thue Alles in einen passenden Kessel, außer dem Terpentin, zuerst
blos über ein schwaches Feuer, dann mache dasselbe nach und nach stärker,
bis Alles zerschmolzen ist.   Nimm es dann von dem Feuer, und wenn ein
wenig kalt, gieße das Terpentinöl hinzu und seihe das ganze durch ein fei=
nes Tuch.   Diese Flüssigkeit ist durchsichtig; allein durch die folgenden
Modifikationen können alle verschiedene Farben gemacht werden.

2) Schwarz. — Berliner Blau $\frac{1}{2}$ Uz.; Asphalt 2 Uz.; Terpen=
tinöl $\frac{1}{2}$ Pt.

Schmilz das Erdpech (Asphalt) in dem Terpentinöl, füge ein wenig von dem Berliner Blau, das zuvor mit einem kleinen Theil des Terpentinöls verrieben wurde hinzu. Mische gut und seihe es durch. Dann füge das Ganze zu ein Pt. von der ersten Flüssigkeit.

3) Blau. — Indigo und Preußisches Blau oder Berliner Blau beide fein gepulvert, von jedem ½ Uz.; Terpentinöl 1 Pt. Mische gut und seihe es.

Mische zu 1 Pt. von dem ersten so viel von Diesem, bis die Farbe nach deinem Geschmack ist.

4) Roth. — Nimm Terpentinöl ½ Pt., füge ½ Uz. Cochenille hinzu; laß es 15 Stunden stehen und seihe es.

Thue von diesem Stoff zu dem ersten so viel, bis es nach deinem Geschmack ist.

5) Gelb. — Nimm 1 Uz. gepulverte Kurkumewurzel und rühre davon in 1 Pt. der ersten Flüssigkeit so viel, bis dir die Farbe gefällt. Laß es einige Stunden stehen und seihe es.

6) Grün. — Mische gleiche Theile von dem Blau und Gelb zusammen, dann mische dieß mit dem Ersten, bis du die gewünschte Farbe hast.

7) Orangengelb. — Mische ein wenig von dem Roth mit mehr von dem Gelb, und füge es, zu so viel von dem ersten, bis das verlangte Orangegelb dargestellt ist.

8) Rosenroth — Mische ein wenig von dem Blau zu mehr von dem Roth, und dann verfahre wie oben.

Auf diese einfache Weise erhältst du die verschiedensten Farben. Trage dieselben mit einem Pinsel auf.

Lack, durchscheinend auf Zinn. — Allerlei Farben. — Alkohol ½ Pt. in einer Flasche; füge hinzu: Schellackgummi 1 Uz.; Kurkume ½ Uz.; rothes Santelholz ¼ Uz.; stelle die Flasche an einen warmen Ort, schüttle sie öfters 12 Stunden lang, oder noch länger; dann seihe es durch, reinige die Flasche vom Bodensatz, und schütte dann die Flüssigkeit wieder in dieselbe zurück. Verkorke es gut und bewahre es zum Gebrauch auf.

Beim Gebrauch dieses Firnisses muß derselbe reichlich aufgetragen, und wenn es der Gegenstand erlaubt, muß dieser in den Firniß eingetaucht werden. Man hält denselben über den Ofen her, um ihn zu trocknen. Man darf während des Trocknens nicht daran reiben oder bürsten. Der Firniß kann auch heiß gemacht werden, wenn er angewendet wird. Es kann ein Ueberzug oder mehrere gemacht werden, je nachdem die Farbe hell oder dunkel werden soll. Dieß wird bei Laternen usw. angewendet. Wenn es zu irgend einer Zeit durch Verdunstung dick werden sollte, so verdünne es mit Alkohol. Durch folgende Modifikationen werden die verschiedenen Farben erlangt:

2) Rosenroth. — Verfahre wie oben, nur daß du anstatt der Kurkume ¼ Uz. von dem besten fein zerriebenen Alaun und Cochenille hinzunimmst.

3) Blau. — Dieß wird gemacht, daß man für Kurkume ½ Uz. Berliner Blau substituirt.

4) Purpurroth. — Füge ein wenig Blau zu dem ersten.

5) Grün. — Füge ein wenig von dem Rosenroth zu dem ersten.

Hier gibt wiederum die Wissenschaft eine Verschiedenheit der Schat=
tirungen durch eine geringe Veränderung der Materiale und Zusammen=
setzungen.

Lack, durchsch einend auf Messing. — Fein gepulverte
Kurkumewurzel 1 Uz.; vom besten Drachenblut ½ Dr.; bringe diese Arti=
kel in 1 Pt. Weingeist, stelle es an einen warmen Ort und schüttle es öf=
ters einige Tage lang. Es muß durch Leinwand geseiht werden, worauf
man es wieder in die gereinigte Flasche zurückschüttet. Füge 3 Unzen ge=
pulverten Schellack, Taffellack hinzu, dann halte es, wie zuvor, einige Ta=
ge an einen warmen Ort, schüttle es öfters, alsdann seihe es wieder, fülle
auf Flaschen und verkorke es gut

Dieser Lack wird auf das Metall gestrichen, um demselben ein schöne=
res Aussehn und Glanz zu geben. Man trägt ihn mit einem Pinsel auf
so lang das Metall warm ist, sonst verbreitet er sich nicht gleichmäßig.

Eisen zu verzinnen, zum Löthen oder andern Zwecken. —
Nimm eine beliebige Quantität Salzsäure und löse darin so viel Zink auf
als die Säure zersetzen kann, dann verdünne die Flüssigkeit mit ¼ Theil
Wasser (Regenwasser) so ist es zum Gebrauch fertig.

Dieß auf Eisen gestrichen, (mag dasselbe so rostig sein, als es will)
reinigt dasselbe, und läßt etwas von dem Zink auf der Oberfläche des Ei=
sens, so daß das Loth sogleich sich an dasselbe anhängt.

2) Die Oberfläche des Eisens, Eisendrathes oder Stahls
zu verkupfern. — Regenwasser 3 Pfd.; blauen Vitriol 1 Pfd.   Löse es
auf. Reinige den Artikel gut, der mit dieser Auflösung dann gewaschen
werden soll; wenn dieß geschehen, so wird sich sogleich eine Kupferoberflä=
che bilden.

Auf diese Weise kann man auch auf Stahl schreiben, sowie man auf
dieselbe Weise allerlei Blumenwerk und andere Verzierungen machen kann.
Hie und da braucht man die Salzsäure zum Reinigen der Oberfläche ei=
nes eisernen Gegenstandes. Die Oberfläche muß gereinigt werden durch
Feilen, Reiben oder durch Säure. Dann reibe den Gegenstand ab.

Kupfer zu verzinnen für Kochgeschirre oder an=
dere Zwecke. — Wasche die Oberfläche des Artikels, der verzinnt werden
soll, mit Schwefelsäure, Vitriolöl und reibe hernach die Oberfläche gut ab,
daß dieselbe glatt und frei von aller Schwärze wird, welche sich durch die
Säure anhängt. Dann bestreue die Oberfläche mit calcinirtem, fein ge=
pulvertem Salmiak und halte den Gegenstand über ein Feuer, wo es so
heiß werden wird, einen Klumpen Löthe zu schmelzen, welche über die
Oberfläche her gerieben wird. Wenn der Gegenstand ein Kochgeschirr ist,
thue die Löthe hinein und lasse sie drin herumfließen, wenn sie zerschmol=
zen ist.

Alle überflüssige Löthe muß abgewischt werden, und zugleich die Ober=
fläche glatt zu machen. Gebrauche dabei grobe Leinwand oder Baumwol=
le. Auf diese Weise kann irgend ein Kupfergeschirr oder Kochgeschirr ver=
zinnt werden.

Metall zu Lager für Räder für Maschinerie. —
Kupfer 4 Theile; Blei 1 Theil (hie und da nimmt man Zink anstatt des
Bleis) jedes derselben macht dauernde Lager für Axen für Maschinen. Die
abgenützten Buchstaben der Drucker anstatt des Bleis genommen, macht
das genannte Metall noch besser.

Metallische Cemente. — Erstens: Messing löthen. Kupfer 3 Theile, Zink 2 Theile, oder Messingblech 3 Theile, Zink 1 Theil.

2) **Loth für Blei.** — Nimm Zinn 1 Theil, Blei 2 Theile.

3) **Loth für Zinn.** — Blei 10 Theile, Zinn 7 Theile.

4) **Loth für fein Zinn.** — (Eine Mischung von Zinn, Spießglanz, Kupfer und Messing.) Wismuth 1 Theil; Zinn 2 Theil, Blei 2 Theil.

Altes reines Zinn (siehe obige Erklärung) anstatt des Blockzinns für Loth zu dieser Mischung zu nehmen. — Nimm altes Zinn-Geschirr schmelze es, und so lange es heiß ist, streue Schwefel drüber her, und rühre es ein wenig.

Dieß brennt die Unreinigkeiten, die darin sind, heraus, und läßt blos das Zinn zurück, welches als reines Zinn verwendet werden kann.

Zinnblech zu perlen oder zu krystallisiren. — Vitriolöl 4 Uz.; Regenwasser 2 bis 3 Uz.; je nach der Stärke der Säure; Salz 1 Uz.; mische es.

Mache das Zinn heiß über einem Ofen oder „Erhitzer," dann wasche mit dieser Mischung vermittelst eines Schwammes das Zinn, und wasche hernach mit klarem Wasser ab. Trockne nun das Zinn; dann gib ihm einen Ueberzug von Damarsirniß. Hierdurch wird dem Blech das krystallartige Ansehen verliehen. Diese Methode wird angewendet bei Wasserkannen, Speikästchen usw.

2) **Verbesserte Flüssigkeit zum Gebrauch für Flaschner.** — Die Flaschner benützen gewöhnlich blos salzsaures Zink; allein wenn du ein Pfund von dieser Säure nimmst und so viel Zink hinein thust, als dieselbe im Stande ist, aufzulösen, und dann noch 4 Uz. Salmiak hinzufügst, dann ersparst du dir die fernere Mühe mit altem, unreinem Blech Geschirr. Vielleicht kann die Mischung verbessert werden, wenn man einen gleichen Theil Regenwasser dazu nimmt.

3) **Flüssiger Leim zum Aufpappen von Zeichen auf Zinn.** — Kochendes Wasser 1 Qt.; pulverisirten Borax 2 Uz.; thue den Borax in das Wasser hinein; dann füge 4 Uz. Schellack, Tafellack hinzu, und koche es, bis es aufgelöst ist.

Waarenzeichen oder dergleichen auf Zinn mit gewöhnlichen Leim oder Papp befestigt, halten nicht lange fest. Bei dieser Flüssigkeit hat man jedoch dieses nicht zu befürchten.

Flüssigkeit zu Scheuern (Reinigen,) anwendbar bei Messing, Thürknöpfen usw. Vitriolöl 1 Uz.; Olivenöl ½ Gill (¼ Pt.;) pulverisirten Tripoli 1 Gill (¼ Pt.;) Regenwasser 1½ Pt.; mische Alles, und schüttle, beim Gebrauch.

Trage es mit einem Lumpen auf und polire es mit Hirschleder oder mit altem Wollenzeug. Dieses macht ein so gutes und wohlfeiles Präparat, als man eins bekommen kann. Es gibt keinen Ueberzug, sondern blos einen Glanz. Das Folgende dagegen gibt einen silberfarbenen Ueberzug.

Silberfarbenes Pulver. — Anwendbar bei Kupfer oder abgenützter übersilberter Waare usw. — Höllenstein und gewöhnliches Salz, von jedem 30 Gr.; Weinstein 3½ Dr.; pulverisire es fein und mische es gut. Fülle es auf Flaschen zum Gebrauch.

11

Wenn man einen alten abgenützten Silberlöffel oder andere Artikel auf's Neue übersilbern will, so reinige (scheure) dieselben zuerst mit obiger „Flüssigkeit zum Scheuern und Reinigen." Dann mache ein wenig von diesem Pulver feucht und reibe es vermittelst Hirschleder tüchtig hinein. (Siehe noch weiter unter der Aufschrift „für Goldarbeiter.")

Größe der Blechbogen zu Oelkannen von 1 bis 100 Gallonen.

Für	Gal.	Zoll		Gal.	Zoll
Für	1 Gal.,	7 bei 20 Zoll		25 Gal.	30 bei 56 Zoll.
	3½ „	10 bei 28 „		40 „	36 bei 63 „
	5 „	12 bei 40 „		50 „	40 bei 70 „
	6 „	14 bei 40 „		75 „	40 bei 84 „
	10 „	20 bei 42 „		100 „	40 bei 98 „
	15 „	30 bei 42 „			

Diese Größe umfaßt Alles, was zu einer gehörigen Oelkanne gehört und wird in genauen Verhältnissen bei allen Arbeiten der Art gefunden werden.

Für Büchsenmacher.

Verfahren beim Bräunen der Gewehrläufe. — Salpeterspiritus 1 Pfd.; Weingeist 1 Pfd.; Aetzsublimat 1 Uz.; mische es in eine Flasche, und verkorke es zum Gebrauch.

Anweisung: Verstopfe beide Enden des Laufs und laß den Pflock etwa 3 bis 4 Zoll herausgehen, um als Handhabe benützt zu werden, und das Fluid vor dem Eindringen in den Lauf zu bewahren, wodurch derselbe rosten würde. Polire den Lauf gut; alsdann reibe ihn tüchtig mit frischgebrannten Kalk vermittelst eines Stück Tuchs, was Oel und Fett wegnimmt. Nun wende die bräunende Flüssigkeit an mit einem reinen Stück weißen Tuchs. Mache einen Ueberzug damit und stelle den Lauf dann an einen warmen Ort, wo es dunkel ist, bis sich über die ganze Oberfläche der ein rother Rost gebildet hat, was bei warmen Wetter 10 bis 12 Stunden, und bei kaltem 15 bis 20 Stunden erfordert. Dann carde es mit einer Büchsenmacherscarbätsche und reibe mit einem reinen Tuch ab. Wiederhole diese Prozedur, bis die Farbe recht ist; denn ein jeder wiederholter Anstrich macht eine dunklere Farbe.

2) Schnellerer und leichterer Weg. Regenwasser 1 Qt., löse darin auf: Blauen Vitriol 2 Uz.; Aetzsublimat 1 Uz.; füge hinzu 1 Uz Salpeterspiritus reinige den Lauf und mache einen Anstrich von dieser Mischung; nach einer Stunde mache den zweiten Anstrich und laß den Lauf alsdann 12 Stunden lang stehen. Dann öle denselben ein und reibe mit einem Stück Tuch. Natürlich müssen die Enden des Laufs fest verstopft sein, wie bei dem ersten Verfahren.

Herr Sutherland, Büchsenmacher in Ann Arbor, Mich., sagt jedoch, daß Braun in diesem Rezept sei bald verwischt. Keine Farbe halte gut, außer sie werde tüchtig hinein gecardet, wie im ersten Rezept vorgeschrieben. Er sagt auch, daß die erste Mischung den Vorzug habe.

3) Bräune für gewundene Läufe. — Nimm Salpeterspiritus ¾ Uz.; Stahltinktur ¾ Uz.; (wenn diese Stahltinktur nicht zu ha-

ben ist, so kann die unmedicinirte Eisentinktur genommen werden, die freilich nicht so gut ist;) schwarzer Schwefel ¼ Uz.; blauen Vitriol ½ Uz.; Aetzsublimat ¼ Uz.; Scheidewasser, Salpetersäure 1 Dr. oder 60 Tropfen; grüner Vitriol ¼ Uz.; mische Alles unter 1½ Pt. Regenwasser; halte es verkorkt, wie das obige, und das Verfahren behufs des Gebrauchs ist ein und dasselbe.

Wohlverstanden! Dieß ist nicht so gemeint, als ob man mit diesem Stoff blos die Erscheinung eines gewundenen Laufs darstellen wolle, sondern daß solcher angewendet werde für wirkliche gewundene Läufe. Dieses Präparat macht die Windungen hervorstechen; dagegen wenn du einen wirklich gewundenen Lauf mit dem ersten Stoff bestreichst, so wird die ganze Oberfläche des Laufs braun, wie bei den gewöhnlichen Läufen.

Stoff zum Härten des Schloßwerks an Gewehren. — Nimm alte Schuhe und Stiefel, lege sie auf ein Feuer, und brenne sie, bis sie verkohlt sind. Nun thue dieselben in einen reinen Kessel und pulverisire sie grob, so lange sie heiß sind; sei aber vorsichtig, daß du keine Holzkohle zu denselben bekommst.

Anwendung: Nimm dieses Lederpulver und thue es in ein Kästchen von Sturz Eisen; thue die zu härtenden Artikel in die Mitte des Kästchens oder der Büchse, und decke es mit einem eisernen Deckel zu, oder mache das Kästchen so, daß es zugeschlossen werden kann. Nun blase ein Feuer von sehr trockenen Holzkohlen an; je gröber die Kohlen, desto besser. Nachdem dieß geschehen, stelle das Kästchen in die Mitte des Feuers hinein, decke es zu und laß es 40 bis 60 Minuten lang stehen, wobei nicht geblasen werden darf. Wenn aber die Kohlen abbrennen und das Gefäß herausschaut, so thue innerhalb der angegebenen Zeit noch mehr hinzu. Nimm dann das Gefäß heraus und werfe den Inhalt in reines kühles oder kaltes Wasser, nie aber in warmes. Der Artikel ist nun sehr hart und zerbricht leicht. Hiemit kannst du das Schloßwerk nach Belieben härten, wenn es gehörig temperirt wird.

Zerbrochene Sägen dauerhaft zu flicken — Reines Silber 19 Theile; reines Kupfer 1 Theil; reines Messing 2 Theile. Alles muß zu Pulver gefeilt werden, und innig mit einander gemischt. Wenn die Säge nicht erst neulich gebrochen ist, so wende das nächst folgende „Präparat zum Verzinnen" an.

Lege die Säge eben auf den Ambos, die gebrochenen Enden im genauem Zusammenhang, und halte sie so. Nun mache mit der Mischung eine kleine Linie entlang dem Rande der beiden zerbrochenen Enden, und bedecke dieß mit einer größeren Quantität Holzkohle. Nun schmilz diese Cementmischung vermittelst einer Alkohollampe und blas mit dem Blasbalg der Goldarbeiter die Flamme an, bis es schmilzt. Dann setze mit einem Hammer die Theile glatt zusammen und feile alles überflüssige Metall oder Löthe hinweg, und du wirst erstaunen über den Erfolg dieses Verfahrens.

Ein verbessertes Präparat zum Verzinnen. — Nimm zuerst, (wie bei der alten Methode (Salzsäure 1 Pt., und so viel Blockzinn oder Zinkblech als die Säure zersetzt. Thue es in eine eiserne Schüssel oder Teller usw., indem viele Hitze entwickelt wird, wodurch die Fläschchen schnell zerbrochen werden. Nun nimm 4 Uz. Salmiak pulverisire es und füge es zu dem obigen, und dieselben 10 Minuten lang in einem kupfernen Kessel. Behalte im Gedächtniß, daß man zum Kochen dieses Präparats blos Kupfer benützen darf. Du wirst es als ein gutes Mittel kennen lernen. Verkorke es, wenn es nicht gebraucht wird.

Firniß und Politur für Gewehrschafte. – Deutsches Rezept. – Schellackgummi oder Tafellack 10 Uz.; Sandarachgummi 1 Uz.; venetianischen Terpentin 1 Drachme; Weingeist (95 bis 98 Procent Stärke,) 1 Gal.; schüttle den Krug von Zeit zu Zeit ein bis zwei Tage lang, und es ist zum Gebrauch tauglich.

Nachdem du von dieser Politur zwei Ueberzüge aufgetragen hast, so kannst du diesem Firniß noch einen höheren Glanz verleihen, wenn du noch einen oder zwei Anstriche von einem deutschen Firniß machst, welchen du erhältst, wenn du aus obigem Präparat 8 Uz. Schellackgummi ausläßest. Dadurch ist zugleich das Reiben erspart, was nicht der Fall wäre, wenn man die zwei letzten Ueberzüge mit voller obiger Quantität machen würde. Dieses Mittel wird ebenfalls empfohlen gegen Schnittwunden, Geschwüre usw.; Brandwunden ausgenommen.

Für Goldarbeiter.

Galvanisiren ohne Batterie. – Löse Cyankalium 1 Uz. in reinem Regen- oder Schneewasser auf; füge hinzu eine Drachmenflasche voll Goldchlorid, aufgelöstes Gold, und es ist zum Gebrauch tauglich. Scheure den Artikel, welcher galvanisirt werden soll, mit Kalk oder Tripolitanischer Erde, welche pulverisirt und in Alkohol gethan werden müssen. Gebrauche eine gute Bürste. Wenn kleine Risse in dem zu überziehenden Metall wären, so sollte die Mischung in eine Auflösung von ätzende Potasche, ätzendes Kali gethan werden; denn unter allen Umständen muß der Unrath oder fette Bestandtheile entfernt werden. Dann unterstütze den zu überziehenden Artikel mit einem schmalen Streifen Zink von der Größe einer gewöhnlichen Stricknadel, welcher Zinkstreifen über einen Stecken eingehackt wird, welcher quer über das Geschirr her liegt, in welchem die obige Auflösung enthalten ist.

Alle 5 bis 10 Minuten sollte der Gegenstand herausgenommen werden, um ihn mit der reinigenden Mischung zu überbürsten. An Gegenständen mit glatter Oberfläche kann es abgespült und mit einem Stück baumwollenen Tuch abgewischt werden. Dann bringe den Gegenstand wieder in das Präparat zurück, bis der Ueberzug, (die Platte dick genug ist.)

Wenn dieses Fluid nicht über einmal verbraucht wird, so verkorke es gut, so ist es immer zum Gebrauch tauglich. Bedenke, daß es ein starkes Gift, wie Arseuik ist. Deßhalb thue es an einen Ort, wo Kinder es nicht erreichen können, und versehe es mit dem Zeichen :–„Poison,“–„Gift.“– Obgleich man sonst bei obigem Gebrauch von diesem Mittel nichts zu befürchten hat, so könnte sich doch ein Unglück damit zutragen, wenn man seine Natur nicht kennt. Der Zinkstreifen muß, so weit derselbe in die Flüssigkeit hineinragt, von Zeit zu Zeit gerieben werden, bis er hell ist.

2) Galvanisiren mit einer Schillingbatterie. Manche halten die Benützung einer einfachen Batterie für zweckmäßiger, als

obige Weise. Diese Batterie ist gemacht aus einer Kupferstange von $\frac{3}{8}$ Zoll Dicke und 18 bis 20 Zoll Länge, welche gebogen wird, wie mitfolgender Holzschnitt zeigt.

Schillingbatterie.

Die Stange sollte ungefähr 4 bis 5 Zoll im Zirkel oder Bogen haben, dann parallel laufen, und 5 Streifen (Riemen) Zink 1 Zoll weit und 6 bis 8 Zoll lang haben, in ihrer Mitte gebogen, mit einem Drathstift nahe an der Stange befestigt, wie eben dargestellt. Diese Zinkstreifen werden in Gläser gebracht, auf deren oberen Rande die Stange ruht. Die Trinkgläser werden beinahe ganz mit Regenwasser gefüllt. Dann gieße in jedes Glas ein wenig Vitriolöl bis du siehst, daß es die Zinkstreifen ein wenig angreift.

Der zu überziehende Gegenstand wird an einem Zinkstreifen gehängt wie die längere Seite der Stange darstellt, welcher die Goldauflösung enthält, gesenkt wird. Alles Uebrige ist nun zu thun, wie oben schon beschrieben.

Mischung für Goldarbeiter zum Reinigen und Poliren Salmiakgeist 1 Uz.; preparirte Kreide ¼ Uz.; mische und halte es verkorkt Um es bei Ringen und andern Gegenständen mit glatter Oberfläche zu benützen, tränkt man, nachdem man es geschüttelt hat, ein Stück Tuch mi diesem Präparat und reibt damit den Gegenstand tüchtig Dann poli mit einem seidenen Sacktuch oder mit Hirschleder. Bei Artikeln mit · au her Oberfläche benütze eine passende Bürste. Es ist anwendbar bei Go d, Silber,- Messing,- Brittannia,- Blattgold-Waaren usw.

Der vordere Theil.

1 Die Stirne.
2 Einsenkung über dem Auge.
3 Die Backen.
4 Die Lippen.
5 Der Kiefer.
6 Die Naslöcher.
7 Die Nasenspitze.
8 Der Bart.
9 Das Kinn.
10 Das Genick, Nacken.
11 Der Hals.
12 Die Mähne.
13 Vordere Höhe.
14 Die Brust.
15 Die Schultern.
16 Witter.
17 Der Arm.
18 Das Knie.
19 Schienbein.
20 Fußfischzugelenk.
21 Die Fessel.
22 Die Krone.

Für Thierärzte.

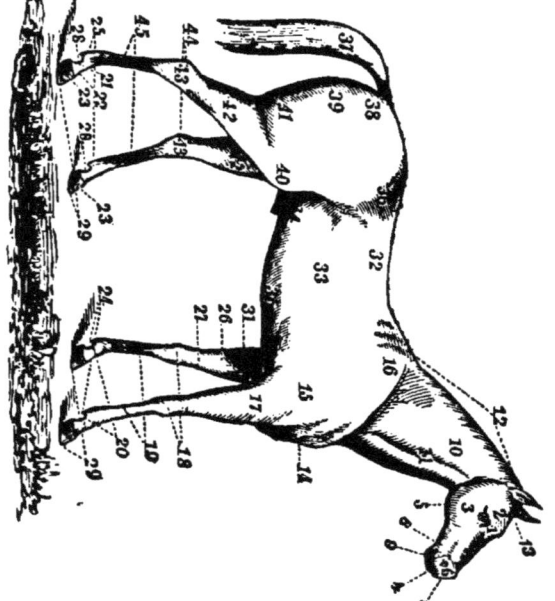

Name und Sitz der äußeren Theile eines Pferdes.

23 Der Huf.
24 Fußschluß.
25 { Hintere Sehnen
   { oder Hauptfasern.
26 Schulterblattbeine.
27 Die Kastanie.
28 Die Viertel.
29 Die Zehe.
30 Die Ferse.
31 Der Ellbogen.

Der Leib.

32 Die Nierengegend.
33 Die Rippen.
34 Die Flanken.
35 Der Bauch.
36 Die Lenden.

Der hintere Theil.

37 Der Schwanz.
38 Der Rumpf.
39 Der Hintere.
40 Der Schenkel.
41 Die Hüften.
42 Die Schenkel.
43 Die Haken.
44 Die Hakenspitze.
45 Der Eintritt.

Mittel gegen Kolik bei Pferden. — Terpentinöl 3 Uz.; Opiumtinktur 1 Uz.; mische es und gib einem Pferd alles auf einmal, indem du es in eine Flasche mit ½ Pt. warmes Wasser bringst, wodurch verhütet wird, daß das Pferd den Hals beschädigt. Wenn nach einer Stunde keine Besserung eingetreten ist, so wiederhole die Gabe und füge ½ Uz. von der besten Alve hinzu. Pulverisire dieselbe und löse sie in dem Präparat auf, so wird sich ein günstiges Resultat erzielen lassen.

Symptome dieser Krankheit. Das Pferd liegt oft nieder und springt schnell wieder in die Höhe, schlägt seinen Bauch mit seinen Hinterfüssen, stampft mit den Vorderfüssen, und schlägt jede Art von Futter aus. Ich glaube, daß es für Kolik bei Pferden oder Menschen kein besseres Mittel gibt, als dieß. Für Personen ist die Gabe von 1 bis 2 Theelöffel voll. Kinder und schwache Personen nehmen weniger, gemäß den Symptomen. In warmen Wasser oder warmen Thee zu nehmen.

2) Ein Anderes. Opiumtinktur ½ Uz.; Schwefeläther 1 Uz.; mische es und gib einem Pferd Alles auf einmal in warmem Wasser, wie oben. Gabe für eine Person, wie bei dem Ersten.

Dieß ist ein ausgezeichnetes Mittel, und hat sehr oft schon bei der ersten Gabe geholfen.

Sicheres Mittel gegen Würmer in Pferden. Wenn ein Pferd mit Eingeweide Würmern geplagt ist, so erkennt man das an dem zeitweiligen Nagen desselben an den Seiten und an rothen Pusteln oder Erhabenheiten auf der innern Oberfläche der Oberlippe, was deutlich gesehen werden kann, wenn man dieselbe hinauf zieht.

Nimm zuerst 2 Qt. frischgemolkene Milch und 1 Qt. Molasses und gib dieß dem Pferd auf einmal. Zweitens: 15 Minuten hernach gib 2 Qt. warmen Salbeithee. Zuletzt, 30 Minuten nach dem Thee, gib 1 Qt. Fischthran, Gerberöl, oder überhaupt so viel, um eine Laxir zu Stande zu bringen. Wenn man dieses Oel nicht bekommen könnte, so würde Schweineschmalz mit demselben guten Erfolg gebraucht.

Dieß Mittel bewirkt eine radikale Kur. Wenn man genöthigt ist, anstatt des Oels Schweineschmalz zu gebrauchen, so füge diesem 3 oder 4 Uz. Salz bei. Wenn gerade kein Schmalz vorhanden, so nimm zwei Hände voll Salz, löse dieß in 3 Pt. warmen Wasser auf, und gib Alles auf einmal.

Ringbein oder Leist und Spat zu kuriren. Egyptisches Liniment und Weinessig, von jedem 2 Uz. reinem Salmiakgeist, Terpentinöl und Majoranöl von jedem 1 Uz.; Euphorbium und spanische Fliegen von jedem ½ Uz.; feingestoßenes, durch ein Stück Flor gesiebtes Glas 1 Dr.; bringe diese Bestandtheile in eine Flasche, und wenn sie gebraucht werden, schüttle sie gut. Dieß ist auf den kranken Theil zu reiben vermittelst der Hand oder einer Spatel, und zwar 7 Tage lang jeden Morgen ½ Stunden lang. Binde das Pferd so an, daß es die kranke Stelle nicht mit dem Maul erreichen kann, sonst würde es das Maul beschmieren und den leidenden Theil schlimmer machen. Dann laß es gehen, bis die Kruste selbst hinwegfällt, ohne sie wegzuschaben, was die Haarwurzeln zerstören würde. Dann wiederhole die Einreibung 3 bis 4mal, worauf die Geschwulst des Beines verschwunden sein wird, wenn der Schaden nicht älter ist, als ein bis zwei Jahre.

Es ist auch gut für verhärtete Sehnen und veraltete Verstauchungen dicken Kopf usw.; wenn dieses Mittel jedoch veraltete Ringbeine oder Spaten nicht kuriren könnte, so verfahre folgendermaßen: Füge zu dem Obigen gepulvertes Aetzsublimat ½ Uz.; Vitriolöl ½ Uz., und gewöhnliches Salz 2 Uz., worauf es tauglich zum Gebrauch. Schüttle jedes dieser Präparate gut beim Gebrauch.

Anweisung: Schneide die Haare mit einer Scheere ab und stich in das Bein oder den verhärteten Theil vermittelst einer Schuhmacherahle so viel Löcher, als du kannst, um den verhärteten Theil durchzustechen. Oder ein besseres Verfahren, diese beinige Substanz aufzubrechen ist, wenn man in eine Handhabe drei Schuhmacherahlen steckt um damit diese beinige Substanz ganz durchzubrechen, was weniger schmerzhaft für das Pferd ist, weil es schneller geht. Dann wasche den Theil mit Essig, bis das Blut aufhört, zu fließen. Dann gebrauche die Doppelmischung, wie zuerst, bloß 4 oder 5 Morgen, und wiederhole es, wenn nöthig. Von 100 Fällen von Fußverdickung und Gelenkgeschwulst werden 99 kurirt werden, und zwar meistens schon mit dem ersten Präparat. Das egyptische Pferdeliniment wird auf folgende Weise gemacht:

3) Nimm gepulverten Grünspan und Alaun von jedem 1½ Uz.; gepulverten blauen Vitriol ½ Uz.; gepulvertes Aetzsublimat ¼ Uz.; Essig 2½ Uz.; Honig ½ Pfd.; koche dieß über einem schwachen Feuer, bis es die gehörige Dicke hat. Beim Gebrauch muß es gut durcheinander gerührt werden, indem einige Artikel einen Bodensatz bilden.

Wenn das Haar nach vollbrachter Kur nimmer an dem betreffenden Theil wächst, so mache von dem Liniment „der barmherzige Samariter" häufige Anwendung auf den leidenden Theil; allein das erste Präparat wird den Haarwuchs niemals stören. Diese Kur sollte stets im Frühjahr vorgenommen werden, oder ehe die kalte Witterung wieder eintritt.

4) Mittel von D. B. Bangs gegen Ringbein und Spaten. Nimm pulverisirte spanische Fliegen, Brittisches Oel, Origanum-, Amber- und Terpentinöl von jedem 1 Uz.; Olivenöl ½ Uz.; Vitriolöl 3 Dr.; bringe Alles, außer dem Vitriolöl, in Weingeist; rühre die Mischung alsdann um und füge das Vitriolöl langsam hinzu, worauf wieder gerührt wird, bis die Mischung recht ist, was man daran erkennt, wenn sie aufhört, zu rauchen. Verkorke, und bewahre es zum Gebrauch auf.

Vorschrift des Gebrauchs: Binde ein Stück Schwamm an einen Stecken und reibe das Präparat damit auf das Ringbein oder Spaten, so lange es von den leidenden Theilen eingesangt wird. Vierundzwanzig Stunden hernach schmiere dieselbe gut mit Schweineschmalz ein, und wieder nach 24 Stunden wasche es ab mit Seifenwasser. Bangs, welcher in Napoleon, Mich. wohnt, und seit zwei Jahren Bücher für mich verschließt, sagt, daß eine einzige Anwendung dieses Mittels gewöhnlich hinreichend sei, den Spaten zu kuriren, obwohl es hie und da zwei erfordern könne. Bei Ringbein erfordert es immer 2 oder 3 Anwendungen, in Zwischenräumen von 3 bis 4 Tagen, wodurch der Verlust des Haars verhütet werde; denn wenn es in genannter Zeit bloß einmal angewendet werde, so werde der Haarwuchs nicht zerstört. Es soll auch Flußgallen, Ueberbein usw. kuriren. Er erhielt $5 für die Heilung des Pferdes eines Nachbars mit diesem Präparat, bei welchem er die Lähmung; aber nicht das Ringbein beseitigen konnte.

5) Genannter Mann meint, bei veralteten Fällen sei das folgende Mittel dem vorhergehenden noch vorzuziehen: Nimm Weingeist 1 Pt.; Salmiak, Aetzsublimat und Spicköl, von jedem 1 Uz.; mische Alles.

Nachdem dieß angewendet ist, wird Schweineschmalz benützt, wie oben vorgeschrieben, dann wende das erste Liniment an, ein- bis zweimal, je nach Umständen. Die Eigenschaft des letzteren Mittels ist, die Poren der Haut zu öffnen und den Klumpen zu erweichen.

6) Ein anderes Mittel gegen Ringbein. Pulverisire spanische Mücken, Spick,- Majoran,- Amber,- Ceder- und brittisches Del, Barbados Theer von jedem 2 Uz.; Wermuthöl 1 Uz.; Terpentinöl 4 Uz.; Potasche ½ Uz.; Salpetersäure, Scheidewasser 6 Uz., und Vitriolöl 4 Uz.; Schweineschmalz 3 Pfd.

Vorschrift des Gebrauchs. Schmilz das Schweineschmalz und füge nach und nach die Säuren hinzu, rühre gut, füge dann die Uebrigen Stoffe hinzu, und rühre wieder. Schneide die Haare ab, und reibe das Mittel warm ein, ungefähr nach drei Tagen wasche es mit Seifenwasser ab, und wende darnach das Mittel von Neuem an. In veralteten Fällen mag es 3 bis 4 Wochen erfordern, bis eine völlige Heilung eintritt; bei erst kürzlich entstandener Krankheit dagegen werden zwei bis drei Anwendungen eine Kur bewerkstelligen. Das Mittel hat schon sehr veraltete Fälle kurirt.

7) Rawsin's Mittel gegen Ringbein und Spaten. — Venetianischen Terpentin und spanische Fliegen von jedem 2 Uz, Euphorbium und Salmiakgeist von jedem 1 Uz.; rothes Präzipitat ½ Uz.; Aetzsublimat ¼ Uz.; Schweineschmalz 1½ Pfd.; pulverisire Alles und thue das Schmalz hinzu. Koche es leicht über Kohlen; aber laß es nicht anbrennen, und schütte es in eine Flasche; laß aber den Bodensatz allein zurück.

Vorschrift: Bei Ringbein schneide das Haar an der betreffenden Stelle ab und reibe das Präparat tüchtig hinein, innerhalb 48 Stunden einmal; bei Spaten drei Morgen hinter einander, auf welche Weise diese Krankheiten schon vollkommen geheilt worden sind. Wasche es bei jeder Applikation vorher gut ab, und reibe den Platz mit einem Stecken oder Spatel um die dicke gelbe Materie herauszudrücken.

8) Judianische Methode. — Binde eine Kröte (oder zwei, wenn es nicht ganz bedeckt wird) darauf, und laß sie 8 bis 10 Tage darauf.

Ein Indianer kurirte hiemit ein Pferd in der Gegend von St. Louis, wofür er ein Gewehr erhielt. Die Kur war von Dauer.

9) Französische Salbe gegen Knochen Spaten. — $300 Rezept. — Aetzsublimat, Quecksilber und Jod von jedem 1 Uz.; mit so viel Schweineschmalz, um daraus eine Salbe zu bereiten.

Vorschrift: Reibe das Quecksilber und das Jod zusammen, dann füge das Sublimat und endlich das Schmalz hinzu. Rühre es gut durcheinander.

Rasire das Haar so weit weg, als die Beingeschwulst geht, dann schmiere es ringsherum mit Fett ein, nur nicht die Stelle, wo das Haar abgeschoren ist, wodurch verursacht wird, daß die Medicin blos auf die Geschwulst wirkt. Nun reibe so viel von dem Präparat hinein, als auf ein Dreicentstück geht. Thue dieß jeden Morgen, blos 4 Tage lang. Im Verlauf von 7 bis 8 Tagen wird das ganze Beingeschwür herauskommen. Dann wasche die Wunde mit Seifenwasser aus, eine bis zwei Stunden lang, wodurch die giftige Wirkung der Medicin beseitigt wird. Auch wird die Heilung durch dieses Waschen erleichtert.

Herr Andrews von Detroit, Mich. gab für dieses Rezept $300, um ein ausgezeichnetes Pferd, einen Wettrenner, von dem Knochen Spaten zu kuriren, was auch vollkommen gelang, so daß er hernach den Preis mit diesem Renner erhielt, welcher obige Summe noch überstieg.

10) **Norwegisches Mittel gegen Hacken geschwulst.**— Nimm Hundsschmalz ½ Pt., das beste Majoranöl 1½ Uz.; pulverisirte spanische Fliegen ½ Uz.; mische es und wende es drei Tage lang jeden Morgen an. Hitze es mit einem heißenEisen hinein. Dann setze 3 Morgen aus. Hernach gebrauche es wieder, wie zuvor, bis es neunmal angewendet worden. Nach dieser Zeit warte ungefähr 10 Tage, und wenn es nicht ganz heil ist, so verfahre wieder, wie zuvor. Dieß ist ebenfalls ein sehr gutes Mittel.

11) **Liniment gegen Spaten.** Spiköl, Majoran,- Cedern,- Brittisches Oel und Terpentinöl von jedem 1 Uz.; pulverisirte spanische Fliegen ½ Uz.

Wende es blos einmal in 1 bis zu 9 Tagen an. Es vertreibt Spaten, Ueberbein, Curve (Curb) usw., wenn diese Uebel noch nicht von langer Dauer sind.

12) **Ein Anderes.** — Weingeist und Terpentinöl von jedem ½ Pt.; Kampher, Opiumtinktur und Cedernöl von jedem 1 Uz.; Hemlocköl, Rhodiumöl und canadischem Balsam von jedem ½ Uz.; Jod 1 Drachme. Mische es gut.

Wende es Abends und Morgens an, indem du zuerst die Stelle mit einem Schwamm rein wäschest und abtrocknest. Dann reibe das Liniment mit der Hand in die Geschwulst hinein. Es verursacht, daß eine gummiartige (harzige) Substanz herausfließt, ohne das Haar zu zerstören. Es kurirte Ringbein und vertrieb den Klumpen, wenn der Fall noch neu war. Es kurirte auch Lähmung (Lahmheit), welche schon drei Jahre gedauert hatte.

13) **Liniment gegen Geschwulst, Ueberbein, Splint, Spaten** usw. Nimm eine Flasche mit weiter Oeffnung und thue in dieselbe Majoranöl 6 Uz.; Kamphorgummi 2 Uz.; Quecksilbersalbe 2 Uz.; Jodsalbe 1 Uz. Schmilz diese Stoffe, indem du die Flasche in heißes Wasser hältst.

Wende es bei Geschwulst zweimal täglich, vier bis fünf Tage lang, an. Die Lahmheit wird vergehen. Ich kenne Männer, welche ihre Pferde mit diesem Mittel kurirt haben, und bemerke nur noch, daß dieses einzige Mittel mehr werth ist, als das Buch kostet.

14) **Salbe gegen Hacken geschwulst** und Flußgallen auch gut gegen Curve, Ueberbein, Ringbein und Knochen Spaten. — Nimm gepulverte spanische Fliegen 1 Uz.; Quecksilbersalbe 2 Uz.; Jodtinktur 1½ Uz.; Terpentinöl 2 Uz.; Aetzsublimat 1½ Dr. Schweineschmalz 1 Pfd.

Mische Alles gut zusammen, und wenn es gebraucht wird, so schneide zuerst das Haar ab, wasche die betreffende Stelle rein, und reibe die Salbe tüchtig mit der Hand oder einem Handschuh hinein. Zwei Tage hernach schmiere den leidenden Theil mit Schweineschmalz, darnach wasche es ab und gebrauche die Salbe wiederum. Wiederhole die Prozedur jede Woche, so lang es nöthig ist.

Liniment gegen Schwinden eines Theils, (Schulterläh=
me.) — Alkohol und Terpentinöl von jeden 8 Uz.; Kampher, spanische
Fliegen (pulverisirt,) und spanischen Pfeffer von jedem 1 Uz.; Spicöl 3
Uz.; Alles gemischt.

Vielleicht ist es besser, von dem spanischen Pfeffer zuvor Tinktur zu
machen, und die Tinktur benützen, anstatt den Pfeffer als Pulver, weil sich
dann kein Bodensatz bildet. Hitze dieses Liniment mit einem heißen Ei=
sen hinein. Der erste Fall wäre noch zu suchen, welcher mit diesem Mit=
tel nicht geheilt werden könnte bei genauer Befolgung der Vorschrift.

Ein Anderes. — Salmiak 2 Uz.; Aetzsublimat 1 Uz.; Wein=
geist 1 Ot. Pulverisire und mische.

Dieß letztere Mittel heilte viele Fälle von Schwinden eines Theils
und Nierenbeschwerden, welche erkannt wird an einer Schwäche im Kreuz,
sowohl bei Rindvieh, als bei Pferden. Wasche die Lenden damit, und
gib davon 1 bis 2 Eßlöffel des Tages ein.

Sicheres Heilmittel gegen Kopfgeschwulst und Halsge=
schwür. — Pottasche ¼ Uz ; Belladonnaertrakt ½ Dr.; arabisches Gummi
¼ Uz.; löse das Gummi in ein wenig Wasser auf, dann pulverisire die
Pottasche fein und mische das Gummiwasser damit, worauf dieselbe bald
aufgelöst sein wird. Alsdann füge den Extrakt hinzu, und es ist fertig
zum Gebrauch. Es kann auch ohne die Belladonna angewendet werden;
ist aber schmerzhafter ohne sie, und hat keinen so guten Erfolg.

Anweisung: Der beste Weg, dieses Mittel anzuwenden, ist die Be=
nützung einer Klystierspritze, nachdem man zuvor die wunde Stelle mit
Seifenwasser gereinigt hat. Dieses Mittel vertreibt auch Gerstenkörner
und Warzen, wenn man es 5 bis 10 Minuten drauf läßt. Dann wasche
es ab, und nimm Oel oder Essig, und befeuchte die Theile damit. Drü=
cke die Warzen oder Körner nicht aus, sondern laß sie die Natur vertrei=
ben.

2) Pottasche zu machen. — Wenn du die Pottasche nicht
kaufen kannst, so kannst du dieselbe machen durch Auslaugen der besten
Holzasche. Koche die Lauge ein, bis zu dem sogenannten „schwarzen Salz"
und setze die Hitze unter einem dicken Kessel fort, bis Alles zerschmolzen ist.
Die Hitze brennt die schwarzen Unreinigkeiten heraus, und hinterläßt eine
weißlichgraue Substanz, genannt Pottasche.

Diese Pottasche pulverisirt und in die vorhandenen Rattenlöcher ge=
than, vertreibt dieselben sehr schnell, wie bemerkt bei dem „Rattenvertil=
ger." Das schwarze Salz ist fast eben so gut gegen Ratten; ist aber nicht
ganz so stark. Sie kommen mit den Füßen hinein, was ein Beißen ver=
ursacht, das schlimmer ist, als ihr Biß.

3) Norwegisches Mittel gegen Kopfgeschwulst und Hals=
geschwür. — Bedecke den Kopf und den Nacken mit zwei oder drei Teppi=
chen und halte eine Pfanne oder einen Kessel voll warmen Cider = Essig
unter die Teppiche. Dann dämpfe die Theile vermittelst heißen Steinen,
Backsteinen oder Eisen, in das Wasser geworfen, und fahre hiemit so lan=
ge fort, bis das Pferd reichlich schwitzt. Thue dieß drei Morgen hinter=
einander, dann drei Morgen ausgesetzt, und dann wieder gebraucht, bis
9mal angewendet. Herr Marshall sagt, daß die Röhren nach dieser Zeit
sich zu heben scheinen, und sich lösen, ausgenommen das untere Ende. Nun
befestige eine Schnur von Seide um die Röhren und ziehe sie heraus.

Die leitende Theile werden nun mit schwacher Auflösung von grünem Vitriol in Wasser gewaschen, bis das Geschwür oder die wunden Stellen geheilt sind, womit die Kur vollendet ist. (Siehe „das Norwegische Mittel gegen Knochenspaten."

4) Ein anderes Mittel. — Steinsalz und blauen Vitriol von jedem 1 Uz.; grünen Vitriol ½ Uz.; pulverisire Alles und mische gut.

Fülle einen Gänsekiel mit dem Pulver, und stoße es in die Röhre hinein vermittelst eines Steckchens, das durch den Kiel gestoßen wird, so daß das Pulver bis auf den Grund der Röhre kommt. Wiederhole dieß nach etwa 4 Tagen, so kannst du 3 bis 4 Tage nachher die Röhre herausziehen ohne viel Mühe.

5) Kopfgeschwulst und Halsgeschwür zu vertreiben. — Nimm eine Quantität Mayapfel,= Entenfußwurzel, zerstoße und koche sie. Seihe dann durch und koche es ziemlich dick ein. Dann fermire es mit ein wenig Schweineschmalz durch leichtes Kochen zu einer Salbe.

Salbe die Geschwulst täglich einmal, einige Tage lang, bis sie gehoben ist.

6) Ein anderes: — Kopf= und Halsgeschwulst wurde kurirt, daß man ein Stück Höllenstein in die Röhren stieß, dann das Loch mit Currier'söl füllte, oder:

7) Ein anderes: Aetzsublimat von der Größe einer gewöhnlichen Bohne, pulverirt, in Fließpapier eingeschlossen, und auf den Grund der Röhre gedrückt. Laß es 8 Tage darinnen, dann nimm es heraus und wende die Quecksilber Salbe an, welche in den Apotheken zu haben ist.

8) Ein anderes: Arsenik die Größe einer Erbse, auf dieselbe Weise verfahren wie oben hat dieselbe Krankheit kurirt. Allein wenn das Norwegische Mittel gehörig angewendet wird, so ist es unzweifelhaft das beste von allen.

9) Ein anderes: Vitriolöl in die Röhren gebracht, hat viele Kopfgeschwulst kurirt.

Ich kenne einen Mann, welcher Kopfgeschwulst so kurirte, daß er ein Bärrel Wasser auf eine Plattform, 15 Fuß hoch, stellte, welche über zwei Bäumen angebracht war, und täglich ein Sturzbad auf das Geschwür anwandte, indem das Wasser durch ein Horn ablief, womit man zum Essen bläst, das kleinere Ende abwärts gerichtet. Er band das Pferd, so daß es in der gehörigen Stellung bleiben mußte, wodurch es möglich wurde, daß das Wasser auf den rechten Platz floß. Fünfzehn oder zwanzig Bäder kurirten das Pferd; allein die Krankheit brach das nächste Jahr wieder aus, wurde jedoch durch einige weitere Bäder völlig gehoben.

Diarrhöe oder Durchfall bei Pferden und Rindvieh. Ein Mittel dagegen, das schon seit 70 Jahren im Gebrauch ist. — Gepulverte Tormentillwurzel. Gabe für ein Pferd oder eine Kuh 1 bis 1½ Uz.; es kann in einer Pinte Milch verrührt und gegeben werden; oder man kann es in 1½ Pt. Milch leicht kochen oder ausziehen. Dann gibt man es 3 bis 5mal täglich, bis die Krankheit beseitigt ist.

Dieß ist auch für Menschen ein werthvolles Mittel. Die Gabe für eine Person wäre von ⅓ bis zu 1 Theelöffel voll, in Milch ausgezogen. Bei Menschen gebraucht, würde ich jedoch empfehlen, daß man die Hälfte Rhubarb (Rhabarber) damit verbände. Es soll nach der Erfahrung eines englischen Herrn ein ausgezeichnetes Mittel sein.

2) **Ochsenbeine gegen Durchfall.** — Brenne die Beine gut und pulverisire sie fein. Dann gib 1 Eßlöffel in etwas trockenem Futter, täglich 3 mal, bis die Krankheit gehoben ist.

3) **Durchfall und Fadenwürmer in Pferden und Rindvieh.** — Weißeschen-Rinde zu Asche gebrannt, und davon eine starke Lauge gemacht, dann ½ Pt. davon mit 1 Pint Wasser gemischt und Alles gegeben. Täglich zwei- bis dreimal wiederholt.

So bald man überzeugt ist, daß ein Pferd oder eine Kuh mit Fadenwürmer geplagt ist, so ist es das Beste, obiges Mittel anzuwenden, indem man glaubt, daß diese Würmer die Ursache des Purgirens seien und dieses Mittel treibt die Würmer ab, wodurch die Entzündung geheilt wird, weil die Ursache beseitigt ist.

Dr. Gray's oder Sloan's Pferdesalbe. — Colophonium oder Geigenharz 4 Uz.; Bienenwachs 4 Uz.; Schweineschmalz 8 Uz.; Honig 2 Uz.; Schmilz diese Artikel langsam und bringe sie zu einem mäßigen Sud. Sobald es anfängt zu sieden, so nimm es vom Feuer, rühre langsam etwas weniger als 1 Pt. Terpentinöl hinzu, und rühre, während dieß hinzugefügt wird, bis es kalt ist.

Dieses ist ein ausgezeichnetes Mittel gegen Quetschungen oder Reibungen der Haut und des Hufs, bei gesprungenem Knie, Rückengeschwüren, aufgesprungenen Fesseln, Mauke, Krätze usw. — Es ist ebenfalls gut gegen Brandwunden u. dgl. bei Menschen.

Conditionspulver, welches von St. John herrühren soll. Bockshornsaamen, Weinstein, Enzian, Schwefel, Salpeter, Colophonium, schwarzen Spießglanz und Ingwer, von jedem gleiche Theile, sage 1 Uz.; Alles fein zu pulverisiren; spanischen Pfeffer fein pulverisirt, die Hälfte der Quantität von einem der andern Artikel, sage ½ Uz. Mische Alles gut.

Es wird gebraucht gegen Gelbsucht, gebundene Haut, Husten, Erkältungen, Strengel, Pferd Seuche und allen andern Krankheiten, bei welchen gewöhnlich Conditionspulver gebraucht werden. Es treibt viel Unreinigkeit ab und reinigt das Blut. Gabe: In gewöhnlichen Fällen gib 2 Eßlöffel voll täglich im Futter. In außergewöhnlichen Fällen gib doppelt so viel. Es ist ein sehr gutes Mittel, komme es dann her, woher es wolle.

2) **Abführendes Conditionspulver.** — Gummigutt, Alaun, Salpeter, Colophonium, grünen Vitriol, Ingwer, Aloe, Myrrhengummi, Bittersalz und gewöhnliches Salz und wenn das Pferd in einem sehr schwachen Zustand ist, so füge Wermuth hinzu, von jedem dieser Artikel 1 Uz.; hievon gib einen Eßlöffel voll in Kleie zweimal des Tages. Gib einige Tage lang kein anderes Futter, als einmal täglich Hafer, und geschnittenes Futter.

Dieses Mittel ist mehr anwendbar bei alten, ausgedienten Pferden, welche der Blut Reinigung und erneuerter Kraft bedürfen. Da ist es aber auch dann sehr gut.

Pferdeliniment gegen steifen Nacken, von Genick Geschwulst herrührend.— Weingeist 1 Pt.; Cedernöl, Majoranöl und ganzen Campher von jedem 2 Uz.; Amberöl 1 Uz.

2) **Englisches Liniment für Pferde und Rindvieh.** Spiköl, Salmiakgeist und Terpentinöl von jedem 2 Uz.; Olivenöl und Amber-

…öl von jedem 1½ Uz.; Majoranöl 1 Uz. Mische Alles. Dieß ist gut für irgend einen Schaden. Halte es beständig an Hand im Stall als ein gutes Liniment. Es ist das Lieblingsmittel der Engländer gegen Hals-geschwulst, Fußgelenkgeschwulst, veraltete Lahmheit, Entzündung usw. — Bei großer Entzündung nimmt es die Haare, zerstört aber das Nachwach-sen desselben nicht.

3) Nerven- und Beinliniment. — Nimm Rindsgalle 1 Ot.; Weingeist 1 Pt.; flüchtiges Liniment 1 Pfd: Terpentinöl 1 Pfd.; Majoranöl 4 Uz.; spanische Pfeffertinktur, Amberöl 3 Uz.; spanische Flie-gentinktur 6 Uz., Alles gemischt.

Ein allbekanntes, treffliches Mittel, besonders bei Pferden anwend-bar. —

4) Liniment, das Ot. zu 1 Schilling. — Vom be-sten Essig 2 Ot.; pulverisirten Salpeter ½ Pfd.; mische es und stelle es an einen warmen Ort, bis der Salpeter aufgelöst ist

Werthvoll gegen Knochen Spaten, Duetschungen, Verrenkungen, al-te Geschwülste usw.

Gegen gebrochene Beine der Pferde Mittel zu gebrauchen, anstatt dieselben unmenschlich nieder zu schießen. — In den meisten Fällen von Beinbruch ist weiter nichts nöthig, als daß man dem Pferd eine Schlinge von einem breiten Stück Segeltuch oder anderem starkem Tuch macht, (wie mitfolgende Figur darstellt) das um den Bauch des Thiers herumgeht und ausgestattet ist nut zwei Hinterledern und zwei Brustgurten, und vermittelst Seilen und Rollen, an einen Querbalken oben befestigt ist. Hiemit kann man das Pferd beliebig stellen, höher oder niederer.

Es ist selten nöthig, sie so in die Höhe zu lüpfen, daß sie mit den Füßen völlig vom Boden gehoben wären, indem sie gewöhnlich ruhiger sind, wenn man ihnen erlaubt, den Boden zu berühren.

Unterstützungsapparat bei Lahmheit der Pferde.

Manche Pferde werden über dieser Einrichtung sehr unruhig werden; was jedoch nicht sehr lange dauern wird. Wenn das Pferd ruhig ist, so setze das Bein zurecht, darnach schindle es gut, indem du zugleich die Schindelung mit Watte, um das Bein sorgfältig einzurichten, überziehst. Dann netze die kranke Stelle mit kaltem Wasser, so lang noch Entzündung vorhanden ist. Gib leichtes Futter, und nur ein wenig Wasser auf einmal, aber desto öfter.

Der Zweck und Gebrauch der verschiedenen Ringe, Rollen und Riemen wird leicht verstanden werden.

Wenn das Pferd sehr ruhig ist, so können noch andere Seile an den Eckringen angebracht werden, behufs der Unterstützung des Pferdes. Versuche jedes ordentliche Mittel, ehe du ein Pferd erschießest, und wäre es eins mit einem gebrochenen Bein.

Wundbalsam für Pferde und Menschen. Benzoegummi 6 Uz.; Tolubalsam 3 Uz.; Storaxgummi 2 Uz.; Myrrhengummi 2 Uz.; secotrinische Aloe 2 Uz.; Weingeist 1 Qt. Pulverisire die festen Theile und mische Alles. Thue die Artikel in einen starken Kessel und halte sie mäßig heiß, 3 bis 4 Tage lang. Dann seihe durch.

Eine bessere Medicin kann kaum gefunden werden gegen frische Wunden an irgend einem Theil des Leibes, besonders an den Muskeln und Gelenken, darum sollte jeder Farmer oder irgend eine Person dieses Mittel stets bereitet vorräthig haben, als eine Familienarznei gegen allerlei Wunden, sowie bei seinem Vieh, als auch in seiner Familie. Dreißig bis vierzig Tropfen innerlich genommen sollten auf einem Klumpen Zucker auf einmal gegeben werden, wenn Schwäche oder Schmerzen im Magen Statt findet, sowie, wenn bei hohem Alter es Stärkung erfordert.

Raude oder Mauke und Hufgeschwür zu kuriren. Mache eine Lauge von Holzasche, und koche darin Weißeichen = Rinde, bis die Lauge sehr stark ist, sowohl hinsichtlich der Lauge selbst, als auch in Bezug des Rindensaftes. Wenn erkaltet, ist es zum Gebrauch fertig.

Zuerst wasche die Füße des Pferdes mit Spülwasser oder Kastileseife rein, und wenn sie trocken sind, so wende die Lauge an vermittelst eines Lumpen oder Schwammes an einen Stecken befestigt, welcher lang genug ist, dem Pferd gehörig vom Leibe zu bleiben, indem dasselbe sich wie ein wildes Pferd geberden wird; allein dessen ungeachtet mußt du das Mittel täglich einmal anwenden, bis du siehst, daß der leidende Theil trocken ist. Die Mauke kann von der gewöhnlichen Krätze unterschieden werden an den tiefen Sprüngen oder Rissen, welche bei der gewöhnlichen Krätze nicht statt finden. Natürlich wird dieses Mittel das Haar wegnehmen; allein man weiß, daß die Krankheit sogar den Huf abgetrieben hat. Um das Haar wieder hervor zu bringen, benütze eine Salbe, von Süßhollunder= Rinde in altem, geräuchertem Speck langsam gekocht, und hernach noch etwas Colophonium dazu nimmt, um die Salbe von der richtigen Dicke zu machen, kommt auf ein Pfd. Oel ¼ Pfd. Colophonium.

2) **Ein anderes Mittel.** Grünspan ½ Uz.; Branntwein ½ Pt.; sind sehr empfohlen gegen Mauke und Krätze.

3) **Mittel gegen** gewöhnliche Fesselgeschwüre oder Krätze. Olivenöl 6 Uz.; Borax 2 Uz.; Bleizucker 2 Uz.; mische es und wende es zweimal des Tages an, nachdem man die betreffende Stelle zuvor mit Spülwasser abgewaschen hatte und die Füße gut trocknen ließ.

Dieß Verfahren wurde viele Jahre eingeschlagen von Geo. Clemm in Logansport, Ind., und er versicherte mich, daß die schlimmsten Fälle damit geheilt worden seien, und zwar in etlichen Tagen.

4) Ein anderes. — Grüner Vitriol und Urin sind bekannt als gut gegen gewöhnliche Fußgeschwüre, angewandt, wie das vorhergehende Mittel. Dieses letztere kann zuerst versucht werden, indem es leicht zu bekommen ist, und hilft es nicht ganz, so wird das andere nicht fehlen.

Geschwüre von Reiben des Sattels und des Geschirres. — Bleiweiß und Leinöl gemischt, wie zur Farbe ist beinahe unschätzbar gegen Quetschungen und Geschwüre durch Reiben des Sattels oder Geschirrs, oder durch irgend eine andere Ursache. Es heilt sehr schnell.

Wenn du es anwendest gegen Krätze, so wasche sie zuerst rein mit Wasser und Seife, dann wende es an. Einige ziehen Lampenöl dem Leinsamenöl vor. Wenn dieß benützt wird, so mische beide Stoffe so, bis es eine helle Strohfarbe hat. Wenn das Pferd bei Nacht in den Stall kommt, so sollten seine Füße recht sauber gewaschen und getrocknet werden, dann wird diese Mischung angewendet und tüchtig in die Haut hinein gerieben. Zwei oder drei Wiederholungen sind hinreichend, eine vollkommene Kur zu bewerkstelligen, der Fall mag so hartnäckig sein, als er will.

Dieß Mittel ist auch gut gegen allerlei sonstige Geschwüre bei Pferden und andern Thieren, ja selbst bei Menschen. Es formirt einen luftdichten Ueberzug und stillt die Schmerzen. Jeder Farmer sollte ein Geschirr voll von diesem Artikel, und einen Pinsel dazu vorräthig haben. Mit einem Pinsel dieses Mittel angewendet, heilte die aufgeschundene Haut an dem Fuß eines Pferdes, und ließ keine Narbe zurück.

Eine Dame von Indiana sagte mir, daß sie sich mit Bleiweiß und Olivenöl vom Salzfluß befreite.

2) Ein anderes:— Alkohol und Bleiextrakt von jedem 2 Uz.; Regenwasser 4 Uz.; Salmiakgeist 1 Uz.; weißen Vitriol ½ Uz.; mische Alles und schüttle es bei dem Gebrauch.

Knowlson's Complete Farrier spricht von diesem letzteren Präparat sehr rühmlich, welches probirt werden kann, wenn das erste, oben angegeben, nichts helfen sollte.

3) Geschwüre, durch den Zaum verursacht. Mittel dagegen. Chloroform und Schwefeläther gleiche Theile von jedem. Halte es gut verkorkt.

Wasche das Maul des Pferdes jedesmal mit einem Schwamm aus, so oft der Zügel ausgenommen wird, dann netze die wunde Stelle gut mit der Mischung. Es ist werthvoll gegen irgend Wundsein bei Menschen und Pferden, von den verschiedenen Ursachen.

4) Ein anderes: Weißesche und Terpentinöl von jedem 1½ Eßlöffel voll; gemahlnen schwarzen Pfeffer 1 Eßlöffel voll; Schweineschmalz so viel, um aus dem Ganzen 1 Pt. zu machen.

Mittel gegen Athembeschwerden oder Dampf. Der gemeine Name für irgend eine Art beschwerliches Athmen eines Pferdes wird mit dem Wort Haves bezeichnet. Diese Krankheit wird verursacht, durch Fahrlässigkeit in Hinsicht auf das Füttern und Tränken eines Pferdes. Wenn ein Pferd an dieser Krankheit leidet, und man gibt ihm bloß trockenes Futter und läßt es hernach kaltes Wasser trinken, so viel es will, so ist ein solches Pferd so gut, wie nutzlos. Wenn dagegen sein Futter angefeuchtet wird, und das Pferd nur eine kleine Quantität auf einmal zu trinken bekommt, so ist die Krankheit viel weniger beschwerlich.

Noch eine größere Erleichterung des Uebels kann erzielt werden durch Folgendes: canadischer Balsam und Cobaivabalsam von jedem 4 Uz.; mische dieß mit gebrannter Magnesia hinlänglich dick, um Bälle daraus zu formiren. Hievon gib einen Ballen von mittlerer Größe, Abends und Morgens, 8 bis 10 Tage lang. Dieß verschafft große Erleichterung.

2) Ein anderes Mittel. — Ein alter Thierarzt versicherte mir, daß Lobelienkraut ein Theelöffel voll einmal des Tages im Futter eine Woche lang gegeben, und hernach einmal in der Woche, ein so gutes, Mittel sei, daß man kaum mehr sagen könne, ob das Pferd je die Heaves gehabt habe.

2) Ein anderes: H. Sisson, ein anderer Thierarzt, gab mir ein Mittel, welches etwas Aehnlichkeit mit dem zuerst aufgeführten Bällen hat, und somit das eine oder das andere gebraucht werden kann.

Er nimmt: Cobaivabalsam, canadischen Balsam und gebrannte Magnesia von jedem 1 Uz.; Terpentinöl 2 Uz., und bringt die Artikel in 1 Pt. vom besten Ciceressig. Hievon gibt er für eine Woche lang einmal des Tages 1 Eßlöffel voll im Futter, dann alle andere Tage 2 bis 3 Monate lang.

Das Pferd wird anfangs mehr husten, wird aber von Tag zu Tag besser, indem der Husten sich lösen wird. Benetze die Kleie und überhaupt alles Futter für ein derartiges Pferd.

4) Ein anderes: Herr Bangs empfiehlt sehr folgendes Mittel: Lobelienkraut, Aaronswurzel, Alantwurzel und stinkende Zehrwurz von jedem gleiche Theile. Mache daraus Bälle von gewöhnlicher Größe und gib einen über einmal davon. Oder mache eine Tinktur, indem du 4 Uz. dieser Mischung in 2 Qts. Branntwein thust. Eine Woche nachher gib 2 Eßlöffel voll davon in dem Futter einmal täglich einen bis zwei Monate lang.

5) Ein anderes. — Austernschaalen 1 Peck, brenne sie zu Kalk und pulverisire sie; mische eine Hand voll davon mit ½ gill (⅛ Pt.) Alkohol Mische es mit dem Hafer alle Morgen, und fahre damit fort, bis Alles aufgebraucht ist.

Dieses Mittel hat schon sehr gut gethan bei pfeifenden Dampf. Meerrettig, zerrieben und mit dem Futter eingegeben, hat gut gethan. Kraut als gewöhnliches Futter, ist sehr gut gegen diese Krankheit, sowie überhaupt saftiges Futter, wie z. B. Rüben, Kürbis usw. Farmers, welche ihre Pferde stets zu Hause haben, können dieselben bequem mit diesem Futter und den obigen Vorschriften besorgen. Ein „windgebrochenes" Pferd jedoch mag ebenso wohl auf den Kopf geschlagen werden, als mit demselben zu reisen; denn dabei käme Nichts heraus.

6) Ein anderes: Ein „Correspondent of the country Gentleman" sagt, daß man bei Heaves große Erleichterung verschaffen könne, wenn man mit rohem Speck füttere.

Beginne mit einem Stück Speck, sage ein Kubikzoll, sehr fein zerschnitten, und gemischt mit dem benetzten kurzen Futter, zweimal täglich 2 bis 3 Tage lang. Dann erhöhe die Gabe von Tag zu Tag und schneide den Speck weniger fein, bis eine Gabe etwa handgroß ist, welche dann in etwa 20 Stücke geschnitten werden.

12

„Setze dieß zwei. Wochen lang fort, und das Pferd wird im Stande sein, jedes ordinäre Geschäft ohne Beschwerden zu verrichten, und ohne daß die Heaves sich zeigen. Ich habe Erfahrung seit 10 Jahren in dieser Hinsicht, womit ich das Obige beweisen kann. — (J. von Burlingtin, Vt.

Pferde Seuche zu unterscheiden und zu kuriren. Wenn man glaubt, ein Pferd habe die Seuche, man ist aber davon nicht fest überzeugt, so benetze Kleie mit mittelmäßig starker Lauge. Wenn dieselbe nicht zu stark ist, so wird das Pferd die Kleie begierig fressen. Wenn es die Seuche hat, so wird ein starker Ausfluß aus der Nase und folgerichtig auch eine Kur das Resultat sein, wenn einige Tage damit fortgefahren wird. Ist es aber blos eine Erkältung mit geschwollenen Mandeln, so wird keine Veränderung wahrgenommen werden.

Pferde für den Winter zu beschlagen. — N. P. Willis sagt in dem Home Journal Folgendes:
Du hast ohne Zweifel ausgefunden, daß man im Winter keine großen, ununterbrochenen Reisen machen kann, wenn man das Pferd blos auf ordinärem Weg beschlagen hat; Die scharfen Spitzen des gefrornen Bodens verwunden die Sohlen der Füsse, und im Schnee füllen sich die hohlen Schuhe mit harten Ballen, welche das Gehen sehr unsicher machen. Diese Uebel werden beseitigt, wenn man ein Stück Sohlleder unter den Schuh nagelt, wodurch der Huf beschützt wird, und das Thier einen festen und sichern Tritt bekommt.

Mittel gegen Rehe oder Entzündung der Füße. Laß dem Pferd am Hals zur Ader, laß etwa eine Gallone Blut heraus, dann schütte dem Pferd 1 Qt. Leinöl ein. Hierauf reibe die Füße desselben lange und stark mit Wasser, so heiß, als es ertragen werden kann, ohne es zu brennen.
Dieses Mittel heilte ein Pferd von dieser Lähmung, welche es sich zugezogen hatte durch fressen von Waizen. Das Mittel wurde zwei Tage hernach angewendet.

Laxirball für Pferde. Barbados Aloe 6 bis 8 Dr. je nach der Stärke des Pferdes, Weinstein 1 Dr.; Ingwer und Kastilseife von jedem 2 Dr.; Anisöl oder Pfefferminzöl 20 Tropfen; pulverisire es und mache Alles vermittelst einer Gummianflösung in einen Ball.

Ehe einem Pferd ein Laxir eingegeben wird, sollte dasselbe darauf vorbereitet werden durch das Füttern warm gemachter, benetzter Kleie, anstatt des Hafers, was wenigstens 2 Tage vorher geschehen sollte. Ebenso gib ihm Wasser, das nicht so kalt ist, während es laxirt. Sollte es nach Stunden nicht wirken, so wiederhole die Hälfte der Gabe.

2) Laxirmittel für das Rindvieh. — Für Rindvieh nimm blos die Hälfte der obigen Gabe, und füge 5 Uz. Glaubersalz hinzu. Löse Alles in einem dünnen Kleienfutter oder Welschkornschleim auf und schütte es dem Vieh ein; denn dem Rindvieh können die Bälle nicht so leicht eingegeben werden, auch ist seine Construktion nicht für trockne Medicinen geeignet.

Das Rindvieh braucht für die Laxanz nicht vorbereitet zu werden, weil es im Durchschnitt nicht an das kurze Futter gewöhnt ist, wo dieß jedoch der Fall ist, da kann dieselbe Vorsicht angewendet werden, wie bei den Bällen für die Pferde.

Mittel gegen Wundwerden der Schaafsklauen. Salz=
säure und Spießglanzbutter von jedem 2 Uz.; pulverisirten weißen Vitriol
1 Uz.; Alles gemischt.

Anweisung: Lüpfe den Fuß und laß ein Wenig von dieser Mischung
in den Huf hineinträufeln. Es braucht in der Woche blos ein= bis zwei=
mal angewendet werden. Es tödtet den alten Huf, und ein neuer kommt
an seine Stelle. Bei vorgeschriebener Anwendung dieses Mittels ist
nichts zu befürchten. Es ist auch gut für Pferdshufe.

Augenwasser für Pferde und Rindvieh. — Alkohol 1 Eß=
löffel voll; Bleiextract 1 Theelöffel voll; Regenwasser ½ Pt.

Wasche das Auge reichlich 2 oder 3 mal täglich damit. Ich ziehe je=
doch jenes Augenwasser vor, das man für Menschen gebraucht; denn was
gut für einen Menschen ist, das ist bei erhöhter Gabe auch gut für ein
Pferd.

Grundsätze beim Zähmen wilder, unartiger, un=
gebrochener Pferde. Zum Schluß dieses Gebiets sei noch Etwas bemerkt
über das sogenannte Geheimniß des Zähmens der Pferde. Was immer
über dieses Geheimniß gesagt und geschrieben werden mag, so läßt sich
dennoch kurz sagen, daß eben viele Personen nicht mit Pferden umgehen
können bei aller Instruktion in der Welt, denn es ist ihnen einmal nicht
gegeben, mit dem Pferd zu sympathisiren. Um ein guter Pferdezähmer
zu sein, muß Einer in Sympathie mit dem Pferde stehen und muß eine
persönliche Macht über dasselbe besitzen. Das Mysterium oder Geheim=
niß liegt also einfach darin, wie man ein Pferd zu behandeln habe; dieses
zu wissen, ist die Lösung des Räthsels.

In Bezug auf gebrauchte Rezepte bestehen dieselben in Folgendem:
Man nimmt von der Pferdwarze, welche an der einwärts gekehrten Sei=
te des Vorder Fußes wächst, und zerreibt sie fein. Ferner nimmt man
Cuminöl und Rhodiumöl jedes besonders gehalten in luftdichten Flaschen

„Reibe ein wenig von dem Cuminöl auf die Hand, und nahe dich
dem Pferd auf dem Felde mit der Richtung des Windes, so daß das Pferd
das Oel riechen kann. Das Pferd wird dich ohne Weiteres zu ihm he=
ran kommen lassen. Dann reibe deine Hand sanft über die Nase des
Pferdes, ein wenig von dem Oel daran bringend, so kannst du es hinfüh=
ren wo du willst. Gib ihm ein wenig von der pulverisirten Warze auf
einem Stück Zucker, einem Apfel oder Kartoffel.

„Bringe 8 Tropfen von dem Rhodiumöl in einen Fingerhut; nimm
denselben zwischen den Daumen und Mittelfinger deiner rechten Hand,
und mit dem Zeigfinger decke den Fingerhut zu, daß dir das Oel nicht
heraus läuft, während du dem Pferde das Maul öffnest. So bald dieß
geöffnet ist, gieße dem Pferd das Oel auf die Zunge, und es ist dir so
folgsam, wie ein Hund." (Sehr zweifelhaft. Der Verfasser.)

Reite ohne Furcht und regelrecht, die Kniee an die Seiten des Pfer=
des gedrückt, die Zehen einwärts und die Absätze nach Außen gerichtet, so
kann es dich niemals abwerfen. Wenn du das Pferd lehren willst, auf
deinen Befehl nieder zu liegen, so stehe auf die linke Seite des Pferdes,
nimm einige Leder Riemen etwa 6 Fuß lang, binde einen davon um seinen
linken Fuß damit das Pferd den Fuß nicht auf den Boden setzen kann, laß
den andern Riemen über den Hals gehen und befestige den andern Fuß.
Halte den Riemen mit der Hand, und wenn du fertig bist, so befiehl ihm,

nieder zu liegen, und in derselben Zeit ziehe sanft und gleichmäßig, aber beherzt an dem Riemen, und gib ihm einen leichten Schlag mit der Reitgerte. Das Pferd wird nach und nach niederliegen. Thue dieß einige Mal, so wird es bald ohne die Riemen niederliegen lernen. Nun ist das Pferd dein Schüler und dein Freund. Du kannst es irgend Etwas lehren; nur sei gütig gegen dasselbe und füttere es, ehe du selber issest. Behandle es selbst, und zwar mit Sorgfalt; halte es reinlich und gib ihm des Nachts ein gutes Bett. Thust du dieß Alles, so wird es dich lieben."

Vor hundert Jahren erschien in Bartlett's: „Gentleman's farriery" Folgendes: „Die Methode des Dr Bracken beim Zähmen der Pferde ist die: Er bindet einen der Vorderfüße des Pferdes in die Höhe, und befestigt eine Schnur oder ein kleines Seil um die andere Fuß Fessel, und bringt das Ende desselben über die Schultern des Pferdes. Dann schlägt oder stößt er es mit dem Fuß in das Kniee, und zieht zu gleicher Zeit dem Pferd das Maul gegen den Futtertrog herab. Hierdurch bringt man das Pferd auf seine Knieen, wo es gelassen wird, bis es müde ist, was bald der Fall sein wird. Wenn es aber nicht bald niederliegt, so stoße es mit dem Fuß an die Viertel, um es zum Niederliegen zu zwingen. Das Pferd auf diese Weise einige mal zwingend, kannst du es nachher bald mit bloßen Worten, die zuvor gebraucht, veranlassen niederzuliegen.

Da die Methode des Herrn Rarey, welcher durch sein Pferdetressiren ein reicher und bedeutender Mann wurde, ganz dieselbe ist, wie diese soeben bemerkte, so ist daraus zu schließen, daß er wahrscheinlich einen alten Band auffand, in welchem er dieses Geheimniß las, anstatt daß es seine eigene Erfindung ist. Aus dem Vorhergehenden ist zu ersehen, daß er durch seine Kenntniß, natürliche Anlage, Festigkeit, Furchtlosigkeit, Energie und Muskelkraft der berühmteste Pferdezähmer in der Welt geworden ist. Ohne diese Eigenschaften soll sich Keiner unterstehen, dieses Geschäft zu betreiben, mag er auch Fünfdollar-Rezepte und Vorschriften haben, so viel er will.

Für Möbelschreiner.

Politur für neue Möbelwaaren. — 98 Procent Alkohol 1 Pt.; Copalgummi und Gummi Schellack von jedem 1 Uz., mische und löse die Artikel an einem warmen Ort auf.
Trage dieß mit einem Pinsel auf, (am besten an der Sonne oder im Zimmer) und mache ungefähr 3 Ueberzüge oder Anstriche, und zwar so schnell aufeinander, als es trocknet. Dann tränke einen kleinen Bündel Baumwollenwatte, der eingewickelt ist in ein Stück Wolle, mit Alkohol und reibe damit die Oberfläche tüchtig ein. Dann reibe ein Stück Unschlitt über die Oberfläche; alsdann siebe durch ein Wollensäckchen pulverisirten Tripoli und reibe dieß mit dem Handballen. Nun wische es mit baumwollenem Zeug ab, und je mehr du mit diesem letztern reibst, desto schöner wird die Politur ausfallen. Es gibt einen Glanz, gleich Spiegelglas. Probire es, und überzenge Dich! Auch ist es gut zum Poliren der Ladstöcke

2) Politur zum Erneuern alter Möbelwaaren. — Nimm Weingeist 1½ Uz.; Salzsäure ½ Uz.; Leinsamenöl 8 Uz.; bester Essig ¼

Pt.; Spießglanzbutter 1½ Uz.; mische Alles und füge den Essig zuletzt hinzu. Dieses Mittel macht alte Möbelwaaren wieder sehr schön. Wenn du die Spießglanzbutter nicht bekommen kannst, so ist das folgende Mittel das beste:

3) **Politur**, mit welcher man **Streifen**, Flecken und Mehlthau von den Möbelwaaren herausbringt. — Nimm 98 Procent-Weingeist ½ Pt.; pulverisirtes Colophonium und Schellackgummi von jedem ¼ Uz.; löse diese Artikel im Weingeist auf; alsdann füge ½ Pt. Leinöl hinzu, schüttle es gut und trage es mit einem Schwamm, Pinsel oder baumwollenen Zeug usw. auf. Nachher reibe es gut, was einen schönen Glanz macht.

Diese Politur paßt besonders bei neuen Möbelwaaren, die man verkauft hat, wenn der Staub abgerieben ist sehen sie schön wie neu angefertigt.

4) **Politur für Holz oder Leder**, von mehrern Farben. — Nimm 98 Procentalkohol 1 Pt.; Siegellack, die gewünschte Farbe, 3 Stengel. Löse es durch Hitze auf, und wende es warm an, wozu ein Schwamm am besten taugt.

Bei Schwarz auf Leder ist es am besten, wenn man zuerst Mischung von grünem Vitriol und Wasser anwendet, um Extraanstriche zu ersparen. Dieß hat auch Bezug auf Holz, das diese Farbe bekommen soll. Auf glatten Oberflächen benütze den Tripoli und das Unschlitt, wie bei der ersten Politur. Es kann angewendet werden bei Kutschen-Ueberschlägen, Patrontaschen, Polster, Frauenstrohhüten, Modekörbchen, Männerstrohhüten u. s. w.

Möbelwaaren mit einem einzigen Firnißüberzug zu poliren, wobei weder Leim, noch Schellackgummi, noch Papp genommen wird. Nimm gekochtes Leinöl und mache dem Möbel damit vermittelst einer Bürste einen Anstrich, dann streue schnell trockenes spanisches Weiß drüber her, und reibe es tüchtig mit der Hand oder mit einer sehr kurzen, straffen Bürste, über die ganze Oberfläche her. Die gemahlene Kreide saugt das Oel ein, wodurch die Poren des Holzes ausgefüllt werden, indem es einen schönen Kittüberzug gibt, welcher Jahre lang halten wird. Das Wasser hat keine Einwirkung auf das Geräthe.

Für tiefern Zierath und Einschnitte bei Dreharbeit mag man es ziemlich dick mischen und die alte Bürste dabei anwenden; bei glatten Gegenständen ist trockenes spanisches Weiß, mit der Hand aufgerieben, das beste. Wenn das betreffende Holz Wallnuß ist, so füge ein wenig gebrannten Umber in diegemahlne Kreide; wenn Kirschbaumholz, ein wenig venetianisches Roth; Buchen- oder Ahornholz verlangen weniger Roth. Dieses Präparat ist sehr wohlfeil, und es ist auffallend, daß Möbelschreiner nicht schon lang Gebrauch von demselben machen.

Mahagonieschattirung auf Wallnuß, ganz natürlich erscheinend. — Wende Scheidewasser vermittelst eines an einen Stecken befestigten Lumpen an; denn wenn du eine Bürste gebrauchst, würde sie bald ruinirt sein. Stelle das Möbel in die heiße Sonne, um das Scheidewasser hinein zu brennen; wenn die Sonne nicht scheint, so hitze es am Ofen hinein, oder am Feuer.

Dieß ist gut bei Modetischen, Ständern, Sopha's, Särgen usw. und ebenso anwendbar bei Maser. Da es dem Wallnußholz die natürliche

Mahagoniefarbe verleiht, warum sollten die Leute nicht eben so befriedigt sein können damit, als wenn sie Holz über das Meer bringen lassen?

Rosenholznachahmung, sehr schöne Schattirung; kalt angewandt. — Nimm Alkohol 1 Gal.; Fernambukholz 2 Uz.; laß dieß 24 Stunden an einem warmen Ort stehen; dann füge hinzu: Blauholzextrakt 3 Uz.; Scheidwasser 1 Uz.; wenn es aufgelöst ist, so ist es fertig zum Gebrauch. Es macht einen sehr hellen Grund, gleich dem schönsten Rosenholz. Mache 1, 2 oder 3 Ueberzüge, je nach Wunsch.

Dieses Mittel macht die hellen Linien oder Fasern; die dunkeln werden folgendermaßen gemacht:

Nimm Eisenspäne und schütte Essig über dieselben. Laß es einige Stunden stehen, worauf es schon fertig ist zum Gebrauch, indem es über das andere her angewendet wird, und zwar mit einem Kamm, gemacht zum Linienziehen, oder mit einem aus dünnen Kautschuck, Gummi elastikum gemachten Kamm. Die Zähne sollten von ziemlicher Länge sein, sage ½ Zoll lang; auch müssen sie enger oder weiter sein, je nachdem es gewünscht wird. Bei ein wenig Praxis kann eine täuschende Aehnlichkeit dargestellt werden.

Besonders nimmt sich dieß bei Stühlen und Sesseln herrlich aus, wenn man die dunkelmachende Mixtur vermittelst einem weichen Pinsel anwendet, und blos ein wenig rothe Streifen herausschimmern läßt. Wenn du die krummen Linien machen willst, welche man oft im Rosenholz sieht, so trage die Politur mit einem einfachen Zahn oder einer Feder, bald leicht, bald dicker auf. Alles kann und muß durch Praxis erzielt werden.

Die obige Schattirung ist sehr hell; willst du jedoch eine dunklere Schattirung haben, so benütze das Folgende:

3) Rosenholzfarbe, leichte Schattirung. — Nimm gleiche Theile von Blauholz und Rothholz in Spänen und koche dieselben in so viel Wasser, um einen starken Absud zu bekommen, Trage es auf die Möbeln auf, so lange es heiß ist. Es können 1 bis 3 Ueberzüge gemacht werden; (aber unmittelbar aufeinander) je nachdem man die Farbe hell oder dunkel verlangt. Für die dunkeln Linien benütze die Eisenspäne, wie oben, oder wenn eine rosenrothe Farbe gewünscht wird, so gebrauche das Folgende:

Rosenholzbeize und Firniß um Rosenholz nachzuahmen. — Thue 1 Uz. Pottasche zu 1 Qt. Wasser, mit rothem Santelholz 1½ Uz.; ziehe die Farbe vom Holz aus, und seihe es dann durch ein Tuch; alsdann füge Schellackgummi ½ Pfd. hinzu. Löse es an einem starken Feuer auf. Dieß wird auf die Blauholzbeize angewandt, wenn man Rosenholz darstellen will.

5) Schwarze Wallnußbeize. — Wenn Jemand auf irgend einem Holz die Nachahmung von schwarzem Wallnuß darstellen will, so wird ihn folgendes Mittel vollkommen befriedigen:

Terpentinöl 1 Gal.; pulverisirtes Asphaltgummi 2 Pfd.; bringe dieß in einen eisernen Kessel und stelle es auf den Ofen, wodurch verhütet wird, daß das Terpentinöl Feuer fängt. Löse es durch Hitze auf und rühre es, bis es aufgelöst ist. Schütte es in einen Krug oder eine Kanne, so lang es heiß ist.

Wenn du dieß auf irgend eine Holzart auftragen willst, so nimm etwas heraus und verdünne es mit Terpentinöl, bis es die rechte Schatti-

2) **Patentfirniß**, tauglich auf Holz, baumwollen oder leinen Zeug. Nimm Terpentinöl 1 Gal.; Asphalt, (Erdpech) 2¼ Pfd.; bringe diese Stoffe in einen eisernen Kessel, und löse das Erdpech über dem Feuer auf. Wenn zerflossen und ein wenig kalt, so füge 1 Pt. Copalfirniß und ½ Pt. gekochtes Leinöl hinzu. Wenn kalt, ist es zum Gebrauch tauglich. Ein wenig Kienruß würde es vielleicht noch ein wenig schwärzer machen. Wenn dieses Präparat dem Feuer zu nahe kommt, so fängt das Terpentinöl leicht Feuer, und kann dir die Kleider, oder gar das Haus verbrennen, darum sei sehr vorsichtig!

Bemerkung: Bei Bereitung von Firnißen sollte man immer einen guten passenden Deckel bei der Hand haben, um im Fall es Feuer fängt es sogleich dicht zudecken zu können, was die Flamme augenblicklich erlöschen macht.

Das Mittel ist schätzbar auf Leder, Holz, Eisen; wenn du aber Tuch damit anstreichen willst, so mache zuerst einen Anstrich von kochendem Flachssamen in einer Gallone Wasser. Dieß wird als der erste Anstrich angewandt; dann sei der zweite Anstrich von gewöhnlicher dicker schwarzer Farbe, und zuletzt folge ein Ueberzug mit dem Firniß. Einige meinen, Wallrath, dieselbe Quantität genommen, mache einen bessern Glanz.

3) **Firniß, durchsichtig auf Holz.** — Vom besten Weingeist 1 Gal.; gutes Schellackgummi 2½ Pfd.; bringe das Gefäß an einen nur mäßig warmen Ort, so wird das Gummi sich schneller auflösen, als wenn es heiß oder kalt wäre.

Dieser Firniß ist anwendbar auf Eisen, oder auf Holz, von dem du wünschest, daß die Fasern recht gesehen werden können, sowie für Tannenholz. Wenn es in einem offenen Gefäß steht, so wird es dick wegen der Verdunstung des Alkohols; in solchem Fall füge ein wenig Weingeist hinzu, so ist es wieder so gut, wie zuvor. Einige benützen 3½ Pfd. Schellack allein der Firniß wird dann zu dick, sich gut auszubreiten. Lieber wende zwei oder mehrere Anstriche an, wenn es nöthig ist. Wenn man einen schwarzen Firniß verlangt, so kann man mit diesem ein wenig Kienruß verreiben, wenn dieser Firniß dem oben angegebenen Asphalt vorgezogen werden sollte.

Für Barbierer und Friseure.

Mittel zum Haarfärben. — 1. Nimm Galläpfelsäure ½ Uz.; Weingeist 8 Uz.; Regenwasser 16 Uz.; schütte die Säure in den Weingeist, dann füge das Wasser hinzu.

Nro. 2. Nimm krystallisirten Höllenstein 1 Uz.; vom stärksten Salmiak Geist 3 Uz.; arabisches Gummi ½ Uz.; Regenwasser 6 Uz. Beobachte beim Mischen der Stoffe, daß du das salpetersaure Silber oder Höllenstein in den Salmiak Geist thust, und die Flasche nicht verkorkst, bis es aufgelöst ist. Das Gummi dagegen wird in dem Wasser aufgelöst.

Barbierer können diese Quantität auf einmal machen, weil es viel wohlfeiler ist, als in kleinen Quantitäten, dagegen zum Gebrauch in der Familie oder zu persönlichem Gebrauche nimmt man anstatt der Unzen bloß Drachmen, wodurch man achtmal weniger erhält.

Vorschrift zur Anwendung. — Zuerst wasche den Bart oder das Haar mit Seifenwasser aus, und reinige dasselbe gut mit einem Handtuche, mit welchem du so lange reibst, bis das Haar bereits trocken ist. Dann wende Nro. 1 mit einer Bürste an, und reibe wieder mit dem Handtuch, um alles überflüssige Wasser zu entfernen; alsdann benetze alle Theile mit dem Mittel Nro 2 vermittelst einer andern Bürste, so wird das Haar augenblicklich schwarz werden. So bald es trocken ist, so wasche es mit Brunnenwasser ab, dann mit Seife und Wasser. Wende ein wenig Haar Oel an, und es ist gethan.

Der Vortheil, den diese Farbe gewährt, besteht darin, daß man die Streifen, die sich allenfalls auf der Haut bilden, leicht abwaschen kann, und daß der Bart oder das Haar niemals mehr roth wird, sondern ein herrliches Schwarz behält.

Sollte aber die Haut gefärbt sein, so löse 1 Drachme blausaures Kali in 1 Unze Wasser auf, welches die Haut von Flecken reinigt, die durch das salpetersaure Silber entstanden, diese Auflösung ist ein starkes Gift muß daher Sorge getragen werden, daß es nicht auf wunde Stellen der Haut kommt und daß Kinder es nicht erreichen können.

Mittel zur Wiedererlangung des Haars und zur Beförderung des Haars. — Bleizucker, Borax und Schwefelmilch von jedem 1 Uz.; Salmiakgeist ½ Uz., Weingeist 1 gill (¼ Pt.) Laß diese Artikel gemischt 14 Stunden lang stehen, alsdann füge Bay Rum (Rum aus Nelkenmyrte) 1 gill (¼ Pt.;) einen Eßlöffel voll feines Kochsalz, 3 Pt. Regenwasser und Bergamotessenz 1 Uz. hinzu.

Dieses Präparat gibt nicht nur einen herrlichen Glanz, sondern macht auch, daß das Haar auf kahlen Köpfen wieder wächst, und verleiht grauem Haar die frühere Farbe.

Verfahrungsweise bei dem Gebrauch: Wenn das Haar dünn oder der Kopf kahl ist, so wende es täglich zweimal an, bis es aufgebracht ist; ausgenommen, das Haar käme vorher heraus. Reibe es vermittelst einer Bürste oder der Fingerspitzen in die Haarwurzeln hinein. Bei grauem Haar ist eine einmalige Anwendung des Tages genug. Es ist unschädlich, gut und wohlfeil im Vergleich zu den vielen ausgeschriebenen „Restoratives." (Haar wachsende Mittel.)

2) Haarstärkungsmittel — Essig von spanischen Fliegen 1 Uz.; Cölnisches Wasser 1 Uz.; Rosenwasser 1 Uz.; gemischt und in die Haarwurzeln gerieben, zweimal des Tages, bis ein Erfolg sichtbar ist. Dieses Mittel ist sehr empfohlen gegen Kahlköpfe, oder wo man das Haar verliert durch Ausfallen desselben. Wenn nicht wenigstens ein wenig feines Haar auf der Kopfhaut ist, so sind alle sogenannten Haarerzeuger vergeblich angewandt. (Siehe die Anmerkung unter Nro 8.

3) Ein anderes. — Schwefelmilch und Bleizucker von jedem 1 Dr.; Tannin und pulverisirten grünen Vitriol von jedem 32 Gr.; Rosenwasser 4 Uz.; damit das Haar naß gemacht, einmal täglich, 10 Tage lang, hernach alle Woche einmal angewendet, damit es die Farbe behält.

Wo man grauem Haar eine andere Farbe verleihen will, so ist dieß letztere Mittel das rechte; wo dagegen das Haar ausfällt oder ausfiel, da wird das erste angewandt, um der Kopfhaut eine gesunde Thätigkeit zu verleihen.

4) Ein and res. — Schwefelmilch und Bleizucker von jedem 1 Uz.; Bleiglätte 1½ Uz; Regenwasser 1 Qt.; 3 Morgen hinter einander angewendet, dann 3 Morgen ausgesetzt, und so fort, bis es 9 mal angewendet wurde. Es gibt eine schöne dunkle Farbe.

5) Ein ander es. — Regenwasser 6 Uz.; Schwefelmilch ½ Uz.; Bleizucker ¼ Uz.; grünen Vitriol ¼ Uz.; wenn gewünscht, kann man diesem Mittel einen Wohlgeruch mit Bergamottessenz verleihen.

6) Mit el zur Beförderung des Haarwuchses. Nimm Bay Rum 1 Pt., vom stärksten Weingeist ½ Pt.; Ricinusöl ½ Uz.; Ammonium ¼ Uz.; spanische Fliegen=Tinktur ½ Uz.; mische es gut und schüttle es beim Gebrauch. Brauche es täglich, bis Alles auf ist.

7) Ein and res: — Kohlensaures Amonium 1 Uz., verrieben mit ein Pt. Olivenöl. Brauche es täglich, bis die Haare nicht mehr ausfallen, oder bis es lang genug gewachsen ist.

Dieses Mittel wird in England sehr viel gebraucht als ein Haarerzeuger.

8) Starker Salbeithee, als ein tägliches Waschmittel, soll das Haar vor dem Ausfallen bewahren, deßhalb muß es auch gut sein, das Haar zu erzeugen.

Alle diese Einreibungsmittel werden gewiß Hilfe bringen, wenn gehörig angewandt, allein wo die Haarwurzeln einmal tott sind, da gibt's in der ganzen Welt kein Hilfsmittel zur Erzeugung des Haars, welchen Zustand man erkennen kann an der glänzenden Erscheinung der Kopfhaut.

Jederman sollte Kopf sowohl als den ganzen Körper öfters mit klarem Wasser und Seife waschen; wenn dieß jedoch zu lange versäumt wird, so muß etwas Stärkeres benützt werden, um die fettartigen, harzigen Bestandtheile zu entfernen. Das folgende Mittel ist das passende Mittel hiezu.

Reinigungsmixtur, das Quart zu 5 Cents. Gewöhnliches Weinsteinsalz 1 Uz.; Regenwasser 1 Qt.; mische es, so ist es fertig zum Gebrauch. Wende hievon einige Löffel voll an und reibe es tüchtig in den Kopf hinein. Dann reinige wieder mit klarem Wasser und trockne das Haar mit einem rauhen Handtuch; wende ein wenig Oel oder Pomade an, um das natürliche Oel, das durch die Mixtur ausgewaschen wurde, zu ersetzen. Ein Barbier macht aus dieser 5 Cents werthen Mischung, wenigstens $5.

2) Ein anderes ausgezeichnetes Haarreinigungsmittel wird aus folgenden Stoffen bereitet: Salmiakgeist 3 Uz.; Weinsteinsalz ¼ Uz.; Alkohol ½ Uz.; Regenwasser 2½ Pt. Gib ihm einen Wohlgeruch mit Bergamotöl.

Renovirende Mixtur, anwendbar bei Fettflecken, Reinigen des Haars, und Tödten der Wanzen. — Salmiakgeist 2 Uz.; Regenwasser 1 Qt.; Salpeter 1 Theelöffel voll; gefärbte Bartseife 1 Uz.; mische Alles; schüttle es gut. Es ist besser, wenn es eine Zeit lang gestanden hat, ehe man es braucht, damit die Seife gehörig zerfließen kann. Wende es mit einer Bürste an auf Röcke, Hosen, Fußteppiche u. s. w., reibe die Fettflecken mit dem Präparat heraus; nachher wasche es ab mit klarem, kaltem Wasser. Dieses Präparat reinigt außerordentlich gut. Es nimmt sogar die Farbe von einem Brett weg, und wenn dieselbe noch so lange darauf war. In die Fugen der Bettstellen und sonstige Wanzennester angewandt, wird es diese garstigen Gäste auf Nimmerwiederkehr vertreiben. Wenn man ein Stück Tuch mit diesem Präparat tränkt und damit die mit Fett beschmutzten Thüren oder anderes Geräthe reibt, so werden dieselben rein werden.

2) **Mittel zum Renoviren von Herrenkleidern.** — Zu 4 Gal. warmem Regenwasser füge eine Ochsengalle und ½ Pfd. Saleratus. Löse es auf.

Lege das Kleid auf eine Bank und scheure mit dieser Mixtur vermittelst einer steifen Bürste jeden Theil desselben tüchtig, und besonders bei Fettflecken und an den Kragen des Rocks muß tüchtig gerieben werden. Dann schwenke es aus durch auf und nieder halten in der Mixtur und hernach in kaltem Regenwasser. Presse das Wasser heraus und hänge das Kleid aus, um es zu trocknen.

3) **Abgeschabte** und abgetragene Kleider wieder schön zu färben. — Nimm Alkohol 1 Qt.; Blauholzextract ¼ Pfd.; Hutzucker 2 Uz.; blauen Vitriol ¼ Uz.; Erhitze es leicht, bis Alles aufgelöst ist, und fülle es in Flaschen zum Gebrauch.

Anweisung zum Gebrauch. — Zu 1 Pt. kochendem Wasser füge 3 bis 4 Theelöffel voll von der Mischung, und wende es vermittelst einer reinen Bürste auf das Kleidungsstück an, dasselbe ganz durchnässend. Laß es trocknen; darnach wasche es noch mit Seifenwasser aus und trockne es wieder, damit es keine dunkle Flecken bekommt. Reibe es mit weichem Stoff, um ihm einen Glanz zu verleihen. Dieses Präparat kann auf seidene und wollene Waare besonders aber für Mannskleider angewendet werden.

Ausgezeichnete Cölnische Wasser. — Nimm Bergamotöl 1 Uz.; Orangenblüthenöl 1 Dr.; Jasminöl ¼ Uz.; Lavendelöl 1 Dr.; Zimmtöl 5 Tropfen; Benzeetinktur 1½ Uz., Moschustinktur ¼ Uz.; reinen Weingeist 2 Qts.; Rosenwasser 1 Pt.; mische Alles.

Laß das Präparat einige Tage stehen und schüttle es von Zeit zu Zeit, ehe es zum Gebrauch filtrirt wird. Es ist zwar ein theurer, aber ein guter Artikel. (Siehe: Rosenwasser.)

2) **Wohlfeileres Cölnisches Wasser für den Familiengebrauch.** Rosmarin- und Citronenöl von jedem ½ Uz.; Bergamot- und Lavendelöl von jedem eine Drachme, Zimmtöl 8 Tropfen; Nelken- und Rosenöl von jedem 15 Tropfen; gewöhnlicher Weingeist 2 Qts.; mische es und schüttle von Zeit zu Zeit eine Woche lang.

Die Cölnischen Wasser muß man blos in kleinen Quantitäten anwenden, ebenso alle wohlriechenden Oele und Pomaden, indem das Zuviel selbst von dem besten Ding einem bald entleidet.

Haaröle. — Ricinusöl 6½ Pt.; Alkohol 1½ Pt.; Citronellaöl ¼ Uz.; Lavendelöl ¼ Uz.; gemischt und beim Gebrauch geschüttelt, macht eins der besten Haaröle, die im Gebrauch sind.

Man sagte mir, diese Quantität Alkohol zersetze das Oel nicht; allein er verbindet sich mit demselben und vertreibt den dem Ricinusöl eigenthümlichen Geruch, wodurch es eins der besten Haaröle wird. Wenn das Citronellaöl nicht zu bekommen ist, so mag ein anderes Oel genommen werden, das freilich nicht so gut ist.

N. B. 95 Proc. Alkohol mischt sich mit Ricinusöl in irgend einer Quantität.

3) **S e l b s t g e m a ch t e s**, wohlriechendes Oel. — Sammle eine Quantität Blumenblätter von irgend welchen Blumen, welche einen angenehmen Geruch haben; oder sammle blos die Pflanzen=Blätter, wie z. B. Geraniumblätter u. s. w.; nimm dünne Lagen von Baumwolle, und tauche sie in das feinste Olivenöl; streue eine kleine Quantität Salz an die Blumen und füge eine Lage Baumwolle und dann eine Lage von den Blättern hinzu, bis ein irdenes Gefäß damit aufgefüllt ist, oder eine Flasche mit einem weiten Hals.

Binde ein Stück von einer Schweinsblase darüber her, dann setze das Gefäß der Sonnenhitze aus, und nach 15 Tagen wird ein wohlriechendes Oel ausgedrückt werden können, welches denselben Geruch hat, wie die dazu benützten Blumen oder Blätter einen haben. Dieß Mittel kann auch so behandelt werden, daß man vermittelst auf die Blumen oder Blätter geschütteten Alkohol einen Extract macht in ungefähr derselben Zeit, wie vorhin bezeichnet. Diese Mittel sind sehr gut für die Haare; allein das Oel ist unzweifelhaft das beste.

4) **P o m a d e**, von O ch s e n m a r k. — Nimm Ochsenmark 1 Pfd.; ganze Alkanetwurzel 1 Uz.; bringe sie in ein passendes Gefäß und koche sie ein wenig, als ob du Unschlitt zerlaufen lassen wolltest; seihe es durch zwei= oder dreifach zusammengelegten Muslin; dann füge Folgendes hinzu: Ricinusöl ¼ Pfd.; Bay Rum 1 gill (¼ Pt.) was die eigenthümliche Frische des Ochsenmarks wegnimmt. Dann verleihe dem Ganzen vermittelst Geraniumextrakt einen Wohlgeruch.

Gleiche Theile von Nierenfett und Ochsenmark macht auch einen sehr guten Artikel, und kann bekommen werden, wo das Ochsenmark nicht so leicht zu haben ist.

„**B a l s a m v o n t a u s e n d B l u m e n**." — So auffallend es scheint, daß Dinge, welche die großartigsten Namen haben, oft die einfachsten in ihren Zusammensetzungen sind, so ist dieß doch so. Obgleich mit obenberannten und hier folgendem Rezept Tausende von Dollars gemacht wurden, so ist dasselbe doch wohlfeil und einfach:

Nimm reinen fuselfreien Alkohol 1 Pt.; schöne, durchsichtige Seife; schabe die Seife fein, ehe du sie hinzufügst. Stelle es an einen warmen Ort, bis sie aufgelöst ist; dann füge 1 Dr.; Citronellaöl und Neroliöl oder Pomeranzenblüthen= und Rosmarinöl von jedem ½ Dr. hinzu.

Es wird als ein wohlriechendes Mittel allgemein empfohlen; allein es ist werthvoller, wenn man ein wenig davon in warmes Wasser gießt, um die Zähne zu reinigen oder die Toilette zu machen.

M i sch u n g für das A b z i e h l e d e r für feine Schneid Instrumente. Nimm den allerfeinsten gepulverten Schmergel und befeuchte es mit Olivenöl oder kannst du die Oberfläche des Leders mit dem Oel befeuchten, dann stäube den gepulverten Schmergel darauf, welches vielleicht der beste Weg ist.

Sonsten bedarf es nichts. Nimm kein grobes Schmergelpulver; denn blos das feinste ist tauglich dazu. Es wird oft mit ein wenig Oel oder andern Artikeln gemischt, was von keinem Nutzen ist. Es wird in kleinen Schachteln um 25 Cents verkauft, obwohl es nicht mehr, als für 3 Cents Schmergelmehl enthält.

Für Bäcker, Köche und Familien.

Bemerkungen: Es ist nicht unnöthig, hier einige Bemerkungen über die Kunst und die Grundsätze bei dem Kochen vorauszuschicken; denn beinahe Jedermann wird einsehen, daß das Kochen sowohl eine Kunst, als auch eine Wissenschaft ist. Zu wissen, wie man haushälterisch bei dem Kochen zu verfahren hat, ist eine Kunst. Geldmachen ist eine Kunst. Wird nun aber nicht eben in der Küche entweder am meisten Geld gewonnen, oder Geld verloren, als irgend sonst wo? Hat nicht mancher hart arbeitende Mann seine ganze Existenz in der Küche verloren? Hat nicht mancher dürftige Mann seine Existenz der Küche zu verdanken? Ein ungeschickter, achtloser Koch oder Köchin kann so viel verderben, als ein Mann verdienen kann. Dasjenige, das wir zu erhalten wissen, ist eigentlich unsern Vermögensumständen einträglicher, als bloß unser Verdienst. Ein langes und glückliches Leben ist der Lohn für den Gehorsam gegen die Gesetze der Natur, und frei von Mangel zu sein, heißt: nicht zu verlangen, was wir nicht bedürfen. Verschwendung und Faulheit ist ein Verbrechen, an der menschlichen Gesellschaft verübt; dagegen Einfachheit und Fleiß, mit moralischen Tugenden und Intelligenz verbunden, sichert uns persönliches Glück und Nationalwohlstand zu. Oekonomie (treues Haushalten) ist eine Anstalt der Natur, und in der Bibel befohlen, wenn der Heiland sagt: „Sammelt die übrigen Brocken, daß Nichts umkomme." Erhalten und Sparen ist eine größere Kunst, als das Verdienen. Manche Leute stecken Zehncentstücke in ihren Kuchen, während Andere bloß Centstücke hinein stecken. Diese letzteren Kuchen sind die gesundesten.

Fast jede Frau wird etwas Ordentliches kochen können, wenn sie Hülle und Fülle dazu hat; allein eine Kunst ist es, aus Wenig etwas Gutes zu bereiten. Hiezu sollen einige Rezepte den nöthigen Aufschluß ertheilen. Als einen Grundsatz bei dem Kochen betrachte das, daß man das Kochen durch Hitze nicht ereilen kann. Wenn du Fleisch zum Essen kochst, so bringe es erst in das Kochgeschirr, wenn das Wasser schon siedet. Wenn du aber den Saft für Suppe oder Fleischbrühe ausziehen willst, so bringe das Fleisch, klein zerschnitten, in kaltes Wasser, und laß es langsam kochen. Derselbe Grundsatz gilt bei dem Backen. „Gib dem Ofen die rechte Hitze und gib dem Brot Zeit, auszubacken," ist die erste Bedingung. Wenn du die Hitze zu groß machst und das Backen ereilen willst, so verbrennst du bloß das Holz, anstatt das Brot gehörig ausbacken zu lassen. Dieß läßt sich so ausdrücken:

„Willst du das Kochen durch Hitze ereilen,
Hast du das Holz nur vergeudet;
Willst du das Backen durch Hitze ereilen,
Hast du dein Brot nur entleidet."—

Kuchen. — 1. „Federal Cakes." — Mehl 2½ Pfd.; pulverisirten weißen Zucker 1¼ Pfd.; frische Butter 10 Uz.; 5 Eier, gut gequirlt; Hirschhornsalz ¼ Uz.; Wasser ½ Pt.; Milch ist noch besser, wenn du hast.

Reibe das Hirschhornsalz ganz fein und mische es mit dem Zucker. Rühre die Butter in das Mehl. Nun wirke das Mehl in einer Schüssel füge die Eier, Milch, Zucker u. s. w. hinzu und mische Alles gut. Welle den Teich einen viertel Zoll dick aus, schneide ihn dann aus mit einem beliebigen Schneidinstrument und lege die Küchlein so neben einander auf das Zinnblech, daß sie einander alle berühren. Anstatt daß sie höher werden füllen sie die Zwischenräume aus und bilden zusammen einen viereckigaus= sehenden Kuchen, indem dieselben an einander hängen. So lange sie noch warm sind, bestreue sie mit grob pulverisirtem weißem Zucker. Wenn Bä= cker dieselben zur Schau ausstellen, so können sie ein Brett nehmen, das so groß ist, wie das Zinngeschirr, in welchem sie gebacken wurden, und so ein ganzes Dutzend Zinnbleche auf einanderstellen. Ich kann nicht einse= hen, warum man diese überzuckerten Küchlein „Federal" nennt, da sie doch gewiß auch gut genug für irgend einen „Whig" sind.

Das Hirschhornsalz sollte in einer weithalsigen Flasche gehalten und gut gekorkt werden, indem es ein sehr flüchtiges Salz ist.

2. Rough= und ready Cake. — Butter oder Schmalz 1 Pfd.; Mo= lasses 1 Qt.; Soda 1 Uz.; Milch oder Wasser ½ Pt.; gemahlenen Ing= wer 1 Eßlöffel voll; ein wenig Citronenöl; Mehl, hinlänglich für obige Artikel.

Mische den Ingwer zu dem Mehl, und dann das Schmalz oder die Butter, und mache mit diesem Mehl und dem, was noch dazu kommen mag, den auszuwellenden Teig. Wenn ausgewellt, schneide mit einem langen, schmalen Instrument die Formen aus, und benetze die Oberfläche der Küch= lein mit Molasses, um das anhängende Mehl zu entfernen, dann wende sie um in pulverisirten weißen Zucker, und bringe sie in einen Ofen, heiß ge= nug zum Brotbacken; halte sie aber blos so lang darin, um sie zu backen, nicht um sie auszutrocknen. Diese und die „Federals", sind Lieblingsku= chen der Pennsylvanier welche wissen, was gut ist, und die Mittel haben, etwas Gutes zu bereiten.

3.) Bisquit mit saurer Milch. Mehl 3 Kaffeeschalen voll; seinen weißen Zucker 2 Kaffeeschaalen voll; 6 Eier; saure Milch ½ Kaffee= tasse voll, mit 1 Theelöffel voll Saleratus.

Löse das Saleratus in der Milch auf, quirle die Eier besonders; siebe das Mehl und den Zucker. Dann thue den Zucker in die Milch und die Eier, dann das Mehl, und mische es gut vermittelst Rühren. Benütze, wenn du es wünschest, ein wohlriechendes Oel, 1 Theelöffel voll. Citro= nen=Essenz ist das gewöhnlichste. So bald das Mehl dazu gerührt ist, bring es schnell in den gut geheizten Ofen, und wenn es in eine gewöhnliche viereckige Brotpfanne gethan wird, wozu gerade die gehörige Quantität vorhanden ist, so erfordert es etwa 20 bis 30 Minuten, zu backen.

4.) Bisquit mit süßer Milch. — Schönen braunen Zucker 1½ Kaffeetassen voll; 3 Eier, süße Milch, eine Kaffeetasse voll; Mehl 3½ Tasse voll; gereinigten Weinstein und Soda von jedem 1 Theelöffel voll; Zitronenessenz 1 Theelöffel voll

Schlage die Eier und den Zucker gut zusammen; füge den Weinstein und die Soda zu der Milch; dann thue die Essenz hinzu. Dann erst mi= sche mit diesen Stoffen das Mehl, und bedenke, daß alle Kuchenarten gleich nach dem Auswellen gebacken werden müssen. Dieß ist ein sehr guter Kuchen.

5.) Berwick-Schwammkuchen ohne Milch. — 6 Eier, gepulverten weißen Zucker 3 Kaffeetassen voll; gesiebtes Mehl 4 eben: Kaffeetassen voll; präparirter Weinstein 2 Theelöffel voll; kaltes Wasser 1 Tasse voll; Soda 1 Theelöffel voll; 1 Citrone.

Zuerst quirle die Eier zwei Minuten lang, dann füge den Zucker hinzu, und quirle 5 Minuten länger; alsdann füge den Weinstein und 2 Tassen von dem Mehl hinzu, und quirle wieder eine Minute. Nun löse die Soda in dem Wasser auf und rühre dieses hinzu; presse den Saft der halben, von der Schaale befreiten Citrone hinzu, und zuletzt füge die andern 2 Tassen Mehl hinzu, und rühre Alles 1 Minute lang. Bringe es in tiefen Pfannen in einen mäßig warmen Ofen.

6.) Surprise Kuchen. — Nimm: 1 Ei, Zucker eine Tasse voll; Butter ½ Tasse, süße Milch 1 Tasse; Soda 1 Theelöffel voll; gereinigten Weinstein 2 Theelöffel voll.

Gib ihm mit Citronen-Essenz einen Wohlgeschmack, nimm so viel durchgesiebtes Mehl, den Teig gehörig zu machen, und du wirst wirklich überrascht sein über die Schönheit und Güte dieses Kuchens.

7.) Zuckerkuchen. — Nimm 7 Eier und quirle das weiße und die Dotter besonders; dann erst schlage (quirle) sie gut zusammen. Nun füge hinzu: 1 Pfd gesiebten weißen Zucker; ½ Pfd. zerlassene Butter, und einen kleinen Theelöffel voll Hirschhornsalz.

Verrühre so viel Mehl mit dem Obigen, um den Teig gehörig zu machen, auszuwellen, in Kuchen zu schneiden und schnell zu backen.

8.) Ingwerkuchen. — Molasses 2 Kaffeetassen voll; Butter, (oder die Hälfte Schmalz) 1½ Tasse voll; saure Milch 2 Tassen; gemahlnen Ingwer 1 Theelöffel voll; Saleratus ein gehäufter Theelöffel voll.

Zerquetsche das Saleratus, dann mische alles zusammen in einem passenden Geschirr und rühre mit einem Löffel das Mehl hinein, so lange du kannst; dann nimm die Hand, und wirke noch mehr Mehl hinein, bis du es gut wellen kannst, wenn du es mit ein Wenig Mehl bestreust. Welle es dünn aus, lege es auf mit Butter oder Mehl bestrichene Brodpfannen; dann mische einen Löffel voll Molasses mit zwei Löffeln voll Wasser, und streiche es mit einem kleinen Pinsel oder einem Stück Tuch über die Oberfläche der Kuchen her. Dieß nimmt das trockene Mehl hinweg, giebt den Kuchen ein schönes Braun, und hält sie feucht. Bringe sie in einen gut geheizten Ofen, so werden sie in 10 Minuten gut gebacken sein. Trockne sie nicht aus, sondern nimm sie heraus, so bald sie schön braun sind. Diese Kuchen sind feucht, reich und leicht für jeden Liebhaber von Kuchen.

9.) Kuchen zum Thee oder Kaffee. — 4 Eier; schönen braunen Zucker, 2 Tassen voll; Saleratus 1 Theelöffel voll; saure Milch 3 Tassen voll; geschmolzene Butter 1 Tasse voll (oder halb so viel Schweineschmalz) eine halbe, geriebene Muskatnuß und Mehl.

Thue die Eier und den Zucker in eine passende Pfanne und quirle sie gut mit einander; löse das Saleratus in der Milch auf, und diese zu den Eiern und dem Zucker; dann füge die Butter und Muskatnuß hinzu; rühre Alles gut durcheinander. Hierauf siebe so viel Mehl hinzu, daß die Masse nicht von dem Löffel weggeht, mit welchem sie in die Höhe gezogen wird. Statt Muskatnuß kann man auch Citrone gebrauchen. Backe es ziemlich langsam.

10.) Schöne Kuchen ohne Eier oder Milch. Mehl 3½ Pfd.; Zucker 1½ Pfd.; Butter 1 Pfd.; Wasser ½ Pt.; 1 Theelöffel voll Saleratus, in dem Wasser aufgelöst. Welle es dünn aus und lege die Kuchen auf Zinn-Blech zum backen.

11.) **Speckkuchen ohne Butter, Milch oder Eier.** Fet=
ten geschmolzenen Speck frei von den magern oder häutigen Theilen, so fein
zerhackt, daß es beinahe Schmalz ist, 1 Pfd.; schütte ½ Pt. kochendes Was=
ser daran, Cibeben die Körner herausgenommen und klein gehackt, 1 Pfd.;
Citronat klein geschnitten, ½ Pfd.; Zucker 2 Tassen; Molasses 1 Tasse;
Saleratus 1 Theelöffel voll, fein zerrieben und in den Molasses gethan.
Mische Alles zusammen und mische soviel Mehl damit, um einen gewöhn=
lichen Kuchenteig daraus formiren zu können. Dann verrühre damit fein=
geriebenen Muskatnuß und Gewürznelken von jedem 1 Uz.; Zimmt eben=
falls fein gemahlen 2 Uz. Wenn du mit einem dünnen Gegenstand hinein
stichst, und es bleibt nichts mehr daran hängen, so ist der Teig fertig zum
backen, es sollte langsam gebacken werden.

Anstatt der Cibeben kann man auch eine andere Frucht hinzufügen,
wenn gewünscht wird, und selbst wenn dieß nicht der Fall ist, so ist der Ku=
chen auch ohne Cibeben oder Rosinen noch gut.

12.) **Apfel Mostkuchen.** — Mehl 6 Kaffeetassen voll; Zucker
3 Tassen voll; Butter 1 Tasse; 4 Eier; Apfelwein 1 Tasse voll; Salera=
1 Theelöffel voll, eine geriebene Mußkatnuß.

Schlage die Eier, den Zucker und die Butter durcheinander, verrühre
damit das Mehl und die Mußkatnuß; löse die Saleratus in dem Cider
auf, verrühre es mit der Masse, und backe es sogleich in einem guten ge=
heizten Ofen.

13.) **Ginger-snaps.** — Butter, Schmalz und braunen Zucker,
von jedem ¼ Pfd.; Molasses 1 Pt.; Ingwer 2 Eßlöffel voll; Mehl 1
Qt.; Saleratus 2 Theelöffel voll; saure Milch 1 Tasse voll.

Schmilz die Butter und das Schmalz und verrühre damit den Zucker
die Molasses und den Ingwer; löse die Saleratus in der Milch auf, und
füge sie hinzu, dann setze das Mehl hinzu, und wenn nöthig, so füge ein
wenig mehr Mehl hinzu, um es sehr dünn auszurollen. Schneide es in
kleine Kuchen aus, und backe dieselben in einem mäßig erwärmten Ofen
bis sie recht sind.

14.) **Gallerte oder Geleekuchen.** — 5 Eier; Zucker 1
Tasse; ein Wenig Muskatnuß; Saleratus 1 Theelöffel voll; saure Milch
2 Tassen, und genug Mehl. Quirle die Eier, Zucker und Muskatnuß
zusammen, löse das Saleratus in der Milch auf, und mische. Dann füh=
re so viel Mehl hinein, um einen dünnen Teig, gleich Pfannenkuchen, zu
formiren. Drei oder vier Löffel voll Teig kommen auf ein gewöhnliches
rundes Blech. Backe es in einem heißen Ofen. Drei oder vier von die=
sen dünnen Kuchen auf einander, mit einer Lage Gelee dazwischen, bilden
das obige „Jelly Cake." Das Gelee wird dazwischen gethan, so lange
die Kuchen noch warm sind.

15.) **Gerollten Geleekuchen.** — Schönen braunen Zucker
1½ Tasse; 3 Eier; süße abgeschöpfte Milch 1 Tasse voll; Mehl 2 Tassen,
oder ein wenig mehr; Weinstein und Soda von jedem 1 Theelöffel voll;
Citronenessenz 1 Theelöffel voll;

Quirle die Eier und den Zucker unter einander, dann mische den
Weinstein und die Soda mit der Milch, sowie die Essenz. Nun füge das
Mehl hinzu, und backe es gleich, nachdem der Teig gemacht ist. Streiche
es dünn in ein langes Blech, backe und so bald dieß geschehen, streiche Ge=
lee auf die Oberseite und rolle es auf.

Kuchentabelle von 15 Sorten.

	Mehl.	Butter.	Zucker.	Milch.	Eier.	
16.) Pfundkuchen.	1 Pf.	1 Pf.	1 Pf.	—	8	Rosenwasser 3 Löffel voll Muskatenblüte usw.
17.) Aechter Whig.	2 „	8 Uz.	8 Uz.	1 Pt.	—	Mit Hefe aufgezogen.
18) Shrewsbury.	1 „	1 Pf.	¾ Pf.	—	—	Rosenwasser usw.
19) Training	3 „	¾ „	¾ „	—	—	Zimmt und Muskatnuß.
20.) Nußkuchen.	7 „	¾ „	2 „	—	7	Zimmt; rühre es mit süßer Milch an, ziehe es mit Hefe auf; oder mit Saleratus und saurer Milch angemacht.
21.) Short Cake.	5 „	8 Uz.	¾ „	—	8	Rosenwasser und Muskatnuß.
22.) Cymbals.	2 „	8 „	½ „	—	6	Rosenwasser u. Gewürz.
23.) Burk Cake.	5 „	? „	½ „	1 Pf.	9	Rosenwasser, mit Hefe aufgezogen.
24.) Jumbles.	5 „	1 Pf.	2 „	—	6	Rolle es in weißem Zucker.
25.) Ginger Bread.	1 „	½ „	½ „	—	3	Blos den gelben Dotter, Ingwer nach Belieben.
26.) Wonders.	2 „	½ „	½ „	—	10	Zimmt.
27) Cookies.	3 „	¾ „	¾ „	—	3	oder ohne Eier. Ziehe es mit Saleratus und saurer Milch auf.
28.) York Biscuit.	3 „	½ „	¾ „	—	--	Rühre es mit saurer Milch und Saleratus an.
29.) Common	12 „	3 „	3 „	2 Qt.	—	Hefe und Gewürz nach Belieben.
30.) Loaf.	9 Qts.	3 „	4 „	1 Gal.	--	Wein 1 Pt; Hefe 1 Pt.

31) **Molasseskuchen.** Molasses 1½ Tasse, Saleratus 1 Theelöffel voll, saure Milch 2 Tassen; 2 Eier; Butter, Schmalz oder gesalzenes Schweinefett, 1 Löffel voll. Wenn du Schmalz benützest, so füge ein wenig Salz hinzu.

Mische Alles, indem du es einige Minuten rührst, und das Saleratus in der Milch auflösest, dann rühre so viel Mehl hinein, bis es die Dicke von weichem Kuchen hat, und bringe es sogleich in einen heißen Ofen. Trockne sie nicht aus, sondern nimm sie bei Zeit heraus, indem es ein zarter, feuchter Kuchen ist.

32) **Marmorirter Kuchen.** — Diejenigen, welche ihre Freunde mit etwas Auffallendem beehren wollen, mögen folgenden Kuchen backen:

1. Heller Theil. — Weißen Zucker 1½ Tasse; Butter ½ Tasse; süße Milch ½ Tasse; Soda ½ Theelöffel voll, und Weinstein 1 Theelöffel voll; das Weiße von 4 Eiern; Mehl 2½ Tasse voll. Mit einander verrührt, und wie bei dem Goldkuchen gemischt.

2. Dunkler Theil. — Braunen Zucker 1 Tasse voll; Molasses ½ Tasse; Butter ½ Tasse; saure Milch ½ Tasse; Soda ½ Theelöffel, Weinstein

1 Theelöffel voll; Mehl 2½ Taffe; das Gelbe von 4 Eiern; Gewürznel=ken, Nelkenpfeffer, Zimmt, Muskatnuß von jedem ½ Theelöffel voll, Al=les gemahlen.   Die Maffe verrührt und wie bei dem Goldkuchen gemifcht.

Vorfchrift: Wenn beide Theile fertig find, so gieße einen Löffel voll von dem dunkeln, dann von dem hellen auf den Boden des Gefäffes, in welchem es gebacken wird, und so fahre fort, bis die Pfanne voll ist. Höre mit dem hellen Theil auf.

33) Silberkuchen. — Das Weiße von 1 Dutzend Eier; Mehl 5 Taffen, weißen Zucker und Butter, von jedem 1 Taffe; Rahm oder füße Milch 1 Taffe; gereinigten Weinstein 1 Theelöffel voll, Soda ½ Theelöffel voll. Zerfchlage und mifche es, wie bei dem Goldkuchen.

34) Goldkuchen. — Das Gelbe von 1 Dutzend Eier; Mehl 5 Taffen; weißen Zucker 3 Taffen; Butter 1 Taffe; Rahm oder füße Milch 1½ Taffe; Soda ½ Theelöffel voll, und gereinigten Weinstein 1 Theelöffel voll. Quirle die Eier und den Zucker mit einander; löfe die Butter am Feuer auf, und gieße fie hinzu; füge die Soda und den Wein=stein zu der Rahm oder Milch; mifche Alles gut zufammen vermittelft Rüh=ren; dann fiebe und rühre das Mehl hinein und backe in einem tiefen Brodbleck.

Diefe zwei letztern Kuchen marmorirt, wie den marbled Cake, gibt wieder eine Varietät.

35) Brantkuchen. — Nimm Butter 1½ Pfd.; Zucker 1¾ Pfd., wovon die Hälfte Orleanzucker fein kann; Eier, gut gequirlt, 2 Pfd.; Ci=beben 4 Pfd.; der Same muß herausgenommen und die Cibeben klein ge=fchnitten werden; Rofinen rein gewafchen 5 Pfd.; Citronat, fein gefchnit=ten, 2 Pfd.; gefiebtes Mehl 2 Pfd.; zwei Muskatnüffe, und Muskaten=blüthe im Verhältniß.   Weingeift von 1 gill bis ½ Pt., in wel=chen etwa 15 Tropfen Citronenöl aufgelöft find.

Wenn du bereit bift, den Kuchen zu machen, so wäge deine Butter, fchneide fie in Stücke und bringe fie an einen Ort, wo fie weich wird, aber nicht zerfchmilzt.   Nun rühre die Butter leicht; dann füge den Zucker hin=zu und rühre so lang, bis die Maffe weiß ist.   Dann quirle die Eidotter und füge fie zu der Butter und dem Zucker.   In derfelben Zeit follte eine andere Perfon das Weiße der Eier quirlen, bis es recht fchaumig ist, wo=rauf dieß ebenfalls zu obigen Artifeln gethan wird.   Dann füge die Ge=würze und das Mehl, und zuletzt die Früchte hinzu, ausgenommen den Citronat, welcher in drei Lagen hinzugefügt werden.   Die unterste Lage kommt einen Zoll über den Boden zu liegen; die oberfte Lage einen Zoll von der Oberfläche, und die andere Lage in der Mitte.   Man macht die Oberfläche des Kuchens glatt, indem man etwas Waffer darüber gießt.

Die Pfanne,   worin der Kuchen gebacken wird, folle am Boden 13 Zoll Durchmeffer haben und 5 bis 6 Zoll tief fein, ohne den markaten Rand.   Außerdem muß man zwei Pfannen bereit halten, welche jede 3 Qts. hält, und welche auch noch voll werden.   Die Kuchen müffen lang=fam 3 bis 4 Stunden gebacken werden.   Es ist jedoch unmöglich, beftimmte Regeln zu geben, hinfichtlich der Zeit, wie bei dem Backen anderer Kuchen. Wenn du mit einem dünnen Gegenstand hineinftichft, und es bleibt nichts daran hangen, so ist der Kuchen fertig.

Beftreiche die Pfannen gut mit Butter, oder wenn man in die Pfan=nen gebuttertes weißes Papier legt, so verbrennen diefelben nicht so leicht.

Wenn man die Kuchen während des Backens bewegt, so werden sie schwer. Der Preis eines großen Brautkuchen ist ungefähr 12 Dollars, während die Ausgaben für das machen dieses Kuchens sich blos auf etwa drei Dollars belaufen, und zwar sammt den zwei kleinen, welche allein so viel kosten würden, wenn du sie kaufen würdest, wie alle drei zusammen, wenn du sie selber machst. Dieser Kuchen ist nach einem Jahr noch gut, und so feucht wie zur Zeit, als er gebacken wurde.

36) Fruchtkuchen. — Einige Fruchtkuchen, welche dem Bride Cake an die Seite gesetzt werden können, werden gemacht, wie folgt:

Butter. Zucker, Rosinen Eier und Mehl, von jedem 5 Pfd.; mische wie bei dem Brautkuchen. Backe daraus etwa 6 Kuchen, welche 1½ bis 2 Dollars kosten würden das Stück, wenn man sie kaufen würde.

37) Gefrorenes für Kuchen. — Das Weiße von 8 Eiern zu einem steifen Schaum gequirlt, pulverisirten weißen Zucker 2 Pfd.; Stärke 1 Eßlöffel voll, pulverisirtes arabisches Gummi ½ Uz.; den Saft von einer Citrone.

Siebe den Zucker, die Stärke und das arabische Gummi in die gequirlten Eier, und rühre es gut und lange durcheinander. Wenn der Kuchen kalt ist, so mache eine Lage von dem Gefrornen drauf, und zwar ist es das Beste, wenn man sich bei der ersten Lage nicht sehr bemüht, da kleine Stücke vom Kuchen sich mit dem Gefrornen vermischen und demselben ein gelbes Aussehen verleihen. Aber am nächsten Tage mache noch mehr Gefrornes, wie das erste, und trage eine zweite Lage auf den Kuchen auf, worauf er weiß, klar und sehr schön sein wird. Wenn du bei dem Belegen des Kuchens das Messer in kaltes Wasser tauchst, so wird das Gefrorene schön darauf kommen. Statt Gefrornes kann man es auch „Schnee" nennen.

38) Zwieback. — Butter 1 Tasse voll; Salz 1 Theelöffel voll; Mehl 2 Dts.;

Wirke es tüchtig mit der Hand durch einander und mache es an mit kaltem Wasser. Knete es nun tüchtig durch einander, um es recht hart zu machen. Dann breche jedes Stückchen besonders ab und rolle jeden „Cracker" besonders aus mit einem kleinen Wellholz, wenn du wünschest daß es Bäckerzwieback vorstellen soll.

39) Zwieback mit Zucker. — Mehl 4 Pfd.; Hutzucker und Butter, von jedem ½ Pfd.; Wasser 1½ Pt.; mache sie wie die Obigen.

40) Neapolitanische Bisquite. — Weißen Zucker, Eier und Mehl, von jedem 1 Pfd.

Wenn pulverisirt, gesiebt, gut gemischt, und nach der Größe der Boston Crackers gebacken, so giebt dieß schöne Biscuits.

41) Buchweizenkuchen. — Nimm 3 bis 4 Tassen voll schöne saure Milch; 1 Theelöffel voll Sodasaleratus, in der Milch aufgelöst. Wenn die Milch sehr sauer ist, so mußt du von Saleratus etwas mehr und ein wenig Salz nehmen. Mache einen Teig von Buchweizenmehl, dicker als für Kuchen auf dem Deckel gemacht nämlich sehr steif. Backe sie in einem gebutterten Zinnblech in dem Ofen ungefähr 30 Minuten, oder wie ein „short cake" von gewöhnlichem Mehl.

Benetze die Oberfläche der Kuchen ein wenig, und wärme sie zum nächsten Essen, wenn einige übrig gelassen werden, sind sie just so gut, wie das erste Mal, während auf dem Ofendeckel gebackene Kuchen wegwerfen werden müssen. Dieser Kuchen ist auch kalt sehr gut. Würde die Güte dieses Kuchens der Masse des Volks bekannt sein, so würde der Buchweizen ein eben so gesuchter Handelsartikel werden, wie der gewöhnliche Waizen. Versuche ihn einmal. Manche Personen haben das erste Mal kein gutes Glück damit, weil sie bei zu saurer Milch die Saleratus nicht in der gehörigen Proportion nehmen, oder den Teig zu dünn machen. Dieser Kuchen wurde in meiner Familie mehr, denn 100 mal, gemacht zu jener Zeit, als ich an Magenschwäche litt, und kein anderes warmes Brot vertragen konnte.

42) H e f e n k u c h e n — Gute, treibende Hefe 1Pt.; Roggen=oder Waizenmehl so viel, um einen dicken Teig zu formiren; Salz 1 Theelöffel voll; rühre dieß in das Mehl, und stelle es bei Seite, um es „gehen," „gähren" zu lassen. Wenn es aufgezogen ist, rühre so viel Welschkornmehl dazu, bis es sich gut auswellen läßt.

Wenn es abermals gestiegen ist, so welle es sehr dünn aus; schneide es in Kuchen und trockne sie im Schatten; wenn das Wetter aber nur im Geringsten feucht ist, so trockne sie am Feuer oder am Ofen. Wenn sie in der Sonne getrocknet würden, so würden sie gähren.

(Gebrauch dieser Hefenkuchen: Löse einen davon in ein wenig warmes Wasser auf, und rühre einige Eßlöffel voll Mehl hinein; setze es an das Feuer, und wenn es ein wenig aufgegangen, so mische es unter den Brotteig. Wenn sie recht ausgetrocknet werden, so halten sie 6 Monate lang.

V e r s c h i e d e n e B r o t a r t e n. 1) Yankee brown bread. — Zu jedem großen Laib, der gemacht werden soll, nimm 1½ Pts. Welschkornmehl, und schütte kochendes Wasser darüber, um es tüchtig zu brühen. Laß es stehen, bis es nur noch lau ist, dann füge ungefähr 1 Qt. Roggenmehl zu den Welschkornmehl, und füge eine Schüssel voll Hefensatz mit ein wenig Saleratus, in ¼ Pt. Wasser aufgelöst, hinzu, und knete noch mehr Mehl hinein, um einen gehörigen Brotteig zu bekommen. Wenn du es mit Hefe aufziehst, so füge ein wenig Salz hinzu, (nämlich zum Kornmehl) wenn du es aber mit Salzsatz und Hefensatz aufziehst, welche ich verziehe, so bedarf es keines weitern Salzes.

Formire nun den Teig zu Laiben, und laß sie 1½ Stunden oder bis sie „leicht" sind, sitzen, im Sommer an einem kühlen Ort; im Winter dagegen auf dem Heerde oder unter dem Ofen. Dann backe sie etwa 2 Stunden lang. Mache den Teig völlig so steif, wie bei Waizenbrot, oder noch härter; denn zu leicht gemacht, steigt er nicht gut in die Höhe. Bei dem früheren Verfahren brauchte man blos ½ Roggenmehl; aber es hält nicht lange. — Jedermann sollte bedenken, daß man kein Brot essen sollte, das nicht wenigstens einen ganzen Tag alt ist, und besonders sollten sich das Diejenigen merken, welche mit Magenschwäche behaftet sind. In Gasthäusern sollte man nie ohne dieses Brot sein; oder in Familien, in welchen man Rücksicht auf die Gesundheit nimmt.

2) G e w ö h n l i c h e s B r o t. — Einige Bemerkungen über die verschiedenen Brotarten, welche ich in „Zion'sHerald. Boston" vorfand, sollen hier einiger Spalten gewürdigt werden. Es heißt dort also:

„Reismehl zu Waizenmehl gefügt, befähigt dasselbe, eine größere Quantität Wasser in sich aufzunehmen. (Siehe die „neue französische Methode, Brot zu backen.") Gekochte und ze..pfte Kartoffeln mit dem Teig vermischt, machen, daß das Brot feucht b. + und bewahrt es vor dem Austrocknen und Zerbröckeln. Roggen macht ein dunkelfarbenes Brot;

aber der Teig von diesem Mehl kann gerade so aufgezogen werden, wie der vom Waizenmehl, und die Gährung ist dieselbe. Es bleibt länger frisch und feucht, als das Waizenbrot. Eine Mischung von Roggenmehl mit Waizenmehl macht das letztere besser in dieser Hinsicht Brot von Welschkornmehl wird in diesem Lande sehr viel gegessen. Vermischt mit Waizen und Roggen ist dieses Mehl der Gährung fähig; aber lauteres Kornmehl gährt nicht so, daß man ein leichtes Brot daraus bereiten könnte. Seine elastische Substanz entbehrt der zusammenhaltenden Eigenschaft, ein Zellgewebe zu bilden. Es wird gewöhnlich in Kuchenform gebraucht, zu einem gewissen Grade leicht gemacht durch Eier, saurer Milch und Saleratus, und wird in der Regel warm gegessen. Welschkornmehl wird in verschiedenen Graden der Grobheit gemahlen, aber nie so fein, wie das Waizenmehl. Brot von Welschkornmehl braucht zum Backen eine längere Zeit als Roggen oder Waizen. Wenn man bei dem Waizenmehl die Kleie läßt, so ist das „Graham=Mehl" die Folge davon, woraus das „Graham=Brot," oder Brot für Dyspeptische (an Magenschwäche Leidende) bereitet wird. Es wird im Ganzen gemacht, wie das lautere Waizenbrot; aber verlangt dennoch eine eigene Behandlung, daß es nicht mißräth. Ueber diesen Punkt bemerkt Herr Graham Folgendes :

„Das Waizenmehl, besonders das grobgemahlene, schwillt in dem Teig bedeutend an, deßhalb sollte derselbe Anfangs nicht so steif gemacht werden, wie der von feinem Mehl; und wenn der Teig nach dem Gehen zu weich gefunden wird zum Aufwirken, so kann man ein wenig mehr Mehl hinzufügen. Es sollte im Gedächtniß behalten werden, daß grobes Waizenmehl bälder in Gährung übergeht, als das feine. Es erfordert einen heißern Ofen, und längeres Backen, als das von feinem Mehl."

3) Braunes Brot. — Ein ausgezeichnetes Brot wird gemacht, wenn man cornell, anstatt des Mehls nimmt in jeder Hinsicht dabei verfährt, wie bei dem Brot von lauterem Mehl, ausgenommen, daß es ein wenig längere Zeit nehmen mag zum Backen, als das andere. Es ist ein gutes und wohlfeiles Brot.

4) Brown bread biscuit. — Nimm Welschkornmehl 2 Qts.; Roggenmehl 3 Pt.; Waizenmehl 1 Pt.; Melasses 1 Eßlöffel voll. Hefe 3 Eßlöffel voll, gemischt mit 1 Theelöffel voll Soda.

Knete es des Abends und laß es über Nacht stehen zum Frühstück. Wenn Personen warmes Brot gerne essen, so sollten diese biscuits oder die „Buckwheat short cakes" die einzigen seyn, die man warm ißt.

5) Biscuite für Dyspeptische und zu Kaffee. — Nimm Waizenmehl sammt der Kleie 2 Qt.; gesiebtes Welschkornmehl 1 Qt.; Butter ½ Tasse voll; Melasses 1 Tasse voll. Saure Milch, um es mit Saleratus aufzuziehen, wie bei den gewöhnlichen Bisquiten.

Rolle es aus und schneide es mit einer Tasse aus, und backe sie gerade wie die andern Biscuite. Sie sind besonders passend für Leute mit schwachem Magen; und wenn das Waizenmehl gesiebt wäre so würde sie Jeder gerne zu dem Kaffee essen.

Um sie für Kaffee zu bestimmen, setze das Backen dieser Bisquiten in einem mäßig warmen Ofen 6 bis 7 Stunden fort, oder bis sie geröstet sind, wie der rechte Kaffee selber.

Vorschrift: Ein Bisquit, ¾ Stunden lang in Wasser gekocht, ist genug zu zwei oder drei Tassen Kaffee, und zwei reichen für 6 Personen. Benütze dabei Rahm und Zucker, wie bei dem eigentlichen Kaffee.

Dyspeptische Personen sollten Alles sehr fein kauen und langsam essen; auch nicht trinken, bis die Mahlzeit vorüber ist, und dann sollten sie ihren Kaffee langsam nach Belieben trinken; aber jedenfalls nicht mehr, als eine Tasse voll. Wenn man diesen Kaffee mit ½ Theil rechten Kaffee allgemein trinken würde, so würde kaum ein Einziger den Unterschied zwischen wirklichen und diesem Kaffee merken. Gemahlenen Kaffee zu kaufen, ist eine mißliche Sache; denn sehr oft ist derselbe mit Erbsen vermischt, welche du selbst das Pfund zu weniger als 15 bis 20 Cent, pflanzen und dann mit dem Kaffee vermischen kannst, wenn. — —

6) **Ausgezeichnetes Brot der Bäcker in London.** — Der „Michigan Farmer" bringt Folgendes, von welchem Jeder ersehen kann, daß es ein gesundes Urtheil enthält:

„Um einen Halb-Peck-Laib zu machen, nimm ¾ Pfd. gutgekochte, mehlige Kartoffeln, drücke dieselben durch einen feinen Seiher oder ein grobes Sieb; füge ½ Pt. Hefe; oder ¾ Uz deutsche, trockene Hefe und 1¼ Pt. lauwarmes Wasser (von 88 Gr. Fahr.) mit ¾ Pfd. Mehl hinzu, um einen dünnen Teig zu formiren. Diese Mischung nun bei Seite gestellt, um zu gähren. An einen warmen Ort gestellt, wird es in 2 Stunden steigen, oder noch bälder, worauf es der Hefe ähnlich sieht, ausgenommen die Farbe. Diese schwammige Masse wird dann mit 1 Pt. Wasser gemischt, daß beinahe blutwarm ist, (92 Gr. Fahr.) und in ein halbes Peck Mehl geschüttet wird, dem zuvor schon 1¼ Uz. Salz beigefügt werden. Dann wird das Ganze zu einem Teig geknetet, und 2 Stunden lang an einen warmen Ort gestellt Behufs des Aufziehens, worauf es zu Laiben geknetet und gebacken wird.

Der Zweck der Beimischung von Kartoffeln ist der, die Gährung der schwammigen Masse zu erhöhen, (welche in hohem Grade Statt findet,) und konsequenterweise die Leichtigkeit und Güte des Brotes zu erhöhen. Auch halten die Kartoffeln das Brot feucht.

7) **Junggesellenbrot.** — Mehl 1 Qt.; präparirten Weinstein 2 Theelöffel voll; Soda ¾ Theelöffel voll, süße Milch, um den Teig gleich dem zu Bisquit zu machen.

Rühre das Mehl und den Weinstein gut durcheinander; löse die Soda in der Milch auf, den Teig zu machen, und sogleich zu backen. Anstatt der Milch kann man auch Wasser benützen, wenn man einen Löffel voll Schmalz dazu fügt, um dieselbe Güte zu erzielen. Es paßt sehr gut zu Kuchenteig.

8) **Neue, französische Methode, Brot zu backen.** — Nimm Reis ¾ Pfd.; binde ihn in ein dickes leinenes Säckchen; laß aber einen Raum übrig, damit er anschwellen kann. Dann koche ihn drei bis vier Stunden, bis ein vollkommener Papp ist, mische ihn mit 7 Pfd. Mehl so lange warm er ist, und füge die gehörige Portion Hefe und Salz hinzu. Laß den Teig eine Zeit lang an der Wärme „schaffen," dann mache ihn zu Laiben. Bestreue sie mit Mehl und knete sie tüchtig durch.

Diese Quantität Mehl und Reis macht ungefähr 13½ Pfd. Brot, welches viel länger feucht bleibt, als ohne den Reis. Es wurde mit die-

sem Verfahren der Versuch gemacht in dem Londoner politechnischen Institut, worauf es in Frankreich publicirt und allgemein eingeführt wurde.

9) Backpulver für Biscuite ohne Fett. — Saleratus
4 Uz.; Weinstein 8 Uz.; trockne dieselben gut und mische sie durch einander.
Es soll : in gutverkorkten Flaschen gehalten werden, um die Feuchtigkeit
davon abzuhalten, welche die Säure aufhebt, (neutralisirt.)

Nimm ungefähr 3 Theelöffel voll davon zu jedem Quart Mehl, das
verbacken werden soll; mische es mit Milch, wenn du hast; wenn nicht, mit
kaltem Wasser, und thue es zugleich in den Ofen, um zu backen.

Pies (Kuchen.) Extra gute Citronenkuchen. — 1 Citrone;
Wasser 1 Tasse voll; braunen Zucker 1 Tasse; Mehl 2 Eßlöffel voll; 5
Eier; weißen Zucker 2 Eßlöffel voll.

Schäle die Citrone, drücke den Saft aus und backe den fleischigen
Theil sehr fein; thue Alles zusammen, und füge das Wasser, braunen Zucker
und Mehl hinzu, und wirke die Masse zu einem glatten Teig, quirle die
Eier und mische sie mit dem Teig, und lasse das Weiße von Zweien einstweilen hinweg; mache zwei Torten backe sie ohne Deckel; während diese
backen, zerschlage das Weiße der zu diesem Zweck zurück gelaßnen 2 Eier
zu einem steifen Schaum und verrühre den weißen Zucker damit. Wenn
die Kuchen fertig sind, so streiche diesen ebenmäßig darüber her, setze sie dann
nochmals in den Ofen und lasse sie ein Wenig backen.

2) Kuchenglasur. — Bei der Bereitung irgend eines Kuchens
mit saftiger Fülle zieht sich der Saft in die Kruste hinein, wodurch der Kuchen naß und unmeßbar wird. Dieses zu verhüten, Quirle ein Ei gut, und
netze die Kuchenkruste mit einem Pinsel oder einem Stück Tuch an, und laß
es ein wenig trocknen, ehe du die Kuchenfülle auflegst.

Bei Kuchen mit einem Deckel benetze die Oberfläche ebenfalls, ehe gebacken wird, was ein herrliches Gelbbraun gibt. Auch macht dieß die Biscuite, Ingwerkuchen, usw. schön.

2) Apfelkuchen, welcher leicht verdaulich ist. — Anstatt daß du
den Kuchenteig mit Wasser und Schmalz oder Butter aufwirkst, und demselben eine reiche Fülle auflegst, was bei dem Apfelkuchen gewöhnlich der
Fall ist, anstatt dessen also :

Mache den Teig auf in jeder Hinsicht wie bei Biscuiten, saure Milch
und Saleratus, mit ein wenig Schmalz oder Butter benützend. Mache
den Teig recht steif, welle ihn ziemlich dünn aus; lege ihn auf das Blech
oder Teller; lege reife kleingehackte Aepfel ziemlich dick auf, und nimm so
viel Zucker hinzu, daß derselbe in rechtem Verhältniß zu der Säure der
Aepfel steht. Dann erst folgt der Deckel, worauf der Kuchen gut gebacken
werden muß. Wenn er aus dem Ofen kommt, so bestreiche ihn mit den
Eiern, wie unter Kuchenglasur angegeben, so hast du einen Kuchen, welcher
dem Magen unschädlich ist.

Wenn du aber den reichen Teig machst, die Aepfel kochst und auflegst
so sinken sie in die Kruste hinein und der Kuchen backt nicht gut und kein
Magen kann ihn verdauen, während unser angegebenes Verfahren einen
guten, leichten Teig oder Kruste macht und nicht die Hälfte der Fülle wie bei
dem andern Verfahren nimmt; dessenungeachtet ist vielleicht in pecuniärer
Hinsicht Nichts erspart, indem die Butter bei diesem Kuchen, wenn er heiß
ist, eben so gut mundet, wie bei Biscuit crust Pies; allein der Kuchen ist

leicht zu verdauen, und wenn er kalt ist, so schmeckt er ebenfalls noch gut, wenn du ihn auf den Teller legst und genug versüßte Rahm dazu nimmst.

4) Der beste Apfelkuchen mit Eier, der je gegessen wurde. — Schäle saure Aepfel und koche sie, bis sie weich sind und kein Wasser mehr darin ist, dann drücke dieselben durch einen Seiher; quirle zu jedem Kuchen, der gebacken werden soll, 3 Eier, und füge 1 Tasse voll Butter und 1 Tasse voll Zucker zu einer Masse von 3 Kuchen, gewürzt mit Muskatnuß. Meine Frau macht dieselben gewöhnlich mit einem einzigen Ei zu jedem Kuchen mit blos der Hälfte Butter und Zucker zu 4 bis 5 Kuchen; allein die Quantität Zucker richtet sich etwas nach der Säure der Aepfel.

Backe sie wie Kürbiskuchen welche sie in ihrer äußern Erscheinung darstellen. Der Geschmack ist zwischen Kürbis= und Apfelkuchen. Sie sind in der That sehr gut. Wir fanden sie gleich gut, wenn gedörrte Aepfel in ein wenig größerer Quantität Wasser gekocht, dazu verwendet werden. Wenn man sie mit einem Schnee belegt, wie bei den Citronenkuchen, dann wieder auf einige Minuten in den Ofen bringt, so würden sie ein noch schöneres Aussehen erhalten.

5) Sehr gutes, mit Eier gebackenes Apfelmus. — Nimm sehr saftige Kuchenäpfel, koche sie und drücke sie, wie oben, durch den Seiher, und zu 1 Pt. Aepfel quirle 4 Eier, und füge sie hinzu mit 1 Eßlöffel voll Zucker, 1 Eßlöffel voll Butter und ½ geriebenen Muskatnuß.

Backe es, wie Eierrahm. Es ist ein vortreffliches Apfelmus und ein gutes Ersatzmittel für Butter und Apfelbutter.

6) Teig zu Torten. Pastetchen, Hutzucker, Mehl und Butter, gleiche Gewichtstheile von jedem; mische es tüchtig vermittelst Rollen mit einem Wellholz, indem du es von Zeit zu Zeit wieder zusammendrückst, und dann immer wieder auswellst; wenn gut verarbeitet, breche kleine Stücke davon ab, welle aus und lege die eingemachte Frucht darauf und backe.

Pudding Sauce. 1) Biscuit=Pudding Sauce. — Nimm Wasser 1 Qt.; Zucker ¼ Pfd.; Butter in der Größe eines Ei's; Mehl 2 Löffel voll; eine halbe geriebene Muskatnuß.

Mische das Mehl mit so viel kaltem Wasser, um alle Klumpen damit zu verrühren, während man das andere Wasser sieden läßt, und alles zusammen mischt. Nehme dann Biscuits und spalte sie ein oder zweimal und thue sie in diese Brühe, so lange sie heiß ist, und halte sie heiß, bis man sie bei der Mahlzeit braucht. Es ist ein großer Artikel.

2) Alter englischer Christtagspudding. — Der „Harrisburg Telegraph" gibt seinen Lesern folgendes Rezept:

Um einen Pfundpudding zu machen, nimm Cibeben, aus welchen die Samenkörner genommen werden; die aber nicht zerschnitten werden; Rosinen rein gewaschen, 1 Pfd. von Jedem; zerhacke 1 Pfd. Nierenfett sehr fein, und mische es mit den vorigen; füge ¼ Pfd. Mehl oder fein zerbröckeltes Brot hinzu, 3 Uz. Zucker; 1½ Uz. zerriebene Citronenschaalen, ein wenig Muskatenblüthe eine halbe kleine Muskatnuß; 1 Theelöffel voll Ingwer; ½ Dutzend gut gequirlte Eier; schlage Alles gut zusammen, binde es in ein Stück Tuch, und gib ihm so viel Raum, daß es anschwellen kann. Bringe es dann in siedendes Wasser, und siede es nicht weniger, als 2 Stunden, in welcher Zeit das Kochen nicht unterbrochen werden darf.

Wenn das Tuch benützt wird, sollte es vorher in heißes Wasser getaucht und tüchtig ausgewendet werden, worauf man es mit Mehl über=

streut. Wenn der Pudding fertig ist, so habe eine Pfanne mit kaltem Wasser bereit, und tauche denselben einige Minuten hinein, so bald er aus dem Kessel kommt, wodurch das Anhängen desselben an das Tuch verhindert wird.

3) Gebackenen Pudding von Welschkornmehl zu machen — Gute süße Milch 1 Qt.; Butter 1 Uz.; 4 gut gequirlte Eier. Welschkornmehl 1 Tasse voll; Cibeben 1½ Pfd.; Zucker ¼ Pfd.

Siede die Milch, und rühre das Mehl hinein, so lange sie kocht; dann laß sie stehen, bis sie lauwarm ist und rühre dann Alles gut zusammen. Backe die Masse etwa 1½ Stunden. Wird mit süßer Rahm gegessen.

4) Gekochter Pudding von Welschkornmehl zu kochen. — Welschkornmehl 1 Qt.; ein wenig Salz; 6 Eier; 1 Tasse saure Milch; Saleratus 1 Theelöffel voll; Cibeben 1 Pfd Brühe das Mehl an, und füge das Salz hinzu. Wenn kalt, verrühre die gequirlten Eier. Löse die Saleratus in der Milch auf und rühre diese hinzu, und nach dieser die Cibeben. Rosinen oder irgend eine getrocknete Beerfrucht, ist eben so gut. Koche Alles bei 1½ Stunden. Mit süßer Rahm gegessen. Irgend ein zu kochender Pudding sollte erst in das Wasser gethan werden, wenn dasselbe siedet, sonst ist er ungenießbar

5) **Quick indian Pudding.** — Nimm 1½ Tassen saure Milch, 2 gut gequirlte Eier; 1 kleinen Theelöffel voll Saleratus, in der Milch aufgelöst. Alsdann siebe trockenes Welschkornmehl hinein und verrühre es zur Dicke des Welschkornbrotteigs. Dann füge und rühre irgend eine der angegebenen Früchte hinzu. Es thuts aber auch ohne diese. Koche es eine Stunde lang. Versüßte Rahm mit ein wenig Muskatnuß macht eine gute Brühe. Dieser Pudding ist gut.

6) Mehlpudding zu kochen. — Wer hinlänglich getrocknete Aepfel oder Pfirsiche hat, und weniger von den kleineren Früchten, der nehme so viel Mehl, um eine gute Pfanne voll Biscuit daraus zu machen und verarbeite es, wie bei Biscuiten, mit saurer Milch, Saleratus und ein wenig Butter oder Schmalz; welle es bedeutend dicker aus, als wie zu Kuchenkruste und koche deine Aepfel oder Pfirsiche ein wenig, benetze die Kruste mit der „Kuchenkrusten-Glasur" dann belege die Oberfläche mit der Frucht, streue eine Hand voll Cibeben darüber her, oder irgend eine der oben aufgeführten Früchte; rolle nun das Ganze zusammen und koche es eine Stunde lang. Kann mit irgend einer gewünschte Sauce (Brühe) gegessen werden. Die Welschkornpuddings sind jedoch viel gesünder und ich ziehe ihren Geschmack dem der Mehlpuddings vor.

7) Kartoffelpudding. — Reibe 6 große oder 12 mittlere Kartoffeln durch einen Reiber; quirle 4 Eier, mische 1 Pt. Milch damit. Rühre die Kartoffeln hinein, mit ein wenig Zucker, um es angenehm zu machen. Bestreiche den Teller mit Butter, und backe ½ Stunde lang. Ist einfach und wohlfeil. Ist mit Butter zu essen.

8) Pudding von unreifen Welschkorn. — Zwei Dutzend grüne Kornähren; süße Milch 3 bis 4 Qts.; 6 Eier; Zucker 1 bis 2 Tassen; Salz nach dem Geschmack.

Spalte die Kerne der Länge nach mit einem scharfen Messer, dann schabe die Kerne von den Kolben, wodurch die Hülsen der Kerne an den Kolben bleiben, mische sie nun mit Milch und den andern Artikeln, und backe es 2 bis 3 Stunden. Zu essen mit Butter und Zucker.

9) Gedämpften Pudding. — Zwei Eier; Zucker 1 Tasse; saure Milch

1 Tasse; Saleratus 1 Theelöffel voll; ein wenig Salz; getrocknete Heidelbeeren oder andere Beerfrüchte, 1 Tasse voll, sammt der gehörigen Portion Mehl.

Quirle die Eier und verrühre den Zucker damit; löse das Saleratus
n der Milch auf, und füge dann ebenfalls die Frucht und das Salz hinzu.
Dann verdicke es mit Mehl; dicker als für Kuchen. Bringe es in eine
zwei Quart-Pfanne, setze es in den Dämpfer und dämpfe 1½ Stunde lang.
Es wird oben aufspringen, wo nicht, so dämpfe es noch länger. Es ist
der Mühe werth, es zu machen, besonders wenn du genug versüßte Rahm hast.

10) Fettbrühe für Puddings. — Butter 4 Uz.; Zucker 6 Uz.; eine
Muskatnuß.

Reibe die Muskatnuß und verrühre Alles mit einander. Dieses sind
ungefähr die rechten Proportionen; allein es kann mehr oder weniger gemacht werden, auch kann mehr oder weniger Muskatnuß dazu genommen
werden. Diese Fettbrühe ist gut auf heißen oder kalten Pudding, und
nicht schlimm auf Brot.

Tafelkuchen. — 1) Kuchen von grünem Korn. Ein Dutzend grüne
(unreife) Kornkolben gekocht; 5 Eier; Salz und Pfeffer nach Geschmack.

Bringe das Korn von den Kolben, wie unter: „Pudding von unreifem
Korn" angegeben. Würze es, formire es in kleine Kuchen, backe es in
Schmalz bis es schön braun ist, so hast du einen guten Pfannenkuchen.

2) Aepfel, nach dem Verfahren der Dampfbootsleute zu backen. —
Nimm ziemlich saure reife Aepfel, schneide mit einem Taschenmesser den
Stiel heraus, ebenso den Putzen (das Blüthende) um die Haut dieser Tassen ähnlichen Einsenkung zu entfernen. Dann wasche sie, und bringe sie
in eine Bratpfanne. Nun fülle diese Einsenkung mit braunem Zucker, und
thue auch zwischen dieselben ziemlich viel Zucker; dann lege einige Stücke
Butter über den Zucker; bringe sie so zubereitet, in den Ofen, wenn derselbe
geheizt wird zum Frühstück oder Mittagessen, und halte sie so lange darin
bis sie gut durchgebacken und weich sind.

Nimm sie auf Teller heraus, so lange sie heiß sind, und gieße die von
der Butter, dem Zucker und Apfel aft gewonnene Brühe über dieselben.
Sollten einige übrig gelassen werden, so bewahre sie für die nächste Mahlzeit auf, wobei dieselben so lange in den Ofen gebracht werden, bis sie heiß
sind, so werden sie wieder so schön und gut sein, wie das erste Mal. Einige
lieben sie vielleicht besser, wenn sie gebacken werden, wie folgt:

3) Extra gut gebackene Aepfel, tauglich zum Kochen, reinige sie vorher und schneide sie dann in runde Stücke, ungefähr ¼ Zoll dick; schmilz in
der Backpfanne so viel Schmalz, daß dasselbe ¾ Zoll dick über dem Boden
derselben ist; das Schmalz muß heiß sein, ehe die Aepfel hinein gethan
werden. Backe dann eine Seite der Räder, bis dieselbe braun ist, dann
drehe sie um, und thue ein wenig braunen Zucker auf jedes Rädchen; so
lang diese andere Seite braun wird, schmilzt der Zucker und fließt über die
ganze Oberfläche.

Servire sie heiß und du wirst ein gutes Essen haben für Jedermann,
wer er auch sey, Taglöhner oder Präsident.

4) Aepfelküchlein. — Saure Milch 1 Pt.; Saleratus 1 Theelöffel
voll; Mehl, um einen leichten Teig zu machen; 6 Aepfel, geschält und
ausgeputzt; 3 Eier.

Löse die Saleratus in der Milch auf, quirle die Eier und füge sie hinzu; dann füge das Mehl hinzu, um einen weichen Teig zu machen. Hacke die Aepfel zu Stücke, in der Größe einer Erbse, und vermische sie gut mit dem Teig. Backe sie in Schmalz, wie jedes Schmalzküchlein, und iß es mit Butter und Zucker.

5) Apfelmerange.—Zuerst nimm einen tiefen Teller und lege einen Boden von Teig, wie zu Kuchen; schäle schöne saure Aepfel, schneide sie klein und koche sie; versüße sie dann ein wenig, mache eine Lage von den Aepfeln über den Teig her, etwa einen halben Zoll dick. Dann mache eine Lage von gutem Brot, mit Butter bestrichen. Dann kommt wieder eine Lage von Aepfeln. Nun bringe die Masse in den Ofen und backe sie, wie einen Pudding oder Kuchen. Wenn gebacken, so quirle 2 Eier, gemischt mit ein wenig Hutzucker, oder irgend anderem weißen Zucker, streiche es über die Kuchen, welcher ein Gefäß von 2 Qts. ausfüllt; dann bringe es nochmal in den Ofen, und backe es noch einige Minuten, um die Eiermischung zu bräunen. Servire dieß mit Zucker, in ein wenig Wasser aufgelöst, und füge Butter mit ein wenig Muskatnuß oder Citrone hinzu, je nach dem Geschmack.

6) Brot im Schmalz zu backen, das besser ist als geröstet Brot.— Nimm trockenes Brot, je trockener je besser jedoch nicht schimmlicht ist; zuerst tauche es schnell in kaltes Wasser, dann in gut gequirlte Eier, welche ein wenig gesalzen sind; backe sie sogleich kurze Zeit in heißem Schmalz, bis die Oberfläche ein schönes Gelb oder Hellbraun hat, gemäß der Hitze des Schmalzes. Dieses Brot fand ich sehr gut.

7) Ein anderes Verfahren, wie es bei den Deutschen gebräuchlich ist — Bäckersbrot, einen Laib, in Stücke geschnitten, die etwa ½ Zoll dick sind; Milch 1 Qt.; 3 Eier und ein wenig Salz. Quirle die Eier und mische sie mit der Milch, würze es wie Eier Rahm; koche es aber nicht. Tauche das geschnittene Brot in die Mischung, von Zeit zu Zeit, bis alles eingesogen ist; dann backe die Stücke auf einem mit Butter bestrichenen Deckel. Servire es zum Mittagsmahl mit Zuckersyrup, flavorirt mit Citrone.

In Schmalz gebackene Brotschnitten die nach deutscher Art bereitet sind; aber gewiß auch gut genug für irgend einen Amerikaner. Selbstgemachtes Brot ist so gut dazu, wie Bäckersbrot.

8) Backwood's Preserve. — Koche 1 Pt. Molasses von 5 bis 20 Minuten leicht je nachdem er dick ist, dann füge 3 gut gequirlte Eier hinzu und rühre sie schnell hinein und fahre einige Minuten länger mit dem Kochen fort. Dann würze es mit einer Muskatnuß oder Citrone.

Unterlaß nicht, dieses zu probiren!

9) Französischen Honig. — Weißen Zucker 1 Pfd.; 6 Eier, wobei von zweien das Weiße weggelassen wird; den Saft von 3 oder 4 Citronen, und die zerriebene Rinde von zwei derselben mit ¼ Pfd. Butter. Rühre über einem schwachen Feuer Alles durcheinander.

10) Müßchen. — Zu jedem Qt. süßer Milch füge zwei gut gequirlte Eier, ein Stückchen Butter, halb so groß, wie ein Ei; Mehl genug, um einen steifen Teig zu machen. Verrühre damit ½ Pt. Hefe; laß es stehen, bis der Teig leicht ist (gut „gegangen" ist;) dann backe sie auf dem Ofendeckel in zu diesem Zweck gemachten Blechringen.

Diese Formen bestehen in Zinnstreifen, ¾ Zoll breit, in Ringe formirt welche von 2½ bis 3 Zoll Durchmesser haben, welche ohne Boden sind.

Die Ringe werden einfach auf den Ofendeckel gelegt und der Teig hinein gethan.

11) Nachgeahmte Austern. — 6 große süße, ungekochte Korn-Kolben, Reibe das Korn an einem Reibeisen ab; quirle 1 Ei, und verrühre es in Mehl und Milch, von jedem 1 Eßlöffel voll, dann mische es mit dem abge= machten Kornmehl, mit ein Wenig Salz und Pfeffer; füge ungefähr einen Theelöffel voll Butter in eine passende Pfanne zum Backen; gieße die Mischung in die heiße Butter, einen Löffel voll auf einen Platz, und drehe sie so, daß sie braun gebacken werden. Servire sie heiß zum Frühstück. Jeder sollte diese sogenannten Austern versuchen.

12) Früchte, Fruchtconserve, eingekochter Saft und Zuckereingemach= tes. — Der Unterschied zwischen gewöhnlichen Zuckereingemachten, Gelees und Fruchtconserve besteht darin: Zuckereingemachtes oder Preserves sind gemacht von Frucht und Zucker, Pfund für Pfund, welche einfach zusam= men eingekocht werden, bis es fertig ist.

13) Gelee's eingekochter Saft, werden gemacht, daß man blos den Saft der Früchte auspreßt, und seiht, dann 1 Pfd. Zucker auf 1 Pfd. Saft nimmt und es kocht, bis es gallertartig ist, welches man sieht, wenn man ein wenig auf eine kalte Platte heraus nimmt.

14) Fruchtconserve werden gemacht, wenn man die ganze Frucht wiegt, wascht, in Rädchen schneidet und in so viel Wasser bringt, dieselben gut zu kochen, dann, wenn kühl, durch ein feines Sieb treibt, zu welcher Masse man dann so viel Zucker fügt, als es vorher Frucht war, worauf man es sorgfältig kocht, bis das Gewicht des Fruchtconserve dasjenige der Frucht und beigefügten Zuckers ist. Hiebei ist das Wasser, wie du siehst, alles entflohen, und dieß ist leicht zu ersehen, wenn man den Kessel vorher wägt, worin es gemacht wird. Fruchtconserve wenn gut gemacht, hat mehr Frucht=Flaver, als die Gelee, und ist so werthvoll, wie die Gelee, wenn man das Conserve in Wasser rührt und es als ein Getränk an Kranke verabreicht, und ist besser, die verschiedenen Syruparten der Soda=Brun= nen zu flavoriren (ihnen Wohlgeruch beizubringen, oder einen angenehmen Beigeschmack zu geben.) Erdbeeren, Himbeeren, Brombeeren, Pfirsiche, Ananas machen sehr gutes Conserve, um den Syruparten einen Flaver (Wohlgeruch, Wohlgeschmack) zu verleihen. Vieles von dem Wohlgeruch der Frucht ist in der Haut usw. enthalten, und Fruchtconserve, auf diese Weise von den Brombeeren gemacht, sind gut für wehen Mund, Diarhöe, Ruhr usw.

15) Früchte=Extrakt. Vom besten Weingeist 1 Pt.; Citronenöl 1 Uz.; Haut oder Schaale von 2 Citronen.

Zerbröckle die Schaalen und füge sie auf einige Tage zu den andern Artikeln; dann nimm sie wieder heraus, und du hast was du wünschest, und zwar für ganz geringe Kosten, wenn man es mit den zum Verkauf ausge= botenen Artikeln vergleicht, von denen das Fläschchen 25 Cents kostet.

Diese obige Regel findet bei allen Fruchtölen ihre Anwendung; aber bei Früchten wie Pfirsichen, Ananas, Erdbeeren, Himbeeren, Brombeeren usw. nimmt man Alkahol und Wasser, gleiche Theile, und schüttet davon so viel über die Früchte, daß dieselben ordentlich bedeckt werden, und in ei= nigen Tagen hast du den Saft und Wohlgeruch der Frucht, nach der Grundlage der Bereitung von „Bounce," womit der Eine oder der Andere vielleicht bekannt sein dürfte.

Vanillen, Muskatnuß, Muskatblüthe, Zimmt u. s. w. werden gemacht, indem man die Vanillenbohnen aufschneidet, oder die Muskatnuß, den Zimmt usw. zerquetscht, und an 2 Uz. von jedem 1 Pt. lautern Spiritus schüttet, (oder auch verdünten Alkohol und zwei Wochen lang von Zeit zu Zeit schüttelt, dann filtrirt oder sehr sorgfältig abgießt. Zum Verkauf wird es jedenfalls filtrirt. Um irgend einen dieser Extrakte zu färben, sehe nach unter: „Essenzen" und „Syrruparten." Zu Kuchen der verschiedenen Arten ist es just so gut, wenn man die Muskatnuß, Muskatblüthe und Zimmt usw. pulverisirt, und das Pulver in einer solch kleinen Portion benützt, daß man in den Kuchen das Pulver gar nicht bemerkt.

Medicinirte Wasser. — 1) Rosenwasser. Nimm kohlensaure Magnesia, ¼ Uz.; Rosenöl 30 Tropfen; laß das Oel auf die Magnesia tröpfeln und reibe es zusammen; dann füge während anhaltenden Reibens 1 Qt. distillirtes Wasser hinzu, wenn du bekommen kannst; wo nicht, nimm das reinste Schnee- oder Regenwasser. Ein Porzellan-Mörser ist am besten hiezu; aber eine Porcellan Schaale thut den gleichen Dienst. Dann filtrire es durch Filtrirpapier.

2) Zimmtwasser. — Benütze dieselbe Quantität Oel, Magnesia und Wasser und behandle es wie das Rosenwasser.

3) Pfeffermnz-Grünemimz- und amerikanischer Isop Wasser werden ebenso gemacht.

4) Kampferwasser. — Um Kampferwasser zu bereiten, muß man zuerst 40 bis 50 Tropfen Alkohol auf ¼ Uz. Kampher tröpfeln, und den Kampfer fein verreiben, wodurch er sich mit der Magnesia, ½ Uz., mischen läßt. Dann füge nach und nach 1 Qt. Wasser hinzu, (wie bei den obigen Wassern) und filtrire.

Das Rosen und Zimmtwasser braucht man bei dem Kochen; dagegen die andern werden zu medicinischen Zwecken verwendet.

Verschiedene Gebiete.

Waschfluid, wodurch viel Arbeit mit dem Waschbrett erspart ist. — Soda 1 Pfd.; Steinkalk ½ Pfd.; Wasser 5 Qts.; koche es kurze Zeit und rühre von Zeit zu Zeit. Dann laß es sich setzen und gieße die klare Flüssigkeit in einen steinernen Krug und pfropfe es gut zu für den Gebrauch. Weiche die weiße Wäsche über Nacht in Wasser ein, wende sie aus und seife die Umschläge der Hemdärmel, die Krägen und schmutzige Stellen ein. Fülle den Wasserkessel halb mit Wasser, und wenn das Wasser kocht, so füge eine gewöhnliche Theetasse voll Fluid hinzu; rühre es um und thue die Wäsche hinein. Koche sie ½ Stunde, dann wasche es leicht durch ein einziges Seifenwasser, schwenke es in dem bläuenden Wasser, wie gewöhnlich, so ist die Sache gethan.

Wenn du am Montag zu waschen wünschest, so schütte warmes Seifenwasser über die Wäsche, vor dem Frühstück, und wenn dieses beseitigt ist wende sie aus und seife sie ein, wie oben. Dieß thuts just so gut, als wenn man es über Nacht einweicht, und meine Frau denkt, es sei noch besser.

Zu jedem weitern Kessel voll Wäsche füge blos ½ Kaffeetasse Fluid, natürlich in demselben Wasser zu kochen; wenn noch mehr Wasser zu der letzten Wäsche nöthig wäre, so schütte noch mehr von dem Seifenwasser von dem Zuber hinzu. Weiche deine wollene und Kattunwäsche in dem Seifenwasser ein, in welchem die weiße Wäsche herausgewaschen wurde, und so lang man diese hinaus hängt; wenn nöthig, so gieße aus dem Kessel noch mehr kochendes Wasser hinzu. Dann wasche die wollene Wäsche und den Kattunstoff heraus, wie gewöhnlich, natürlich die wollene Wäsche zuerst. Das Fluid macht die Farbe des Kattun noch lebhafter, anstatt sie zu bleichen.

Auf diese Weise wird der Wäscherin nicht nur ein zweimaliges Reiben erspart, welches vor dem Kochen Statt findet, sondern auch die Hälfte Seife wird gespart. Diese Manier schadet der Wäsche nichts, sondern schont sie insofern, daß das zweimalige Reiben vor dem Kochen unterbleibt. Auch ist es ein guter Artikel, den Schmutz vom Boden, den Thüren und Fenstern zu entfernen, usw. Ich hoffe, jedes Frauenzimmer, in dessen Hand dieß kommt, werde es versuchen. Meine Familie gebrauchte es seit neun Jahren zur größten Zufriedenheit. Es verdirbt die Kleider nicht, und macht das Waschen halb so leicht, wie auf die frühere Weise. In 9 Jahren sollte man gewiß etwas zur Genüge prüfen können. Die Ehre der Erfindung dieses Rezeptes gehört dem Professor Liebig in Deutschland. Viele Frauen benutzen Terpentin, Alkohol, Amenia, Kampher u w. in ihrem Waschfluid; aber keiner dieser Stoffe sollte zu solchen Zwecken benützt werden, weil sie schädlich sind.

Hier möchte ich bemerken, daß die Frauen vorsichtig sein sollten beim Aushängen der Wäsche, daß sie dasselbe ja nicht thun, so lange sie schwitzen und vom Waschen erhitzt sind, indem dieß sehr schädlich ist; besonders im Winter oder bei windigem Wetter Schon oft ist die Auszehrung durch diese wiederholte Gewohnheit entstanden. Es geht nach dem Grundsatz, daß zwei dünne Schuhe Eine Erkältung verursachen, zwei Erkältungen aber Einen Anfall von Entzündung der Luftrohrenäste, zwei solche Anfälle Eine Auszehrung oder Schwindsucht, und das Ende — ein Sarg. —

Flüssige Bläue, für Kleider. — Die meiste im Kauf sich befindende Bläue ist schlechter Stoff, indem sie Flecken in der Wäsche läßt Um dieß zu verhüten, nimm das beste Berliner Blau 1 Uz., pulverisirt Sauerkleesalz pulverisirt, ½ Uz : Regenwasser 1 Qt. Mische es Die Säure löst das Blau auf, und hält es gleichmäßig im Wasser, so daß keine Flecken in der Wäsche entstehen können. Ein oder 2 Eßlöffel voll ist genügend zu einem Zuber voll Wasser, gemäß der Größe derselben.

Chinesisches Blau wenn man es haben kann, ist das beste und kostet blos 1 Schilling per Uz., und die Säure kostet 3 Cents, und befriedigt besser, als für 50 Cents von der gewöhnlichen Bläue. Diese Quantität reichte meiner Familie über ein Jahr.

Seifen. 1) Schmierseife für bloß die Hälfte Unkosten und mit weniger Mühe, als bei dem gewöhnlichen Verfahren. Nimm weiße Seife 4 Pfd.; schneide sie fein und löse sie durch Hitze im 4 Gal. Wasser auf, und füge 1 Pfd. Soda hinzu. Wenn Alles zerflossen und gut gemischt ist, so ist's geschehen.

Gelbe Seife thäte es auch); allein Colgates weiße soll die beste sein; allein unsere weiße harte Seife thut denselben Dienst. Man kann diese Seife dicker oder dünner machen durch Zuthun oder Weglassen von Wasser.

2) Deutsches Erasive (reinigende) oder gelbe Seife. Unschlitt und Soda, von jedem 112 Pfd.; Colephonium oder Geigenharz 56 Pfd.; Steinkalk 28 Pfd. Palmenöl 8 Pfd.; Regenwasser 28 Gal.; oder für kleine Quantitäten: Unschlitt und Soda, von jedem 1 Pfd., Colephonium 7 Uz.; Steinkalk 4 Uz.; Palmenöl 1 Uz.; Regenwasser 1 Qt.

Bringe Soda, Kalk und Wasser in einen Kessel, und koche es; rühre es gut, laß es sich setzen und gieße die Lauge ab: In einem andern Kessel schmilz das Unschlitt, Colephonium und Palmöl. Wenn es heiß ist, und die Lauge auch, so mische Alles zusammen, rühre gut, und die Seife ist fertig.

3) Harte Seife, von Schweineschmalz.—Soda und Schmalz, von jedem 6 Pfd.; Steinkalk 3 Pfd., Regenwasser 4 Gal.; löse den Kalk und die Soda durch Kochen in dem Wasser, rühre es, laß es sich setzen und gieße es ab; dann bringe es zu dem Kessel zurück (Messing-oder Kupferkessel) und füge das Schmalz hinzu, und koche es so lang, bis es Seife ist Dann schütte es in Schüsseln oder Formen, wenn es kalt ist, so schneide es in Stücke, und laß es trocknen.

4) Weiße harte Seife, von Unschlitt.—Frischgelöschten Kalk, Soda und Unschlitt, von jeden 2 Pfd.; Löse die Soda in 1 Gal. so sendem Regenwasser auf; nun füge den Kalk hinzu, rühre von Zeit zu Zeit einige Stunden lang, nachher laß es sich setzen; gieße die klare Flüssigkeit ab, und koche das Unschlitt, bis es aufgelöst ist. Kühle es in einem flachen Geschirr und schneide es in Stücke oder Kuchen, je nachdem du die Form haben willst. Man kann dieser Seife einen Wohlgeruch mit Sassafrasöl geben; man muß es aber hinein rühren, ehe die Seife kalt geworden ist.

Wenn irgend eine Art von Soda beim Seifemachen gebraucht wird, so muß man ungelöschten Kalk hinzu nehmen, um die Soda kaustisch zu machen, welches der Lauge mehr Kraft verleiht, das Fett aufzulösen, was auch der Grund ist in Aschenfässer Kalk in den Boden zu thun, um die Kohlensäure die in der Asche enthalten zu entfernen.

5) Transparente (durchscheinende) Seife. — Nimm schöne, gelbe Seife 6 Pfd.; schneide sie dünn und bringe sie in einen Messing,- Zinn,- oder Kupferkessel, mit hinreichend Alkohol, um die Seife zu bedecken. Mache es heiß an einem gelinden Feuer, rühre, bis Alles zerflossen ist; dann füge 1 Uz. Sassafrasöl hinzu, und rühre es gut, bis es recht durcheinander gemischt ist. Nun schütte die Seife in Pfannen, 1½ Zoll tief, und wenn kalt, schneide sie in viereckige Stücke. Das gibt eine schöne Toiletseife für einen geringen Kosten, und wenn sie ganz trocken ist, so ist sie sehr transparent oder durchscheinend.

6) Hundert Pfd. gute Seife für $1,30. — Nimm Pottasche 6 Pfd.; (75 Cents werth) Schmalz 4 Pfd.; (50 Cents.) Colephonium ¼ Pfd. (5 Cts.) Pulverisire das Colephonium, und mische Alles zusammen. Setze es 5 Tage bei Seite; dann thue das Ganze in ein Fäßchen, das mit 10 Gall. warm Wasser angefüllt ist. Rühre es zweimal des Tages, 10 Tage lang. Nach dieser Zeit wirst du 100 Pfd. ausgezeichnete Seife haben.

7) Chemische Schmierseife. — J. Hamilton in Indiana macht seine Seife zum Hausgebrauch, wie folgt: Nimm Fett 8 Pfd.; ätzende Soda-

asche 8 Pfd.; Soda 1 Pfd.   Schmilz das Fett in einem Kessel, die andern Artikel löse in 4 Gall. Regenwasser auf, schütte Alles in ein 40 Gal. Faß, fülle es mit Regenwasser auf, und die Arbeit ist vollbracht.

Wenn die ätzende Pottasche nicht von Seifensiedern bekommen werden kann, so mache sie, indem du unreine Soda Asche (die in den Apotheken zu haben ist) und frischgelöschten Kalk, von jedem 8 Pfd. nimmst, und diese Artikel in dem Wasser mit der Soda auflösest, wenn es sich gesetzt hat, so schütte die klare Flüssigkeit ab, und verfahre wie bei der weißen harten Seife mit Unschlitt   Wo die Sodaasche nicht zu bekommen ist, kann man Soda Salz gebrauchen.

8) Seife ohne Hitze zu machen. — Herr Tomilson sagt, indem er dem Richter Buel schreibt:

„Meine Frau hat bei dem Seifenmachen wenig Mühe.   Das Fett bringt man in ein Fäßchen, und starke Lauge wird hinzu gethan.   Im Verlauf des Jahres muß zu dem immer neu hinzugekommenen Fett mehr Lauge gerührt werden.   Von Zeit zu Zeit rührt man mit einem Stecken, den man zu diesem Zweck immer darin läßt   Wenn das Fäßchen voll ist, so ist die Seife zum Gebrauch fertig."

Es ist kein Zweifel auf diese Art, Seife zu machen.   Der einzige Zweck des Kochens ist, die schwache Lauge zu verstärken und den Proceß abzukürzen, indem die Lauge das Fett schneller zersetzt, wenn sie heiß ist.

9) Windsor= oder Toiletseife.—Zerschneide einige Stücke weiße Seife in dünne Schnitten, schmilz sie an einem schwachen Feuer und füge Kümmelöl oder anderes beliebiges ätherisches Oel hinzu, um sie wohlriechend zu machen   Wenn gehörig aufgelöst, schütte sie in eine Form und laß sie eine Woche lang drinnen.   Dann schneide sie in beliebige Vierecke.

10) Marmorirte Toiletseife. — Regenwasser 3 Qts.; schöne, weiße Seife 3 Pfd.; Soda 2 Uz.; Chinesischen Zinnober und Chinesisches Blau von jedem so viel, als auf 5=Centstück hält; Sassafrasöl ¼ Uz.

Schabe die Seife fein und bringe sie in das Wasser, wenn dasselbe zu kochen anfängt.   Wenn sie aufgelöst ist, so nimm sie vom Feuer; nimm eine Tasse voll Seife heraus und rühre das Zinnober (rothe Farbe) hinein; dann nimm eine andere Tasse voll heraus, und rühre das Blau hinein. Dann schütte eine von den Tassen hinein, und rühre blos zwei= bis dreimal herum, dann schütte die andere Tasse voll hinein, und rühre gerade, wie zuvor.   Alsdann gieße die Seife in ein passendes Geschirr, und wenn kalt, kann sie in Stücke geschnitten werden, oder kann man sie in Formen fließen lassen, wenn gewünscht.   Sie wird in kurzer Zeit hart sein, und wird Jedermann befriedigen.   Wenn man es tüchtig durcheinander rühren würde, nachdem die Farben hinzugethan sind, so würde das Ganze von gemischter Farbe werden; aber blos 2 bis 3 mal umgerührt, wird die Seife schön gestreift oder marmorirt erscheinen.

Seifensieder nehmen zur Bereitung von Seife meistens Sodaasche anstatt der Holzaschen= Lange, weil es weniger Mühe macht, und um die Asche mehr kaustisch (ätzend) zu machen, d. h. das kohlensaure Gas besser zu entfernen, und sie fähig zu machen, mehr Fett zu verzehren.   Sie müssen Pfund für Pfund frischgelöschten Kalk mit Sodaasche oder Soda nehmen, und das Ganze durch Hitze oder Rühren, oder durch beides zugleich auflösen, und so viel Wasser dazu nehmen, bis die Lauge ein Hühnerei trägt; dann wird das Ganze abgelassen, um den Kalksatz zurück zu lassen.

Dreizehnhundert Pfund Unschlitt, mit der Lauge verbunden, machen eine Tonne weiße Seife. Zu einer Tonne gelber Seife braucht man zehnhundert Pfd. Unschlitt und 350 Pfd. gelbes Colophonium so lang mit der Lauge gekocht, bis die Stoffe in einander aufgenommen sind; dann schüttet man es in Rahmen zu dem Zweck gemacht und so eingerichtet sind, daß sie alle übereinander stehen, um abzukühlen und hart zu werden. Dann nimm eine Rahme (Einfassung) ab, und schneide mit einem dazu eingerichteten Drath in Stücke, und beuge sie auf, wie Holz, um zu trocknen. Wenn Holzasche zur Lauge gebraucht wird, so muß hinlänglich Kalk auf den Boden des Langezubers gethan werden.

Unschlittlichter für den Sommergebrauch. — Das meiste Unschlitt ist im Sommer mehr oder weniger weich, und oft ganz gelb. Um beides zu verhüten .

Nimm dein Unschlitt und mische ein wenig Bienenwachs damit. Bringe es in einen passenden Kessel, füge sehr schwache Lauge hinzu, und koche es leicht 1 bis 2 Stunden jeden Tag, zwei Tage lang, rühre und schöpfe den Unrath oben ab. Nehme es jeden Morgen heraus, schabe den Boden Satz ab, und füge frische sehr schwache Lauge hinzu, 1, 2, bis 3 Gal., gemäß der Quantität Unschlitt. Den dritten Morgen benütze Wasser in welchem Alaun und Salpeter aufgelöst wurde, 1 Pfd. von jedem zu 30 Pfd. Unschlitt; dann koche es leicht, rühre und schäume wieder ab. Laß es abkühlen, und du kannst es herausnehmen zum sofortigen Gebrauch.

Die Lichter können getunkt oder in Formen gegossen werden. Beim Tunken brauche 2 Pfd. für jedes Dutzend Lichter. Salpeter und Alaun soll das Schweineschmalz zu Lichtern härten; allein es wird wohl ein Humbug des Tages sein. Ich will dir dagegen einen Weg zum Hartmachen, oder besser: Reinigen des Unschlitts angeben, der ein wenig kürzer ist. Beide Verfahren sind gut; wähle selbst !

2) Unschlitt zu reinigen und zu bleichen. — Löse in 10 Gal. Wasser 5 Pfd. Alaun auf, vermittelst Kochen. Und wenn Alles aufgelöst ist, so füge 20 Pfd. Unschlitt hinzu, setze das Kochen noch eine Stunde länger fort, beständig rührend und abschäumend. Wenn es ein wenig kühl ist, so seihe es durch dicken Muslin, und stelle es bei Seite, um es hart werden zu lassen. Wenn es aus dem Geschirr genommen wird, so lasse das anhängende Wasser abtränfeln.

Tunke, oder gieße sie in Formen. Du wirst sehr gute Lichter bekommen, welche im Sommer nicht ablaufen, und im Winter nicht aufspringen. Auch brennen sie sehr hell, worüber du dich nicht wundern wirst, wenn du die Masse Unrath, die beim Reinigen abgeht, siehst.

Das Faulen der Fenzpfosten zu verhüten. — Ein Correspondent von dem „American Agriculturist" sagt :

Ich halte es für zweckmäßig, die Aufmerksamkeit der Farmer auf den Gebrauch von Kohlentheer zu lenken. Der Theer, welcher in Kohlengaswerken producirt wird, ist in England allgemein angewendet zum Anstreichen von Fenzen, den Frontseiten der Gebäude u. s. w., und wurde ebenfalls auch in diesem Land empfohlen. Es ist ein guter Anstrich gegen das Wetter, und 1 oder 2 gute Ueberzüge halten viele Jahre. Es ist die wohlfeilste und beste schwarze Farbe die man bekommen kann. Unsere Gebäude sind damit angestrichen, sowie alle unsere Werkzeuge, und selbst die eisernen Röhre, welche wir in der Erde haben., haben einen Anstrich davon. Ich glaube, wenn seine Vortheile hinlänglich bekannt wären, so würde er all= gemein in den Vereinigten Staaten benützt werden. Die Regierung läßt die Backsteine, welche man braucht bei dem Fort zu Throgs neck, in diesen Theer tauchen. Und Pfosten, damit bestrichen, halten so lange, als wenn sie gebrannt worden wären. Die Art und Weise des Gebrauchs ist fol= gende :

Richte einen großen eisernen Kessel so hin, daß du den Theer nach belieben heiß halten kannst. Dann setze das Ende des Pfostens in den Theer, und wenn derselbe nicht tief genug ist, den Pfosten so weit zu thee= ren, als du wünschest, so nimm einen an einem Besenstiel oder Stecken ge= bundenen Lumpen, und benetze ihn damit wenigstens 6 bis 10 Zoll über dem Boden, wenn der Pfosten gesetzt ist. Dann lüpfe den Pfosten in die Höhe, laß ihn abtränfeln und lege ihn bei Seite auf Riegel oder Balken, zu diesem Zweck hingelegt, und laß keinen den andern berühren, bis sie trocken sind.

Zwei Männer theeren etwa 500 Pfosten in einem Tag, und ein Bärrel Theer wird für diese Zahl ausreichen. Wer wollte deßhalb den Gebrauch desselben nicht einführen? besonders wenn der Theer im Gas= werk zu $2 das Bärrel gekauft werden kann.

Fleisch aufzubewahren. — Rindfleisch einzumachen, das lange gut bleibt. — Zuerst salze es tüchtig durch, und laß es 24 Stunden liegen, um das Blut auszuziehen. Zweitens: Lege es so, um es abfließen zu lassen, und dann packe es ein nach Wunsch. Drittens: Habe eine Salz=Auflösung bereit, welche gemacht ist, wie folgt: Zu jedem 100 Pfd. Rindfleisch brauche 7 Pfd. Salz, Salpeter und spanischen Pfeffer, von je= dem 1 Uz ; Molasses 1 Qt.; Regenwasser 8 Gal.; koche diese Stoffe gut in dem Wasser, schäume es gut ab, und wenn kalt, schütte es über das Fleisch.

Diese Quantität bedeckt 100 Pfd. Fleisch, wenn es gut gepackt ist. Es gibt Personen, welche blos Salz und Wasser benützen, und gießen dasselbe heiß hinzu, nach Verfluß von drei Wochen die Auflösung abgezogen noch= mals gekocht und wieder heiß daran geschüttet. Wenn man die Brühe heiß aufschüttet, so erhärtet sich dadurch die Oberfläche des Fleisches, wo= durch der Saft drin behalten wird, anstatt denselben auszuziehen.

2) Methode der Farmer in Michigan. — Für je 100 Pfd. Fleisch nimm 5 Pfd. Salz; Salpeter ¼ Uz ; braunen Zucker 1 Pfd.; löse dies in genug Wasser auf, um das Fleisch zu bedecken. Zwei Wochen hernach nimm es heraus, schütte die Salzbrühe weg; mache eine neue, wie zuerst. Das Fleisch wird das ganze Jahr hindurch halten. Wenn es zum Essen gekocht wird, so lege es in kochendes Wasser; zu Suppen dagegen in kaltes Wasser.

Ich halte die erste Behandlung für die bessere, nämlich das Blut ab= zuziehen, ehe das Fleisch gepöckelt wird, wodurch Arbeit erspart wird. Zu= dem hilft der spanische Pfeffer und das Salpeter das Fleisch erhalten, und das Kochen und Abschäumen reinigt die Salzbrühe sehr. In neuester Zeit verfahre ich folgendermaßen :

3) Rindfleisch für den Winter oder sofortigen Gebrauch zu pöckeln.— Schneide dein Rindfleisch in beliebige Stücke; streue blos ein wenig Salz auf den Boden des Fasses. Dann packe das Fleisch ohne Salz dazwischen und wenn es gepackt ist, so schütte eine Salz=Auflösung darüber, gemacht

wie folgt: Nimm 6 Pfd. Salz zu je 100 Pfd. Rindfleisch, und nimm hie= zu bloß so viel Wasser, daß das Fleisch hinlänglich bedeckt ist.

Du wirst finden, daß du das Fleisch sieden oder braten kannst für lange Zeit, als ob es frisch wäre; auch zum Kochen ist es gut. Und wenn es zum Braten ein Wenig zu salzig wird, so kann man es wieder frisch machen, so gut, wie Schweinefleisch, oder man kann etwas davon kochen. Durch das andere Verfahren wird es zum Essen bald zu salzig, und der Saft wird mit dem Salz abgezogen. Nach Verfluß von drei Wochen kann man Stücke, welche zum Trocknen bestimmt sind, aufhängen, wobei man über Nacht das darin befindliche Salz durch frisches Wasser auszieht, so viel sich ausziehen läßt. Auf diese Weise hast du gar nichts zu befürchten; denn es ist sehr gut für den Wintergebrauch und zum Trocknen. Wenn etwas übrig ist, bis das warme Wetter kommt, so schütte das Salzwasser ab, streue auf das übrige Fleisch Salz, und bedecke es wieder mit Salzwasser wie in dem ersten Rezept angegeben, so wird es noch lange halten.

4) Hammelsschlägel zum Trocknen zu pöckeln. — Zuerst nimm eine schwache Salzbrühe und bringe die Schlägel hinein; laß sie 2 Tage drin, dann schütte die Brühe ab und benütze das Folgende: Für jedes 100 Pfd. nimm 6 Pfd. Salz; Salpeter 1 Uz.; Saleratus 2 Uz.; Molasses 1 Pt.; Wasser, 6 Gal., dieses wird wenn gut gepackt, die Schlägel bedecken. Laß es etwa 3 Wochen so stehen. Das Saleratus macht, daß das Schaaf= fleisch nicht zu hart wird.

5) Schinken zu räuchern und zu erhalten. — „Rose Cottage, Muncie, Ind., Nov. 26th, 1859." Ich las in der gestrigen Nummer der Gazette ei= nen Artifel, welcher obige Aufschrift führt und also lautet:

Zu einem Faß voll Schinken (sage 25 bis 30) nehme ich ein wenig Salz, das ich dünn darüber streue. So laß ich sie 3 Tage liegen, und packe sie in ein Faß so dicht wie möglich. Dann mache ich eine Salzauf= lösung genügend, um das Ganze zu bedecken. Ich füge so viel Salz in klares Wasser, bis dasselbe ein gesundes Ei oder eine Kartoffel trägt. Dann füge ich ½ Pfd. Salpeter und 1 Gal. Molasses hinzu, lasse die Schinken 6 Wochen in der Brühe liegen, worauf dieselben ganz recht sind. Ich neh= me sie dann heraus, lasse sie abfließen, und so lange sie noch feucht sind, reibe ich die Fleischseite und das Ende vom Knochen mit fein pulverisirtem schwarzem, rothem oder spanischem Pfeffer, welcher so fein wie Staub sein muß. Hiermit bestäube ich die ganze Fleischseite der Schinken; dann hän= ge ich sie auf zum räuchern. Du magst sie in dem Rauchhaus oder an andern kühlen Plätzen hängen lassen, wo die Ratten sie nicht erreichen kön= nen. Sie sind vollkommen sicher vor allen Insekten, und taugen zu einer Mahlzeit für einen Prinzen, oder für einen Amerikanischen Bürger, was noch besser ist,. Achtungsvoll der Ihrige,

Tho's J. Sample.

Ich ersehe hieraus, daß Herr Sample zweimal so viel Salpeter und doppelte Zeit dazu nimmt, als ich; will aber nicht bestreiten, daß seine Be= handlung besser ist, als die Meinige.

6) T. E. Hamilton's Maryland=Methode. — Die Schinken von dem Staat Maryland und Virginia waren lange Zeit sehr berühmt. Auf einer Ausstellung der Agrikulturgesellschaft vom Staate Maryland wurden für Schinken 4 Prämien ausgetheilt; die Erste dieser Prämien erhielt T. E. Hamilton von Schinken, auf folgende Weise behandelt:

Zu jedem 100 Pfd. nimm vom besten grobem Salz, 8 Pfd.; Salpe=
ter 2 Uz.; braunen Zucker 2 Pfd.; Pottasche 1¼ Pfd.; Wasser 4 Gal.;
mische das Obige und schütte das Salzwasser an das Fleisch, nachdem es
zuvor 2 Tage in einem Zuber oder Faß lag. Laß die Schinken 6 Wo=
chen in dem Salzwasser liegen, dann trockne sie einige Tage, ehe sie ge=
räuchert werden. Gewöhnlich rieb ich das Fleisch mit Salz ein, wenn ich
es einpackte."

Das Fleisch sollte ganz kühl sein, wenn es gepackt wird. Die Pott=
asche bewahrt es vor dem Austrocknen und Hartwerden.

Schweinefleisch, das im Winter geschlachtet wurde, so zu behandeln,
daß es im Sommer noch frisch ist. — Nimm Schweinefleisch, das Anfangs
Winters geschlachtet wurde, und laß es 8 bis 10 Tage in Salzwasser lie=
gen; dann schneide es in Stücke und brate es halb oder ¾ so viel, wie beim
gewöhnlichen Braten zum Essen. Nun lege es bei Seite in seinem eigenen
Fett, in Häfen, gut gepackt, bedeckt, an einen kühlen Ort, wie du dein
Schweineschmalz aufhebst.

Wenn man im Frühling oder Sommer frisches Schweinefleisch
wünscht, so nimmt man ein Stück heraus und bratet es, wie gewöhnlich,
und es ist so frisch, wie man es sich nur vorstellen kann. Probire es mit
einem Häfen voll. Es ist auch bei Schinken und Schultern anwendbar,
und ich glaube, daß es auch beim Rindfleisch thunlich ist, wenn man es mit
Schmalz bedeckt.

8) Gesalzenes Schweinefleisch zum Braten, beinahe so gut, wie frisch
geschlachtet. — Diejenigen, welche genöthigt sind, viel gesalzenes Schwei=
nefleisch zu essen, können dasselbe zum Braten verbessern durch folgende
Methode :

Wenn zum Frühstück gebraucht, so schneide am Abend vorher so viele
Stücke ab, als man braucht, und ziehe es die Nacht hindurch mit 1 oder 2
Qt. Milch und die Hälfte Wasser aus (abgeschöpfte, saure oder Butter=
milch;) dann reinige es, bis das Wasser klar ist, und dann brate es. Es
ist beinahe ebenso gut, wie frisches Schweinefleisch, sowohl die fetten, als
auch die magern Theile. Ich rolle es öfters vor dem Braten in Welschkorn=
mehl, indem es dadurch eine Aehnlichkeit mit frischen Fischen bekommt.

9) Frisches Fleisch eine oder 2 Wochen im Sommer gut zu erhalten.
Farmer oder Andere, welche weit zum Metzger haben, können frisches
Fleisch eine Woche oder zwei sehr gut erhalten, wenn sie es in saure Milch
an einem kühlen Ort im Keller legen. Man braucht die Beine und das
Fett nicht zu entfernen. Reinige es gut, wenn es gebraucht wird.

10) Geräuchertes Fleisch Jahre lang, oder für Seereisen aufzube=
wahren — Um Fliegen von Schinken abzuhalten, packe dieselben in pul=
verisirte Holzkohle ein. So heiß das Wetter und so dick die Fliegen sein
mögen, die Schinken bleiben so gut, als ob sie eben eingepackt werden wä=
ren, und zwar Jahre lang. Die vor Fäulniß verwahrende Eigenschaft
der Holzkohle erhält sie so lange gut, bis die Kohlen die Kraft verlieren,
oder so lang, um dreimal um die Erde herum zu reisen.

11) Methode des „Rural New Yorker." — Er sagt : „Schneide
im Frühjahr den geräucherten Schinken in dünne Stücke; brate ihn, bis er
theilweise fertig ist, packe ihn in einen steinernen Häfen; jedesmal eine La=
ge Schinken dann eine Lage Fett. Wenn der Schinken sehr mager sein
sollte benütze zu der Fettbrühe Schweineschmalz Brate den Schinken in

dem Schmalz damit er sich gut hält.   Wenn er gebraucht wird, nehme ihn aus dem Geschirr und vollende das Braten für die Mahlzeit."

Der einzige Uebelstand ist der, daß wir die Schinken nicht lange genug halten können; weil sie so gut und bequem zu gebrauchen sind.

12) Methode der „New England Farmers," den eingesalzenen Speck gut zu erhalten. — Vor etwa 2 Jahren wurden wir in dem Hause eines Freundes bei dem Mittagsmahle mit Eiern und Speck bewirthet.   Wir schmeichelten unserem Wirth hinsichtlich der Vorzüglichkeit des Speckes, und waren so frei, ihn nach dem Verfahren, denselben so gut zu erhalten, zu fragen.   Zu unserer Verwunderung vernahmen wir, daß der Theil unserer Mahlzeit schon 8 Monate vorher gekocht worden sei.

Auf unsere Bitte um näheren Aufschluß sagte er, daß er seinen Speck in Stücke schneide und dann brate, worauf er ihn in sein eigenes Fett einpacke.   Wenn dann die Zeit herbeikomme, den Speck zu gebrauchen, so brate er jedes Stück wiederum leicht, worauf das Fleisch dieselbe Frische und Güte habe, wie wenn es erst geschlachtet worden wäre.   Durch dieses Verfahren hat unser Freund immer auf erfolgreiche Weise frisches und süßes Schweinefleisch durch das heißeste Wetter hindurch erhalten. — (New England Farmer.)

Hie und da wird es wohl nöthig sein, beim Braten des Schweinefleisches noch ein wenig Schmalz hinzuzufügen, um beim einpacken allenfallsige Lücken völlig auszufüllen.

Früchte einzumachen. — 1) Pfirsiche und Birnen. — Nachdem dieselben zerschnitten und ausgeputzt sind, thue so viel Zucker zu denselben, daß sie angenehm zum Essen sind, etwa 3 bis 4 Pfd. zu jedem Bushel.   Laß sie dann eine zeitlang stehen, den Zucker aufzulösen, wobei durchaus kein Wasser benützt werden darf.   Dann siede sie etwa 20 bis 30 Minuten, oder bis sie durch aus heiß sind, wodurch die Luft ausgetrieben wird.

Alsdann habe einen Kessel bereit mit heißem Wasser, in welchen die Kanne, worein die Früchte eingemacht werden, so lange gestellt wird, bis sie recht erhitzt ist, fülle sie mit den Früchten auf, solange alles heiß ist, verkorke die Kanne dann sogleich, und tauche das Ende des Korkes in das Wachs zum Verkitten der in Kannen eingemachter Frucht.   Alle in Kannen eingemachten Früchte sind in einem guten, frischen Keller aufzubewahren.

2) Beeren, Pflaumen, Kirschen u. s. w. — Himbeeren, Brombeeren, Heidelbeeren, Johannistrauben, Kirschen, Pflaumen bedürfen blos 12 bis 13 Minuten zum Kochen.   Man nimmt so viel Zucker, um sie angenehm zu machen, sowie um sie länger zu erhalten.

Die Kannen müssen eben so gehitzt werden, wie oben bei den Pfirsichen.

3) Erdbeeren. — Zu jedem Pfund Beeren füge ½ Pfd. Zucker und behandle wie bei den übrigen Beeren.

Die Erdbeeren sind so saftig und haben eine solche Anlage zur Gährung, daß es fast unmöglich ist, sie zu erhalten.   Es gelang mir erst, als ich obige Quantität Zucker dazu nahm.   Wenn Andere es mit weniger Zucker thun können, so erweisen sie dem Publikum eine Gefälligkeit, wenn sie mir sagen, wie sie es machen.

5) Tomato's. — Uebergieße sie mit heißem Wasser und schäle dieselben, wie beim gewöhnlichen Zubereiten auf den Tisch, dann koche sie etwa 15 Minuten lang, und mache sie in die Kanne ein, wie oben. Oder am besten ist es, ein wenig Salz zu benützen und die Frucht in einen ¼ Gal. haltenden Krug zu thun; denn wir brauchen dieselbe in einer zu großen Quantität, als daß einige Glashäfen, wie bei andern Früchten, hinreichend wären. Ich brauche nie zinnerne Kannen. Solltest du aber solche bei den Tomato's benützen, so nimm kein Salz hinzu, weil dasselbe Rost verursacht.

6) Wachs, zum Verkleben von Fruchtkannen. — Colophonium, Schweineschmalz, Unschlitt und Bienenwachs, von jedem 1 Uz.

Schmilz es und rühre es durch einander. Habe es bereit und heiß, damit die Kanne eingetaucht werden kann, wenn die Frucht eingemacht ist.

2) Methode des „Rural New Yorkers." — Der Herausgeber sagt: „Vierjährige Erfahrung hat gelehrt, daß nicht blos Erdbeeren, sondern auch Pfirsiche, Kirschen, Himbeeren, Ananas u. s. w. erhalten werden können, ohne den Wohlgeruch zu verlieren: Benütze blos „selbstsiegelnde Glasflaschen." Bringe in einen Porzellankessel so viel Früchte, um zwei Quartflaschen damit zu füllen. Streue ¼ Pfd. Zucker darauf, stelle sie über ein Feuer und hitze sie durch; laß sie aber nicht kochen. So lange die Frucht heiß wird, sollten die Flaschen mit heißem Wasser angefüllt bleiben; gieße das Wasser aus, und fülle die Flaschen bis zum Rande und versiegle sie sogleich.

Durch das Abkühlen wird ein leerer Raum gebildet, was das Zerbersten der Flaschen verhindert. Auf diese Weise wird jede Art von Früchten ihren Wohlgeruch behalten.—Manchmal formirt sich ein Kruste auf den Früchten was um so besser ist.

Catchup. — 1) Tomatoe-Catchup. — Nimm vollkommen reife Tomato's, ½ Buschel; wasche sie rein und brich sie in Stücke; in einem Kessel stelle sie über das Feuer und laß sie zu einem Sud kommen, worauf sie vom Feuer genommen werden. Wenn dieselben so weit abgekühlt sind, daß man die Hand darin halten kann, so reibe sie durch ein Drathsieb, und zu dem, was durch geht, füge 2 Theetassen voll Salz, Nelkenpfeffer und Gewürznelken gemahlen, von jedem 1 Tasse voll; vom besten Essig 1 Qt. Bringe es nun wieder zum Feuer und koche es eine Stunde lang, und rühre es sorgfältig, daß es nicht anbrennt. Fülle es dann auf Flaschen und verkorke sie gut. Wenn die Frucht sehr saftig ist, so mag das Kochen noch mehr, als eine Stunde Zeit, erfordern.

Dieses Rezept ist von der Frau Hardy im „Amerikan Hotel," Dresden, O., und macht ohne Zweifel den besten Catchup, den ich je gekostet habe. Der einzige Fehler, den man ihm zur Last legte, war: „Ich wünsche, ich hätte mehr davon gehabt," „wir haben nicht zur Hälfte satt davon bekommen," u. s. w. — Da es jedoch Leute gibt, welche in keiner Weise die Tomato's essen mögen, so werden die diese unzweifelhaft das Folgende desto besser lieben:

2) Catchup von Johannistrauben. — Gute, vollkommen reife Johannistrauben, 4 Pfd.; Zucker 1½ Pfd.; gemahlnen Zimmt 1 Eßlöffel voll; Salz mit gemahlnen Gewürznelken und Pfeffer, von jedem 1 Theelöffel voll; Essig 1 Pt. Koche die Johannistrauben und den Zucker, bis es eine

dicke Masse ist; dann füge die übrigen Bestandtheile hinzu und bewahre es in Flaschen zum Gebrauch.

Zucker- oder syrupeingemachte Früchte. — 1) Tomatopreserves. — Da manche Personen Eingemachtes vorziehen, so will ich ihnen zeigen, wie man die gesündesten im Gebrauch zubereitet

Nimm reife abgebrühte und geschälte Tomato's, 13 Pfd.; guten, siedend heißen Molasses, 1 Gal.; schütte den Molasses darüber, und laß das Ganze 12 Stunden stehen. Dann koche sie, bis sie weich sind. Nun schöpfe die Tomatoes ab, und setze das Kochen des Syrups so lange fort, bis es recht dick ist; dann füge die Tomato's wieder hinzu und bewahre es zum Gebrauch auf, wie anderes Eingemachtes. Ein Eßlöffel voll Ingwer in ein Stück Tuch gebunden und in den Früchten gekocht, verleiht denselben einen angenehmen Geruch und Geschmack; auch können dazu Extrakte u. s. w. benützt werden.

Ich ziehe es jedoch vor, dieselben, wie jede andere Frucht, in Häfen, Kannen oder Flaschen aufzubewahren, wodurch dieselben den natürlichen Geschmack behalten, und für den Magen unschädlich sind, während alle Preserves denselben mehr oder weniger angreifen.

2) Zuckereingemachte Wassermelonen, anstatt Citronat auf Kuchen. — Der härtere Theil der Wassermelone, nächst an der Haut liegend, mit gleichen Gewichtstheilen Zucker zu Preserves gemacht, und bis zu einem dicken Syrup eingekocht, macht, daß es granulirt, gleich dem Citronat, der im Verkauf ist.

Dieß fein geschnitten, wie Citronat, macht einen ausgezeichneten Artikel an dessen Stelle und kostet weit weniger.

Johannistrauben mit Zucker zu dörren. — Nimm gute, reife Johannistrauben 5 Pfd., Zucker 1 Pfd., bringe sie in einen Messingkessel, rühre zuerst ein wenig; dann, wenn die Johannisbeeren heraufkochen, schäume sie ab, koche den Syrupsaft dann tüchtig ein, bis er recht dick ist, und schütte ihn über die Beeren, mische Alles gut. Dann bringe dieselben in passende Teller, und trockne in einer niedern Schachtel oder Kapsel, über welche du Mosquitogarn legen kannst, daß die Fliegen davon abgehalten werden.

Zinnwaare bei der Hitze eines Unschlittlichtes zu flicken. — Nimm ein kleines Glas etwa ⅔ voll mit Salzsäure und füge kleine Stücke Zinkblech hinzu, so lange, als die Säure dieselben auflöst; dann thue ein wenig Salmiak hinzu und fülle das Kölbchen mit Wasser auf, so ist es zum Gebrauch tauglich.

Mache den Platz, welcher ausgebessert werden soll, mit dem Kork naß, welcher auf dem Kölbchen ist und auf den du etwas von dem Präparat fließen läßt. Dann lege ein Stück Zinkblech über das Loch und halte ein brennendes Unschlittlicht oder eine Spiritus-Lampe unter die Stelle, wodurch das Zinn zerschmilzt, und verursacht, daß das Zinkblech ohne Weiteres sich anhängt.

Selbstgemachter Wasserfiltrirer. — Regenwasser ist zu einem Getränk viel gesunder, als hartes Wasser, und das folgende Verfahren ist ein leichter und wohlfeiler Weg, das Regenwasser zum Trinken tauglich zu machen:

Laß einen eichenen Zuber machen, welcher ½ bis 1 Bärrel hält, im Verhältniß der Quantität Wasser, das man in der Familie gebraucht.

Stelle es aufrecht hin, und mache einen Hahnen, nahe am Boden des Zu=
bers, oder, (was ich vorziehe) ein Loch durch den Boden, nahe an der Vor=
derseite, mit einer Röhre darin, wodurch verhütet wird, daß das Wasser
die Außenseite des Zuckers verderbt. Alsdann belege den Boden des Zu=
bers 3 bis 4 Zoll dick mit reinen Kieselsteinen. Hierauf pulverisire Holz=
kohlen bis zu der Größe kleiner Erbsen (Harte Ahornkohle ist die beste)
und thue etwa ½ Buschel auf einmal hinein. Stampfe sie tüchtig hinein;
dann füge mehr hinzu, abermals feststampfend, und mache so fort, bis der
Zuber nur noch 8 Zoll Raum hat. Dann bedecke die Kohle mit einer 2
Zoll tiefen Lage von Kieselsteinen, und binde ein Stück weißen Flanell
über die Oberfläche des Zubers her, welches als Seiher dient.

Das Flanellzeug kann von Zeit zu Zeit gewaschen werden, um die
Unreinigkeiten, die sich vom Wasser ansammeln, zu entfernen. Wenn die
Holzkohle faul wird, so kann sie erneuert werden, wie zuvor; ist aber ein
ganzes Jahr lang brauchbar. Schütte dein Wasser reichlich auf, bis es
klar ist. Dieses Verfahren wird dich ebenso befriedigen, als ein Patent=
filtrirer, welcher dich 6 mal mehr kostet, als dieser.

Ein großer Hafen, das filtrirte Wasser aufzubewahren, kann in eine
Kiste, in welcher sich Eis befindet, gestellt werden; oder kann von Zeit zu
Zeit ein Stück Eis in das Wasser geworfen werden. Wenn aber der Fil=
trirer in den Keller gestellt wird, (was besser ist,) so ist das Wasser kühl
genug um der Gesundheit dienlich zu sein. Dieß ist auch ein guter Cider=
filtrirer, wenn man denselben durch Baumwollenzeug filtrirt, um die größ=
ten zurückgebliebenen Aepfeltheile zu entfernen.

Reise an den Rädern zu erhalten. — Ein Correspon=
dent des „Southern Planter" sagt: „Vor einigen Jahren beschlug ich einen
Wagen mit Eisen für meinen eigenen Gebrauch, und ehe ich die Reise auf=
zog, füllte ich die Felgen mit Leinöl, und das Ergebniß war, daß die Reife
abgenutzt wurden, ohne je einmal los zu werden.

Vor 7 Jahren machte ich ein Buggy für meinen eigenen Gebrauch auf
dieselbe Art, und die Reife sind noch so fest, als damals, da sie aufgemacht
wurden.

Meine Methode, die Felgen zu sättigen mit Leinöl ist folgende:
Ich benütze ein langes eisernes Geschirr, das zum Zweck des Heiß=
machens des Oels gemacht ist. Das Oel wird bis zur Siedhitze gebracht.
Das Rad ist an einem Stock angebracht, so daß jede Felge im Oel stehen
kann, und zwar jede eine Stunde lang, wenn es eine Felge von gewöhnli=
cher Größe ist. Das Holz muß dürr sein, indem grünes Holz kein Oel
einsaugt. Auch darf das Oel nicht höher als bis zur Siedhitze gebracht
sein, damit es dem Holz nicht schadet. Holz, mit Oel gefüllt, ist undurch=
dringlich für das Wasser, und ist zugleich dauerhafter.

Ich sagte unlängst einem Grobschmied, wie man die Reife auf die
Räder befestige. Er erwiederte, der bisherige Weg, die Reife aufzusetzen
sei ein profitables Geschäft. Und der Wagner wird sagen, es sei ein pro=
fitables Geschäft für ihn, Räder zu machen. Allein was wird der Farmer
sagen, welcher den Wagner und den Grobschmied erhält? — „Die größte
Wohlthat für die größte Mehrzahl," das ist mein Motto.

Das Unkraut auf Gartenwegen und Gängen zu zerstören. —
Das folgende Verfahren, das Unkraut zu zerstören, wird an der Münze
zu Paris mit gutem Erfolg angewendet.

Waſſer 10 Gal.; Steinkalk 20 Pfd.; gepulverten Schwefel 2 Pfd.; koche es in einem eiſernen Keſſel. Wenn es ſich geſetzt hat, ſo nimmt man das Klare davon, und beſprengt damit die mit Unkraut bewachſenen Wege. Man muß ſich aber in Acht nehmen; denn es zerſtört nicht nur das Unkraut, ſondern auch die Blumen an den Seitenwegen, wenn man es darauf bringt.

Cemente oder Kitte.— 1) Ruſſiſcher Cement. Es wird viel von Cementen geſprochen; aber keiner iſt vielleicht ſo weiß und rein, und gewiß keiner beſſer, als der folgende:

Ruſſiſche Hauſenblaſe in reinem Regenwaſſer aufgelöſt; (Schneewaſſer iſt das beſte;) denn es nimmt 12 Stunden, bis es durch Einſaugung von reinem, weichem Waſſer weich wird, und erfordert eine bedeutende Hitze, um es aufzulöſen, worauf es anwendbar iſt auf Statuen, chineſiſche Porzellan-Waaren, Glas, Alabaſter u. ſ. w.

Bei allen Arten von Cementen müſſen die Stücke ſo lange in Sicherheit gebracht werden, bis ſie trocken ſind. Es iſt leicht zu begreifen, daß, wenn es 12 bis 15 Stunden erfordert, die Hauſenblaſe zu erweichen, daß das Spülwaſſer demſelben niemals ſchaden wird. Am Preis des Artikels kannſt du urtheilen, ob du den ächten Artikel bekannt oder nicht; denn das Ruſſiſche Isinglass koſtet wenigſtens 4 mal mehr als die andern Sorten, während dagegen das gewöhnliche blos 10 bis 12 Cents die Unze und noch weniger koſtet.

2) Wohlfeiler und werthvoller Cement. — Ein dauerhafter Cement wird gemacht, wenn man Auſternſchaalen brennt, und dieſelben ſehr fein pulveriſirt, dann mit dem Weißen von Eiern vermiſcht, einen dicken Papp davon macht und anwendet auf chineſiſche Porzellan-Waare, Glas u. ſ. w., und die Stücke zuſammenpreßt, bis ſie trocken ſind.

Wenn dieſer Cement trocken iſt, ſo erfordert es eine lange Einſaugung bis er wieder weich iſt. Dieſer Cement iſt ſehr gut. Gewöhnlicher Kalk thut es auch; iſt aber nicht ſo gut. Jeder dieſer Stoffe muß friſch gebrannt ſein, und man ſollte blos ſo viel miſchen, als man braucht; denn wenn einmal trocken, kann man ihn nicht mehr gebrauchen.

3) Waſſerfeſter Cement. — Nimm engliſches Bier 1 Pt.; von beſter Hauſenblaſe 2 Uz.; bringe dieſe Artikel in eine gewöhnliche Leimpfanne, und koche ſie, bis die Hauſenblaſe aufgelöſt iſt. Dann füge 4 Uz. von dem beſten gewöhnlichen Leim hinzu, und löſe ihn mit dem andern auf. Alsdann füge nach und nach 1½ Uz. gekochtes Leinöl hinzu, und rühre ſo lange es zugefügt wird, und bis es gut gemiſcht iſt. Wenn es kalt iſt, ſo erſcheint es wie Kautſchuk (elaſtiſches Gummi.) Wenn du wünſcheſt, von dem Cement Gebrauch zu machen, ſo löſe in einer gehörigen Quantität engliſchen Biers ſo viel auf, als du gerade brauchſt, bis es die Dicke des gewöhnlichen Leims hat. Es iſt anwendbar für irdene Waare, chineſiſche Waare (Porzellanwaaren,) Leder, Pferdegeſchirre, Bändern zu Maſchinerien uſw. Bei Lederarbeit muß der Cement heiß aufgetragen werden. Lege ein Gewicht auf die zuſammengekitteten Theile, und laß daſſelbe 6 bis 10 Stunden, oder über Nacht, darauf.

4) Cement oder Leim für allerlei Hausgeräthe. — Gebrauch: Marmor, Holz, Glas, Porzellan uſw. kann wieder brauchbar gemacht werden. Nimm Waſſer 1 Gal.; ſchönen guten Leim 3 Pfd.; Bleiweiß 4 Unzen; Branntwein 3 Cts.; löſe zuerſt den Leim im Waſſer auf, nimm ihn vom

Feuer mische zuerst das Bleiweiß und hernach den Whisky dazu, welch letzterer Artikel den Cement flüssig erhält, ausgenommen bei kaltem Wetter. Beim Gebrauch muß er warm gemacht und aufgerührt werden.

5) Weißer Cement. — Nimm weißen Fischleim 1 Pfd. und 10 Uz.; trockenes Bleiweiß 6 Uz.; Regenwasser 3 Pt.; Alkohol 1 Pt.

Löse den Leim in einem Blech Kessel auf, oder auch in einer Schüssel mit obigem Wasser angefüllt, und stelle diese Schüssel in einen Kessel voll heißen Wassers, damit der Leim nicht verbrennt. Wenn derselbe ganz aufgelöst ist, so thue das Bleiweiß hinzu, rühre und koche, bis Alles gut vermischt ist. Nimm es dann vom Feuer, wenn es kühl genug ist in Flaschen zu füllen, so füge den Alkohol hinzu, und fülle auf Flaschen, so lange die Masse noch warm ist. Dieses letztere Rezept wurde durch's ganze Land verkauft um den Preis von 25 Cents bis zu $5. Ja Einer gab ein Pferd dafür.

1) Deutscher Cement. — Zwei Theile Silberglätte; 1 Theil ungelöschtem Kalk mit 1 Theil Flus̄s; jedes besonders fein pulverisirt, ehe es gemischt wird. Wenn es gebraucht wird, so mische es mit gutem gekochtem Leinöl.

Die Deutschen benützen diesen Cement blos zu Glas- und Porzelanwaaren. Wasser verhärtet ihn, anstatt ihn weich zu machen.

7) Leim oder Cement, für Papier. — Ein Stück von gewöhnlichem Leim etwa zwei Quadratzoll groß. Löse den Leim in Wasser auf, und füge so viel pulverisirten Alaun dem Gewicht nach hinzu, als es Leim ist. Mische ½ Theelöffel voll Mehl mit ein wenig Wasser; mische alles durcheinander, und koche es. Wenn es beinahe kalt ist, so rühre 2 Theelöffel voll Lavendelöl hinein.

Dieses sollte 1 Pt. Kleister machen, welche lange halten wird, wenn er gut verkorkt bleibt, während er nicht im Gebrauch ist.

8) Cement, durch welchen Risse im Kamin verhütet werden. — Trockener Sand 1 Pt.; Asche 2 Pt.; Lehmen getrocknet und pulverisirt, 3 Pts. Alles pulverisirt und trocken gemischt. Zu einem Teig zu formiren mit Leinöl.

Wende es an, so lange es weich ist; denn einmal hart geworden, hat das Wasser keine Wirkung mehr auf dasselbe. Es kann benützt werden bei Gartenwegen, und ich glaube, es wäre gut zu Cisternen, auf Dächer u. s. w.

Magisches Papier, — benützt, um Figuren in Stickereien oder Abdrücke von Blättern in Herbarien (Pflanzenbücher) zu machen. Nimm Oel von Schweineschmalz, oder Olivenöl, und mische es zu der Dicke der Milchrahm mit irgend einer der folgenden Farben, die gewünscht wird: Berliner Blau, Kienruß, Venetianisches Roth, oder Chromgrün, von denen jedes mit einem Messer auf eine Platte oder einen Stein gerieben werden sollte, bis dasselbe sehr fein ist. Benütze sehr dünnes Papier, das jedoch zähe ist; trage es auf mit einem Schwamm, und wische es so trocken als möglich ab. Dann lege es zwischen ungefärbtes Papier oder zwischen Zeitungen, und presse es durch das Gewicht von darauf gelegten Büchern, bis das Oel aufgesaugt ist, wonach es zum Gebrauch tauglich ist. Vorschrift: Um ein Muster von einer Stickerei abzunehmen, lege ein dünnes Papier über die Stickerei, damit sie nicht beschmutzt wird; dann lege das „magische Papier" darauf, und dann das Stück Tuch, auf welches du den

Abdruck zu nehmen wünschest. Hefte es fest, und reibe drüber her mit einem Löffelstiel, so wird jeder Theil der erhabenen Figuren sich auf dem Tuch deutlich zeigen. Um einen Abdruck von Pflanzenblättern auf Papier zu nehmen, bringe das Blatt zwischen 2 Bögen von diesem Papier und reibe stark drüber her; dann nimm das Blatt heraus, und lege es zwischen 2 Bögen weißes Papier, reibe dann wieder, und du wirst einen herrlichen Abdruck von beiden Seiten des Blattes haben. Personen, welche ohne Feder oder Tinte reisen, können mit einem Steckchen schreiben, wenn sie einen Bogen von diesem Papier über einen Bogen weißes Schreibpapier herlegen.

Rattenvertilger. — Mehl 3 Pfd.; Wasser so viel, um einen dicken Teig damit zu formiren, dann löse 1 Uz. Phosphor in 1½ Uz. Butter vermittelst Hitze auf, und mische.

Diesen Stoff streue dick auf Brot, und lege dasselbe hin, wo es die Ratten bekommen können; oder mache es in Bälle, was noch besser ist, und rolle sie in Zucker. Wenn du diesen Art l verkaufen willst, und den wünschest, seine Zusammensetzung zu verbergen, so schaffe 2 Uz. pulverisirte Kurkume darunter. Oder:

2) Nimm warmes Wasser 1 Qt.; Schweineschmalz 2 Pfd.; Phosphor 1 Uz.; zu mischen und mit Mehl zu verdicken.

Es ist am besten, wenn man es nur in kleinen Quantitäten macht, indem der Phosphor im Freien seine Kraft verliert.

3) Tod für die alte schlaue Ratte. — Manche Ratten werden so erfahren in dieser Hinsicht, daß man ihrer Schlauheit kaum mit Erfolg begegnen kann. Für solche schlaue Bursche: bekomme einige Grane Strychnin, brate ein wenig frisches Fleisch, schneide es in kleine Stücke; halte es aber mit einer Gabel; (denn mit den Fingern gehalten, werden sie diese riechen, und das Fleisch nicht anrühren;) schneide es mit einem scharfen Messer. Dann schneide ein kleines Loch in die Fleischbissen und thue ein Wenig von dem Strychnin hinein und verschließe es durch Zusammendrücken des Fleisches.

Lege dieß an einen Ort, wo sie sich häufig aufhalten; aber nicht in die Nähe ihrer Löcher, und lege ein Stück Papier über das Fleisch. Wenn diese Bissen gefressen sind, thue noch mehr hinzu, drei bis vier Tage lang, so wirst du bald fertig sein mit den weisesten" unter ihnen.

4) Ratten lebendig zu vertreiben. — Wenn du wünschest, die Ratten lebend vertreiben, so nimm pulverisirte Pottasche, und thue davon ziemlich viel in ihre Löcher hinein. Pulverisirte Pottasche bildet in der freien Luft einen Teig, den man auf Breter oder Planken streicht, und hinlegt, wo sie durchkommen müssen. Sie werden das Haus bälder verlassen, als daß sie sich verbunden glaubten, noch mehr von diesem „Dokterstoff" zu versuchen. Sie verlassen jedesmal ihre Löcher. — Siehe: „Pottasche zu machen."—

5) Schottischer Schnupftabak, oder pulverisirter spanischer Pfeffer, mit einander vermischt oder einzeln, wird die Ratten, reichlich in ihre Löcher gestreut, mit gutem Erfolg austreiben.

6) Rattengift, von Sir Humphrey Davy. — Ein geschmackloses, geruchloses und unfehlbares Rattengift wird nach seiner Behauptung auf folgende Weise gemacht: 2 Unzen Schwer Erde oder Rattenstein mit 1 Pfd. Fett.

Es verursacht großen Durst, deßhalb muß Wasser beigesetzt werden; denn unmittelbar nach dem Trinken findet der Tod statt, ohne daß sie mehr in ihre Löcher zurückgehen können. Sei aber vorsichtig, daß kein anderes Thier Etwas davon bekommt, außer Ratten und Mäusen; denn es ist das tödtlichste Gift.

Kunst, Fische zu fangen. — Mische den Saft der Liebstöckel mit irgend einer Art von Fischköder, oder einige Tropfen Rhodiumöl. Hie und da wird auch Kockelsamen mit Mehlteig gemischt und auf die Oberflä= che des Wassers gestreut. Dieses macht den Fisch wie betrunken und ver= ursacht, daß er aus dem Wasser herauf kommt. Wollblumensamen ver= tritt hie und da Stelle des Kockelsamens.

Man kann diese Fische ohne Furcht genießen, und auf diese Weise fängt man eine Menge Fische. Rhodiumöl ist das beste Mittel. „Es wird allgemein angenommen," sagt Herr N. J. Pell, „daß Fische keinen Geruch haben; allein folgendes Experiment überzeugte mich, daß dem nicht so ist: Ich ließ eine Angel, mit einem Angelwurm versehen, unmittelbar vor einem Perch, welcher 1½ Pfd wog, nieder. Der Fisch nahm hievon nicht die geringste Notiz. Die Angel wurde aufgezogen und mit einem Tropfen Rhodium in Berührung gebracht, worauf die Angel sorgfältig einige Fuß hinter dem Fisch niedergelassen wurde. Er drehte sich augen= blicklich herum und schnappte nach dem Köder. Das Experiment wurde einigemal mit gleichem Erfolg wiederholt. Es wurde behauptet, daß den Fischen der Gehörsinn fehle; allein ich fand viele Gattungen Fisch, welche jeglichen Lärmen gleich hörten; ja ich habe mich überzeugt, daß die Fische **ein sehr gutes Gehör haben.**"

Stroh= und Holzhüte. — 1) Schwarz zu firnissen. — Vom besten Alkohol 4 Uz.; pulverisirtes schwarzes Siegellack 1 Uz.; thue diese Artikel in eine Flasche an einen warmen Ort; rühre oder schüttle von Zeit zu Zeit, bis das Siegellack zerflossen ist. Wende den Firniß an, so lange er warm ist, vermittelst eines weichen Pinsels, vor dem Feuer oder in der Sonne.

Es verleiht alten Strohhüten wiederum Steifheit, macht einen herr= lichen Glanz, und bleibt feucht. Es paßt auch für kleine Körbe, und macht dieselben sehr schön.

2) Frauenstrohhüte sehr schön schieferfarbig zu färben. — Zuerst weiche den Hut in warmem Seifenwasser 15 Minuten lang ein, um ihn wieder gelind zu machen; dann schwenke ihn in warmen Wasser aus um die Seife abzuwaschen. Nun brühe 1 Uz. Cudbear in so viel Wasser, um das ganze zu bedecken. Ziehe den Hut durch diese Farbe bei einer Hitze von 180 Graden, bis du ein leichtes Violett bekommst. Nun blaue einen Kübel voll Wasser mit Indigo (etwa ¼ Uz.) und ziehe den Hut durch dieses Was= ser, bis dir der Teint gefällt.

Trockne den Hut; dann schwenke ihn mit kaltem Wasser, und trockne ihn abermals im Schatten. Wenn du anfangs ein zu dunkles Violett im Schatten bekommst, so wird auch der letztere Ueberzug zu dunkel werden. Siehe: „Indigoextrakt," oder: „chemischen Indigo."

Mörtel und Weißwasch für Backstein= und Kieselhäuser. — Zuerst mache so viel Mörtel an, als zum Geschäft nöthig ist, und benütze dazu guten, gewöhnlichen Kalk; nimm aber blos ¾ oder 4|5 so viel Kalk dazu, wie bei gewöhnlicher Arbeit; das andere Viertel oder Fünftel muß

Wasserkalk sein, und darf nicht hinein gethan werden, bis der Mörtel ge=
braucht wird.   Der Sand muß grob sein und frei von Staub oder Erde.

Um die weißen und gefärbten Anstriche (Weißwasch) zu bekommen,
so verarbeite genug Kalk mit heißem Wasser, um eine Weißwasch zu be=
kommen, womit man das Ganze überstreicht. Diese Weißfarbe (Weißwasch)
kann irgend eine beliebige Färbung mitgetheilt werden; man muß aber
von dieser gefärbten Wasch genug auf einmal machen, oder es ist schwer die
Schattirungen gleich zu bekommen.   Man muß ein wenig Weißwasch übrig
behalten, um die Fugen auszupinseln.   Die Farben, welche benützt wer=
den, sind: Kienruß, Spanisches Braun oder Venetianisches Roth, je nach
Wunsch.   Sie werden in Whisky zersetzt oder gemischt, worauf sie mit der
Weißwasch gemischt werden, um die gewünschte Farbe hervorzubringen.

Wenn diese Arten von Weißwasch alle bereitet sind, so mache so viel
Mörtel zurecht, als in 20 bis 40 Minuten verarbeitet (aufgebraucht) wer=
den kann, und füge das Viertel oder Fünftel Wasserkalk (Cement) hinzu,
und trage den Mörtel so schnell als möglich auf; benetze aber die Wand
zuerst mit Wasser.   Mancher Cement setzt sich in 20, mancher in 40 bis
50 Minuten.   Richte dich daher nach den verschiedenen Cementen, und
handle darnach in Hinsicht der Zeit, welche jeder gebraucht.   Fange oben
an der Wand an, und fahre abwärts auf deinem Gerüste, wodurch die
Farbe gleichmäßiger aufgetragen wird.   Laß einen Gehilfen unmittelbar
darauf mit einer „Float" hinten drein gehen, und halte die Decke sehr naß,
während des Auf= und Niederfahrens mit der Float, um es eben und glatt
zu machen.   Und je länger es gestrichen und benetzt wird, desto bessere
Arbeit giebt es.   Selbst wenn es ganz gehörig gestrichen, laß einen Ar=
beiter es mit einem Weißwasch=Pinsel gehörig durchnässen, bis die ganze
Weite aufgetragen ist, indem der Wasserkalk bedeutend naß gehalten wer=
den muß, um sich gehörig zu setzen.   Wenn du dieß beobachtest, so wird
der Mörtel niemals herunterfallen, oder Stücke davon abfallen wenn es
nicht oben durch das schlecht bedeckte Dach hereinregnet. Wenn diese Seite
des Gerüstes gepflastert ist, so nimm eine gehörige Portion von der Farbwasch,
laß sie durch ein Sieb laufen und überfahre den Mörtel damit.   Kienruß
allein gibt ihm eine bläuliche Farbe; wenn dagegen ein wenig Braun zu
dem Schwarz gefügt wird, so wird die Farbe röthlich, und wenn Roth
ohne Braun benützt wird, so wird es ganz roth.   Ich ziehe es vor, so viel
von dem Schwarz zu nehmen, daß es eine graue Steinfarbe macht. Braun
sieht jedoch auch ausgezeichnet gut aus.   Wenn du es vorziehst, so kannst
du einen Theil des farbigen Ueberzug dunkler machen, als die andern, und
kannst es in Vierecken, welche Steine darstellen, auftragen. Dieß geschieht
vermöge einer Kelle und einem Stück Brett, daß etwa ½ Zoll dick ist. Dann
wird jedes andere Quadrat dunkler gefärbt, als die zunächst liegende, wo=
durch verschiedene Steinschattirungen dargestellt werden.   Einige unserer
besten Gebäude sind so gemacht und sehen recht schön aus.

Um dem Stoffe die Erscheinung von Granit zu verleihen, nimm eine
Anstreichpinsel, tauche sie in die Weißwasch, welche zu diesem Zweck übrig
gelassen wurde.   Schlage die Bürste auf einen Hammerstiel, wodurch
die einzelnen Theile an die Wand spritzen; dann verfahre auf dieselbe Weise
mit der schwarzen und rothen Wasch.   Endlich pinsele die Fugen mit der
Weißwasch aus, wodurch es die Erscheinung von Mörtel erhält, wie bei
ächtem Steinwerk.

Nun kannst du das Gerüste abbrechen und an einer andern Seite des Hauses anrichten. Nachdem die Farben mit Spiritus aufgelöst werden, können dieselben mit Wasser verdünnt werden, oder (was für die Farbe u. die Weißwasch noch besser ist) mit abgeschopfter Milch. We man genug Milch hat, sollte sie an der Stelle des Wassers genommen werden, indem sie mehr den Wechsel der Atmosphäre durch das Wetter ertragen kann, als das Wasser, und die Farben vom Fahlwerden bewahrt. (Siehe: „Farbe ohne Bleiweiß oder Öl zu machen, wo dir gezeigt wird, warum man Milch nimmt".) Spritze das Weiße reichlich auf, dann ungefähr halb so viel von dem Schwarzen und dann ziemlich viel von dem Rothen. Das Verhältniß des Kalkes sollte vielleicht nicht mehr als 1 betragen zu 6 oder 7 Theile Sand. Die Universitätsgebäude zu Ann Arbor, Mich. sind theilweise so gemacht, sowie auch ganze „blocks" in dem Geschäftstheil genannter Stadt, usw.

Die Verhältnisse von Kalk, Sand und Kiesel bei Kieselhäusern zu machen. Die Grävelhäuser werden etwas sehr Gewöhnliches, und viele Personen erleiden großen Nachtheil dadurch, daß sie nicht wissen, wie die Verhältnisse der Materiale benutzt werden müssen. Verschiedene Verhältnisse wurden angenommen; aber weil man keinen Grund davon angeben konnte, so hatte man über die Sache auch nicht den rechten Aufschluß.

Alles, was zu wissen nöthig ist, besteht darin, daß der Sand und Kalk im Verhältniß zu der Größe des Kieselsteins genommen werden müssen. Sage, es nehme für 15 Bufcheln Kiesel, von der Größe einer Erbse bis zu einem Hühnerei etwa 3 Bufcheln guten, klaren Sand und 1 Bufchel Kalk, um die Risse und Zwischenräume auszufüllen, ohne das die Kieselsteine dadurch mehr hervorstehen würden. Wenn der Kiesel grob ist, so können bis zu 5 Bufcheln Sand erforderlich sein, Kalk jedoch bedarf es nicht mehr, oder nicht viel mehr. Die Sache verhält sich nämlich so: ungefähr 1 bis 1¼ Bufcheln Kalk zu 15 Bufcheln Kiesel, und bloß Sand genug, um die Zwischenräume auszufüllen ohne die Steine hervorstehen zu machen, wie eben angedeutet worden.

Wenn der Kiesel frei von Erde ꝛc., der Sand ebenfalls rein und das Wetter trocken ist, so kann die Mauer alle Tage um einen Fuß höher gemacht werden wenn man die gehörige Anzahl Arbeiter hat, welche Einem gehörig in die Hände arbeiten. Einige ziehen es vor, den Kiesel und Sand in den Mörtel zu machen, und zu Backsteinen zu pressen, dann sie auf einander zu legen. Allein es erfordert eine stärkere Mauer, wenn es in Bretterrahmen aufgelegt werden soll.

Manche ziehen die Seckigen Häuser vor; ich dagegen liebe die viereckige Form am besten den Hausgang und die Hauptscheidewand von derselben. Material gemacht. Die achteckigen Häuser haben das Ansehen eines alten Forts oder einer großen Cisterne und sind sehr kostspielig, indem ein achteckiges Zimmer vielmehr kostet, als ein vierediges, weil die Schreiner die äußere Einfassung des Dachs an einem vieredigen Hause in der halben Zeit ausfertigen können.

Weißwasch und wohlfeile Anstriche. — 1) Schöne Stucco-Weißwasch, welche auf Backsteinen oder gewöhnlichen Steinen mehr denn 20 Jahre lang hält. — Viele haben gehört von der herrlichen Stucco white wash an dem Ostende des Präsidentenhauses zu Washington. Das folgende ist ein Rezept hiezu, genommen aus dem National

Intelligencer, mit einigen hinzugefügten Verbesserungen, aus eigener Erfahrung gesammelt:

Schönen, ungelöschten Kalk ½ Buschel; lösche ihn mit kochendem Wasser, bedecke ihn, während der Prozeß vor sich geht, um den Dampf darin zu halten. Seihe die Flüssigkeit durch ein feines Sieb oder Seiher; füge 1 Peck (¼ Buschel) Salz hinzu, das vorher in Wasser aufgelöst wurde. Spanisches Weiß ½ Pfd.; reinen, guten Leim 1 Pfd.; der Leim muß zuvor aufgelöst werden, indem man ihn zuerst annetzt, und in einem kleinen Kessel der in einen größeren, mit Wasser gefüllten Kessel paßt, über das Feuer hängt. Dann füge zum Ganzen 5 Gal. heißes Wasser, rühre es gut, und laß es einige Tage stehen. Decke es zu, um es vor Staub zu bewahren.

Dieser Stoff sollte heiß aufgetragen werden. Zu diesem Zweck kann man ihn in einem Kessel warm machen. Steifere oder weichere Bürsten können dazu gebraucht werden, je nachdem man die Arbeit wünscht. Es ist ein eben so gutes Mittel, wie Oelfarbe für Backsteine oder andere Steine, und ist viel wohlfeiler.

Verschiedene Farbstoffe, aufgelöst in Whisky, können hinzu gefügt und von beliebiger Schattirung gemacht werden. Spanisches Braun darunter verrührt, macht rosenrothe Farbe, heller oder dunkler, je nach der Quantität. Ein feiner Anstrich hievon nimmt sich sehr schön aus bei den inneren Wänden eines Hauses. Fein pulverisirter, gewöhnlicher Lehmen, gut vermischt mit Spanisch Braun, macht eine röthliche Steinfarbe. Gelben Oker hineingerührt, macht einen gelben Anstrich; aber Chromgelb macht einen noch schöneren Glanz. Die dunklere oder hellere Schattirung richtet sich natürlich in allen Fällen nach der Quantität der zugesetzten Farben. Man kann hiebei keine besondere Regel aufstellen; denn es kommt auf den Geschmack an. Am besten wäre es, wenn man es auf ein Brett gestreichen und dasselbe trocknen lassen würde. Grüne Farbe darf nicht mit Kalk gemischt werden. Der Kalk zerstört die Farbe, und diese hat einen schädlichen Einfluß auf die Weißwasch, welche Risse bekommt und sich abschält. Wenn innere Wände sehr von Rauch beschädigt sind, und du möchtest dieselben wieder rein haben, und einen schönen, weißen Anstrich auftragen, so treibe eine gute Quantität Indigo durch einen Sack in das Wasser hinein, das du benützest, ehe dasselbe zu der ganzen Mischung verrührt wird. Blauer, pulverisirter Vitriol, aufgelöst in heißem Wasser, und zu der Weißwasch verrührt, gibt einen herrlichen blauen Teint. Wenn man mehr als 5 Gal braucht, so müssen dieselben Proportionen betrachtet werden.

2) Sehr schöne Weißwasch für Zimmer. — Nimm gemahlene Kreide, (Spanisches Weiß) 4 Pfd., weißen oder gewöhnlichen Leim 2Uz.; lege den Leim über Nacht in kaltes Wasser; mische die gemahlene Kreide mit kaltem Wasser; löse dem Leim durch Hitze auf, und schütte ihn heiß zu dem andern. Mache den Stoff von gehöriger Consistenz, um mit einem gewöhnlichen Anstreichpinsel auftragen zu können.

Benütze diese Proportionen zu einer größeren oder geringeren Quantität. In England wird kaum eine andere Art Weißwasch benützt. Eine Frau von Black River Falls schrieb mir, und drückte mir ihren Dank aus für die Bekanntmachung dieser herrlichen Weißwasch.

3) Einen Anstrich ohne Bleiweiß oder Oel zu machen. — Gemahlene Kreide, Spanisches Weiß 5 Pfd.; abgeschöpfte Milch 2 Qts.; frischgelösch-

ten Kalk 2 Uz.; bringe den Kalk in ein steinernes Geschirr, schütte eine genügende Quantität Milch darauf, um eine Mischung zu machen gleich der Rahm; alsdann füge das Uebrige der Milch vollends hinzu, und zuletzt wird die gemahlene Kreide auf die Oberfläche der Flüssigkeit gestreut, in welche sie allmählig hinabsinkt. Zu gleicher Zeit muß dann tüchtig gerührt werden, oder reibe es, wie andere Farbe, und es ist fertig zum Gebrauch.

Es kann irgend ein Färbestoff hinzugefügt werden, den Geschmack zu befriedigen. (Siehe die erste „Weißwasch für gemischte Farben,") welcher Stoff gerade behandelt wird, wie andere Anstriche, und nach einigen Stunden wird Alles trocken sein. Es kann noch ein anderer Anstrich aufgetragen werden, bis alles vollendet ist. Dieser Farbenstrich ist sehr gut, und kann das Reiben mit grobem Tuch ertragen; hat sehr wenig Geruch, selbst wenn noch naß, und wann trocken, riecht man gar nichts mehr. Obige Quantität ist hinreichend für 57 Yards im Quadrat." (Annapolis Republican.)

„Wir erkennen das Rezept an als ein gutes. Die Milch wird durch den ätzenden Kalk unauflöslich, und wurde seit undenklichen Zeiten als ein Kitt bei chemischen Prozessen benützt. Es ist das Obige ein guter, und im Vergleich zu dem Bleiweiß dauerhafter Artikel zum Anstreichen."— Moore's **Rural New Yorker.** —

Die meisten wohlfeilen Farben verlangen drei Anstriche. Bleiweiß erfordert immer zwei; allein manche Leute denken, ein einziger Anstrich sei der wohlfeilste. Zwei sind in der Regel hinlänglich bei irgend einer Farbe, ausgenommen die Weiße.

4) Weiße Farbe. – Das folgende wurde von einem Manne mitgetheilt der früher Schiffszimmermann in der Vereinigten Staaten Flotte war.

„Während einer Kreuzung des südlichen Theils vom stillen Ocean kamen wir in den Hafen Coquimbo, und weil das Schiff eine lange Zeit auf der See war, so war dasselbe von hinten bis vornen mit Rost überzogen Es war der Wunsch des Capitains, daß es wieder in seinen vorigen Zustand versetzt werde. Allein als man die Vorrathskammer untersuchte, fand man nicht ein einziges Pfd. Bleiweiß im Schiff In dieser Verlegenheit erinnerte man sich eines Mittels, welches als treffliches Substitut gebraucht werden konnte. Dasselbe ist aus folgenden Ingredientien zusammengesetzt :

In der Luft zerfallener Kalk; zu feinem Mehl pulverisirt, welches man dann durch ein Sieb laufen läßt. Reis, in einem großen Kessel gekocht, bis die Substanz völlig aus den Körnern getrieben ist; das Wasser, dann von einer zähen Beschaffenheit, wurde geseiht, die Körner zurück zu behalten. Alsdann wurde ein Zuber, von der Größe eines halben Faßes mit dem zubereiteten Kalk, dem Reiswasser und 1 Gal. Leinöl angefüllt. Die Materie hatte so sehr das Ansehen einer gewöhnlichen Farbe zum Anstreichen, daß ein Unerfahrener den Unterschied nicht hätte angeben können.

Das Schiff wurde außen und innen mit dieser Mischung angestrichen was fast nichts kostete, und niemals wußte man, daß das Schiff schöner angestrichen gewesen wäre. Während der ganzen Reise wurde auch keine andere Farbe benützt." — Wenn dieses Mittel gut für Schiffe ist, so ist es

werth, daß man es an Zäunen und Außenwerken versucht, wo ein wohlfeiler Anstrich verlangt wird.

5) Dauerhafte und wohlfeile schwarze und grüne Farbe zum Anstreichen von Außenwerken. — Irgend eine Quantität Holzkohle, gepulvert;
eine genügende Quantität Bleiglätte als ein Trocknungsmittel, sehr fein
gerieben mit Leinöl, und beim Gebrauch mit gekochtem Leinöl verdünnt.
Das Obige macht einen schönen, schwarzen Anstrich.

Wenn man gelben Oker hinzufügt, so erlangt man ein schönes Grün,
das die Anstreicher zu allerlei Gartenwerk benützen können, indem diese
Farbe in der Sonne den Glanz nicht verliert.

6) Milchfarbe zum Anstreichen von Scheuern. — „Mische Wasserkalk mit abgeschöpfter Milch zu gehöriger Dicke, und trage die Mischung
mit einem Pinsel auf. Es hängt sich gut an das Holz an, mag dasselbe
rauh oder glatt sein. Bei Backsteinen, auf Mörtel oder Steinen, wo
vorher kein Oel benützt wurde, ist diese Farbe so dauerhaft, wie die beste
Oelfarbe. Es ist zu wohlfeil, als daß man nur davon spräche und Jeder
kann es auftragen, welcher im Stande ist, eine Bürste zu handhaben."
(Country Gentleman.)

Eine beliebige Farbe kann ihm beigemischt werden. Die Farben, die
gewünscht werden, müssen zuerst in Whisky aufgelöst werden, dann werden
sie gemischt, je nach belieben. Wenn eine rothe Farbe gewünscht wird, so
mische Venetianisches Roth mit Milch, und nimm keinen Kalk dazu. Diese
Farbe sieht 15 Jahre lang schön aus.

Verschiedene flüssige und wasserfeste Leimar-
ten. — 1) Flüssiger Leim. — Um stets einen guten Leim zum Gebrauch
bereit zu haben, fülle eine Flasche ⅔ voll mit dem besten gewöhnlichen Leim,
und fülle die Flasche mit gewöhnlichem Whisky auf. Verkorke die Flasche,
setze sie 3 bis 4 Tage auf die Seite, und der Leim wird sich auflösen ohne
Anwendung von Hitze. Er hält Jahre lang, und kann jeder Zeit ohne
Hitze angewendet werden, ausgenommen bei sehr kaltem Wetter, wobei
man ihn an einen warmen Platz stellt, ehe man ihn braucht.

2) Leim, welcher dem von Spaulding gleich kommt. Zuerst lege allen Leim, den du machen willst, in kaltes Wasser. Benütze dabei blos
gläserne, irdene oder porzellanene Gefäße; dann löse den Leim bei mäßiger
Hitze in demselben Wasser auf, füge ein wenig Salpetersäure (Scheidewasser) hinzu, so viel, um den Leim einen sauren Geschmack zu geben, welcher dem Essig gleich kommt, oder ½ bis 1 Uz. zu jedem Pfd. Leim.

Die Säure hält den Leim in flüssigem Zustand, und bewahrt ihn,
daß er nicht verdirbt· Er ist so gut, wie Spaulding's, oder irgend ein
anderer Leim, und kostet sehr wenig. Wenn eiserne Gefäße gebraucht
werden, so zerstört die Säure dieselben, und gibt dem Leim eine schwarze
Farbe.

3) Leim 2 Uz.; Essigsäure 1 Uz.; reines Regenwasser 6 Uz.; mische
es, und wenn die Auflösung nicht so dick ist, wie gewünscht, so füge noch ein
wenig Leim hinzu.

Dieß hält denselben in flüssigem Zustand, zersetzt ihn nicht völlig, und
es ist ein werthvoller Artikel für Apotheker, ihre Zettel oder Schilde aufzu-
pappen. Auch ist er gut für den Hausgebrauch, und wenn die Möbelschreiner kein Vorurtheil gegen denselben hätten, so würden sie ihn in ihrer
Werkstätte sehr werthvoll finden.

Wasserfester Leim.—Dieser wird gemacht, indem man denselben zuerst in kaltem Wasser einweicht, (eine oder zwei Stunden, oder bis er ein Wenig weich ist,) dann nimmt man ihn aus dem Wasser, und löst ihn bei mäßiger Hitze auf, wobei man ein wenig Leinöl hinein rührt. Wenn Mahagonie-Garniere mit diesem Leim aufgelegt würden, so werden dieselben nicht wieder durch die Einwirkung der Luft wegfallen, was häufig vorkommt.

Material zum Feueranmachen. — Um einen guten Zündstoff zum Anmachen des Feuers zu bereiten, nimm eine beliebige Quantität Colophonium, schmilz es, füge zu jedem Pfd. etwa 2 bis 3 Uz. Unschlitt, wenn Alles heiß ist, so rühre eine ziemliche Quantität tannene Sägspäne (Sägmehl) hinein. Gieße es dann ungefähr 1 Zoll dick auf einem Brett herum auf welches feines Sägmehl gestreut ist, damit die Masse nicht an das Brett hinpicht. Wenn dieselbe kalt ist, so zerbrich sie in Klumpen, etwa ein Zoll im Viereck. Wenn du den Stoff aber zum Verkauf machst, so nimm ein dünnes Brett und presse gleich dicke, so lange es warm ist, um ihn nachher in Formen von etwa einem Quadratzoll abzubrechen. Auf diese Weise bricht der Zündstoff regelmäßig, wenn man denselben tüchtig preßt. Das Markbrett muß mit Fett bestrichen werden, um das Ankleben zu verhindern.

Diese Blöckchen entzünden sich leicht mit Hilfe eines Streichhölzchens und brennen hellflammend lange genug, zu machen, daß irgend eine Art Holz brennt Dieser Stoff verkauft gut in allen unsern größeren Städten und Dörfern, und es kommt ein Profit dabei heraus.

2) Die meisten publicirten Rezepte verlangen 3 Pfd. Colophonium 1 Qt. Theer, und ¼ Pt. Terpentinöl; allein dieß gibt einen schwarzen, dicken, klebrigen Stoff, wodurch die Hände stets verschmiert werden. Das Andere dagegen macht einen harzfarbigen Zündstoff, welcher sich schön zerbrechen läßt, selbst wenn er kalt ist. Beide sind weit besser, ein Feuer anzumachen, als mit Spänen. Wenn man Theer benützt, so ist 1 Pt. genug zu 5 Pfd. Colophonium.

Glänzstärke. — Weißes Wachs 1 Uz.; Wallrath 2 Uz.; schmilz beide zusammen bei mäßiger Wärme.

Wenn du eine genügende Portion Stärke bereitet hast, gewöhnlich für 1 Dutzend Stücke, so thue ein Stück von dieser Politur in der Größe einer großen Erbse hinzu, oder mehr oder weniger, nach dem Verhältniß der größeren oder geringeren Wäsche. Auch dicke Gummiauflösung (gemacht aus heißem Wasser und arabischem Gummi) einen Eßlöffel voll auf 1 Pt. Stärke, gibt dem Kleiderzeug einen herrlichen Glanz.

Knallzündhölzchen — von der besten Quantität. — Chlorsaure Pottasche ⅔ Pfd.; Leim 3 Pfd.; trockenes Bleiweiß 5 Pfd.; rothe Menige ½ Pfd.; Phosphor 2¾ Pfd. Vorschrift: Zuerst bringe das Chlorat in eine tiefe Schüssel, zu diesem Zweck gemacht. Dieses Gefäß muß eine gehörige Größe haben, um es in einen Kessel mit Wasser zu stellen, welcher an dem Feuer 2 bis 3 Tage lang gehalten werden kann. In das Chlorat werden 2 Qts. Wasser geschüttet, und wird so lang darin gelassen bis Alles völlig aufgelöst ist. Dann lege den Leim auf die Oberfläche des Chlorwassers und laß es einsaugen, bis Alles völlig aufgelöst ist. Dann füge die Bleiarten hinzu; mache das

Ganze sehr heiß und mische es tüchtig durcheinander. Laß es dann abkühlen. Hierauf füge den Phosphor hinzu, laß ihn zergehen, sei aber vorsichtig, es nicht mehr zu heiß zu machen, wenn der Phosphor hinzugethan
ist. Rühre von Zeit zu Zeit, so lang die Streichhölzer getaucht werden;
und wenn kleine Theile Phosphor Feuer fangen, so stoße sie nieder in die
Mischung hinein, oder schütte warmes Wasser drauf. Wenn du kaltes
Wasser aufgießest, so wird Alles um dich her fliegen. Halte es ziemlich
dünn, wenn einmal der Phosphor hinzugefügt ist, so ist keine Gefahr dabei, wenn gleich die dicksaure Pottasche als ein Mittel bekannt ist, mit
welchem sich nicht spaßen läßt. So ist es aber auch mit dem Pulver.
Wenn du mit dem Beiden umzugehen weißt, so gehst du bei einem so sicher,
wie bei dem andern. Wenn die Streichhölzer trocken sind, so gib ihnen
einen Firnißüberzug. Ich bin seit 14 Jahren mit einem Mann bekannt,
welcher diese Zündhölzchen macht, ohne daß sich einmal ein Unglück
dabei zugetragen hätte. Kein Zündhölzchen kann die Feuchtigkeit so unbe-
schadet ertragen, wie dieses. Auch kann man es auf sichere Weise trans-
portiren. Ich gebrauchte und verkaufte diese Art Zündhölzer oftmals, und
spreche deßhalb aus Erfahrung. Eine einzige Explosion fand seither Statt,
welche zwei Männer beinahe das Leben gekostet hätte. Allein wenn dieselben das Gebot Gottes: „Du sollst den Feiertag heiligen!“ erfüllt hätten, so wären sie nicht in Gefahr ihres Lebens gekommen. Die Explosion
fand nämlich am Sonntag Statt, während sie sich gegen göttliche und
menschliche Gesetze versündigten.

Der Plan, welcher hier bei Zubereitung der Splitter, (Hölzchen) befolgt wird, ist folgender: Gesägtes Tannenholz von 4 bis 8 Zoll in jeder
Richtung wird in die rechte Länge der Zündhölzchen abgesägt. Dann
wird das eine Ende mit einem Schneidmesser glatt geschnitten. Der Block
wird auf dem Schneid Stuhl festgehalten vermittelst eines Bandes das
von dem Kopf gegen die hintere Seite des Blocks geht, so daß es dem Messer nicht im Wege ist, anstatt den Block unter den Zahn des Kopfes zu
thun. Das vordere Ende des Blocks kommt gegen einen Riemen, zu diesem Zweck angebracht. Dann leime das andere Ende, und thue braunes
Papier darauf, damit die Zündhölzchen beisammen bleiben, wenn sie gespalten sind. Zum Spalten werden Maschinen gebraucht, welche den Block

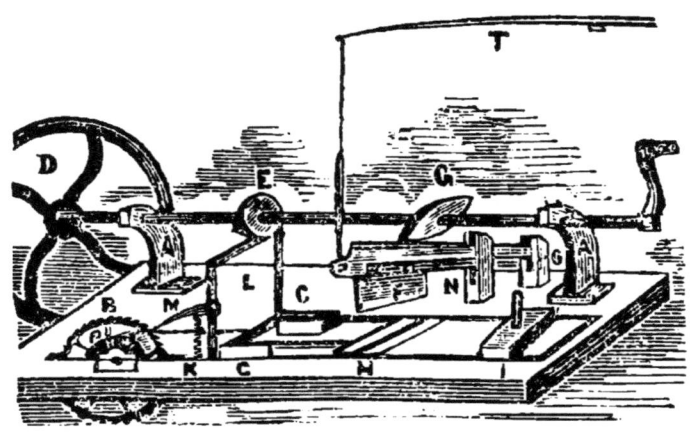

jedesmal verschieben so oft das Messer sich erhebt, dem Zündhölzchen die rechte Größe zu geben, wenn den andern Weg gespalten, oder etwa 10 auf den Zoll. Diese Maschinen kosten ungefähr $50, und das Werk geht so rasch von Statten, wie eine neue Sägmühle, bei einfacher Einrichtung von einer einzigen Radumdrehung, wie die vorhergehende Figur darstellt:

A A, stellt die Hauptträger vor, auf einer starken Planke befestigt, welche vier Fuß Länge hat. Diese Hauptträger unterstützen einen Schaft, mit Kurbel und Balancir-Rad D, von 2 Fuß im Durchmesser. Auf dem Schaft ist ein ovales Rad, C, welches macht, daß sich das Messer F, bei jeder Umwälzung zweimal senkt, indem das Messer durch einen Zwischenraum passirt, der durch einen dünnen eisernen Streifen H, als Leitung geht, und abwärts von den beiden Blöcken C C steht, unter welchen der Zündholzblock hindurch geht, vermittelst einer Kette, die sich um eine kleine Trommel P herumwindet, auf dem Schaft des Zahnrades B, das die Zähne bloß ½ Zoll von einander stehen hat, und „gefüttert" wird durch die Hand M, festgemacht an die eiserne Rahme L, zurückgehalten zu dem Kamand E, welches sich 2 mal erhöht durch eine leichte Feder, welche nicht gezeigt werden kann. Die Hand M, ist niedergehalten in die Zähne vermittelst einer Spiral-Drahtfeder K; der Holzblock, der gespalten werden soll, sitzt in der Rahme vor dem Block I, in welchem eine Spindel ist, die Rahme zurück zu ziehen. Wenn der Block gespalten ist, so geht diese Rahme vorwärts, einen Griff zu berühren, (wie bei einer Sägmühle,) welche durch eine andere Feder, die nicht gesehen werden kann, die Hand M, in die Höhe zieht, wobei die „fütternde" Operation aufhört. Die Rahme wird dann zurückgeschoben, und die Arbeit aufs Neue begonnen. Wenn der Block gespalten ist, bildet er eine runde Form, gemacht durch die Basisplanke L C, welche denselben erlaubt, in einer halbrunden Form zu verbleiben. Das Messer wird in die Höhe geschoben durch ein Seil das an einer Stange T befestigt ist. Das Messer ist auf ein Stück Eisen geschraubt, welches in der Leistung N arbeitet, das Hinterende ist durch einen Bolzen O an dem Hauptschaft befestigt. Dieses Messer steht in einem Rechtwinkel mit dem Schaft. Wenn die Hölzer gespalten und gehörig trocken sind zu weiterer Verarbeitung, so werden sie in geschmolzenen Schwefel getaucht, der auf Feuer flüssig gehalten wird. Auch die Zündhölzer werden heiß gehalten auf einem Eisenblech Ofen, aller Schwefel wird wieder abgeworfen, der sich ablösen läßt durch Niederschnellen des Blocks mit der Hand, den man aber nicht fahren läßt, und auch nirgends aufstößt. Wenn am Ende noch Schwefel hängt, so wird er abgeschabt, ehe man die Zündhölzer in die Composition taucht. Auch ohne die chlorsaure Pottasche macht diese Zusammensetzung ein ausgezeichnetes Streichzündhölzchen, ohne das die Gefahr einer Explosion dabei zu befürchten wäre. Es muß aber jedenfalls wohl bedacht werden, daß das Zündholzgeschäft ein sehr ungesundes ist, indem der Phosphor giftige Einwirkungen auf den Organismus hat.

Kalkablagerungen in den Dampfkesseln zu verhüten. — Bringe in deine Cisterne oder Reservoir, woraus der Kessel gefüllt wird, eine genügende Quantität eichene Gerberrinde, in großen Stücken, das Wasser ziemlich roth zu färben. Erneure dieß nach 4 Wochen.

Dieses Verfahren wurde häufig angewendet in den Kalksteingegenden von Washington, O. und gewährte allgemeine Zufriedenheit.

2) Verfahren der Bewohner der Gegend des Ohioflusses. Keime von gemalzter Gerste wird empfohlen von dem Kapitain Lumm, Theilhaber eines Dampfschiffes und Ingenieur, um die Kalkablagerung in Dampfkesseln zu verhüten. Er sagt, dieses Mittel halte auch alte zersprungene Kessel wieder fest zusammen. Es kann angewandt werden in Quantitäten von 3 Pts. zu 2 oder 3 Qts., je nach der Größe des Kessels.

Wenn dieser Stoff in den Dampfkessel gebracht wird, so muß man wissen, wie viel Wasser in den Kessel ist; denn wenn du das Feuer nicht ganz langsam machst, so verursacht es ein Schäumen des Wassers, das den Feuermann irre leiten könnte in Hinsicht des Wasser Gehalts, wenn aber langsam aufgefeuert wird, so ist keine Gefahr dabei zu befürchten.

3) Die Explosion der Dampfkessel zu verhüten, mit Angabe des Grundes, warum dieselben explodiren. — Bei einer neulichen Versammlung der Gesellschaft zur Beförderung der Wissenschaft gab Herr Hyatt von New York Gründe an, welche wir für die wahren halten. Er zeigte folgende Tabelle, mit welcher er zeigte, wie schnell der Druck befördert wird durch blos schwache Erhöhung der Hitze. Bei 212 Graden Hitze fängt das Wasser zu kochen an. Bei 868 Graden bekommt das Eisen eine Glühhitze.

212 Grade Hitze,	15 Pfd.	auf 1 Quadratzoll.			
251	"	30	"	"	"
294	"	60	"	"	"
342	"	120	"	"	"
398	"	240	"	"	"
464	"	480	"	"	"
868	"	7680	"	"	"

Es wurde von Herr Hyatt bezeugt, daß er die Erfahrung gemacht habe, daß dieses schnelle Steigen des Drucks in 6 bis 7 Minuten bewerkstelligt werden können, wenn die Locomotive in Ruhe sei. Diese schnelle Verdopplung des Drucks bei einer geringen Erhöhung der Hitze sei der Verwandlung der „verborgenen Hitze" im Dampf in die „sensible Hitze" zuzuschreiben. Wenn wir ein Thermometer in kochendes Wasser tauchen, so steht's auf 212 Graden; wenn wir es dann in den Dampf bringen, welcher sich unmittelbar über dem Wasser befindet, so zeigt es dieselbe Temperatur. Nun entsteht die Frage: „Was wird aus all der Hitze, die sich mit dem Wasser verbindet, so lange sie weder durch das Wasser, noch durch den daraus formirten Dampf, dargestellt ist?" Die Antwort hierauf ist: „Die Hitze dringt in das Wasser, und verwandelt es in Dampf, ohne dessen Temperatur zu erhöhen. Eintausend Grade Hitze werden bei der Verwandlung des Wassers in Dampf aufgezehrt, und dieß nennt man seine „verborgene Hitze".— Und durch die unerwartete Verwandlung der „verborgenen Hitze" in die „sensible Hitze" wird die Explosion bewirkt. Wenn eine Dampfmaschine zum Stillstand gebracht wird, so findet selbst bei einem mäßigen Feuer, wenn die Dampf Ventille geschlossen sind, eine schnelle Auffassung oder Verwandlung der verborgenen Hitze Statt. Der Druck steigt mit großer Schnelligkeit, und wenn der Feuermann oft nicht im Entferntesten daran denkt, findet eine Explosion Statt.

Daß dieses die wahre Ursache ist von beinahe allen Explosionen, wel=
che Statt finden, wird ein Jeder leicht einsehen, welcher die Beziehungen
von „verborgener" zur „sensiblen Hitze" bedenkt. Professor Henry und
Prof. Silliman, Jr., sind derselben Ansicht. Was ist denn nun eine Ver=
sicherung gegen Explosion? Wir wissen von keiner, als von dieser : Eine
genügende Quantität Wasser im Dampfkessel, und die Ventile ein wenig
offen, wenn die Dampfmaschine in Ruhe ist.

Es unterliegt keinem Zweifel, daß die obigen Erklärungen auf der
Wahrheit beruhen, und wenn die Ingenieure sich dieselben merken würden,
anstatt oft so unbedacht und leichtsinnig zu handeln, so würden lange nicht
so viele Explosionen Statt finden. Schrecklich wird einst die Strafe die=
ser Mörder sein; denn in den Augen Gottes stehen sie auf gleicher Stufe
mit dieser Art Verbrechern.

Pflaumen und andere Früchte vor den Stichen der In=
sekten zu bewahren. — Nimm neuen, trockenen Kalk, Schwefelblüthe und
Schießpulver, gleiche Theile; pulverisire sie sehr fein, und streue sie auf
die Blüthen, wenn dieselben am vollsten sind; wende das Mittel reichlich
an, so daß alle Blüthen ein wenig bekommen.

Dieß wurde mit gutem Erfolg probirt. Es ist dasselbe, wie bei dem
Pfeffer, den man auf das Fleisch streut, um Fliegen davon fern zu halten.
Die Früchte werden von den Insekten beschädigt, während sie in der Blüthe
stehen.

Teppiche für Schlafzimmer, 12 Cents die Yard. —
Nähe das wohlweilste baumwollene Tuch zusammen, in der Größe von
dem Zimmer, und lege dasselbe auf den Fußboden. Nun überziehe den
Zeuch mit Papier, wie man an den Seitenwänden der Zimmer thut. Be=
nütze dazu wohlfeiles Papier, und mache an den Enden eine Einfassung,
wenn gewünscht. Der Papp wird um so besser sein, wenn ein wenig
arabisches Gummi damit vermischt wird. Wenn gehörig trocken, so gib
dem Ganzen einen Ueberzug von Schreinerfirniß oder Wagnerfirniß.

Man kann es waschen, und es sieht im Verhältniß zu dem dabei ge=
brauchten Papier schön aus. Es kann nicht erwartet werden, daß es in
der Küche lange halten würde; allein im Schlafzimmer ist es von ziemlich
langer Dauer.

Wohlfeiler und gesunder Kaffee. — Kaffee ¼ des Ge=
wichts ; Roggen ¾.

Verlese sie beide besonders, um unnütze Körner daraus zu entfernen.
Dann wasche sie, um den Staub zu entfernen. Hierauf bräune (röste)
dieselben in einer Pfanne; rühre beständig sorgfältig um, damit sie gleich=
mäßig gebräunt werden. Röste jeden Theil besonders; mische es gleich=
mäßig durcheinander; mahle den Kaffee, wie gewöhnlich, und laß ihn sich
durch ein gequirltes Ei setzen. Dieß ist ein wohlfeiler Kaffee, und viel
gesunder, denn alle andern. Du magst Gerste, Erbsen, Pastinak, Löwen=
zahnwurzel u. s. w. nehmen; aber keiner dieser Stoffe kommt dem Roggen
gleich, dessen ungeachtet werden sie Alle mehr oder weniger zu Kaffee
benützt.

Früchte und Gurken in Essig eingemacht. — 1) Aepfel zu
pökeln. Vom besten Essig 1 Gal.; Zucker 4 Pfd·; Aepfel, so viel es be=
deckt; gemahlenen Zimmt und Gewürznelken von jedem 1 Eßlöffel voll.

Schäle die Aepfel, schmilze und schneide die Samengehäuse heraus. Binde den Zimmt und die Gewürznelken in ein Tuch, und füge sie mit den Aepfeln zu dem Essig und Zucker, und koche sie blos leicht. Halte sie in Häfen. Sie sind besser, als Zuckereingemachtes, auch sind sie gesunder, und halten länger. Mache sie weder zu sauer, noch zu süß, sondern wähle den Mittelweg. Es wird unten gezeigt werden, daß verschiedene Früchte verschiedene Quantitäten Zucker und Essig brauchen, der Grund liegt in dem verschiedenen Zuckergehalt der Früchte.

2) Pfirsiche in Essig eingemacht. — Vom besten Essig 1 Qt.; Zucker 4 Pfd.; Pfirsiche, geschält und die Steine herausgenommen, 8 Pfd.; Gewürz nach Wunsch, oder wie bei den Aepfeln.

Sonst gerade so behandelt, wie die Aepfel. Wenn sie zu irgend einer Zeit gähren sollten, so koche einfach den Saft ein, dann koche die Pfirsiche einige Minuten darin.

3) Pfirsiche zu schälen. — Beim Schälen kleiner Pfirsiche mit dem Wasser geht zu viel von der Pfirsiche verloren; deßhalb nimm das Draht Geschirr, ähnlich jenen Instrumenten, welche zum Verfertigen des Knallkorns gemacht sind. Fülle das Instrument mit Pfirsichen, und halte es in siedendes Wasser, dann eine Zeit lang in kaltes, und leere das Gefäß aus, das Verfahren aufs Neue wiederholend, bis du genug Pfirsiche hast. Dieß macht die Haut zähe und fähig, abgestreift zu werden. Hiedurch wird viel Zeit und manche Pfirsiche erspart. So kann man auch mit den Tomato's verfahren.

Pflaumen in Essig eingemacht. — Vom besten Essig 1 Pt.; Zucker 4 Pfd.; Pflaumen 8 Pfd.; Gewürze nach Geschmack.

Koche alles bis die Pflaumen weich sind, dann nimm die Pflaumen heraus, koche den Syrup, bis er ganz dick ist, und schütte denselben wieder über die Pflaumen.

8) Gurken zu pöckeln. — Pflücke sie jeden Morgen ab; lege sie in eine schwache Salzbrühe, (3 bis 4 Tage lang) füge Senfknospen und Meerrettigblätter hinzu, um sie grün zu erhalten. Dann nimm sie heraus, und laß das Wasser abfließen. Dann bedecke sie eine Woche lang mit Essig; nimm sie wieder heraus und gieße das Essigwasser weg; nimm neuen Essig, lege die Gurken hinein, füge Senfsamen, Ingwerwurzel, Gewürznelken, Pfeffer und ganzen rothen Pfeffer hinzu, von jedem 1 bis 2 Uz., oder den verschiedenen Geschmack zu befriedigen zu je einem Faß voll.

Diese gepöckelten Gurken sind sehr gut. Niemand sollte Gurken in Essig abbrühen, welcher in einem kupfernen Kessel ist; denn der Grünspan, der dadurch gebildet wird, theilt sein Gift den Gurken mit. Pöckle deine Gurken auf oben angegebene Weise. Der Essig muß einmal weggeschüttet und neuer hinzu gethan werden, weil die Menge Wassers in den Gurken denselben so schwächt, daß solch ein Wechsel absolut nöthig ist. Sollten sie ihren scharfen Geschmack abermals verlieren, so füge blos ein Wenig Melasses oder Spiritus hinzu, so wird Alles recht sein.

Das Verwittern und Zerfallen von Sandstein zu verhindern. — Rohes Leinöl, 2 oder 3 Anstriche.

Wende es anstatt einer Farbe an. Laß den ersten Anstrich nicht ganz trocknen, bis der nächste aufgetragen ist, sonst formirt sich eine Haut, welche verhindert, daß der nächste Ueberzug in den Stein eindringt. Schlechtgebrannte Backsteine können auf dieselbe Weise behandelt werden.

Rothes, schwarzes und blaues Siegellack zu machen. — Tafellack, Schellackgummi 8 Uz.; Venetianischen Terpentin 4 Uz.; Zinnober 2¼U.; Alkohol 2 Uz.; ganzen Kampfer, ½ Uz.; löse den Kampfer in dem Alkohol auf, alsdann das Schellack, worauf der Terpenthin zugefügt wird. Endlich füge noch den Zinnober hinzu. Sei vorsichtig, daß die Flamme nicht mit dem Dampf der Mischung in Berührung kommen, sonst würde dasselbe schnell im Feuer sein.

Blaues. — Nimm anstatt Zinnober feines Berliner Blau und zwar dieselbe Quantität.

Schwarzes. — Kienruß blos so viel, um es zu färben. Jede der Farben muß tüchtig mit der Mischung verrieben werden.

Rath und Belehrung für junge Männer (Jünglinge) und Solche, die ohne Beschäftigung sind. — Wie wenige Menschen nehmen überhaupt Belehrung und Rath an, nicht weil sie diese Dinge eigentlich haßten, sondern weil diejenigen, welche Rath ertheilen, in der Regel zu diesem Werk nicht qualifizirt genug sind, oder daß sie ihn zur unrechten Zeit ertheilen, oder ihn solchen Leuten ertheilen, welche Einem nicht erlauben sie zu controlliren, wenn man dies in Anspruch nimmt. Aber bei einem Buch oder Zeitung können obige Fälle nicht eintreten, deßhalb werden dieselben immer mit der Hoffnung aufgenommen und ausgegeben, daß der Eine oder der Andere Nutzen daraus schöpfe. Ob ich dies hier erreichen könne, überlasse ich dem Urtheil derer, an welche diese Unterweisung gerichtet ist.

Zuerst denn erlaubet mir die Frage: „Warum sind so viele Jünglinge und andere Personen ohne Beschäftigung? Die Antwort ist so bestimmt als klar. Es ist diese: „Trägheit, gepaart mit der Resolution, daß sie blos etwas Großes unternehmen wollen, hat die Schuld daran." — Und weil dieses große Ding nicht kommen will, so thun sie indessen gar Nichts. Der Grund dieses Zustandes liegt darin, daß sie das Ende vor dem Anfang sehen wollen. Allein prüfe einmal, wie viele denn wirklich große Dinge verrichten, selbst wenn sie ihr ganzes Leben lang fleißig und sparsam waren. Dessen ungeachtet meint unsere Jugend, daß ihr Beginnen unter den großen Dingen und Personen sein müsse. Aber weil keiner kommt, sie unter die „Großen" aufzunehmen, ihnen „große Dinge" aufzutragen, so sagt die Faulheit: „Warte!" — Und so warten sie immer noch. Nun bedenke wohl, so lange du blos auf große Dinge wartest, oder dich auf die Hilfe Anderer verlässest, so lange wartest du vergeblich. Hier könnte die Frage aufsteigen: „Was kann den gethan werden?" Die Antwort ist eben so einfach, wie die erste: Greife zum ersten Geschäft, das du finden kannst; denn dasselbe wird nicht Dich finden." So unansehnlich die Beschäftigung auch sein mag, sie ist doch besser, als fortgesetztes Faulenzen. Und wenn du siehst, daß dir Jemand an die Seite gehen will, so sei versichert, daß derselbe später immer mehr für dich sorgt, wenn es anders ein ehrenwerther Mann ist, dem man etwas Tüchtiges zutrauen kann. Und endlich wird sich Dir Etwas aufschließen, das deinem Geschmack entspricht, und von dir zum künftigen Lebensberuf gemacht wird. Aber bedenke, daß der Faule niemals gute Anträge bekommt. Der Fleißige und Beharrliche blos wird unterstützt, und muß unterstützt werden in dem großen Lebenskampf.

Eine Poesie, überschrieben : „Der vortreffliche Mann," vertritt die-selben Grundsätze, welche ich hier voraussetze, und zu denen ich auch An-dere anspornen möchte. Genannte Poesie ist so wahr und den Nagel auf den Kopf treffend, daß ich nicht umhin kann, die Verse hier folgen zu las-sen. Das alte Sprichwort : „Gott hilft dem, der seine Schuldigkeit thut," ist eben so wahr, als alt. Und besonders in diesem Lande muß ein Mann selbst sehen, wie er sein Glück mache, und sich nicht auf die Gut-thätigkeit Anderer verlassen, wenn er eine gute Gelegenheit finden und seines Glückes würdig sein will :

> „Sie gaben mir Anleitung, riethen mir gern ;
> Sie ehrten und liebten mich, wie einen Herrn ;
> Sie sagten, das Warten soll mich nicht verdrießen;
> Sie wollen mir helfen, so gut sie nur wissen.

> Allein bei all ihrer Approbation
> Hätt' längstens ich können gestorben sein schon,
> Wenn endlich nicht wäre ein Mann gekommen,
> Und hätte sich meiner angenommen.

> Vortrefflicher Mann ! Er gab mir Kleider und Essen; —)
> Ich werde ihn lebenslang nimmer vergessen,
> Obgleich ich ihn niemals umarmen kann;
> Denn ich selber bin — dieser vortreffliche Mann !" —

Darum frisch auf, ihr Alle ! Es gibt genug :

> Zu stricken und nähen, zu ärndten und mähen,
> Und allerlei Arbeit für Arme und Reich',
> Für Mädchen und Knaben, für Frauen und Männer;
> Greift an denn, ihr Faulen ! S' gibt Arbeit für euch !

Wenn du eine Anstellung oder eine Arbeit erhalten hast, so zeige dich als ein ehrlicher Mann, der fleißig, sparsam und ehrlich in jeder Hinsicht ist, so brauchst du keine Furcht hinsichtlich deines endlichen Glückes zu ha-ben. Lege einen Sparpfennig auf die Seite, damit du Etwas hast in der Zeit der Noth.

„Ein armer Waisenknabe von 14 Jahren entschloß sich auf einmal, immer die Hälfte seines Lohnes, welcher in 4 Dollars per Monat bestand auf die Seite zu legen, und griff diese seine Kasse selbst in Krankheit nicht an. Er wurde nachher der reichste Mann in St. Louis. Sein Rath für junge Männer war stets : „Gehe an die Arbeit; spare die Hälfte deines Lohnes zusammen, und wenn derselbe auch gering ist, bis du einen bestimm-ten Lebenszweck hast; dann aber fange auch an; sei sparsam, klug und sorg-fältig, so kann es nicht fehlen, du wirst Fortschritte machen."

Meine Anweisung ist dieselbe; ich setze aber hinzu : Bei der Erwäh-lung deines Lebensberufes folge den ewigen Grundsätzen des Rechtes, und wähle nie einen Beruf, womit du deinem Mitmenschen mehr schadest, als du dir vielleicht nützest, d. h. werde nie ein Verkäufer geistiger Getränke. Aber wie der hlg. Apostel Paulus, als er merkte, daß er Etwas Anderes thun müsse, als bisher, den Herrn fragte : „Herr, was willst du, daß ich thun soll?" so frage du auch, gehe mit deinem Gewissen zu Rath, und laß dich von demselben leiten.   Bedenke dabei, daß wenn eine Person ein Geschäft zu lernen hat, ohne daß ihre Entschließung und ihr Wille dabei war, dieselbe doppelten Fleiß anwenden muß, und selten in diesem Beruf glücklich ist, während ein Geschäft oder Beruf, den ein Kind oder irgend eine Person selbst erwählt hat, diese Person in der Regel glücklicher macht und ihr ein ordentliches Auskommen sichert.

Eine andere Frage wird nun die sein: „Soll ich ein Farmer, oder ein Mechaniker, ein Lehrer oder Theologe, ein Arzt oder Advokat, ein Kaufmann, Apotheker, Specereihändler, oder was sonst soll ich werden?" Wenn du nun einmal einen Entschluß gefaßt hast, bleibe dabei, und erwähle den für dich besten Beruf.   Entschließe dich aber vor Allem, du wollest ein tüchtiger Mann werden, sowohl in moralischer, als auch wissenschaftlicher Hinsicht.   Spare so viel Geld als möglich zusammen, damit du dein Geschäft recht bald für dich treiben kannst.

Wenn du eine höhere Wissenschaft erlernest, so hast du dabei mit derselben Klugheit und Sorgfalt zu Werke zu gehen, bis du so viel hast, um deine Studien ordentlich zu betreiben.   Dann wende getrost deine Mittel zum Studiren an; denn bei der Vermehrung deiner Kenntnisse wird dir Gelegenheit gegeben werden, immer mehr Mittel zu bekommen, um deine Studien zu vollenden.

Beinahe Alle von unsern besten Männern waren selbstgemachte Männer, und Leute, welche ihrer Idee folgten, d. h. sie wollten nun eben einmal ein Mechaniker, ein Arzt, ein Advokat, Bildhauer usw. werden, und verfolgten diese Idee mit ganzem Ernste, so daß sie ausgezeichnete Männer wurden.   Beginn denn, und mache keine Einwürfe.   Versichre dich zuerst, daß du auf dem rechten Pfad bist, und geh' dann getrost dahin.

Leb' für Etwas, sey nicht unentschieden;
Sieh umher für ein Geschäfte!
Arbeit bringt dir Freude und auch Frieden;
Arbeit stärkt deine Kräfte.
Faule Menschen sind stets müde;
Treue Herzen sind stets froh;
Trübe ist das Leben nimmer
Einem Mann, der thätig ist,
Der in seines Hauses Schimmer
Sein Brot mit den Seinen ißt.

Bei deinem einmal erwählten Beruf lies immer die besten Werke, die in dein Fach schlagen.   „Die Morgenstund' hat Gold im Mund" auch in Hinsicht des Studirens.   Ein Gegenstand, in der Frühstunde gelesen, und des Tages darüber nachgedacht, und mit Studien Genossen darüber gesprochen, ist viel leichter zu behalten, als des Abends gelesen, usw. Wenn du die Kaufmannschaft erwählst, so warte nicht zu lange, für dich selbst anzufangen.   Lieber fange klein an, und lerne, wie du das Geschäft nach und nach immer mehr vergrößern kannst.   Ich kenne einen Mann, welcher mit $5 ein Geschäft anfing, und nach 2 Wochen hatte er ein Capital von $17, außerdem, daß er seiner Familie den Unterhalt zu verschaffen hatte.

Ich kenne einen Andern, welcher mit $60 anfing, und in 15 Monaten gewann er über 450 Dollars, und ernährte außer diesem seine Familie.

Dann verkaufte er Alles, und verlor alles Gewonnene wieder, ehe er ein anderes Geschäft mit Erfolg betreiben konnte.   Niemand sollte ausverkaufen, wenn ein Geschäft ordentlich geht, auch sollte ein solches Geschäft nicht eingestellt werden, bis Einer überhaupt aufhören will, das Geschäft länger zu betreiben.

Diejenigen, welche einem höhern Lebensberuf sich widmen wollen, können im Westen keine bessere Universität finden, welche der Universität zu Ann Arbor für den Staat Michigan gleich käme.   Ein Eintrittsgeld von $10 nebst 5 Dollars jährlich, bezahlt einen vollen literarischen Cursus wobei man die Rechtswissenschaft, Medizin und andere Wissenschaften lernen kann, u. s. w. — Der Catalog sagt hierüber selbst: „Die Universität, von dem „General=Government" unterhalten, gewährt Jedem Wissenschaft ohne Geld und ohne Preis.   Es ist kein Jüngling so arm, daß er nicht durch Lernbegierde, Fleiß und Beharrlichkeit sich befähigen könnte, seine Bildung hier zu erlangen.

Der gegenwärtige Zustand der Universität bestätigt diese Ansicht von ihrem Charakter.   Während die Söhne der Reichen und von Männern von größerem oder geringerem Vermögen, und eine große Anzahl vermöglicher Farmerssöhne hier ausgebildet werden, so gibt es hier auch keine geringe Anzahl solcher Studenten, welche auf sich allein gewiesen sind.   Es sind dieß junge Männer, welche, nachdem sie in der Werkstätte oder auf der Farm gearbeitet haben, sich auf einmal in die Wissenschaft verliebten, und sich männlich durcharbeiteten, und eine wohlfeile Ausbildung erlangen, um keinen Preis, als Etwas von ihrer Zeit zur Arbeit auf dem Feld oder in der Werkstätte zu verlieren."

Personen, welche sich zu Schullehrern ausbilden lassen wollen, werden die Normalschule zu Ypsilanty ohne Zweifel vorziehen.

Und damit keiner sich entschuldige, er sei zu alt zum Lernen, so theile ich hiemit mit, daß Doktor Eberle, welcher mehrere werthvolle medizinische Werke schrieb, seine medizinischen Studien erst im 45sten Jahre begann, und obwohl ich noch viele Andere anführen könnte, so will ich blos noch hinzufügen, daß ich selbst, stets eine Verliebe zur medizinischen Wissenschaft tragend, aber verhindert durch die Umstände, erst im 38sten Lebensjahr meine medizinische Laufbahn begann.   (Siehe Anmerkung nach): „Augenwasser.'

Kein Stand ist so frei und unabhängig, wie der Bauernstand, dagegen hat kein Beruf (außer den Eltern) so viel Einfluß auf die Menschheit, als der Lehrerstand, sowohl in Hinsicht des Bösen, wie auch des Guten. Alle können Farmer sein, aber nicht Alle Lehrer.   Diese sollen Vorbilder sein in Wort und That, sowohl in der Werktags=, als auch in der Sonntagsschule.   Sie sollen einstehen für das Rechte, wie unser neuer Präsident. Denn wenn die Reihe an dich kommt, daß du das Volk in der Regierung vertreten sollst, so wirst du vom Volk wiederum dieselbe Unterstützung haben, welche es von dir (nur auf andere Weise) genießt.   Dieß hat das Volk bewiesen anno 1860.   Fühlend, daß die Regierung in die Hände derer kommen müsse, welche Gott lieben, mit ihren Mitmenschen ehrlich handeln, und die, den Sonntag selbst heilig haltend, sich nicht schämen, die Kinder zu lehren, denselben Gott zu lieben und sein Wort zu respektiren, wählte es den Mann, der ein Sonntagsschullehrer, — ein Riegelspalter, — ein Bootsmann, — Präsident der Vereinigten Staaten war. —— ——

Wer will nach allem diesem noch Furcht vor der Arbeit haben, oder länger des Müßiggangs pflegen? Die meisten großen Männer fingen klein und gering an, und zeigten in ihrem ganzen Leben Beharrlichkeit, welche sie endlich zu ihrer Größe führte, und wie in obigem Fall, mit der höchsten Ehre, die einem Mann widerfahren kann, krönte, nämlich mit dem Vertrauen seiner Nation, u. s. w.

Die englische und deutsche Gramatik (Sprachlehre) in Reimen, für die Jugend zum Auswendiglernen.

Folgende Verschen sind dem Gedächtniß der jungen Sprachschüler viel behaltiger und faßlicher, als die Regeln in Prosa angegeben:

1. Three little words you often see,
   Are articles — a, an, and the.

2. A Noun's the name of any thing,
   As School or garden hoop or Swing.

3. Adjectives tell the kind of Noun,
   As great, small, pretty white or brown.

4. Instead of Nouns the pronouns stand,
   Her head, his face your arm, my hand.

5. Verbs tell of something to be done,
   To read, count sing laugh, jump, or run.

6. How things are done the adverbs tell,
   As slowly quickly, ill or well.

7. Conjunctions join the words together,
   As men and women wind or weather.

8. The Prepositions stand before
   A Noun as in, or through a door.

9. The Interjections show Surprise,
   As, O! how pretty! Ah! how wise!

The whole are called nine parts of Speech,
Which reading writing, speaking, teach!

Deutsche Sprache:

1. Drei Wörter, die schon oft ich las,
   Nennt man Artikel: Der, die, das.

2. Das Hauptwort stets ein Name ist,
   Als: Jakob, Tafel, Wasser, Christ.

3. Und wie die Dinge b'schaffen sind,
   Das Eigenschaftswort zeigt's geschwind.

4. Für Namen oft ein Fürwort steht,
   Als: Dein Gewehr, mein Blumenbeet.

5. Das Zeitwort zeigt die Thätigkeit,
   Als: Albert zeichnet, das Kind schreit.

6. Wie eine Thätigkeit geschieht,
   Man stets an dem Adverbum sieht.

7. Das Bindewort bildet zusammen,
   Als: Treu' und Glauben, Ja und Amen.

8.   Das Vorwort stehet immer vor
Dem Hauptwort, als : Vor Wien, am Thor.

9.   Der Ausruf zeigt Verwundrung an,
Als : O! wie schön! Ach! lieber Mann!

Das Ganze sind neun Redetheile,
Lern du sie nun in aller Eile!

Musikalisches Curiosum. — Schottischer Genius beim Un=
terrichten. — Ein Pfeifer vom Schottischen Hochland welcher einen Schü=
ler in der Musik zu unterrichten hatte, versuchte es, demselben die Namen
der ganzen, halben, viertels= und achtelsnoten auf folgende Weise in's Ge=
dächtniß zu pflanzen. „Hier, Donald!“ sagte er, „nimm deine Pfeife
und spiele uns ein Stückchen.“ — „So! — Sehr gut geblasen, in der
That! Aber was ist ein Ton, Donald: ohne Sinn? Du mußt niemals
blasen, ohne selbst gleichsam aus den Tönen eine Melodie zu machen. Da=
zu sind dir die vierschrötigen Dinger da auf dem Papier behilflich. Siehst
du diesen großen Kerl da, mit seinem runden, offenen Gesicht? (der Lehrer
deutete dabei auf eine ganze Note hin;) er bewegt sich langsam von jener
Linie zu dieser, während du eins mit deiner Faust schlägst, und uns dazu
einen langen Ton gibst. Wenn du ihm nun aber einen Fuß anmachst, so
machst du zwei aus ihm, und er wird noch einmal so schnell laufen. Gehst
du aber her, und streichst ihm das Gesicht schwarz an, so läuft er viermal
schneller, denn jener Bursche mit dem weißen Gesicht. Und nachdem du
ihm das Gesicht schwarz gemacht hast, so biege ihm das Knie hinauf, oder
binde es fest, so wird er achtmal schneller hüpfen, als jener Kamerad mit
dem blassen Gesicht, den ich dir zuerst zeigte. Nun wenn du deine Pfeife
bläsest, Donald, so erinnere dich, daß, je fester die Füße dieser Kerls ge=
bunden sind, desto schneller laufen sie, und desto schneller tanzt man ihnen
nach.“ —

Das ist, desto mehr Füße ihnen gebogen oder gebunden werden, ge=
gen die Natur, desto schneller geht die Musik.

Färben verschiedener Kleidungsstoffe.

Vorbemerkung. — Es mag nicht unnöthig sein, zu bemerken,
(und ich thue es hier ein= für allemal) daß jeder Artikel, der gefärbt werden
soll, sowie auch der Färbestoff, völlig rein sein sollte.
Auch muß jeder zu färbende Stoff tüchtig in Seifenwasser gescheuert,
und hernach die Seife ausgeschwenkt werden. Es ist auch gut, daß der
Stoff vorher in warmes Wasser getaucht wird, ehe man ihn in den Alaun
oder ein anderes Präparat legt. Wenn man diese Vorsichtsmaßregeln
versäumt, so braucht man sich nicht zu wundern, wenn die Waare oder das
Garn Flecken bekomt. Regenwasser hat stets den Vorzug. Man muß
die Waare gut damit bedecken. So bald ein Artikel gefärbt ist, sollte er
ein Wenig in die freie Luft gehängt, dann ausgeschwenkt, un d dann wieder
aufgehängt werden, um ihn trocknen zu lassen.
Wenn man seidene oder Marinokleider färbt oder scheuer, so darf
man dieselben nicht auswinden, sonst bricht die Seide.

Wenn man Kleider und Shawls zum Trocknen aushängt, nachdem sie gefärbt worden, so muß man sie an den Enden aufhängen, daß sie gleichmäßig trocken können. In diese Färberezepte darf großes Vertrauen gesetzt werden; denn ich ließ sie verbessern durch Herrn Storms in dieser Stadt (Ann Arbor, Mich.,) welcher dieses Geschäft über 30 Jahre lang betrieb.

Farben für Wollenwaaren. — 1) Chromschwarz. — Besser als irgend eine Farbe im Gebrauch. Für 5 Pfund Waare nimm blauen Vitriol 6 Uz.; koche ihn einige Minuten, dann tauche die Waare ¾ Stunden lang ein, und bringe sie öfters in die Luft. Nimm die Waare dann heraus, und mache eine Farbe mit 2 Lauholz; 3 Pfd.; koche den Stoff eine halbe Stunde lang; tauche die Waare ¾ Stunden ein, hänge sie in die Luft und tauche sie hernach nochmals ¾ Stunden in die Farbe. Wasche es mit Seifenwasser aus, welches stark gemacht sein muß.

N. B. Diese Farbe geht nicht mehr heraus, und wird von der Sonne nicht gebleicht.

2) Schwarze Farbe für Wolle, zwei Mischungen. — Für 10 Pfd. Wolle nimm doppelt chromsaure Pottasche 4 Uz.; gemahlnen rohen Weinstein 3 Uz.; koche die Stoffe mit einander und lege die Wolle hinein. Rühre gut um, und laß die Wolle 4 Stunden in der Farbe liegen. Dann nimm sie heraus, schwenke sie leicht durch ein klares Wasser; alsdann mache eine neue Farbe, in welche 3½ Pfd. Blauholz kommt. Koche dieß eine Stunde, und setze 1 Pt. Urin hinzu. Laß die Wolle über Nacht drin liegen. Wasche sie dann in klarem Wasser.

3) Dunkle Stahlmischung. — Schwarze Wolle, natürlich oder gefärbt, 10 Pfd.; weiße Wolle 1½ Pfd. Mische beide gleichmäßig durcheinander, so wird es eine herrliche Mischfarbe geben.

4) Dunkles Schnupftabackbraun, für Tuch oder Wolle. Zu 5 Pfd. Waare nimm 1 Pfd. Farnambuk; koche es 15 Minuten lang; dann tauche den Stoff ¾ Stunden hinein, und füge zu der Farbe 2½ Pfd. Gelbholz; koche es 10 Minuten, und tauche die Waare wieder ¾ Stunden hinein; dann füge blauen Vitriol 1 Uz.; grünen Vitriol 4 Uz. hinzu; tauche die Waare abermal ½ Stunde ein. Wenn nicht dunkel genug, so füge noch mehr grünen Vitriol hinzu. Dieß ist eine dunkle und dauerhafte Farbe.

5) Weinfarbe. — Zu 5 Pfd. Waare nimm 2 Pfd. Fernambukholz, koche es 15 Minuten und tauche den zu färbenden Stoff ½ Stunde hinein. Koche es nochmals und tauche den Stoff abermals ½ Stunde ein. Dann mache es dunkel mit 1½ Uz. blauen Vitriol, ist es dann noch nicht dunkel genug, so füge noch ½ Uz. grünen Vitriol hinzu.

6) Krappfarbe. — Für jedes Pfd. Waare 5 Uz. Alaun; rohen oder präparirten Weinstein 1 Uz.; thue die Waare hinein und laß die Farbe ½ Stunde lang sieden; dann hänge den Stoff in die Luft und lasse es nochmals ½ Stunde lang sieden. Dann leere den Kessel aus, fülle ihn mit klarem Wasser und füge ein Peck (¼ Bushel) Kleie hinzu; mache dies milchwarm und laß es stehen, bis die Kleie in die Höhe steigt; dann schöpfe die Kleie ab, und thue Krapp ½ Pfd. hinein. Tauche nun deinen Stoff wieder hinein, mache eine schwache Hitze, bis die Farbe kocht, und es ist geschehen. Wasche den Stoff in starkem Seifenwasser.

7) Grün auf Wolle oder Seide. — Mache eine starke gelbe Farbe von Gelbeiche und Hickoryrinde, von jedem gleich viel. Im gegerbten oder

chemischen Indigo (siehe denselben) 1 Eßlöffel voll auf einmal hinzu, bis du die gewünschte Farbenschattirung hast.   Oder:

8) Grün mit Gelb Holz. — Für jedes Pfd. Waare nimm Gelb Holz 1 Pfd., mit 3½ Uz. Alaun.   Ziehe die Stärke von dem Farbholz aus, und tauche die Waare hinein, bis ein schönes Gelb erlangt ist, dann entferne die Späne und füge Indigoextrakt oder chemischen Indigo, 1 Eßlöffel voll auf einmal, hinzu, bis dir die Farbe gefällt.

9) Blaue Farbe. — Schneller Prozeß. — Für 2 Pfd. Waare nimm Alaun 5 Uz., präparirten Weinstein 3 Uz.; koche die Waare in diesen Stoffen 1 Stunde lang.   Dann ziehe den Stoff durch warmes Wasser, in welchem mehr oder weniger Indigoauflösung sich befindet, (je nach der Dunkelheit der gewünschten Farbe,) und koche den Stoff abermals, bis die Farbe daran recht ist.   Füge, wenn es nöthig ist, noch mehr von dem Indigo hinzu.   Dieß ist ein schnelles Verfahren und macht eine dauerhafte Farbe.

10) Strumpfgarn oder Wolle zu färben, (mit einer Farbe zwischen blau und violet.) — Für 5 Pfd. Wolle nimm 1 Uz. doppeltchromsaure Pottasche; Alaun 2 Uz.; löse die Stoffe auf und bringe das Wasser zum Sieden, tauche die Wolle hinein und laß sie eine Stunde lang kochen. Dann schütte die Farbe hinweg, und mache eine andere mit Blauholz in Spänen 1 Pfd.; oder Blauholzextrakt 2½ Uz.; koche den Stoff eine Stunde lang darin.   Die Farbe ist auch vorzüglich für Seidenzeug.

N. B.   Wenn du mit Blauholzspäne färbest, so koche entweder die Späne ½ Stunde lang, und gieße die Farbe ab; oder binde die Späne in ein Säckchen, und koche sie mit der Wolle oder andere Waare; oder nimm 2½ Uz. von dem Blauholzextrakt, anstatt eines Pfundes von den Spänen wobei weniger Mühe ist, und das der bessere Plan genannt werden kann. In dem obigen Rezept wird die Farbe dunkler, je mehr Blauholz dazu genommen ist.

11) Scharlachroth mit Cochenille für Garn und Tuch. — Für 1 Pfd. Zeuch nimm präparirten Weinstein ½ Uz.; Cochenille gut pulverisirt, ½ Uz., salzsaures Zinn 2½ Uz., koche die Farbe, und thue die Waare hinein. Schaffe es 10 bis 15 Minuten gut durcheinander, dann koche es 1½ Stunden lang, die Waare langsam rührend, so lange der Farbstoff kocht. Wasche den gefärbten Stoff in klarem Wasser aus, und trockne ihn im Schatten

12) Rosenrothfarbe. — Für 3 Pfd. Zeuch nimm 3 Uz. Alaun; koche den Stoff, und laß die Waare 1 Stunde lang drin liegen.   Dann füge zu der Farbe präparirten Weinstein 4 Uz.; Cochenille gut gepulvert, 1 Uz.; koche es abermals, und laß den Stoff drin, bis die Farbe dir gefällt.

13) Orangegelb. — Für 5 Pfd. Waare nimm 6 Eßlöffel voll salzsaures Zinn; rohen Weinstein 4 Uz., koche den Stoff, der zu färben ist, 1 Stunde lang darin; dann füge zu der Farbe 2½ Pfd. Gelbholz; koche dieß 10 Minuten lang, und laß dann die Waare ½ Stunde drin liegen, dann füge nochmals zu dieser Farbe eine Kaffeetasse voll Krapp, und tauche den zu färbenden Stoff nochmals ½ Stunde lang hinein.

N. B.   Cochenille anstatt des Krapps genommen, macht eine viel glänzendere Farbe   Man fügt sie in kleinen Quantitäten hinzu, bis Einem die Farbe gefällt.   Ungefähr 2 Uz.

14) Rothe Lackfarbe. — Für 5 Pfd. Waare nimm rohen Weinstein 10 Uz.; koche ihn einige Minuten; dann nimm fein geriebenen Lack mit salzsaurem Zinn 1¼ Pfd. und laß diese gemischten Stoffe 2 bis 3 Stunden stehen, füge die Hälfte dieses Lacks zu der Weinstein Auflösung und tauche die Waare ½ Stunde hinein. Alsdann füge das übrige von dem Lack hinzu und tauche den Stoff nochmal 1 Stunde hinein. Halte die Farbe dabei immer in der Siedhitze, bis zur letzten halben Stunde, in welcher man die Farbe sich abkühlen lassen mag.

15) Purpurfarbe. — Für 5 Pfd. Waare 4 Uz. präparirten Weinstein; Alaun 6 Uz.; Cochenille gut gepulvert, 2 Uz.; salzsaures Zinn ½ Kaffeetasse voll; koche den Weinstein, den Alaun und das Zinn 15 Minuten lang; dann füge die Cochenille hinzu, und koche weitere 5 Minuten. Laß die Waare 2 Stunden drin liegen; dann mache eine neue Farbe mit 4 Uz. Alaun; 6 Uz. Brasilienholz, 14 Uz. Blauholz; einer Kaffeetasse salzsaures Zinn mit ein Wenig Indigo-Auflösung. Schaffe den Stoff wieder durch diese Farbe, bis sie recht ist.

16) Hell Silbergrau. — Für 5 Pfd. Waare nimm Alaun einen kleinen Theelöffel voll, und Blauholz ungefähr dieselbe Quantität; koche dieß gut zusammen; dann tauche die Waare 1 Stunde lang hinein. Wenn nicht dunkel genug, so füge gleiche Quantitäten Alaun und Blauholz hinzu, bis die Farbe nach deinem Geschmack ist.

17) Schieferfarbe auf Wolle oder Baumwolle. — Nimm Buchenrinde, koche dieselbe in einem eisernen Kessel, schöpfe die Späne ab, nachdem sie gehörig ausgekocht sind; dann füge grünen Vitriol hinzu, daß sich die Farbe setzt. Wenn du sie sehr dunkel wünschest, so füge noch mehr grünen Vitriol hinzu. Diese Farbe ist ausgezeichnet für Strümpfe.

18) Indigo Auflösung oder „chemischen Indigo“ zu machen. — Für guten chemischen Indigo oder Indigo Auflösung nimm rauchendes Vitriolöl ½ Pfd., rühre dazu guten fein gemahlnen Indigo 2 Uz.; fahre fort mit dem Rühren, ½ Stunde lang; nun decke es zu und rühre es 3 bis 4 mal täglich 2 bis 3 Tage lang. Alsdann füge Bröckelchen Saleratus hinzu und rühre es auf, und wenn es schäumt, so füge noch mehr hinzu; rühre es, und füge Saleratus hinzu, so lange es schäumt und dampft. Die Saleratus hebt alle Schädlichkeit der Säure auf. Dann bringe es in ein gläsernes Gefäß, und kerke es fest zu. Es wird immer besser, je länger es steht. Droguisten halten den Artikel bereits vorräthig.

19) Wolle zu reinigen. — Mache eine Flüssigkeit von 3 Theilen Wasser und 1 Theil Urin; mache es so heiß, daß die die Hand drin leiden kann. Dann thue die Wolle hinein, ein Wenig auf einmal, daß es sich nicht zusammenballt. Laß sie 15 Minuten darin. Nimm sie heraus über einem Korb, um das Wasser durchrinnen zu lassen, dann reinige sie vollends in fließendem Wasser und spreite sie aus, um sie zu trocknen. So fahre fort mit derselben Flüssigkeit und wenn sie aufgebraucht ist, so fülle wieder auf nach denselben Proportionen. Halte es so warm, daß die Hand es ertragen kann. Benütze keine Seife dabei.

20) Dunkle Farben für Lumpen zu Fußteppichen. — Zuerst wasche die Lumpen rein; die schwarzen oder braunen Lumpen kann man roth färben, je nach Wunsch. Um dieses zu thun, nimm zu jeden 5 Pfunden schwarze oder braunen Lumpen ¾ Pfd. salzsaures Zinn und Lack ½ Pfd.; mische es mit demselben, wie für die rothe Lackfarbe unter Nro. 14. Tau-

che die Waare 2 Stunden lang in diese Farbe, und koche sie die Hälfte von dieser Zeit. Wenn nicht roth genug, so füge noch mehr Zinn und Lack hinzu. Die Lumpen können dann purpurroth gefärbt werden, wenn man ein wenig Blauholz hinzu fügt. Sei vorsichtig, und thue nicht mehr als eine kleine Hand voll, hinein, da ja mehr hinzugefügt werden kann, wenn dies nicht genug sein sollte. Weiße Lumpen nehmen sich in einem Fußteppich sehr schön aus, wenn man sie mit Fäden umbindet, und dann grün, roth oder purpurroth färbt. Graue Lumpen kann man schön grün färben. Die Farbe wird in Proportion zu der Dunkelheit der Mischung genommen.

Dauerhafte Farben auf Baumwollenzeug. — 1) Schwarz. — Für 5 Pfd. Waare nimm 3 Pfd. Sumach Holz und Rinde zusammen; koche den Stoff ½ Stunde, und laße die Waare 12 Stunden lang darin; dann tauche diese ½ Stunde lang in Kalkwasser; nimm die Waare heraus und laß sie eine Stunde lang abtröpfeln. Nun füge zu der Sumachflüssigkeit 8 Uz. grünen Vitriol und tauche die Waare wieder 1 Stunde lang hinein; dann ziehe sie wieder durch den Kalkwasserzuber, 15 Minuten lang; hierauf mache eine neue Farbe mit 2½ Pfd. Blauholz koche dieß eine Stunde lang, und tauche die Waare wieder 3 Std. hinein. Nun füge 2 Uz. doppeltchromsaure Pottasche hinzu, nämlich zu der Blauholzfarbe, und tauche den Stoff eine Stunde lang ein. Wasche denselben dann in klarem kaltem Wasser und trockne ihn im Schatten.

2) Himmelblau. — Für 3 Pfd. Waare nimm 4 Uz. blauen Vitriol; koche denselben einige Minuten. Dann tauche die Waare 3 Stunden lang hinein; hernach ziehe sie durch starkes Kalkwasser. Aus dieser Farbe kannst du auch ein herrliches Braun machen, wenn du die Waare durch eine Auflösung von blausaurer Pottasche ziehst.

3) Gewöhnliches und starkes Kalkwasser, zum Färben. — Gewöhnliches Kalkwasser wird gemacht, wenn man 1 Pfd. Steinkalk, und starkes wird gemacht, wenn man 1½ Pfd. Steinkalk in einen Eimer voll Wasser thut, denselben ablöscht, rührt und stehen läßt, bis das Wasser klar ist. Dann schütte es in einen Zuber voll Wasser, worin die Waare getaucht wird.

4) Blaue Farbe auf Baumwollen= oder Linnenzeug. — Mit Blauholz. In jedem Fall muß die Waare, wenn sie neu ist, in starkem Seifenwasser oder schwacher Lauge gewaschen werden, worauf man sie rein schwenkt. Dann nimm für 5 Pfd. Baumwollenstoff oder 3 Pfd. Linnenzeug ¾ Pfd. doppeltchromsaure Pottasche. Thue die Waare hinein, und halte sie 2 Stunden drin. Dann nimm sie heraus, schwenke sie aus, und mache hierauf eine Farbe mit Blauholz 4 Pfd.; tauche den zu färbenden Stoff eine Stunde lang hinein; lüfte ihn aus und laß ihn hierauf noch 3 bis 4 Stunden in der Farbe liegen, oder bis die Farbe anfängt, kühl zu werden. Dann wasche sie aus, und trockne sie.

5) Blau auf Baumwollenzeug ohne Blauholz. — Für 5 Pfd. Zeug nimm grünen Vitriol 4 Uz. Koche den Stoff und laß die Waare 15 Minuten lang eingetaucht. Dann tauche sie in starkes Seifenwasser, und gehe noch 2 bis 3 mal in die Farbe damit zurück. Dann mache eine Farbe mit 1 Uz. blausaurer Pottasche und 3 Eßlöffel voll Schwefelsäure. Koche die Waare 30 Minuten lang und schwenke sie aus, dann trockne sie.

6) Grün — Wenn die Baumwollenwaare neu ist, so koche sie in schwacher Lauge oder starken Seifenwasser; dann wasche sie aus und trockne sie; dann tauche sie in heimgemachte blaue Farbe, bis sie blau genug ist, die grüne Farbe so dunkel aufzutragen, als gewünscht wird. Nimm die Waare dann heraus, trockne sie, und schwenke sie hernach ein Wenig aus. Dann mache eine Farbe mit ¾ Pfd. Gelbholz; 8 Uz. Blauholz zu jedem Pfd. Waare. Koche die Farbe eine Stunde lang, und wenn sie abgekühlt ist, so daß die Hand es drin ertragen kann, so thue den Baumwollenstoff hinein, bewege denselben einige Minuten darin und laß ihn eine Stunde liegen. Dann nimm ihn heraus und laß ihn abtröpfeln, bis er trocken ist. Löse und mische ½ Uz. blauen Vitriol auf, für jedes Pfd. Zeuch, und halte den Stoff noch eine Stunde eingetaucht. Wende es aus und laß es im Schatten trocknen. Wenn man Blauholz und Gelbholz beimischt, so kann man irgend eine Schattirung von Grün erhalten.

7) Gelb. — Für 5 Pfd. Waare 7 Uz. Bleizucker; tauche die Waare 2 Stunden ein. Mache hernach eine Auflösung von 4 Uz. doppeltchromsaure Pottasche. Tauche die Waare ein, bis die Farbe nach deinem Geschmack ist. Wende den Stoff aus und trockne ihn. Wenn nicht gelb genug, so wiederhole die Operation.

3) Orangegelb — Für 5 Pfd. Waare 4 Uz. Bleizucker; koche einige Minuten, und wenn kühl geworden, so tauche die Waare hinein, und laß sie 2 Stunden darin. Dann wende sie aus; mache eine Auflösung von doppeltchromsaure Pottasche 8 Uz.; Krapp 2 Uz.; tauche die Waare so lange ein, bis dir die Farbe gefällt. Wenn die Farbe zu roth werden sollte, so nimm ein wenig von der Waare und tauche ihn in Kalkwasser, dann kann entweder die Originalfarbe oder die in das Kalkwasser getauchte veränderte Farbe genommen werden.

9) Roth. — Nimm salzsaures Zinn ⅔ Kaffeetasse voll; thue so viel Wasser hinzu, die Waare gut damit zu bedecken. Bringe es dann zur Siedhitze, und tauche die Waare eine Stunde lang hinein, dieselbe estwals rührend. Nimm den Zeuch dann heraus, leere den Kessel und thue klares Wasser hinein mit 1 Pfd. Nicaraguaholz (Rothholz) koche es leicht ½ Stunde lang, so daß man die Hand drin halten kann. Dann tauche die Waare ein, und erhitze es nun stärker, eine Stunde lang; laß es aber durchaus nicht sieden. Lüfte die Waare aus, und tauche sie hernach wieder ein, wie zuvor. Wasche den Stoff ohne Seife aus.

10) Salzsaures Zinn zu bereiten. — Wenn Droguisten den Artikel halten, so ist es am besten, man kauft ihn von ihnen zubereitet. Willst du es aber selbst bereiten, so verfahre, wie folgt:

Bekomme in einer Flaschenwerkstätte ein Stück Blockzinn; lege es auf eine Schaufel, und schmilz es. Wenn es geschmolzen ist, so gieße es in einen Eimer voll klares Wasser von einer Höhe von 4 bis 5 Fuß herab. Der Zweck dabei ist, das Zinn in ganz kleine Theile zu bekommen, daß die Säure es auflösen kann. Nimm es dann vom Wasser heraus, und trockne es. Dann bringe es in eine starke Glasflasche; schütte 12 Uz. Salzsäure und dann langsam 8 Uz. Salpetersäure hinzu. Die Säure sollte Eßlöffelvollweise auf einmal beigefügt werden, in Zwischenräumen von 5 bis 8 Minuten; denn wenn du sie zu schnell hinzufügst, so könnte leicht die Flasche durch die Hitze zerbrechen. Wenn du alle Säure darin hast, so

16

laß die Flasche stehen, bis das Sieden aufgehört hat. Dann korke die Flasche mit einem Stöpsel von Bienenwachs oder Glas, und stelle es bei Seite. Es hält sich ein ganzes Jahr gut und noch länger, auch kann man es nach 24 Stunden schon gebrauchen.

Farben auf Seidewaaren — Schöne grüne Farbe, zu welcher Eichenrinde benützt wird. — Für 1 Pfd. Stoff nimm 8 Uz. Gelb Eichenrinde, koche sie ½ Stunde; schütte die Flüssigkeit von der Rinde ab, und füge Alaun hinzu. Laß die Farbe stehen, bis sie kalt ist. So lange dieser Farbstoff zurecht gemacht wird, färbe den Seidenstoff in dem Zuber mit leichter blauer Farbe. Trockne und wasche den Stoff. Dann tauche ihn in die Alaun= und Rindenfarbe. Wenn er die Farbe nicht gut annimmt, so mache diese ein wenig warm.

2) Grün oder gelb, auf Seide oder Wolle, in 5 bis 15 Minuten ge-schehen — Für 5 Pfd. Waare nimm Schwarz=Eichenrinde, oder Pfirsich-blätter ½ Peck (⅛ Buschel) koche den Stoff gut; dann nimm die Rinde oder Blätter heraus und füge ½ Theetasse voll salzsaures Zinn hinzu; rühre gut um. Dann tauche die Waare hinein und rühre sie herum, so wird der Stoff innerhalb 5 bis 15 Minuten eine dunkelgelbe Farbe haben, je nach der Stärke der Rinde. Nimm den Stoff heraus, schwenke ihn aus und trockne ihn sogleich.

N. B. Um eine grüne Farbe zu erhalten, füge zu dem Obigen 1 Eßlöffel voll Indigo Auflösung oder chemischen Indige, rühre die Waare 5 Minuten lang drin herum; lüfte sie, und wenn nicht dunkel genug, so nimm nochmal die gleiche Quantität von dem chemischen Indigo hinzu, und rühre es wieder in der Farbe herum, bis dieselbe nach deinem Ge-schmack ist.

3) Maulbeerfarbe — Für 1 Pfd. Seide nimm 4 Uz Alaun; tau-che die Waare 1 Stunde hinein. Dann wasche sie aus und mache eine Farbe von Brasilienholz 1 Uz.; und Blauholz ¼ Uz.; koche diese Stoffe zusammen. Dann tauche die Waare ½ Stunde lang ein und füge noch gleiche Theile Brasilien= und Blauholz hinzu, bis die Farbe recht ist.

4) Schwarz. — Mache eine schwache Farbe, wie bei dem „Schwarz auf Wolle:" Verarbeite die Waare in doppeltchromsaure Pottasche bei einer geringen Siedhitze; dann tauche es in Blauholz auf dieselbe Weise. Wenn in der blauen Vitriolfarbe gefärbt, brauche ungefähr dieselbe Hitze dazu.

5) Flecken zu entfernen und zu verhüten, wenn man Seide oder Wol-le schwarz färbt. — N. B. Beim Färben von Wollenstoff, wenn derselbe rostig oder fleckig würde, ist blos nöthig, daß man eine schwache Lange macht, welche brühend heiß sein muß, und die Waare 15 Minuten lang hinein bringt; oder wirf etwas Asche in deine Farbe und ziehe deinen Stoff 5 Minuten durch dieselbe, so wird die Waare kohlschwarz und gleichmäßig gefärbt herauskommen. Ich garantire dafür. — Sterns —

Der Grund, warum braune Flecken oder Rost, wie man es in der Regel nennt, auf schwarzem Zeug erscheinen, ist der, daß diese Theile die Farbe schneller annehmen, als die andern, Theile; allein ich zweifle nicht daran, daß man sie nach Herrn Sterns Vorschrift entfernen kann. Und wenn die in der Vorbemerkung über das Färben angegebenen Vorsichts= maßregeln beim Einweichen des zu färbenden Stoffes beobachtet werden, so ist keine große Gefahr in Hinsicht dieser Flecken vorhanden.

6) **Helles chemisches Blau.** — Für 1 Gal. Wasser löse ½ Eßlöffel voll Alaun in einer Kaffeetasse heißem Wasser auf, und füge dieß zu dem Wasser. Dann füge chemischen Indigo, einen Theelöffel voll auf einmal hinzu die gewünschte Farbe zu erlangen. Je mehr chemischer Indigo genommen wird, desto dunkler wird die Farbe sein.

7) **Purpurfarbe.** Für 1 Pfd. Seide; mache zuerst ein helles Blau in dem blauen Färbezuber ziehe den Stoff durch und trockne ihn. Dann tauche ihn in 4 Uz. Alaun mit einer genügenden Quantität Wasser, den Stoff zu bedecken, wenn ein wenig warm. Wenn die Farbe nicht dunkel genug ist, so füge ein Wenig chemischen Indigo hinzu.

8) **Gelb.** — Für 1 Pfd. Seide nimm 3 Uz. Alaun; Bleizucker ¾ Uz.; tauche die Waare hinein, und laß sie über Nacht darin. Nimm sie am Morgen heraus, laß sie abtröpfeln und mache eine neue Farbe mit 1 Pfd. Gelbholz, tauche den Stoff so lange ein, bis du die rechte Farbe bekommen hast.

N. B. Das Gelb oder Grün paßt eben so gut auf Seide.

9) **Orangefarbe.** — Nimm Orlean und Soda und füge die Stoffe in gleichen Theilen hinzu, gemäß der Quantität der Waare, und der Dunkelheit der gewünschten Farbe : Sage 1 Uz. von jedem auf 1 Pfd. Seide, und wiederhole es, wenn gewünscht.

10) **Carmoisinfarbe.** — Für 1 Pfd. Seide nimm 3 Uz. Alaun; tauche den Stoff bei Blutwärme 1 Std. lang hinein. Alsdann nimm ihn heraus, und laß ihn abträufeln, während du eine andre Farbe machst, indem du folgende Stoffe 10 Minuten lang kochest : Cochenille 3 Uz.; zerquetschte Galläpfel 2 Uz.; präparirten Weinstein ¼ Uz.; koche dieselben in einem Eimer voll Wasser. Wenn ein wenig abgekühlt, so fange an, den Stoff einzutauchen, erhöhe die Hitze bis zum Siedpunkt, und laß die Waare 1 Std. lang drin liegen. Dann wasche und trockne sie.

11) **Zimmtfarbe oder Braun für Baumwollen= und Seidenzeug.** — Ein neuer Prozeß, wodurch eine herrliche Farbe erzielt wird. — Gib der Waare so viel Farbe, als dieselbe in 15 Minuten aufnehmen kann, in einer Auflösung von blauem Vitriol 2 Uz.; Wasser 1 Gal.; dann ziehe den Stoff durch Kalkwasser. Dieß macht ein herrliches Himmelblau von großer Dauerhaftigkeit. Dann wird der Zeuch durch eine Auflösung von blausaurer Pottasche gezogen, man nimmt zu dieser Auflösung eine Uz. von genannter Pottasche, und 1 Gal. Wasser.

Tabellen und Erklärungen der verschiedenen Interesse,

worin gezeigt wird, welche gesetzliche Summe von Interesse jeder Staat erlaubt, ebenso, über welche Rate von Interesse Uebereinkunft getroffen werden darf, und wie groß der Zinsfuß sein darf, welche man rechtmäßig fordern (einziehen oder kollektiren) kann : und endlich, welche Strafe drauf gesetzt ist, wenn man es wagt, ungesetzliche Zinsen einzuziehen.

Erstens : Sechs Procent ist die gesetzliche Rate in den Staaten Maine, New Hampshire, Rhode Island, Connecticut, Vermont, Delaware, Maryland, Pennsylvania, Virginia, North Carolina, Florida, (8 Pro=

cent ist in diesem Staat erlaubt, wenn vorher Uebereinkunft getroffen wurde,) Mississippi, Tennessee, Arkansas, Kentucky, Ohio, Indiana, Illinois, Missouri, Jowa, Wisconsin und New Jersey, ausgenommen in den Counties Hudson und Essex und die Stadt Patterson in letztgenanntem Staate. Sieben Procent sind erlaubt, wenn beide Theile damit zufrieden sind.

Zweitens: Sieben Procent ist die gesetzliche Rate in Michigan, New York, Minnesota, South Carolina, und Georgia.

Drittens: Zehn Procent ist der gesetzliche Zins in California; 8 Procent in Alabama und Texas, und — so befremdend es sein mag, — in Louisiana blos 5 Procent.

Maine und Vermont erlauben nicht, daß man höhere Interessen fordert und kollektirt, als die gesetzlichen, selbst wenn vorher Uebereinkunft getroffen wäre. Und wenn Jemand schon eine höhere bezahlt hätte, so kann er sie wieder zurückfordern, ohne daß jedoch dem Anderm eine weitere Strafe auferlegt würde. In New Hamshire wird derjenige, welcher eine höhere als gesetzliche Interesse einzieht, um den dreifachen Betrag der gesetzlichen Rate bestraft.

Rhode Island hat keine Strafe aufgesetzt; erlaubt aber blos das Einziehen gesetzlicher Raten, selbst bei übermäßigen Contrakten.

In Connecticut kann bei ungesetzlichen Contrakten blos die gesetzliche Summe eingezogen werden; wird aber die ungesetzliche Rate wirklich kollektirt, so kann dieselbe wieder zurück bekommen werden, wovon dann die Hälfte dem Anzeiger des Falles, und die andere der Staatskasse zufällt.

In New York sind ungesetzliche Contrakte Null und nichtig; hat aber außer dem, daß die zu viel geforderte Rate wieder zurückgefordert werden kann, keine weitere Strafe ausgesetzt.

In New Jersey sind übermäßige Contrakte ebenfalls nichtig, und die Hälfte davon fällt dem Staat, und die andere Hälfte dem Anzeiger zu.

Pennsylvania erlaubt blos das Einziehen gesetzlicher Interessen.

Delaware erlaubt, übermäßige Interessen zu collektiren; aber die Hälfte für den Staat und die andere Hälfte für den Ankläger.

Maryland erlaubt, blos gesetzliche Raten einzuziehen

In Virginia ist der Contrakt Null und nichtig, und die Schuld wird verdoppelt, wovon die Hälfte dem Ankläger und die andere Hälfte dem Staat zufällt.

In North Carolina ist es, wie in Virginia.

South Carolina, Florida, Alabama strafen den Uebertreter blos mit dem Verlust der Interessen.

Obgleich in Mississippi 6 Procent die gesetzlichen Interessen von gewöhnlichen Schulden sind, so werden doch bei wirklich entlehntem Geld 8 Procent erlaubt, und wenn auch über eine höhere als gesetzliche Rate Uebereinkunft getroffen wurde, so kann doch blos die letztere kollektirt werden.

Obgleich Louisiana blos 5 Procent erlaubt, wenn keine Uebereinkunft geschlossen ist, so erlaubt dieser Staat doch 8 Procent bei Uebereinkunft, und die Bankinteressen können 6 Procent betragen.

Obschon in Texas 8 Procent die gesetzliche Rate ist, so kann doch über 12 Procent Uebereinkunft getroffen werden; höhere Raten aber können nicht eingezogen werden.

Arkansas erlaubt 10 Procent bei Uebereinkunft; macht aber alle höheren Contrakte Null und nichtig.

Tennessee bestraft das Einziehen ungesetzlicher Interessen mit keiner geringeren Summe, als die ist, welche angeblich eingezogen wurde.

Kentucky erklärt übermäßige Zinsforderungen für Null und nichtig

Michigan und Ohio erlauben, 10 Procent einzuziehen, wenn Uebereinkunft getroffen wurde, und erklärt blos übermäßige Zinsforderungen für Null und nichtig.

Im Staat Indiana darf blos über die gesetzliche Rate Uebereinkunft getroffen werden, höhere Zinsforderungen können, wenn schon ausbezahlt, wieder zurückgefordert werden.

Illinois erlaubt 10 Procent von wirklich entlehntem Gelde und blos gesetzliche Raten können collektirt werden.

In Missouri kann man über 10 Procent übereinkommen, wenn aber mehr, als gesetzliche Summen, kollektirt werden, so unterliegt man einer Strafe von 10 Procent, welches Geld in den Schulfund kommt.

Jowa erlaubt Uebereinkunft über 10 Procent; was aber mehr kollectirt wurde, kann wieder zurückgefordert werden.

Wisconsin erlaubte früher Uebereinkunft von 12 Procent; diejenigen welche mehr, als gesetzliche Raten bezahlten, konnten dieselben wieder dreifach zurück verlangen. Aber in neuerer Zeit erlaubt der Staat blos sechs Procent, und hält alle höheren Raten für unrechtmäßige.

In California und Minnesota kann irgend eine Summe, hinsichtlich welcher Uebereinkunft getroffen wurde, eingezogen werden.

Dasjenige Interesse welches der Staat einzuziehen erlaubt, wenn auf der Note steht: „With use," und weiter keine Rate angegeben ist, wird legal genannt; und dasjenige, bei welchem einige Staaten Uebereinkunft erlauben, höhere Zinse als „legal Rate" zu fordern, nennt man Gesetzmäßig; wenn aber eine höhere Summe genommen wird, oder man über eine höhere Summe Uebereinkunft trifft, als der Staat erlaubt, so nennt man dieß ungesetzlich, Wuchernd und es unterwirft die betreffende Personen der in den vorausgehenden Erklärungen angegebenen Strafen.

Irgend ein Agent oder eine andere Person, welchen eine Veränderung dieser Regeln in ihren betreffenden Staaten bekannt ist, werden sich den Verfasser sehr verbindlich machen, wenn sie dieß demselben mittheilen.

Erklärung der Zinstabellen.

Exempel:

Das gewünschte Interesse von $1,111 von 1 Jahr, 4 Monaten und 27 Tagen zu sechs Procent.

Beim Blick auf die unten folgenden Tabellen wirst du finden, daß die Zeit in der Columne linker Hand angegeben ist, während das Kapital über den verschiedenen zur rechten Hand sich befindenden Columnen zu finden ist. Die zu suchenden Summen sind in den betreffenden Linien, zur Rechten von der Zeit zu finden, abwärts von dem Capital, wie folgende Tabellen zeigen werden.

Die Interessen von $1,000 in 1 Jahr zu 6 Procent									....	$60,00
"	"	"	"	100	"	"	"	"	"	....	6,00
"	"	"	"	10	"	"	"	"	"	....	60
"	"	"	"	1	"	"	"	"	"	....	06
"	"	"	"	1,000	4 Monaten	"	"	"	....	20,00
"	"	"	"	100	"	"	"	"	....	2,00
"	"	"	"	10	"	"	"	"	....	20
"	"	"	"	1	"	"	"	"	....	02
"	"	"	1,000	27 Tagen	"	"	"	....	4,50
"	"	"	100	"	"	"	"	....	45
"	"	"	10	"	"	"	"	....	05
"	"	"	1	"	"	"	"	....	00

Ganze Summe der gesuchten Interessen: $93,88

Auf dieselbe Weise verfahre mit irgend einem andern Kapital, oder Zins, oder Zinsfuß. Und wenn es länger als ein Jahr aussteht, so multiplicire die Interessen von einem Jahr mit der Zahl der Jahre, für welche die Interessen gesucht werden. Bei 20, 30, 60 oder irgend einer andern Summe Dollars Kapital, zwischen 10 und 100 Dollars, multiplicire die Interessen von $10 mit der Zahl der Zehner, die im Kapital vorkommen, wodurch du die ganze gesuchte Summe der Interessen erhältst.

Dieselbe Regel ist giltig bei Hundertern zwischen einhundert und eintausend, und ebenso bei Tausenden.

Um das Interesse bei 5 Procenten heraus zu bekommen, nimm die Hälfte der Rate von 10 Procent. Dieselbe Regel gibt natürlich für alle Tafeln der verschiedenen Procent-Raten.

Zinstabelle.

6 Procent.

Zeit.		$1	$2	$3	$4	$5	$6	$7	$8	$9	$10	$100	$1000
1	Tag	0	0	0	0	0	0	0	0	0	0	2	17
2	"	0	0	0	0	0	0	0	0	0	0	3	33
3	"	0	0	0	0	0	0	0	0	0	1	5	50
4	"	0	0	0	0	0	0	0	1	1	1	7	67
5	"	0	0	0	0	0	1	1	1	1	1	8	83
6	"	0	0	0	0	1	1	1	1	1	1	10	1,00
7	"	0	0	0	0	1	1	1	1	1	1	12	1,17
8	"	0	0	0	1	1	1	1	1	1	1	13	1,33
9	"	0	0	0	1	1	1	1	1	1	2	15	1,50
10	"	0	0	1	1	1	1	1	1	2	2	17	1,67
11	"	0	0	1	1	1	1	1	1	2	2	18	1,83
12	.	0	0	1	1	1	1	1	2	2	2	20	2,00
13	"	0	0	1	1	1	·1	2	2	2	2	22	2,17
14	"	0	0	1	1	1	1	2	2	2	2	23	2,33
15	"	0	1	1	1	1	2	2	2	2	3	25	2,50
16	"	0	1	1	1	1	2	2	2	2	3	27	2,67
17	"	0	1	1	1	1	2	2	2	3	3	28	2,83
18	"	0	1	1	1	2	2	2	2	3	3	30	3,00
19	"	0	1	1	1	2	2	2	3	3	3	32	3,17
20	"	0	1	1	1	2	2	2	3	3	3	33	3,33
21	"	0	1	1	1·	2	2	2	3	3	4	35	3,55
22	"	0	1	1	1	2	2	3	3	3	4	37	3,67
23	"	0	1	1	2	2	2	3	3	3	4	38	3,83
24	"	0	1	1	2	2	2	3	3	4	4	40	4,00
25	"	0	1	1	2	2	3	3	3	4	4	42	4,17
26	"	0	1	1	2	2	3	3	3	4	4	43	4,33
27	"	0	1	1	2	2	3	3	4	4	5	45	4,50
28	"	0	1	1	2	2	3	3	4	4	5	47	4,67
29	"	0	1	1	2	2	3	3	4	4	5	48	4,83
1	Monat	1	1	2	2	3	3	4	4	5	5	50	5,00
2	"	1	2	3	4	5	6	7	8	9	10	1,00	10,00
3	"	2	3	5	6	8	9	11	12	14	15	1,50	15,00
4	"	2	4	6	8	10	12	14	16	18	20	2,00	20,00
5	"	3	5	8	10	13	15	18	20	23	25	2,50	25,00
6	"	3	6	9	12	15	18	21	24	27	30	3,00	30,00
7	"	4	7	11	14	18	21	25	28	32	35	3,50	35,00
8	"	4	8	12	16	20	24	28	32	36	40	4,00	40,00
9	"	5	9	14	18	23	27	32	36	41	45	4,50	45,00
10	"	5	10	15	20	25	30	35	40	45	50	5,00	50,00
11	"	6	11	17	22	28	33	39	44	50	55	5,50	55,00
1	Jahr.	6	12	18	24	30	36	42	48	54	60	6,00	60,00

Zinstabelle.

7 Procent.

Zeit		$1	$2	$3	$4	$5	$6	$7	$8	$9	$10	$100	$1000
1	Tag	0	0	0	0	0	0	0	0	0	0	2	19
2	„	0	0	0	0	0	0	0	0	0	0	4	39
3	„	0	0	0	0	0	0	0	0	1	1	6	58
4	„	0	0	0	0	0	0	1	1	1	1	8	78
5	„	0	0	0	0	0	1	1	1	1	1	10	97
6	„	0	0	0	0	1	1	1	1	1	1	12	1,17
7	„	0	0	0	1	1	1	1	1	1	1	14	1,36
8	„	0	0	0	1	1	1	1	1	1	2	16	1,56
9	„	0	0	1	1	1	1	1	1	2	2	18	1,75
10	„	0	0	1	1	1	1	1	2	2	2	19	1,94
11	„	0	0	1	1	1	1	1	2	2	2	21	2,14
12	„	0	0	1	1	1	1	2	2	2	2	23	2,33
13	„	0	1	1	1	1	2	2	2	2	3	25	2,53
14	„	0	1	1	1	1	2	2	2	2	3	27	2,72
15	„	0	1	1	1	1	2	2	2	3	3	29	3,92
16	„	0	1	1	1	2	2	2	2	3	3	31	3,11
17	„	0	1	1	1	2	2	2	3	3	3	33	3,31
18	„	0	1	1	1	2	2	2	3	3	4	35	3,50
19	„	0	1	1	1	2	2	3	3	3	4	37	3,69
20	„	0	1	1	2	2	2	3	3	4	4	39	3,89
21	„	0	1	1	2	2	2	3	3	4	4	41	4,08
22	„	0	1	1	2	2	3	3	3	4	4	43	4,28
23	„	0	1	1	2	2	3	3	4	4	4	45	4,47
24	„	0	1	1	2	2	3	3	4	4	5	47	4,67
25	„	0	1	1	2	2	3	3	4	4	5	49	4,86
26	„	1	1	2	2	3	3	4	4	5	5	51	5,06
27	„	1	1	2	2	3	3	4	4	5	5	53	5,25
28	„	1	1	2	2	3	3	4	4	5	5	54	5,44
29	„	1	1	2	2	3	3	4	5	5	6	56	5,64
1	Monat	1	1	2	2	3	4	4	5	5	6	58	5,83
2	„	1	2	4	5	6	7	8	9	11	12	1,17	11,67
3	„	2	4	5	7	9	11	12	14	16	18	1,75	17,20
4	„	2	5	7	9	12	14	16	19	21	23	2,33	23,35
5	„	3	6	9	12	15	18	20	23	26	29	2,92	29,17
6	„	4	7	11	14	18	21	25	28	32	35	3,50	35,00
7	„	4	8	12	16	20	25	29	33	37	41	4,08	40,83
8	„	5	9	14	17	23	28	33	37	42	47	4,67	46,67
9	„	5	11	16	21	26	32	37	42	47	53	5,25	52,50
10	„	6	12	18	23	29	35	41	47	53	58	5,83	58,33
11	„	6	13	19	26	32	39	45	51	58	64	6,42	61,17
1	Jahr.	7	14	21	28	35	42	49	56	63	70	7,00	70,00

Zinstabelle.

8 Procent.

Zeit		$1	$2	$3	$4	$5	$6	$7	$8	$9	$10	$100	$1000
1	Tag	0	0	0	0	0	0	0	0	0	0	2	22
2	„	0	0	0	0	0	0	0	0	0	0	4	44
3	„	0	0	0	0	0	0	0	1	1	1	7	67
4	„	0	0	0	0	0	1	1	1	1	1	9	89
5	„	0	0	0	0	1	1	1	1	1	1	11	1,11
6	„	0	0	0	1	1	1	1	1	1	1	13	1,33
7	„	0	0	0	1	1	1	1	1	1	2	16	1,56
8	„	0	0	1	1	1	1	1	1	2	2	18	1,78
9	„	0	0	1	1	1	1	1	2	2	2	20	2,00
10	„	0	0	1	1	1	1	2	2	2	2	22	2,22
11	„	0	0	1	1	1	1	2	2	2	2	24	2,44
12	„	0	1	1	1	1	2	2	2	2	3	27	2,67
13	„	0	1	1	1	1	2	2	2	3	3	29	2,89
14	„	0	1	1	1	2	2	2	2	3	3	31	3,11
15	„	0	1	1	1	2	2	2	3	3	3	33	3,33
16	„	0	1	1	1	2	2	2	3	3	4	36	3,56
17	„	0	1	1	2	2	2	3	3	3	4	38	3,78
18	„	0	1	1	2	2	2	3	3	4	4	40	4,00
19	„	0	1	1	2	2	3	3	3	4	4	42	4,22
20	„	0	1	1	2	2	3	3	4	4	4	44	4,44
21	„	0	1	1	2	2	3	3	4	4	5	47	4,67
22	„	0	1	1	2	2	3	3	4	4	5	49	4,88
23	„	1	1	2	2	3	3	4	4	5	5	51	5,11
24	„	1	1	2	2	3	3	4	4	5	5	53	5,33
25	„	1	1	2	2	3	3	4	4	5	6	56	5,56
26	„	1	1	2	2	3	3	4	5	5	6	58	5,78
27	„	1	1	2	2	3	4	4	5	5	6	60	6,00
28	„	1	1	2	2	3	4	4	5	6	6	62	6,22
29	„	1	1	2	3	3	4	5	5	6	6	64	6,44
1	Monat	1	1	2	3	3	4	5	5	6	7	67	6,67
2	„	1	3	4	5	7	8	9	11	12	13	1,33	13,33
3	„	2	4	6	8	10	12	14	16	18	20	2,00	20,00
4	„	3	5	8	11	13	16	19	21	24	27	2,67	26,67
5	„	3	7	10	13	17	20	23	27	30	33	3,33	33,33
6	„	4	8	12	16	20	24	28	32	36	40	4,00	40,00
7	„	5	9	14	19	23	28	33	37	42	47	4,67	46,67
8	„	5	11	16	21	27	32	37	43	48	53	5,33	53,33
9	„	6	12	18	24	30	36	42	48	54	60	6,00	60,00
10	„	7	13	20	27	33	40	47	53	60	67	6,67	66,67
11	„	7	15	22	29	37	44	51	59	66	73	7,33	73,33
1	Jahr.	8	16	24	32	40	48	56	64	72	80	8,00	80,00

Zinstabelle.

9 Procent.

Zeit.		$1	$2	$3	$4	$5	$6	$7	$8	$9	$10	$100	$1000
1	Tag	0	0	0	0	0	0	0	0	0	0	3	25
2	„	0	0	0	0	0	0	0	0	0	1	5	50
3	„	0	0	0	0	0	0	1	1	1	1	8	75
4	„	0	0	0	0	1	1	1	1	1	1	10	1,00
5	„	0	0	0	1	1	1	1	1	1	1	13	1,25
6	„	0	0	0	1	1	1	1	1	1	2	15	1,50
7	„	0	0	1	1	1	1	1	1	2	2	18	1,75
8	„	0	0	1	1	1	1	1	2	2	2	20	2,00
9	„	0	0	1	1	1	1	2	2	2	2	23	2,25
10	„	0	1	1	1	1	2	2	2	2	3	25	2,50
11	„	0	1	1	1	1	2	2	2	2	3	28	2,75
12	„	0	1	1	1	2	2	2	2	3	3	30	3,00
13	„	0	1	1	1	2	2	2	3	3	3	33	3,25
14	„	0	1	1	1	2	2	2	3	3	4	35	3,50
15	„	0	1	1	2	2	2	3	3	3	4	38	3,75
16	„	0	1	1	2	2	2	3	3	4	4	40	4,00
17	„	0	1	1	2	2	2	3	3	4	4	43	4,25
18	„	0	1	1	2	2	3	3	4	4	5	45	4,50
19	„	0	1	1	2	2	3	3	4	4	5	48	4,75
20	„	1	1	2	2	3	3	4	4	5	5	50	5,00
21	„	1	1	2	2	3	3	4	4	5	5	53	5,25
22	„	1	1	2	2	3	3	4	4	5	6	55	5,50
23	„	1	1	2	2	3	3	4	5	5	6	58	5,75
24	„	1	1	2	2	3	4	4	5	5	6	60	6,00
25	„	1	1	2	3	3	4	4	5	6	6	63	6,25
26	„	1	1	2	3	3	4	5	5	6	7	65	6,50
27	„	1	1	2	3	3	4	5	5	6	7	68	6,75
28	„	1	1	2	3	4	4	5	6	6	7	70	7,00
29	„	1	1	2	3	4	4	5	6	7	7	73	7,25
1	Monat	1	2	2	3	4	5	5	6	7	8	75	7,50
2	„	2	3	5	6	8	9	11	12	14	15	1,50	15 00
3	„	2	5	7	9	11	14	16	18	20	23	2,25	22,50
4	„	3	6	9	12	15	18	21	24	27	30	3,00	30,00
5	„	4	3	11	15	19	23	26	30	34	38	3,75	37 50
6	„	5	9	14	18	23	27	32	36	41	45	4,50	45 00
7	„	5	11	16	21	26	32	37	42	47	53	5,25	52,50
8	„	6	12	18	24	30	36	42	48	54	60	6,00	60,00
9	„	7	14	20	27	34	41	47	54	61	68	6,75	67,50
10	„	8	15	23	30	38	45	53	60	68	75	7,50	75 00
11	„	8	17	25	38	41	50	58	66	74	83	8,25	82 50
1	Jahr.	9	18	27	36	45	54	63	72	81	90	9,00	90,00

Zinstabelle.

10 Procent.

Zeit.		$1	$2	$3	$4	$5	$6	$7	$8	$9	$10	$100	$1000
1	Tag	0	0	0	0	0	0	0	0	0	0	3	28
2	"	0	0	0	0	0	0	0	0	1	1	6	56
3	"	0	0	0	0	0	1	1	1	1	1	8	83
4	"	0	0	0	0	1	1	1	1	1	1	11	1,11
5	"	0	0	0	1	1	1	1	1	1	1	14	1,39
6	"	0	0	1	1	1	1	1	1	2	2	17	1,67
7	"	0	0	1	1	1	1	1	2	2	2	19	1,94
8	"	0	0	1	1	1	1	2	2	2	2	22	2,22
9	"	0	1	1	1	1	2	2	2	2	3	25	2,50
10	"	0	1	1	1	1	2	2	2	3	3	28	2,78
11	"	0	1	1	1	2	2	2	2	3	3	31	3,06
12	"	0	1	1	1	2	2	2	3	3	3	33	3,33
13	"	0	1	1	1	2	2	3	3	3	4	36	3,61
14	"	0	1	1	2	2	2	3	3	4	4	39	3,89
15	"	0	1	1	2	2	3	3	3	4	4	42	4,17
16	"	0	1	1	2	2	3	3	4	4	4	44	4,44
17	"	0	1	1	2	2	3	3	4	4	5	47	4,72
18	"	1	1	2	2	3	3	4	4	5	5	50	5,00
19	"	1	1	2	2	3	3	4	4	5	5	53	5,28
20	"	1	1	2	2	3	3	4	4	5	6	56	5,56
21	"	1	1	2	2	3	4	4	5	5	6	58	5,83
22	"	1	1	2	2	3	4	4	5	5	6	61	6,11
23	"	1	1	2	3	3	4	4	5	6	6	64	6,39
24	"	1	1	2	3	3	4	5	5	6	7	'67	6,67
25	"	1	1	2	3	3	4	5	6	6	7	69	6,94
26	"	1	1	2	3	4	4	5	6	7	7	22	7,22
27	"	1	2	2	3	4	5	5	6	7	8	75	7,50
28	"	1	2	2	3	4	5	5	6	7	8	78	7,78
29	"	1	2	2	3	4	5	6	6	7	8	81	8,06
1	Monat	1	2	3	3	4	5	6	7	8	8	83	7,33
2	"	2	3	5	7	8	10	12	13	15	17	1,67	16,67
3	"	3	5	8	10	13	15	18	20	23	25	2,50	25,00
4	"	3	7	10	13	17	20	23	27	30	33	3,33	33,33
5	"	4	8	13	17	21	25	29	33	38	42	4,17	41,67
6	"	5	10	15	20	25	30	35	40	45	50	5,00	50,00
7	"	6	12	18	23	29	35	41	47	53	58	5,83	58,33
8	"	7	13	20	27	33	40	47	53	60	67	6,67	66,67
9	"	8	15	23	30	38	45	53	60	68	75	7,50	75,00
10	"	8	17	25	33	42	50	58	67	75	83	8,33	83,33
11	"	9	18	28	37	46	55	64	73	83	92	9,17	91,67
1	Jahr.	10	20	30	40	50	60	70	80	90	1,00	10,00	100,00

Regeln bei dem Eingeben von Arzneien, wobei Rücksicht genommen wird auf Alter und Geschlecht.

Für ein Erwachsenes (eine Person von 40 Jahren) ist 1 Drachme, 60 Gran, von gewöhnlicher Medicin erlaubt.

Denen von 20 Jahren ⅔ Drachme 40 Gran,

„	„	13	„	½ „	30 „
„	„	7	„	⅓ „	20 „
„	„	3	„	⅙ „	15 „
„	„	2	„	⅛ „	7 bis 8 „
„	„	1	„	1/12 „	5 „

Für Säuglinge unter 1 Jahr sollte sich die Gabe abwärts nach den Monaten richten, nach etwa demselben Verhältniß, wie bei den Jahren derer, die über ein Jahr alt sind.

Bei Personen von vorgerücktem Alter (sage 60 Jahren) muß die Gabe um 5 Gran verringert werden, und von da aufwärts für jede 10 Jahre weniger.

Frauenzimmer bedürfen jedenfalls etwas weniger, denn männliche Personen.

Obige Regeln gelten bei allen Medicinen, ausgenommen Ricinusöl dessen Proportionen nicht so sehr verringert werden können, sowie bei dem Opium und seinen verschiedenen Präparaten, welche in größeren Proportionen verringert werden muß.

Erklärung medicinischer Abkürzungen, sowie der Gewichte und Maaße der Apotheker.

Ein Pfund (1 Pfd.) enthält 12 Unzen (Uz.)
Eine Unze (1 Uz.)   „   8 Drachmen (Dr)
Eine Drachme (Dr.)   „   3 Scrupel (Scru.)
Ein Scrupel (Scru.)   „   20 Gran (Gr.)

Flüssigkeits-Maaße.

Eine Pinte (1 Pt.) enthält 16 flüssige Unzen, 4 gills.
Eine Unze   „   8 „   Drachmen, ¼ gills.
Ein Eßlöffel voll ist etwa ½ flüssige Unze.
Ein Theelöffel voll ist etwa 1 „   Drachme.
Sechzig Tropfen sind etwa 1 Theelöffel voll.

Wenn es heißt „1 Theelöffel" „1 Eßlöffel," so ist das so viel als „ein Theelöffel voll," „ein Eßlöffel voll." So auch bei den Kaffeetassen bei flüssigem Maaße. Wenn „ein Löffel," oder „Löffel voll" angegeben ist, so meint das, der Löffel soll gehäuft voll gegebeuen werden, außer es sey anders bemerkt. Dieß Letztere hat aber blos auf das trockene Maaß Bezug

Erklärung technischer Wörter (Kunstausdrücke) welche in medicinischen Schriften gebraucht werden.

Abdomen..Der Unterleib.

Aromatics..Gewürzhafte Arzneistoffe, wohlriechende Würzmittel.

Aperient..Eine milde Laranz oder Purganz.

Acidity..Säure. Acids zersetzen Alkalien (Laugensalz.)

Alkaline..Was die Eigenschaft von Langen oder Laugensalze hat.

Antacid..Medicinen, welche Säuren zersetzen.

Anti..Eine Vorsilbe, welche das Gegentheil von Etwas ausdrückt.

Antiscorbutic..Blutreinigungsmittel bei Stropheln.

Antisyphilitic..Mittel gegen venerische Krankheiten.

Albus..Weiße, daher der weiße Fluß. (Fluor albus)

Antisialagogue..Mittel gegen Speichelfluß.

Antiseptic..Das, was gegen Fäulniß wirkt, dieselbe verhütet.

Antiphlogistic..Mittel gegen Fieber und Entzündungen.

Antispasmodic..Mittel gegen Gichter, Krämpfe oder Convulsionen.

Anodyne..Schmerzstillendes und Schlafmachendes Arzneimittel.

Alterative..Milderndes und Säfte verbesserndes Mittel.

Astringent..Zusammenziehendes Arzneimittel, wie bei Blutstillung, u. s. w.

Abscess..Geschwür, Eitergeschwulst.

Anemina..Mangel an Blut, oder besser: Blut, ohne gehörige Proportion Eisen.

Alvine..Was Bezug auf die Eingeweide, Gedärme hat.

Aliment..Irgend eine Art Nahrung.

Alimentary Canal. Der Darmkanal.

Albumen..Eiweiß-Stoff. In Pflanzen und Thierreich allgemein.

Antimonial..Medicinen, welche Antimonium enthalten.

Anus..Die äußere Oeffnung des Mastdarms, der After.

Antiperiodic..Mittel, welches periodische Krankheiten heilt.

Antidote..Gegenmittel: besonders gegen Gifte.

Adult..Erwachsene Personen.

Aqua..Wasser.

Aqua Ammonia..Salmiakgeist.

Amenorrhea..Ausbleiben der weiblichen Reinigung.

Antiemetic..Gegenmittel gegen Erbrechen.

Arsenic..Arsenik, das stärkste Mineralgift.

Abortion..Mißgeburt, frühzeitige Geburt.

Abortives..Frucht abtreibende Mittel, sehr gefährlich für das Weib.

Abrasion..Abschaben, Abschälen der Haut.

Acetate..Ein mit Eßigsäure bereitetes Präparat.

Acrid..Reizend, beißend.

Adhesive..Mittel, welche fest anhangen, wie Heftpflaster, u. s. w.

Balm..Aromatische und wohlriechende Arznei, auch Salbe.

Balsam..Harzige Substanzen, welche Heilkraft besitzen.

Basilicon..Eine Salbe von Wachs, Harz u. dgl.

Belladonna..Die Tollkirsche, tödliche Nachtschatten.

Bergamot..Parfümerie, von Citronenschaalen gemacht.

Bile..Galle, eine Absonderung von der Leber, in die Gallenblase.

Bilious..Zu viel Galle habend, gallenartig.

Bi-tartrate of Potash..Präparirter Weinstein.

Blanch..Blanchiren, bleichen, weiß machen.

Bowels..Gedärme.

Bolus..Eine große Pille.

Bronchia..Luftröhrenäste.

Bronchitis..Entzündung der Luftröhrenäste, welche zur Lunge führen.

Bronchocele..Luftröhrenbruch, dicker Hals.

Butiric acid..Buttersäure, Säure, von Butter chemisch bereitet.

Calcium..Die metallische Basis des Kalks. (Siehe: Flußspath.)

Calmus..Calmus.

Calcareous..Eine Substanz, die Kreide oder Kalk enthält.

Calcined..Gebrannt, so daß man Etwas leicht pulverisiren kann.

Calculus..Blasenstein, Gallenröhre, Steinschmerzen u. s. w.

Callous..Eine harte, beinige Substanz oder Gewächs.

Capsicum..Spanischer Pfeffer.

Catarrh..Schleimfluß Katarrh-Schnupfen.

Cathartic..Ein kräftiges Purgirmittel.

Catheter..Röhre, die Blase zu entleeren, künstliche Harnröhre.

Carminative..Eine aromatische Medicin. Schmerzstillend.

Caustic..Ein Aetzmittel, wie z. B. Höllenstein, Pottasche, u. s. w.

Citric Acid..Citronensäure.

Chronic..Veraltet, schon lang dauernd, chronisch.

Collapse..Zurücktreten des Blutes von der Oberfläche.

Coma..Schlafsucht. Betäubung.

Constipation..Verstopfung.

Contagious..Ansteckend durch Berührung. Pestartig.

Counter..Gegenwirkend, z. B. Spanische Fliegen, Senfpflaster.

Congestion..Ansammlung des Blutes in einem Körpertheil.

Convalescence..Der Gesundheit entgegen gehend.

Cuticle..Der äußere Theil der Haut.

Datura Stramonium..Der Stechapfel. Stramonium.

Diaphoretics..Schweiß erzeugende Mittel.

Decoction..Das Abkochen, Zubereiten durch Kochen.

Dentrifice..Ein Präparat, die Zähne zu reinigen.

Defecation..Die Verrichtung der Nothdurft, der Stuhlgang.

Dentition..Der Akt des Zahnens.

Desiccation..Der Akt des Trocknens.

Demulcent Schleimige Mittel, wie Flachssamen, arabisches Gummi.

Dermoid..Was sich auf die Haut bezieht.

Detergents..Reinigende Medicinen, als Laranzen und Purganzen.

Diagnosis..Erkennung, Unterscheidung einer Krankheit.

Diaphragm..Das Zwerchfell.

Diarrhea..Durchfall.

Digest..Verdauen, Verwandlung der Speisen in Nahrungssaft. Medicin mit anhaltender gelinder Wärme zu bereiten.

Discutient..Ein zertheilendes Mittel, das Geschwüre vertreibt.

Diuretic..Mittel, das den Urin vermehrt, urintreibendes Mittel.

Diluted..Mit Wasser verdünnt, geschwächt.

Digitalis..Der rothe Fingerhut, ein narkotisches Mittel.

Dorsal..Was Bezug auf den Rücken hat.

Douche..Duschbad, Sturzbad, Strömen des Wassers auf den Leib.

Drachm..Sechzig Gran, Drachme, 1 Theelöffel voll.

Dulcamara..Das Bittersüß; eine Pflanze.

Dyspepsia..Verdauungsschwäche.

Dysphonia..Erschwertes Reden, Stottern.

Dysuria..Erschwerter Urinabgang, schmerzliches Uriniren.

Eau..Wasser.

Eau de Cologne..Cölnisches Wasser

Ebulition..Aufwallung, Aufkochung.

Eclectic..Eklektisch, aussondernd, wählend, keiner Schule angehören.

Eclectic Physician..Ein Arzt, welcher unabhängig von irgend einer Schule ist.

Effervesce..Schäumen, Ausdünsten, aufbrausen.

Efflorescence..Röthe der ganzen Haut.

Effete..Abgenützt, verdorbene Materie, abgeschwächt.

Elaterium..Arzney Mittel um wäßrige Feuchtigkeiten abzutreiben. Der Bodensatz des Saftes von der Eselsgurke.

Electuary..Medicin, in der Dicke von Honig zubereitet.

Elixir..Eine Tinktur, von mehr als Einem Artikel gemacht.

Emesis..Der Akt des Erbrechens.

Emetic..Arznei, die Brechen erregt.

Emmenagogue..Eine Medicin zur Hervorbringung des Monatlichen.

Emollients..Erweichende Medicinen, wie Ulme, Flachssamen, u. s. w.

Emulsion..Schleim aus schleimigen Stoffen.

Enema..Einspritzung in den Mastdarm.

Ennui..Trägheit, Niedergeschlagenheit des Geistes.

Epi..Oben oder über.

Epidermis..Aeußere Haut.

Epigastrium..Gegend um den Magenmund herum.

Epilepsy..Fallsucht, mit Verlust der Sinnen und mit Schäumen des Mundes. Erstarrung.

Epiglottis..Das Zäpfchen, der Kehldeckel. welcher das Einbringen der Speisen oder Flüssigkeiten in die Luftröhre verhütet.

Epistaxis..Nasenbluten.

Ergot..Mutterkorn. (Eine Pflanze.)

Eructation..Aufstoßen von Wind aus dem Magen.

Eruption..Pusteln auf der Haut, von den Pocken, u. s. w.

Eschar..Grind, Schlaffheit der Haut, Schorf des Körpers.

Escharotic..Aetzmittel, das, was das Fleisch verzehrt, vermindert.

Essential..Was Bezug hat auf Essenzen.

Ether..Aether, eine sehr flüchtige Flüssigkeit.

Etherial Oil..Aetherisches Oel, verflüchtigtes Oel.

Eustachian Tube..Eustachische Röhre, welche von der Seite des Halses zu dem innern Ohre führt.

Eversion..Das Drehen der inneren Seite nach Außen.

Evacuation..Die Entleerung, der Stuhlgang. (Siehe das Kapitel über: „Verstopfung" nach.)

Evaporation..Verdampfung, Verdunstung, Verflüchtigung.

Exacerbation..Schnelle Verschlimmerung der Krankheit durch Aufreizung.

Exanthemata..Ausschlagskrankheiten. wie Pocken, Scharlachfieber, u. s. w.

Excrement..Das, was durch den Stuhl abgeht.

Excretion..Auswerfung, Ausleerung des Nutzlosen.

Excoriation..Abschälen, Wundwerden der Haut.

Exhalents..Gefäße, durch welche die Ausdünstung vor sich geht.

Expectorants..Schleimlösende Mittel, gut für den Hals, Lunge u. s. w.

Excision..Abnehmen eines Gliedes.

Extremity..So viel, als die Arme und Füße. obere und untere Extremitäten.

Exterpation..Ausscheiden oder Abnehmen eines Theils.

Extreat..1. Auszug, als Hauptwort; 2. ausziehen, als Zeitwort, — der active Theil einer Pflanze.

Express..Auspressen, Säfte auspressen

Excrescence..Ein unnatürliches Gewächs, Auswuchs.

Extravasation..Eine Sammlung von Blut unter der Haut, oder Austreten des Blutes in eine der Körperhöhlen.

Facial..Dem Gesicht angehörig, Bezug auf das Gesicht habend.

Farina..Mehl, Grütze.

Farcy..Eine Krankheit der lymphatischen Gefäße in der Haut-Raude des Pferdes.

Fauces..Der Schlund und Hintertheil des Mundes.

Fascicular..Bündel, in Bündeln.

Feces..Das was der Mensch durch den Stuhl entleert.

Febrile..Bezug auf Fieber.

Fibrifuge..Medicin, die Fieber vertreibt und Schweiß bewirkt.

Felon..Der Wurm am Finger, ein Geschwür, daß die Fingerknochen angreift.

Femur..Das Schenkelbein.

Femoral..Bezug habend auf den Schenkel.

Ferment..Gähren. Gährstoffe sind: Bier, Wein, Cider u. s. w.

Fermentation..Gährung.

Ferri Limatura..Eisenfeilspäne, sehr werthvoll in weiblichen Krankheiten und für Mannspersonen von schwacher Beschaffenheit.

Ferrum..Eisen.

Fever..Fieber, von den Aerzten der „alten Schule" eine Krankheit genannt, während eine andere Klasse (die Thomsonianer) sagen, es sei eine Anstrengung der Natur, die Krankheit zu besiegen. Die Eklektiker dagegen sagen, es seien Zeichen, daß die Circulation nicht regelmäßig sei, weßhalb sie die Circulation wieder gleichmäßig zu machen suchen durch schweißtreibende Mittel und s...; denn Fieber und Ausdünstung können nicht lange neben einander ha......

Filter..Filtriren, seihen durch Papier, zu diesem Zweck gemacht.

Fibre..Fiber, sowohl in den Muskeln, als auch bei Pflanzen, eine dünne, fadenähnliche Faser.

Fibula..Der kleinste Knochen des Fußes unter dem Knie.

Fistula..Ein Geschwür.

Flaccid..Welf, schlaff, weich.

Flabby..Los, schlaff und weich beim Anrühren.

Flatus..Abgehender Wind, Gas der Excremente, aus fixer Luft bestehend. Der Magen oder Gebärme mit Luft gefüllt.

Fluoric Acid..Ein Fluid, das aus dem Flußspath gewonnen wird vermittelst Destilation mit Vitriolöl.

Flatulence..Gas im Magen, Anhäufung von Wind.

Flooding..Gebärmutter-Blutfluß.

Fluor..Fluß, eine erhöhte Entleerung.

Fluor Albus..Der weiße Fluß, die gewöhnlichste Frauenkrankheit.

Friction..Reibung, mit der trockenen Hand oder mit Tuch.

Fumigate..Ein Zimmer oder irgend einen andern Artikel räuchern.

Fundament..Der After, Anus.

Formula..Medicinische Verschreibung.

Fulminating Powder..Ein explodirendes Präparat, bei Feuerwerken benützt.

Function..Verrichtung, Thätigkeit eines Organs, des Magens, usw.

Fungus..Schlammiges Fleisch bei Wunden, faules Fleisch, ein weiches Geschwür, welches beim Berühren blutet, wenn es offen ist.

Fusion..Schmelzen, Gießen, (als Hauptwörter.)

Furor..Tollheit, Wuth, Raserei, höchster Grad von Delirium, wobei kein Fieber zugegen ist.

Galbanum..Mutterharz, ein harziges Gummi von gewissen Pflanzen.

Genus..Geschlecht, Gattung, besonders bei Pflanzen, Klasse, Ordnung derselben usw.

Gall..Galle.

Gall bladder..Gallenblase, ein Sack, welcher die Galle durch Canäle von der Leber erhält, und dieselbe in gesundem Zustand an den Magen durch eine Röhre, genannt communis choledochus entsendet.

Gall Stones..Gallensteine, krankhafte Produkte der gelben Materie und des krystallisirbaren Gallenfettes in den Gallengängen und der Gallenblase, welche durch Verstopfung der ersteren sehr gefährlich werden und sehr oft den Tod herbeiführen.

Galla..Der Gallapfel. Durch die Einwirkung, welche der Stich eines Insektes auf die zarten grünen Zweige der Eiche hervorbringt, auf die es sein Ei niederlegt, entstehen die Galläpfel. Man findet sie in den wärmern Gegenden Asiens.

Gallic acid..Galläpfelsäure.

Galipot..Ein glasirter Hafen für harzige Extracte.

Galvanic..Bezug auf den Galvanismus habend.

Gamboge..Gummigutt, ein starkes, wassertreibendes Abführmittel.

Gangrene..Gangräna (griechisch) der kalte Brand, wobei das absterbende Glied noch Wärme, Bewegung und Empfindung hat. Die Kräfte sinken und oft folgt der Tod d'rauf.

Ganglion..Nervenknoten, Ueberbein.

Gaseous..Die Natur der Luft habend.

Gastric..Sich auf den Magen beziehend.

Gastric juice..Magensaft.

Gastritis..Magenentzündung.

Gastrodynia..Magenschmerz, hie und da mit Krampf verbunden.

Gelatine..Gallerte, Hausenblase.

Gelatinous..Gallertartig.

Genitals..Geschlechtstheile, Genitalien.

Gentian..Enzian, eine europäische Pflanze, von der besonders die Wurzel stärkende Eigenschaften besitzt. &c.

Genu..Das Knie.

Genuflexion..Beugung des Knies.

Germ..Lebenselement, Lebensfunke, Keim.

Gestation..Schwangerschaft.

Gland..Drüse. Ein Schleim absondernd:s Organ. Es gibt im Menschen verschiedene solcher Drüsen, z. B. Gekrösdrüse, Ohrendrüse, Schleimdrüse im Gehirn usw.

Glans..Die Eichel, in jedem Sinne.

Gleet..Chronischer, krankhafter Samenfluß, Gonorrhöe.

Globules..Kleine runde Theile, besonders die Blutkügelchen.

Glossa..Die Zunge, Sprache.

Gloss..Glossiren, Erklärungen schreiben.

Glossarist..Ein Glossenschreiber.

Glossary..Wörtererklärung, Anmerkungen.

Glossorial..Was Erklärungen enthält.

Glossitis..Entzündung der Zunge.

Glottis..Die Stimmritze, die Oeffnung in der Luftröhre, an der Wurzel der Zunge, bedeckt von dem Zäpfchen.

Gluten..Eine elastische Substanz, im Weizenmehl und andern Kornfrüchten gefunden. Es enthält viel Nahrungsstoff und verleiht dem Teig seine Zähigkeit. Das Wort bedeutet einfach auch: Leim.

Glutton..Ein Fresser.

Gonorrhea..Krankhafter Samenfluß aus den Geschlechtstheilen.

Gout. Gicht: Schmerzhafte Entzündung der Gelenke sowie der Zehen- und Fingergelenke.

Graaule..Ein kleiner Theil gesunder Materie.

Granulation..Heilung eines Geschwüres oder einer Wunde, aus welcher gesunde Materie fließt.

Gravel..Blasensteine, krystallisirte Theile im Urin.

Green-Sickness..Bleichsucht: Chorose: Krankheit, die besonders bei Mädchen vorkommt. Eisen ist bei dieser Art Schwäche eine gute Arznei.

Griping..Zusammenziehende Schmerzen im Magen oder in den Gebärmen.

Gutta..Ein Tropfen, die Tropfen.

Gutta Percha..Guttaperche, getrockneter Saft von dem Geschlecht eines Baumes: Isonandra gutta.

Guttural..Bezug auf den Hals habend.

Gymnasium..Schulanstalt. Ein Ort, wo auch allerlei Leibesübungen gelernt werden können. Das Wort kommt her von gymnos: nackt, weil bei den alten Griechen fast alle Uebungen nackend geschahen. Das älteste Gymnasium hatte Sparta.

Gypsum..Gyps (in Süddeutschland „Jps") Sulphate of Lime, (schwefelsaurer Kalk.)

Habit..Gewohnheit, auch Anlage bei Krankheiten. Gute und böse Gewohnheiten. Schwindsüchtige Anlage, oder Anlage zu Rheumatismus usw.

Hema..Blut; dieses Wort wird gewöhnlich andern vorgesetzt.

Hematemesis..Bluten aus dem Magen.

Hematuria..Blutfluß aus der Blase.

Hemoptysis..Bluten aus den Lungen.

Hemorrhoids..(Goldene Ader.) Hämorrhoiden.

Henbane..Bilsenkraut.

Hereditary..Von den Eltern ererbte Krankheit.

Hernia..Ein Bruch, wobei ein Theil der Gedärme heraustritt.

Herpes..Hautkrankheit, Flechten.

Hiera Picra. Eine Medicin, die Aloe enthält.

Humerus..Das Schulterbein, die Schulter.

Humeral..Was zur Schulter oder zum Oberarm gehört.

Humors..Die Säfte und Feuchtigkeit des Körpers, ausgenommen das Blut.

Hydragogues..Wassertreibende Medicinen, wie z. B. das Elaterium bei der Wassersucht.

Hydrargyrum..Quecksilber, die Aerzte geben dem Kalomel obigen Namen.

Hydrocyanic acid..Blausäure, eines der allerstärksten Gifte.

Hydrofluoric acid..Flußsäure.

Hygea..Gesundheit.

Hygiene..Erhaltung der Gesundheit durch gute Diät usw.

Hypo..Bezeichnet tief, gesunken, besonders aber so viel als unser deutsches Wort: unter.

Hypoglottis..Unter der Zunge.

Hysteria..Der Mutterleib, Krankheit der Mutter, verursacht durch Unregelmäßigkeiten derselben.

Hysteritis..Entzündung der Gebärmutter.

Ichor..Ein scharfer, beißender, wasseriger Ausfluß aus Geschwüren, [welcher oft um sich fressen] ist.

Icterus..Gelbsucht, welche an der gelben Farbe der Augen und der Haut erkannt wird.

Icterus albus..Bleichsucht, weißer Fluß u. drgl.

Ignition..Entzünden, das Brennen zu Asche, usw.

Ileus..Kolik in den kleinen Gedärmen.

Iliac..Nahe an der Flanke sich befindend.

Iliac Region..Die Seiten des Unterleibs zwischen den Rippen und den Schenkeln.

Imbecile..Schwach, sowohl an Leibes-, als auch Geisteskräften.

Imbibe..Aufsaugen, trinken.

Imbricate..Uebereinanderliegend.

Immerse..Untertauchen.

Immobile..Unbeweglich, wie z. B. steife Glieder.

Imperforate..Ohne natürliche Oeffnung. Verschlossen.

Impervious..Gegen das Wasser geschützt, wasserdicht. Das Wort wird überhaupt für undurchdringlich gebraucht.

Impetigo..Raude, Krätze, Flechte, Wurm.

Imponderable..Leicht, elektrisch, ohne Gewicht.

Impoverished..Gesunkene Lebenskraft. Verarmt.

Impotence..Unfähigkeit, besonders in Hinsicht des Zeugens von Kindern.

Impregnation..Schwängerung.

Incision..Der Einschnitt.

Incombustible..Unverbrennlich.

Incompatibles..Medicinen, welche nicht gemischt gegeben werden dürfen, sondern immer einzeln.

Incontenence..Unfähigkeit, die natürlichen Entleerungen zu halten.

Incorporate..Zusammenmischen, einverleiben, z. B. Medicinen mischen.

Incubation..Eierbrüten, langsamer Ausbruch einer Krankheit.

Indication..Anzeige, was gethan werden soll.

Indigenous..Einheimisch bloß in ein Land gehörend, in Hinsicht der herrschenden Krankheiten. Pflanzen usw.

Indigestion..Verdauungsschwäche.

Indolent..Träge, z. B. ein träges Geschwür, das langsam heilt.

Induration..Verhärtung eines Theils durch Krankheit.

Infectious..Ansteckend, eine Krankheit, die man erben kann.

Infirmary..Siechenhaus, Krankenhaus, Hospital.

Inflammation..Entzündung, begleitet von Hitze, Geschwulst, Röthe, usw.

Inflatus..Mit Wind angefüllt sein, blähen.

Influenza..Die Grippe, welche die Nasenlöcher, den Hals usw. angreift.

Infusion..Aufguß, Medicinen werden oft bloß durch Aufguß ausgezogen.

Inguinal..In den Schamtheilen. Scham.

Ingredient..Ein Theil der Mischung.

Inhalation..Einathmung.

Injection..Einspritzung. Klystir.

Inorganic..Was keine Organe hat, wie die Metalle.

Insanity..Wahnsinn. Verrücktheit.

Insertion..Das Anwachsen der Muskeln an den Knochen.

Inspiration..Einhauchung. Eingebung.

Inspissation..Verdickung durch Kochen.

Instinct..Eine unfreiwillige Thätigkeit. Instinkt.

Integument..Eine Decke, die Haut.

Inter..Eine Vorsilbe, welche: „zwischen" bedeutet.

Intercostal..Zwischen den Rippen.

Intermission..Zeit, zwischen den Fieberanfällen.

Intermittent Fever..Fieber, welches zu regelmäßigen Zeiten wiederkehrt.

Internal..Innen, innerlich.

Interosseous..Zwischen den Knochen.

Interval..Die Zeit zwischen den Anfällen bei periodischen Krankheiten.

Intestines..Die Gedärme.

Intestinal Canal..Der ganze Darmkanal.

Intolerance..Unduldsamkeit. Zum Beispiel: Ein krankes Auge, ist unfähig, das Licht zu ertragen.

Inversio Uteri..Umkehrung, Vorfall der Gebärmutter.

Inversion..Umkehrung, Drehung der innern Seite nach Außen.

Irreducible..Anwendbar bei Hernina, (dem Bruch) den man nimmer zurück bringen kann.

Ischuria..Harnverhaltung, Unfähigkeit, den Urin zu lassen.

Issue..Künstliches Geschwür, das als Gegenreizmittel zur Heilung eines andern Geschwürs dient.

Itch..Krätze, Psora, Raute.

Itis..Endsylben griechischer Wörter, Entzündung zu bezeichnen.

Ivory Black..Thierische Kohle.

Jaundice..Gelbsucht. Eine Krankheit der Leber.

Jelly..Gallerte in flüssigem Zustand, zur Medicin gebraucht.

Jesuits Bark..So wurde die Chinarinde früher genannt, von ihren Entdeckern, den esuiten.

Juglar Angewandt in Hinsicht der Halsvenen.

Jujube..Eine Ostindische Frucht gegen Husten.

Kali..Pottasche.

Kelp..Asche von der Seeweide.

Knot..Knoten, Nath; die Wundärzte fädeln ihre Nadel doppelt ein, wodurch die Nath weniger ausreißt?

Labia..Die Lippen.

Labia Pudendi..Schamlippen.

Labial..Zu den Lippen gehörig.

Labor..Arbeit; in Hinsicht der Arzneiwissenschaft: Das Gebären eines Kindes.

Laboratory..Laboratorium: Werkstätte für chemische Arbeiten.

Lancinating..Scharf, stechende, große, stechende Schmerzen.

Laryngeal..Zur Larynx (Luftröhre) gehörig.

Larynx..Der obere Theil der Luftröhre, des Halses.

Laryngitis..Luftröhrenentzündung.

Latent..Verborgen, z. B. Verborgene Hitze (latent heat.)

Lassitude..Schwäche, ein Gefühl der Betäubung, Erstarrung.

Laxative..Laranz, ein mildes Abführmittel.

Leptandrin..Pulver, von der Leptandria Virginica gemacht.

Leucorrhea..Weißer Fluß, Bleichsucht usw.

Levigate..Zu einem sehr feinen Pulver zu reduciren.

Ligature..Einbarb, Unterband, Amulette, ein Faden.

Located..Fest gesessen, auf ein gewisses Organ geworfen.

Lingua..Die Zunge, die Sprache.

Linguist..Ein Kenner verschiedener Sprachen, ein guter Redner.

Liniment..Ein flüssiges Präparat zum Einreiben.

Lithontriptic..Eine Medicin zum Auflösen des Blasensteins.

Lithotomy..Die Operation des Schneidens; das Herausnehmen des Blasensteins.

Liver..Die größte Drüse des menschlichen Körpers auf der rechten Seite, unmittelbar unter den kurzen Ribben.

Livid..Eine dunkle Stelle auf der Oberfläche des Körpers.

Loins..Lenden, der untere Theil der Rückseiten.

Lotion..Ein Präparat zum Waschen eines Geschwürs.

Lubricate..Mit Oel erweichen, oder mit einer Flüssigkeit zu befeuchten.

Lute..Ein Papp, womit chemische Instrumente verklebt werden, die Milch Käse wird zu diesem Zweck benützt.

Lymph..(Lymphe:) Jede wässrige Flüssigkeit; das Blutwasser, eine gallertähnliche Flüssigkeit, die in den „lymphatischen Gefässen" vorhanden.

Macerate..Ausziehen, einweichen durch Einsaugung.

Mal..Böse, übel, schlimm, unnatürlich.

Malformation..Unregelmäßigkeit, unnatürliche Form.

Malaria..Böse Dünste, welche von verfaulten Pflanzenstoffen kommen.

Malignant..Pestartig, gefährlich, wie z. B. die Cholera anno 1832.

Mamma..Die weibliche Brüste, welche die Milch durch Drüsen absondert.

Mastication..Das Kauen.

Masturbation..Selbstbefleckung, Selbstschärbung, welche durch Reiben der Geschlechtstheile vor sich geht. Die allerniedrigste Sünde, die ein Mensch begehen
kann gegen seinen eigenen Leib.

Maturity..Die Reife, Geschlechtsreife, Mannbarkeit.

Materia..Materie, gesunde Substanz.

Materia Medica..Die Arzneiwissenschaft, medicinische Zusammensetzungen.

Maturation..Bildung von Eiter, ungesunde Materie.

Meconium..Das Kindspech, der erste Stuhl eines Neugebornen.

Medical..Medicinisch.

Medicated..Medicinirt, mit Medicin vermischt.

Membrane..Haut, Schleimhaut, seröse und fibröse Häute.

Medicament..Arzneimittel, Medicin.

Medicinal..Was medicinische Eigenschaften hat.

Medullary..Markig, Gehirn ähnlich.

Mel. Honig.

Menstruation..Monatliche Reinigung.

Mentha Piperita..Pfefferminz.

Median..Mittelmäßig, mäßig groß, die Mitte haltend.

Mellifluous..Fließend mit Honig, süß.

Mennorrhagia..Allzugroßer Blutverlust beim Monatlichen.

Micturition..Der Akt des Harnens, Uriniren.

Midwifery..Hebammenkunst.

Minim..Ungefähr ein Tropfen, der 60ste Theil der flüssigen Drachme.

Minimum..Das Wenigste, Gegentheil von Maximum.

Modus Operandi..Der Weg, wie Medicinen wirken, so wie etwas zu behandeln.

Morbid..Ungesund.

Morbus..Eine Krankheit, Cholera Morbus, eine Unterleibskrankheit.

Mordant..Schnellfärbende Stoffe, z. B. Alaun, Vitriol usw.

Mucus..Thierischer Schleim.

Mucus membrane..Schleimhaut.

Mucilage..Eine wässrige Auflösung von Gummi, usw.

Muriatic..Seesalz in sich habend.

Muriatic acid..Salzsäure.

Muscle..Ein Bündel von Fasern, Fibern, Muskeln.

Muscular..Was Bezug auf die Muskeln hat.

Myrrh..Myrrhen, ein harziges Gummi.

Narcotic..Narkotisch, betäubend, Schlaf machend.

Nares..Die Nasenlöcher.

Nasal..Zur Nase gehörig, Bezug auf die Nase habend.

Nausea..Magenkrankheit. Erbrechen erregend.

Navel..Mittelpunkt des Bauches. Nabel.

Necros..Tod.

Necrosis..Tod eines Knochens, Knochenentzündung.

Nephros..Die Niere.

Nephritis..Nierenentzündung.

Nervous..Leicht, erregbar, aufgeregt, schwach.

Nervine..Nerven beruhigendes Mittel.

Neuralga..Nervenschmerz, besonders Gesichtsschmerz.

Nitre..Salpeter.

Nocturnal..Nächtlich, nächtlicher Weise geschehen.

Nitrate..Salpetersäure in Verbindung mit Alkalien.

Normal..In einem natürlichen und gesunden Zustand.

Nostrum..Ein medizinisches Präparat.

Nothus..Spurius, uneheliches Kind Bastarth Hurenkind.

Nudus..Nackend, bloß, dürftig.

Nutrition..Nahrung, Nahrungsmittel.

Nutritious..Nahrhaft.

Obesity..Korpulenz, außerordentliches Fettsein.

Obstetrics..Hebammenkunst.

Ochre..Oder verschiedene Arten gefärbte Erde.

Oculus..Das Auge.

Oculist..Der Augenarzt.

Oleaginous..Oelig, von öliger Beschaffenheit.

Omentum..Das Netz, Zwerchfell.

Opacity..Schattigkeit, Unburchsichtigkeit.

Opaque..Nicht burchscheinend, nicht transparent.

Opthalmos..Das Auge.

Opthalmia..Krankheit, besonders Entzündung des Auges.

Opiate..Ein schmerzstillendes Mittel, Opiumarzneien.

Organ..Ein Theil des Leibes, z. B. der Magen, die Lungen usw.

Organic..Organisch, mit Organen versehen.

Organismus..Die Gesammtheit aller Organe.

Organized..Geordnet mit Organen, mit Leben ausgerüstet.

Orgasm..Das Aufhören der Säfte zum Abfluß, besonders beim Beischlaf.

Origin..Der Anfangspunkt, Entstehungspunkt.

Orifice..Eine Oeffnung.

Os Tince..Muttermund, Uterus.

Osseous..Eine knochige, beinige Substanz.

Ossification..Verknöcherung.

Ostalgia..Schmerzen in einem Knochen.

Osteoma..Knochengeschwulst.

Ostitis..Knochenentzündung.

Otic..Was Bezug auf das Ohr hat, zum Ohr gehörig.

Otitis..Ohrentzündung.

Otarrhea..Ohrausfluß.

Ova..Die Eier.

Ovarium..Der Eierstock, der Ort in weiblichen Thieren (natürlich auch im Weibe,) wo die Eier formirt werden, oder liegen, oder der Theil von dem man glaubt, daß sich da der Fetus bilde, d. h. wo die Leibesfrucht entstehe.

Oviparous. Eier legend. Oviparen sind eierlegende Vögel und andere Thiere, deren Junge aus Eiern entstehen.

Ovum..Das Ei.

Oxalicacid..Kleesäure.

Oxide..Eine Verbindung mit Oxygen (Sauerstoff) mit Metallen und Flüssigkeiten.

Oxygen..Sauerstoff.

Oxymel..Ein Präperat von Essig und Honig.

Ozena..Stinkender Ausfluß aus der Nase.

Pabulum..Speise, Nahrung.

Pad..Ein Kissen, Polster.

Palliative..Ein Mittel, das blos Erleichterung gewährt.

Palpitation..Uunatürliches, ungesundes Herzklopfen.

Pan..Als ein Vorsylbe meint es Alle, z. B. panischer Schrecken, ein Schrecken, der Alle ergriff.

Panacea..Mittel gegen alle Krankheiten. — — —

Paralysis..Lähmung, Unfähigkeit sich zu bewegen.

Partus..Die Geburt, (in jeder Hinsicht so aufgefaßt.)

Parturition..Die Geburt eines Kindes.

Paroxysm..Der Anfall einer Krankheit zu gewissen Zeiten.

Periodical..Was in gewissen Zeiträumen geschieht.

Petal..Blumenblatt, Rosenblätter.

Phthisis..Auszehrung, Schwindsucht.

Pathos..Eindruck, Schmerz, leidenvolle Krankheit usw.

Pathology..Die Lehre von den Krankheiten.

Pectoral..Zur Brust gehörig, auf die Brust beziehend.

Pediluvium..Ein Fußbad.

Pendulous..Hinabhängend.

Penis..Das männliche Geschlechtstheil, die Ruthe.

Pepsine..Eine eigenthümliche Substanz im Magen, welche die Verdauung befördert.

Peptic..Verdaulich.

Percolation..Durchseihung.

Premonitory..Ein anzeigendes, vorausgehendes Symptom.

Peri..Umher, herum, eine Bedeckung.

Percardium..Der Herzbeutel.

Pericarditis..Herzbeutelentzündung.

Perin..Testifelsack, Sack, in welchem die Hoden sich befinden.

Perineum..Der Damm zwischen dem After und den Schamtheilen.

Perineal..Auf den Damm Bezug habend.

Period..Periode, ein gemessener Zeitabschnitt, ein Satz usw.

Periodicity..Wiederkehr zur bestimmten Zeit.

Periosteum..Knochenbeinhäutchen.

Perspective..Aussicht in der Ferne.

Perturbation..Verwirrung, Störung.

Perversion..Ungesunder Wechsel, schlimme Veränderung.

Pessary..Ein Mutterzäpfchen, Mutter Ring.

Phagedenic..Ein fressendes, schnell um sich greifendes Geschwür.

Pharmacy..Arzneibereitungskunst, gesammte Apothekerkunst.

Phlegm..Zäher Schleim aus den Luftröhrenästen und dem Hals, usw.

Phlogistic..Die Anlage zu Entzündungen haben.

Phosphorus..Eine entzündliche Substanz, gemacht aus Knochen.

Phosphate..Phosphorsäure in Verbindung mit Metallen oder Alkalien.

Piles..Goldader, Geschwüre an oder im After.

Piperine..Ein Präparat von schwarzem Pfeffer, gut beim Wechselfieber.

Placenta..Nachgeburt.

Plethora..Vollblütigkeit.

Pleuritis..Brustfellentzündung.

Pleura..Das Brustfell, das Ribbenfell.

Pneumon..Die Lunge.

Pneumonia..Lungenentzündung.

Podophyllin..Ein Pulver, von der Wurzel des Entenfuß oder Mayapfel gemacht.

Pomum..Der Apfel, daher Pomace, zerquetschte Aepfel, Träber.

Pottassium..Die Basis der Pottasche.

Potus..Ein Getränk.

Predisposition..Anlage zu einer Krankheit.

Pregnancy..Schwangerschaft.

Prognosis..Das Vorwissen des ferneren Verlaufs einer Krankheit.

Prolapsus..Vorfall der Gebärmutter.

Prostration..Kraftlosigkeit.

Prussiate..Eine Verbindung mit Blausäure, das stärkste Gift.

Psora..Die Krätze.

Pubes..Der Vorstehende Theil unter dem Bauch.

Puberty..Mannbarkeit.

Pubic..Was Bezug auf die Gegend der Schamhaare hat.

Pudendum..Die weiblichen Zeugungstheile, das Schamtheil.

Puer..Ein Knabe oder Kind.

Puerpera..Eine von einem Kind entbundene Frau.

Pulmo..Die Lunge.

Pulmonitis..Lungenentzündung.

Pulmonary..Was Bezug auf die Lungen hat.

Pulvis..Das Pulver, daher pulverize (pulverisiren.)

Pupil..Pupille, der schwarze Cirkel im Auge.

Purgative..Purganz, leichtes Abführmittel.

Pus..Ungesunde Materie.

Pustule..Pustul, ein erhabenes kleines Geschwür, ein Ausschlag.

Putrefaction..Fäulniß durch Gährung.

Putrid..Verdorben, verfault.

Pyroligneous acid..Eine Säure aus Holz, die Essenz von Rauch.

Quassia..Ein bitteres Stärkungsmittel, man braucht die Späne davon.

Rachis..Das Rückgrat.

Rachitis..Die englische Krankheit, ein Leiden des Rückenmarks, eine Rückgratsverkrümmung.

Radius..Das Schulterbein, Bein des Oberarms.

Radial..Was Bezug auf den Oberarm hat.

Radiated..Ausgesendet. Vom Mittelpunkt ausgehend.

Radix..Die Wurzel.

Ramus..Ein Ast, z. B. auch in der Verwandtschaft einer Familie.

Ramification..Das Treiben der Aeste, die Verzweigung.

Rancidity..Das Ranzigwerden, z. B. das Fett oder Oel wird ranzig.

Rash..Eine Röthe der Haut.

Rattle..Klapper, Rasseln, z. B. das Rasseln bei der Bräune.

Ratsbane: Arsenious acid..Arsenikum.

Recession..Hineinschlagen einer Krankheit, Hin-intreiben des Blutes, usw.

Rectum..Der unterste Theil der Gedärme, der Mastdarm.

Rednetion..Einrichtung eines Bruches.

Refrigerant..Eine kühlende Medicin.

Regimen..Die Regulation der Diät und Gewohnheit um bei Gesundheit willen.

Relapse..Rückfall, in der Regel schlimmer, als die erste Krankheit.

Relaxation..Das Sinken der Kraft, und des ganzen Systems.

Repletion..Völlheit.

Reproduction..Zeugung, Wiedererzeugung, Wiederersetzung.

Respiration..Das Athmen.

Resolution..Auflösung, Erschlaffung, Entschluß usw.

Retching..Brechreiz, brechreizend.

Retention..Das Ansichhalten des Urins oder Kothes.

Revulsion..Das Entfernen schlimmer Säfte aus dem Körper.

Rheumatism..Rheumatismus: Fluß in und aus dem Körper, usw.

Ricinoleum..Ricinusöl: Castor-Oel.

Rigor..Kälte, Fieberschauer mit Starrheit.

Rochelle Salts..Rochelle Salz, Mischung von weinsteinsaurer Pottasche und Soda.

Rubefacients..Medicinen, welche Röthe der Haut verursachen, z. B. Senf, Meerrettig usw.

Rupture..Ein Bruch.

Saccharine..Der Zuckerstoff. Zuckerhaltend.

Salvia..Der Speichel des Mundes, daher Salivation, Speichelfluß.

Salt. Eine Verbindung einer Säure mit Alkali oder mit einem Metall.

Saltpetre..Salpeter, salpetersaure Pottasche.

Salubrious..Ein gesundes Klima.

Sanative..Eine heilkräftige Arznei.

Sanguis..Blut.

Sanguinous..Blutig, blutiger Ausfluß usw.

Santonin..Eine Arznei aus Wurmsamen bereitet.

Sarcoma..Ein Fleischgeschwür, gewöhnlich krebsartig.

Scabies..Die Krätze.

Scirrhus..Ein hartes Geschwür, gewöhnlich krebsartiger Natur.

Scrofula..Eine constitutionelle Anlage zur Drüsenkrankheit.

Scrotum..Der Sack, welcher die Testikeln enthält.

Sedative..Beruhigendes Mittel, schmerzstillend.

Seidlitz..Ein Dorf in Böhmen, daher der Name Seidlitzpulver.

Sinapis..Senf.

Slough. Schlaff, herabhängend.

Stimulant..Eine Medicin, welche eine gesunde neue Thätigkeit bewirken soll.

Styptic..Blutstillungsmittel.

Snake-Root..Gewöhnliche oder Virginische Schlangenwurzel.

Spasm..Krampf, Convulsion.

Specific..Ein Mittel, das gewisse Krankheiten sicher heilt.

Sperm..Der menschliche und thierische Samen.

Spermatic..Was sich auf die Testikeln oder den Eierstock bezieht.

Spina..Das Rückgrat.

Stitch..Ein krampfartiger stechender Schmerz.

Stoma..Der Mund.

Stomatitis..Entzündung des Mundes.

Strangulation..Das Erwürgen, auch Mutterbeschwerden bei Hysterischen; auch gebraucht von einem Bruch, den man nicht einrichten kann.

Sudor..Schweiß.

Sulphate..Eine Mischung mit Schwefelsäure.

Sulphuric acid..Vitriolöl, Schwefelsäure.

Suppression..Unterdrückung einer natürlichen Ausleerung.

Suppuration..Erzeugung von Eiter.

Sympathy..Sympathie, wenn z. B. ein gesundes Organ von einem kranken angegriffen wird, z. B. Kopfweh von überladenem Magen, usw.
Symptom..Zeichen einer Krankheit, Erkennungszeichen.
Syncope..Bedeutet in medizinischer Hinsicht: Ohnmacht.
Syphilis Krankheit durch geschlechtliche Berührung mit Solchen, welche venerisch sind.
Tannic acid..Gerbsäure, von Eichenrinde erlangt. Zusammenziehend.
Tartaric acid..Eine Säure aus Weinstein bereitet.
Tenesmus..Harter Stuhlgang mit einem Reiz zum Stuhl.
Tent..Charpie von Leinwand oder Baumwollenzeuch, Wunden offen zu halten, bis sie
             von dem Grunde aus heilen.
Testes..Testikeln, Steine, die sich im Hodensack befinden; Hoden.
Therapeutics..Praktische Heilkunde, Krankenpflege, Collegien hierüber.
Thorax..Die Brust, und mehrere andere Bedeutungen.
Tibia..Das Schienbein.
Tonsils..Die Mandelbrüsen im Halse.
Trachea..Die Luftröhre.
Translation..Werfen der Krankheit auf einen andern Theil oder Organ des Leibes.
             Hinsichtlich der Wissenschaft heißt es Uebersetzung einer Sprache in eine an-
             dere, wie z. B. „Dr. Chase's Recipes," die zuerst englisch geschrieben und
             nun auch in die deutsche Sprache übersetzt worden sind.
Triturate..Zu Pulver verreiben.
Tumor..Geschwulst, Eitergeschwulst.
Ulna..Der Ellbogen.
Umbilicus..Der Nabel.
Ureter..Ein Gang von den Nieren zur Blase.
Urethra..Die Harnröhre.
Uterus..Gebärmutter.
Vagina..Geschlechtslust, Verbindung in geschlechtlicher Hinsicht.
Vermifuge..Ein Wurmmittel.
Virus..Ansteckendes Gift, stinkende, giftige Jauche oder Eiter.
Vulva..Aeußere Oeffnung der weiblichen Geschlechtstheile. Die Scheide.
Whites..Weißer Fluß.
Yeast..Hefe, Gährstoff.
Zinci Sulphas..Sulphate of Zink, weißer Vitriol, Zinkvitriol.

Verlagsrecht: Das ausschließliche Recht des Verlags eines Werkes erstreckt sich auf 28 Jahre, wonach es dann nochmals auf 14 Jahre erneuert werden kann. Wenn der Auter gestorben ist, so geht es auf seine Erben über. Diese Uebertragung muß aber gerichtlich eingetragen („recorded") und dieser „Record" 4 Wochen lang in irgend einer Zeitung der Vereinigten Staaten bekannt gemacht werden. Wer das Verlagsrecht verletzt und ein Werk nachdruckt, ohne vom Verfasser die Erlaubniß dazu zu haben, hat den Verlust aller Bücher und 50 Cents von jedem Bogen des Werks als Strafe zu erwarten. Der Vortheil dieser Strafe fällt zur Hälfte den V. St. und zur Hälfte dem Verfasser zu. Der Drucker ist so strafbar, wie der Herausgeber. In irgend einer Distrikt Court der Vereinigten Staaten kann das Verlagsrecht gesichert werden. Die betreffenden Gesetze können gefunden werden im 4ten Band des Gesetzbuchs der V. St., pag. 426—439. Der Clerk darf eine Belohnung von 50 Cents in Anspruch nehmen, ebenso 50 Cents für jedes Exemplar des „Record" unter dem Siegel der „Office," die gewünscht wird.

Verzeichniß

der

beutſchen und engliſchen Namen der in dieſem Werke vorkommenden Arzneiſtoffe, Farben u. ſ. w.

Salpeterſaures Silber, (Höllenſtein)..Nitrate of Silver. Lunar caustic.
Blauholzertraft..Extract of logwood.
Geißblattertraft..Extract of honey-suckle.
Pfefferminzöl..Oil of peppermint.
Senfſamen..Mustard seed.
Hauſenblaſe..Isinglass, (Russian Isinglass.)
Alaun..Alum.
Cochenille..Cochineal.
Cochenillenpulver..Powder of Cochineal.
Präparirter Weinſtein..Cream of tartar.
Ingwer..Ginger.
Himbeerſyrup..Raspberries Syrup.
Ananas-Geſchmack..Pine apple flavor.
Anisſamen..Anis seed.
Korianderſamen..Coriander seed.
Karbamonenſamen..Cardamon seed.
Mallaguettenſamen..Mallaguette seed.
Chinarinde..Peruvian bark.
Kinoharz..Gum kino.
Galgant..Galanga.
Lerchenſchwamm..Agaric.
Tauſendguldenfraut..American centaury.
Geläuterter Weingeiſt..Alcohol.
Opiumtinktur..Laudanum. Tincture of Opium.
Catechu, (japaniſche Erde)..Cutch, Catechu.
Kümmelöl..Oil of caraway.
Schweflichtſaurer Kalf..Sulphite of Lime.
Wachholderbeeren..Juniper berries.
Rainfarrn-Eſſenz..Essence of tansy.
Salzſäure..Muriatic acid.
Salbei..Sage.
Weinſteinſäure..Tartaric acid.
Muskatnuß..Nutmeg.
Klettenwurzel..Burdock root.
Sauerampferwurzel..Yellow dock root.
Löwenzahmwurzel..Dandelion root.
Citronenöl..Oil of lemon.
Doppelt Kohlenſaure Soda..Bi-carbonate of Soda.
Nelkenpfeffer..Allspice.
Gewürznelfen..Cloves.
Föhrenöl..Hemlock oil.
Arabiſches Gummi..Gum arabic.
Enzianwurzel..Gentian root.
Pommeranzenſchaalen..Orange peels.

Kohlensaures Ammonial..Carbonate of Ammonia.
Spanischer Pfeffer..Capsicum oder Cayenne.
Columbowurzel..Columbo root.
Blausaures Eisen..Prussiate of iron.
Virginische Schlangenwurzel..Virginia Snake root.
Baldrianwurzel..Valerian root.
Schwefeläther..Sulphuric ether.
Salmiakgeist..Spirits of Ammonia.
Kubebenbalsam..Balsam of Cubebs.
Süßer Salpeterspiritus..Sweet spirits of Nitre.
Zusammengesetzter Lavendelspiritus..Compound spirits of Lavender.
Brechweinstein..Emetic tartar.
Koloquintenextract..Extract of Colocynth.
Bittersalz..Epsom salts.
Salpeter..Nitre Salpeter.
Sennesblätter..Senna leaves.
Schwefelsaures Chinin..Sulphate of Quinine.
Kohlensaures Ammonium..Carbonate of Ammonium.
Gelsamiumtinktur..Tincture of Gelsaminum.
Amerikanische Nießwurz..American hellebore.
Pfeilwurzel..Arrow root.
Brechwurzel..Ipecac.
Bleizucker..Sugar of lead.   Acetate of Lead.
Mutterkorn..Ergot.   Secale cornutum.
Schwarze Wa'blische..Wild Cherry.
Zusammengesetzte Chinatinktur..Compound tincture of peruvian bark.
Flüssiger Sarsaparillenextraft..Fluid extract of Sarsaparilla.
Schierlingertract..Extract of conium.
Jodsaure Pottasche..Jodicle of potash.
Terpentinöl..Oil of turpentine.
Majoranöl..Oil of Origanum.
Galläpfel..Nutgall.
Chromsaures Brom..Chromate of Bromine.
Chlorsaurer Zink..Chloride of Zinc.
Colophonium..Rosin.
Chlorsaures Gold..Chloride of Gold.
Chlorsaures Spießglanz..Chloride of Antimony.
Süßholzwurzel..Licorice root.
Wasserfenchelsamen..Seeds of water fensel.
Fleckenschierling-Extrakt..Extract of hemlock, or Extract of Conium.
Maiapselwurzel..Mandrake root.
Kermesbeeren..Poke berries.
Salpetersäure..Nitric acid.
Benzoestrauch..Spicewood.
Bibergeilwurzel..Castor root.
Chlorsaurer Kalk..Chloride of lime.
Saffran   Saffron.
Geflechter Knöterich..Smart weed.
Roßminze..Horse mint.
Burgundisches Pech   Burgundy pitch.
Weißtannenharz..White pine pitch or gum.
Geigenharz..Rosin.
Theer..Tar.   Pine tar.
Kohlentheer..Coal tar.
Immerblumen-Blätter..Liveforever leaves.
Süßkleeblätter   Sweet clover leaves.
Chamillen..Chamomile.
Flieder..Sweet elder.
Bismuthorid..Oxide of bismuth.
Siegelerde..American bolus.   White bola.
Bergamotöl..Oil of bergamot.
Kalmuswurzel..Blue flag root.

Grüner Vitriol..Copperas.   Sulphate of Iron.
Fichtenöl..Hemlock oil.
Quajafgummtinktur..Tincture of guajac.
Myrrhentinktur..Tincture of myrrh.
Hornkrautöl..Oil of Wintergreen.
Wermuthöl..Wormwood oil.
Edeltannenöl..Oil of hemlock.
Chloroform..Chloroform.
Olivenöl..Olive oil.   Sweet oil.
Essigsaures Morphium..Acetate of Morphia.
Opiumgummi..Opium.
Wolverleitinktur..Tincture of Arnica.
Erböl..Seneca oil.
Nardenwurzel..Spikenard root.
Amberöl..Amber oil.
Rothes Präzipität..Red precipitate.
Scheidewasser..Nitric acid oder Aqua fortis.
Bleiweiß..White lead.   Carbonate of Lead.
Krötenöl..Toat ointment.
Rothes Jodquecksilber..Red Iodide of Mercury.
Jodkali..Iodide of potassium.
Kohlensaures Blei..Carbonate of lead.
Stechapfelsalbe..Stramonium ointment.
Hoffmännische Tropfen..Hoffman's Anodyne.
Paregorik, (Gekampherter, weingeistiger Opiumauszug)..**Paregoric.**
Herbstzeitlosensamen..Colchicum seed.
Schlangenwurzel..Black cobosh root.
Kampferspiritus..Camphor spiritus.
Raccoonenöl..Coon oil.
Stinkkatzenöl..Skunk oil.
Concentrirtes Terventhinöl..Essential oil of turpentine.
Zahnwehholz..Prickly ash.
Tulpenbaum..Yellow popplar.
Spindelbaum..Wahoo, oder Indian Arrow, bitter ash.
Theeröl..Oil of tar.
Lobelienkraut..Lobelia,
Wachsgagelrinde..Bayberry bark.
Ingwerwurzel..Ginger root.
Fichtenrinde..Hemlock bark.
Schierlingtannen-Rinde..Hemlock bark.
Zimmtöl..Oil of Cinnamon.
Guajakospäne..Guaiacum chips.
Bittersüßwurzel..Bitter sweet root.
Verbirteter Copaivabalsam..Solidified Copaiba.
Wiesenkönigin oder purpurfarbener Wasserdost..Queen of the meadow.
Arade..Dwarf elder.
Meerrettigwurzel..Horse raddish root.
Grüne Minze..Spear mint.
Seidenwolfsmilch..Milkweed, oder auch; Silkweed.
Jalappe..Jalap.
Gummigutt..Gamboge.
Kastilianische Seife..Castile Soap.
Crotonöl..Croton oil.
Traganthgummi..Gum Tragacanth.
Violenwurzel..Blue flag root.
Ehrenpreiswurzel..Speedwell root.
Sumachwurzel.   Sumach root.
Weingeistiger Auszug der Ignazbohne..Alcoholic   **extract of Ignatia amara,**
     (St. Ignatius bean.)
Bilsenkrautextrakt..Extract of Hyosciamus.
Dath..Spermaceti
Gemeine Esche..Upland ash (black ash.)

Alantwurzel..Elecampane root.
Weißer Vitriol..White Vitriol (Sulphate of Zinc.)
Präzipitirtes, kohlensaures Eisen..Precipitated Carbonate of Iron.
Grünspan..Verdigris.
Weißer Präzipitat..White precipitate.
Blauer Vitriol..Blue Vitriol. Sulphate of Copper.
Rother Mennig..Red lead.
Fichtenbalsam..Balsam of fir.
Rothes Cedernöl..Oil of red cedar.
Venetianischer Terpenthin..Venice turpentine.
Knospen vom Gileadbaum oder der Balsamtanne..Balm of Gilead buds.
Wurmsamen..Worm seed.
Wurmsamenöl..Worm seed oil.
Ricinusöl..Castor oil.
Flüssiger Spigelienextract..Fluid Extract of Spigelia oder: of Pink root.
Hydrastin..Hydrastin, (ein Auszug aus der Gelbwurzel.) Goldenseal.
Manna..Manna.
Calomel..Calomel.
Zinnpulver..Granulated Tin.
Ulmenrinde..Elm bark.
Schwefelsaures Morphium..Sulphate of Morphia.
Mineralischer Kermes..Kermes' mineral.
Karthäuser Pulver..Kermes' mineral.
Süßholzextrakt..Extract of licorice.
Tolusyrup..Syrup of Tolu.
Lobelientinktur..Tincture of Lobelia.
Wasserhanftinktur..Tincture of Thoroughwort.
Schwefsäure—Sulphuric acid. Oil of Vitriol.
Blutwurzeltinktur..Tincture of bloodroot.
Brechwurzeltinktur..Tincture of Ipecac.
Brechwurzelwein..Wine of Ipecac.
Meerzwiebel..Squills. Squill root.
Meerzwiebelsaft..Juice of Squills.
Meerzwiebelsyrup. Syrup of Squills.
Tinktur des Tolubalsam—Tincture of balsam Tolu.
Hornkrautöl..Oil of Gaultheria oder: of Wintergreen.
Fingerhut..Fox Glove. Digitalis.
Fingerhuttinktur..Tincture of Fox glove.
Harz der Balsamtanne..Balm of Gilead.
Canadischer Balsam..Balm of fir.
Jamaika Rum..Jamaica Rum.
Citronensaft. Lemon juice.
Citronensäure. Citric acid.
Rinde des Lerchenbaums..Tamarack bark.
Brittisches Oel..Brittish oil.
Leinsamenöl..Linseed oil.
Wachholderöl..Oil of juniper.
Barbadostheer..Barbadoes tar.
Steinöl, Petroleum..Seneca oil.
Schwefelblumen Sublimed Sulphur oder: flowers of Sulphur.
Arnikatinktur..Tincture of Arnica.
Vitriolöl..Sulphuric acid. Oil of Vitriol.
Rosmarinöl..Oil of Rosemary.
Rhabarberwurzel..Rhubarb root.
Kohlensaures Kali..Carbonate of potash.
Hornstrauchrinde..Boxwood root bark.
Butternußbaum-Rinde..Butternut bark.
Pulverisirte Rinde der canadischen Edeltanne..Pulverized hemlock bark.
Sumachbeeren..Sumach berries.
Pfeffertinktur..Tincture of Cayenne pepper.
Ingwertinktur..Tincture of Ginger.
Gewürzhafter Salmiakgeist..Aromatic Spirits of Ammonia.

Hirschhorngeist..Spirits of hartshorn,
Eisenkraut..Blue vervain.
Angelikawurzel..Angelica root.
Schildkrautwurzel..Sculcap root.
Mohnköpfe..Poppy heads.
Dillsamen..Dill seed.
Katzenminze, Katzenkraut..cat mint.
Herzgespann..Motherwort.
Muskatblüthe..Mace.
Benzoeblumen..Benzoic acid.
Rochellesalz..Rochelle salts.
Doppelkohlensaures Natron..Bi-carbonate of Soda.
Salzsaure Eisentinktur..Muriate tincture of Iron.
Gewürznelkenöl..Oil of Cloves.
Lampenfluid..Burning fluid.
Kohlensaures Ammonium..Carbonate of Ammonia.
Eisenhuttinktur..Tincture of Aconite.
Borax..Borax.
Roth-Sandelholz-Tinktur..Tincture of red Saunders.
Kurkumenwurzel-Tinktur..Tincture of turmeric.
Bocchornsamen..Fenugreek seed.
Schießbaumwolle..Gun cotton.
Wasserschierling..Water hemlock (cicuta.)
Nachtschatten..Garden night shade.
Gelbampferwurzel..Yellow dock root.
Jodtinktur..Iodine tincture.
Dreiblattwurzel..Bethroot.
Salomons Siegel..Indian balm.   Salomons seal.
Graue Sarsaparilla..Spikenard.
Beinwurz..Comfrey.
Aloe..Aloes,
Makrotin..Macrotin.
Rothes Eisenoxyd..Red oxyde of Iron.
Sevenbaumöl..Oil of Savin.
Rainfarrnöl..Oil of tansy.
Mutterkorntinktur..Tincture of Ergot.
Spanische-Fliegen-Tinktur..Tincture of spanish flies.
Eisentinktur..Ticture of Iron.
Blauholzextrakt..Extract of Logwood.
Tafellack, Schellack..Shellac.
Silberglätte..Litharge.
Erdpech..Asphaltum.
Umber..Umber.
Gummielasticum, d. h. elastisches Gummi oder Kautschuk..Indian rubber.
Preußisches Blau..Prussian Blue.
Carmoisin..Crimson: oder Carmin.
Zinkfarbe..White zinc.
Damarfirniß..Demar varnish.
Asphaltfirniß..Asphaltum varnish.
Flußsäure..Fluoric acid,
Flußspat..Fluor- oder Derbyshire spar.
Pariser Weiß..Paris white.
Doppeltchromsaure Potasche..Bi-chromate of potash.
Sandrachgummi..Gumm sandrach.
Mastirgummi..Gum mastix.
Copalfirniß..Copal varnish.
Aetzsublimat..Corrosive Sublimate.
Kampfergummi; ganzer Kampfer..Gum Camphor.
Belladonna-Extrakt..Extract of belladonna.
Bleiextrakt..Extract of lead.
Aaronswurzel..Wild turnip.
Stinkende Zehrwurz..Scunk cabbage.

Rothholz..Red wood.
Krystallisirter Höllenstein..Crystalized Nitrate of Silver.
Schwefelmilch..Lac sulphur.
Blausaures Kali..Cyanuret of potassium.
Cölnisches Wasser..Cologne water.
Bleiglätte..Litharge.
Bergamotessenz..Bergamot essence.
Weinsteinsalz..Salts of tartar.
Orangenblüthenöl..Oil of Neroli.
Jasminöl..Oil of Jessamine.
Moschustinktur..Tincture of musk.
Alkanetwurzel..Alcanet root.
Geraniumertrakt..Extract of geranium. Cranesbill.
Schmergel..Emery.
Chinesischen Zinnober..Chinese vermilion.
Chinesisches Blau..Chinese blue.
Gemahlene Kreide oder spanisches Weiß..Whiting.
Roher Weinstein..Argal. Red tartar.
Fernambukholz..Camwood.
Krapp..Madder.
Krappfarbe..Madder red.
Salzsaures Zinn..Muriate of tin.
Indigo-Auflösung, chemischen Indigo..Solution of Indigo.
Orlean..Annotta. Otter

Zeugnisse.

Auszüge aus Zeugnissen und Diplomen, die im Besitz des Doktors sind und Bezug auf dessen medicinische Studien haben.

„Ich bezeuge hiemit, daß A. W. Chase das Studium der Medicin unter meiner Instruktion in einem zweijährigen Cursus absolvirte und einen guten moralischen Charakter besitzt.
(Gezeichnet,)   O. B. Reed, D. M.
Bell River, Mich."

„Universität des Staates Michigan.}
Medicinisches Collegium.
Es wird hiemit bezeugt, das A. W. Chase in dieser Anstalt einen völligen Cursus medicinischer Vorlesungen beiwohnte.
(Gezeichnet,)   Silas H. Douglass,
Universität von Michgan, Ann Arbor.   per Dian.

Eclectisches medicinisches Institut, Cin. O.
Es sey hiemit Jedermann kund gethan, daß A. W. Chase vor der Fakultät dieses Instituts in allen Zweigen der medizinischen Wissenschaft ein gutes Examen erstanden hat, weßhalb wir, die Trustees und Fakultät der Anstalt, ihm den Grad eines Doktors der Medicin verleihen, gemäß

der Vollmacht, die uns hiezu von der Gesetzgebung des Staates Ohio verliehen ist.

Wm. B. Pierce, Präsident.

W. T. Hurlbert, Vicepräsident.

Jas. G. Henshall, Sekretär.

Unterzeichnet von sieben Professoren, nämlich: Scudder, Bickley, Freeman, Newton, Baldridge, Jones und Saunders.

Zeugnisse aus Ann Arbor.

Die folgenden Zeugnisse können von meinen Nachbarn, welchen ich ein Exemplar der 8ten Auflage meiner Rezepte sandte und sie über ihre Ansicht von dem betreffenden Werk als ein Volksbuch befragte. Mehrere von ihnen hatten sich schon früher ein Exemplar gekauft und Einige hatten schon mehrere Rezepte benützt. Gewiß, der Standpunkt dieser Männer in der menschlichen Gesellschaft muß dieselben in den Stand setzen, ein werthloses Buch von einem guten zu unterscheiden und eine schlechte Schrift dieser Art von dem Volke ferne zu halten; Dagegen sind sie stets bereit, wirklich praktischen Belehrungen die größte Verbreitung unter dem Publikum zu wünschen.

Der achtbare Alpheus Felch, einer unserer ersten Rechtskonsulenten, früherer Senator im Congreß und Ex-Gouverneur von Michigan, sagt: „Empfangen Sie gütigst meinen Dank für das Exemplar ihrer Rezepte, welche Sie mir zu senden, die Güte hatten. Das Buch scheint viele praktische Belehrungen zu enthalten, und ich zweifle nicht an seiner allgemeinen Nützlichkeit."

A. Winchell, Professor der Geologie, Zoologie und Botanik auf der Universität von Michigan, und Staats-Geolog, sagt: „Ich habe eine große Anzahl von Rezepten in Dr. Chase's Buch geprüft und habe, so viel ich in praktischer, als auch theoretischer Hinsicht Kenntniß von solchen Dingen habe, gefunden, daß sie gut sind. Ich habe in Dr. Chase's Sorgfalt, gesundes Urtheil und Gewissenhaftigkeit bei der Auswahl seiner Mittel das größte Vertrauen. Nachdem ich die Rezepte hinlänglich geprüft habe, stehe ich gar nicht an, zu sagen, daß in ihrem praktischen Werth das größte Zutrauen gesetzt werden darf, abgesehen von solchen Fällen, in welchen der Doktor sich selbst als qualificirt empfohlen hat."

James C. Watson, Professor der Astronomie und jetzt Professor der Naturlehre auf der Universität zu Ann Arbor, Verfasser der „Abhandlung über die Cometen" und „von andern Welten, oder: die Wunder des Teleskops" sagt: „Ich prüfte Ihr Buch mit den praktischen Rezepten, und nehme keinen Anstand, zu sagen, daß, (so weit mich meine Beobachtung und Erfahrung befähigt, ein Urtheil zu fällen,) ich gefunden habe, daß das Buch werth ist, seinen Weg in jede Familie des Landes zu finden. Die Belehrung, die es enthält, konnte nur durch das sorgfältigste und anhaltendste Forschen gesammelt worden sein, und es ist ein Buch, wie man jeden Tag im Leben eines solchen bedarf. Ich kann daher Ihr Werk dem Publikum anempfehlen."

Der ehrwürdige L. D. Chapin, Prediger der presbyterischen Kirche, sagt: „Erlauben Sie mir, Ihnen meinen Dank auszusprechen für Ihr

Buch. Ich halte mich nicht für fähig, in Hinsicht des ganzen Inhalts desselben ein Urtheil zu fällen; denn Sie gehen in Gebiete hinein, in welche
ich keine besondere Einsicht habe; wo ich dagegen den Gegenstand verstehe,
da finde ich großen praktischen Werth in demselben für jeden praktischen
Menschen und Haushalter. Und wenn ich diejenigen Theile, die ich nicht
verstehe, nach dem Maaßstab der mir verständlichen beurtheile, so glaube
ich, daß Sie ein Buch herausgegeben haben, das sich die meisten Familien
um einen billigen Preis anschaffen können."

Der ehrwürdige G. Smith, Vorsteher-Aeltester der Methodistenkir-
che zu Ann Arbor, sagt: „Es macht mir Vergnügen, zu sagen, daß so
weit ich Ihre Rezepte geprüft habe, ich Grund habe, zu glauben, daß dieselben ächt sind und nicht bloß als Geldabnehmer dienen, sondern daß jede
Person, welche das Buch kauft, den Werth für ihr Geld erhalten wird."

Der ehrwürdige G. Taylor, Methodistenprediger zu Ann Arbor und
Dixboro, drückt sich also aus: „Ich habe Ihrem Verlangen gemäß Ihr
neulich erschienenes Buch geprüft, und gereicht es mir zum Vergnügen, den
vielen Zeugnissen, die ihre Rezepte schon erhalten haben, auch noch das
meinige beizufügen. Ich halte das Werk für die beste Rezeptsammlung,
die mir je zu Gesicht kam. Einige dieser Rezepte wendeten wir schon seit
mehreren Jahren in unserer eigenen Familie an und halten jedes derselben
des Preises Ihres Buches werth.

Der Baptistenprediger Samuel Cornelius schreibt: „Ich habe ihr
Buch: „Belehrung für Jedermann" durchgesehen, und weil Sie ein Urtheil von mir über dasselbe wünschen, so bezeuge ich hiemit, daß es den Beweis großer Sorgfalt in Hinsicht der Zusammenfassung liefert und werthvolle Belehrungen für alle Arten von Geschäftsleuten in Städten und auf
dem Lande enthält. Besonders nützlich ist es für solche Familien, welche
eine gute Küche führen und angenehme, gesunde Getränke, Syruparten
und „Jellies" bereiten wollen, die dabei ihre Gesundheit zu erhalten wünschen, wenn sie sich deren erfreuen, oder dieselbe auf ökonomische Weise
suchen. Ich danke Ihnen für das Exemplar, das Sie mir sandten, und
ich hoffe, Sie werden recht viele Familien gesund und glücklich machen."

Der Methodistenprediger der Ann ArborStation, F. A. Blades,
sagt: „Lieber Herr Doktor Chase! Ihr Rezeptbuch habe ich geprüft, auch
habe ich vor einem Jahr welche davon angewendet. Ich stehe nicht an, es
ein werthvolles Werk zu nennen, das für Millionen Belehrung enthält.
Ich hoffe, daß Sie mit der Verbreitung desselben glücklich sein werden;
denn es verdient einen Platz in jedem Hause.

Obiger Herr spricht in den lobenswerthesten Ausdrücken von dem
„Bisquit und Kaffee für Dyspeptiker."

Eberbach und Co., Apotheker in Ann Arbor, erklären sich folgendermaßen: Wir haben seit drei bis vier Jahren schon viele Arzneien nach
Dr. Chase's Rezepten bereitet, und bekennen freimüthig, daß wir nichts
wissen von irgend einem unbefriedigenden Resultat, das etwa aus der
Unvollkommenheit derselben entsprungen wäre, sondern wir wissen im Gegentheil daß dieselben zu allgemeiner Befriedigung angewandt werden."

Der ehrwürdige S. P. Hildreth in Dresden, Ohio, ein früherer
Nachbar, sagt in einem Briefe: „Ich habe Ihr Buch sorgfältig geprüft
und glaube, daß es sehr viele Belehrungen enthält, die werthvoll für jede
Haushaltung sind.

Der Methodistenprediger William C. Way in Plymouth, Michigan sagt: „Durch Dr. Chase's „schwarzes Oel" habe ich mich selbst von der Laryngitis (Halsentzündung,) kurirt, welche ich mir durch anhaltendes und starkes Sprechen zugezogen hatte. Ebenso ist mir bekannt, daß mit dem gleichen Artikel eine Dame von einem Fiebergeschwür geheilt wurde."

Ansicht der Presse in Ann Arbor.

Ein neues Buch. — Dr. Chase in dieser Stadt legte eine neue Ausgabe seines Buchs, betitelt: „Dr. Chase's Rezepte oder Belehrung für Jedermann" auf unsern Tisch. Dieses Buch lehrt, alle Arten von Dingen zu machen, das Geld selbst nicht ausgenommen. Wir wollen Euch aber nicht die Idee beibringen, als ob der Doktor euch sagen wolle, wie man falsches Geld macht, sondern wie man sich durch die Praxis nach seinem Buch Geld verdienen oder ersparen kann. Kauf ein Buch und wende die Rezepte in deiner Haushaltung, auf deiner Farm, in deinem Geschäft an, und ein gutes Resultat wird die Folge davon sein. Das Werk hat einen schönen Druck, eleganten Einband, und umfaßt ohne Zweifel mehr nützliche Belehrung, denn irgend ein Werk der Art, das vor dem Publikum liegt. Studenten oder Andere, welche beim Verkauf des Werkes als Agenten wirken wollen, werden wohl thun, wenn sie sich Cirkulare bekommen, welche das Buch beschreiben, die Bedingungen für Agenten enthalten u. s. w.; denn es ist in der That ein Werk, welches „Jedermann" besitzen sollte. — **Michigan State News, Ann Arbor.**

Doktor A. W. Chase von dieser Stadt legte uns ein Exemplar seiner „Rezepte," oder „Belehrung für Jedermann" vor. Derselbe gab zuerst ein kleines Pamphlet heraus und hat das Werk nun auf beinahe 400 Seiten gebracht, ein Beweis, daß seine Arbeit mit Erfolg gekrönt wurde. Das Buch enthält viele Rezepte und viel Belehrung von wirklich praktischem Werthe. — **Michigan Argus, Ann Arbor.**

Doktor Chase's Rezepte. — Die neunte Ausgabe von Dr. Chase's Rezepten ist neulich verbessert, mit Illustrationen versehen und vergrößer erschienen, und enthält eine sehr große Sammlung von praktischen Belehrungen für Geschäftsleute, Mechaniker, Künstler, Farmer, und für Familien im Allgemeinen. Die Rezepte sind mit Erklärungen und Anmerkungen versehen, was den Werth des Buchs sehr vergrößert. Das Werk hat einen schönen Einband. — **Ann Arbor Journal.**

Doktor Chase von Ann Arbor verehrte uns ein Exemplar seines Rezeptbuches, welches in ganz kurzer Zeit die neunte Auflage erlebte, was ein Beweis davon ist, wie populär sich das Buch überall macht, wohin es kommt. Es enthält „Belehrung für Jedermann," um alle Arten von Dingen zu bereiten. Es ist ein schätzbares Werk für Jeden, indem viele einzelne Rezepte mehr werth sind, als der Preis des Buchs. Der ehrwürdige Herr Frazer, dieser treffliche Agent für das Werk ist jetzt in unserer Stadt und wird unsere Bürger besuchen, um ihnen Gelegenheit zu geben, sich ein Buch verschaffen zu können. Das Werk ist schön gedruckt, gut gebunden und enthält ohne Zweifel nützlichere Belehrungen, als irgend ein derartiges, dem Publikum liegendes Werk. Ein besserer Einkauf kann von Niemand gemacht werden. — **Grand Rapids Eagle.**

Dokter Chase machte uns ein Exemplar seiner von ihm herausgegebenen Rezepte zum Geschenk, von denen er sagt, daß sie das Produkt seiner eigenen und anderer Leute tägliche Erfahrung seien. Das Werk enthält in der That eine große Anzahl nützlicher Rezepte, welche die Auslage für dasselbe irgend einer Familie, die im Besitz desselben ist, nur allzu reichlich wieder bezahlen dürften. — **Michigan Farmer, Detroit.**

Die folgenden Großhändler in Detroit, und Andere, mit welchen ich Jahre lang verkehrte, sagen: „Wir lernten Herrn Dokter Chase etliche Jahre lang im Apotheker= und Specereigeschäft kennen, und wir sind fest davon überzeugt, daß er kein Geschäft unternehmen würde, welchem er nicht gewachsen ist und das kein ehrliches wäre. Seine Belehrungen in Form von Rezepten verdienen volles Zutrauen.

G. Beard, Austern= und Fruchthändler, Detroit.

W. Phelps und Co., Zuckerbäcker, Detroit, Michigan.

John J. Bayley, Tabakhändler, Detroit, Michigan.

Samuel J. Redfield, D. M. Wyandotte, Michigan.

Richard Mead, Kaufmann, Bark Schanty, Michigan.

John Robertson, Capitän vom Dampfschiff Clifton.

H. Fisch, Capitän vom Dampfschiff Sam. Ward.

C. A. Blood, früherer Geschäftstheilhaber, Bell River, Michigan

Verzeichniß

der in diesem Werk aufgeführten Departemente.

Alphabetisches Verzeichniß

der in diesem Werke abgehandelten Gegenstände.